Manfred Tiemann

The Bible comes from Hollywood

125 Jahre Bibelfilme:
Vom Stummfilm zum Blockbuster

Vandenhoeck & Ruprecht

Bibliografische Information der Deutschen Nationalbibliothek:
Die Deutsche Nationalbibliothek verzeichnet diese Publikation in der
Deutschen Nationalbibliografie; detaillierte bibliografische Daten sind
im Internet über https://dnb.de abrufbar.

© 2022 Vandenhoeck & Ruprecht, Theaterstraße 13, D-37073 Göttingen,
ein Imprint der Brill-Gruppe
(Koninklijke Brill NV, Leiden, Niederlande; Brill USA Inc., Boston MA, USA;
Brill Asia Pte Ltd, Singapore; Brill Deutschland GmbH, Paderborn, Deutschland;
Brill Österreich GmbH, Wien, Österreich)
Koninklijke Brill NV umfasst die Imprints Brill, Brill Nijhoff, Brill Hotei,
Brill Schöningh, Brill Fink, Brill mentis, Vandenhoeck & Ruprecht, Böhlau,
V&R unipress.

Alle Rechte vorbehalten. Das Werk und seine Teile sind urheberrechtlich
geschützt. Jede Verwertung in anderen als den gesetzlich zugelassenen Fällen
bedarf der vorherigen schriftlichen Einwilligung des Verlages.

Umschlagabbildungen siehe S. 344.
Satz: SchwabScantechnik, Göttingen
Druck und Bindung: ♁ Hubert & Co. BuchPartner, Göttingen
Printed in the EU

Vandenhoeck & Ruprecht Verlag | www.vandenhoeck-ruprecht-verlage.com

ISBN 978-3-525-55299-5

Vorwort

Abb. 1: Still aus »Die Passion Christi« (US. 2004)

> »Action, Horror, Fantasy, Romanze, Kostümdrama und mit der Apokalypse sogar Science-Fiction plus Charaktere, die »larger than life« sind – das alles steckt in der Bibel, ihre seit Jahrtausenden bewährten Erzählungen waren stets eine Fundgrube für das Kino. Seit dem Riesenerfolg von Mel Gibsons Splatter-Epos »Passion of the Christ« im Jahr 2004, das bei einem Budget von 30 Millionen US-Dollar den Angaben von Business Insider zufolge satte 611 Millionen Gewinn machte, schätzt man den Bibelfilm auch wieder als einträgliches Geschäftsmodell.«[1]

Die Aussage, man schätze den »*Bibelfilm auch wieder als einträgliches Geschäftsmodell*«, belegen die Verhältnisse von Budget und Einspielergebnisse der folgenden drei Filme:[2]

- NOAH (US. 2014, R: Darren Aronofsky): Budget 125 Mill. US-Dollar, Einspielergebnis rund 359 Mill. US-Dollar,
- RISEN (US. 2016, R: Kevin Reynolds): Budget 20 Mill. US-Dollar, Einspielergebnis 46 Mill. US-Dollar,
- PAUL, APOSTLE OF CHRIST (US. 2018, R: Andrew Hyatt): Budget 5 Mill. US-Dollar, Einspielergebnis 25,9 Mill. US-Dollar.

---

1 Westphal, Anke, in: Berliner Zeitung 25.3.2016.
2 Zahlenangaben nach Internet IMDb (Zugriff 1.4.2020).

Bibel-Jesusfilme sind weiterhin »in«. Sie gelten seit ihren Anfängen im Jahr **1897** bis **2022** als einträgliches Geschäftsmodell oder sie werden eingesetzt von evangelikalen Kreisen in der Missionierung, z. B. von Dallas Jenkins mit seiner Fernsehserie THE CHOSEN (US., ab 2019), die auch seit 2021 in Deutschland mit Begleit- und Andachtsbuch angeboten wird.

Nachdem die Gebrüder Louis und Auguste Lumière ihren Cinématographen am 13.2.**1895** patentieren lassen und nach ihrer sehr erfolgreichen Vorführung von zehn Kurzfilmen vor einem zahlenden Publikum am 28. Dezember **1895** im indischen Salon des Grand Café am Boulevard des Capucine in Paris[3] werden auch biblische Themen, darunter vor allem Passionsspiele, verfilmt und gewinnbringend vermarktet. Das Jahr **1897** ist der Start für die ersten Jesusfilme.

Regisseur Albert Kirchner (genannt Lear) bringt **1897** in Frankreich seinen 5-minütigen Film heraus, für den Hermano Basile das Drehbuch schrieb: LA PASSION DU CHRIST. Der Film, der nicht mehr erhalten ist, gilt als die erste filmische Version der Leidensgeschichte Jesu.

Im gleichen Jahr zeigen am 18.11.**1897** in USA die amerikanischen Theaterproduzenten Mark Klaw und Abraham Erlanger ihren Film THE HORITZ PASSION PLAY, der ein böhmisches Passionsspiel in Horitz mit dem Jesus-Darsteller Jordan Willochko einfängt. Der Film wird später von Thomas Edison erworben und vertrieben. In dieser Version sind die ursprünglichen 42 Szenen auf 30 Szenen gekürzt. Auch dieser Film ist nicht mehr erhalten.

Weil Filme von Passionsspielszenen Kasse machen und vor allem Käufer aus Amerika ein authentisches Passionsspiel haben wollen, überbieten sich nun die Filmemacher, z. B.

George Hatot und Louis Lumière mit LA VIE ET LA PASSION DE JÉSUS-CHRIST (F 1897).

Der **1876** in die USA eingewanderte Siegmund Lubin deutsch-jüdischer Abstammung kauft **1896** von C. Francis Jenkins eine erste Filmkamera und dreht mit Regisseur J. L. Vincent den Film PASSION CHRISTI (PASSION PLAY; AT: The Mystery of the Passion Play of Oberammergau, US. 1897/1898). Salmi Morse schrieb das Drehbuch (deshalb auch der Titel: »The Salmi Morse version«).

Die ersten Bibel-Jesusfilme werden in Kirchen zur Untermalung des Gottesdienstes, in Sälen von Wirtschaften nach dem Gottesdienst und später in der Missionierung vorgeführt.

---

3   Siehe hierzu die Dokumentation: Auge, Pinsel und Kinematograf. Wie das Kino entstand. ARTE 24.10.2021.

Vorwort

Seit den frühesten Verfilmungen biblischer Themen sind Bibel-Filme bis heute sehr beliebt: Die Bibel als Drehbuchvorlage eignet sich offensichtlich gut für das Monumentalkino. Das erfundene Breitwandverfahren Cinemascope eröffnet dem Kolossalgemälde und Historienspektakel neue Möglichkeiten. Hier vernachlässigen die Filme narrative Elemente, bevorzugen dagegen Materialschlachten mit Massenszenen oft mit mehr als 5000 Komparsen und aufwendigen Kulissen, um damit die Schaulust der Besucher zu befriedigen.

Abb. 2: Still aus DIE CHRONIKEN VON NARNIA: DER KÖNIG VON NARNIA (US. 2005). Der Löwe Aslan feiert eine Auferstehung.

Der Film DER KÖNIG VON NARNIA (THE CHRONICLES OF NARNIA: THE LION, THE WITCH AND THE WARDROBE, US. 2005, R: Andrew Adamson) wird seit dem Kinostart im Dezember 2005 bis heute kontrovers diskutiert: Viele amerikanische Christen und teilweise auch evangelikal-fundamentalistisch geprägte Kreise in Europa loben die Vermittlung von christlicher Botschaft im Werk von C. S. Lewis: Der Löwe Aslan opfert sich für das Gute, wird getötet und feiert eine Auferstehung. Aslan als Befreier und Erlöser wie Jesus Christus? Kirchen boten 2006 und später Narnia-Events und Narnia-Gottesdienste mit Filmausschnitten oder Diskussionen zum Film an, z. B. in Basel oder in Wolfsburg.

Medienagenturen vermitteln in den USA zwischen Filmverleihern und Gläubigen, z. B. sie lassen per Bus die Kirchgänger in die Kinos fahren oder sie bieten den Predigern Film-Vorlagen für ihre sonntägliche Predigt an.

Am 20.12.2012 schickt Florian David Fitz die Romanverfilmung JESUS LIEBT MICH rechtzeitig vor Weihnachten in die deutschen Kinos. Die romantische Komödie wird vom Publikum weitgehend sehr positiv aufgenommen. Die Botschaft des Films, in Zukunft mehr auf seine Mitmenschen zu achten, kommt auch bei kirchenfernen Menschen besonders an Weihnachten, dem Fest der Liebe, gut an. Der Film, der 1,75 Mill. Euro Fördermittel bekam (FFA/DFFF u. a.), hatte bereits in den ersten zwei Monaten mehr als 600.000 Kinobesucher.

Der niederländische Filmregisseur Paul Verhoeven hat 2012 einen Jesus-Film angekündigt. Darin sollte Jesus nicht als Wundertäter, sondern als Freiheitskämpfer mit Idealen und Utopien für menschliches Verhalten und eine gerechte Welt auftreten. Dieser Film ist mehrfach an der Finanzierung gescheitert.

Regisseur Paul Verhoeven beantwortet die Frage, wie religiös die Filmindustrie sei:

> »Die sind nur religiös, wenn sie einen Markt dafür sehen. Manchmal zeigt das Publikum ein Interesse an solchen Themen, dann stillt die Filmindustrie eben die Nachfrage. Die produziert nur die Kekse, die auch gegessen werden«.[4]

Comedian Hape Kerkeling schreibt über das Verhältnis von Gott, Film und Kino:

> »Für mich ist Gott so eine Art hervorragender Film (…) Und die Amtskirche ist lediglich das Dorfkino, in dem das Meisterwerk gezeigt wird. Die Projektionsfläche für Gott. Die Leinwand hängt leider schief, ist verknittert, vergilbt und hat Löcher. (…) Die Vorführung ist mies, doch ändert sie nichts an der Größe des Films. (…) Gott ist der Film und die Kirche ist das Kino, in dem der Film läuft.«[5]

Neuere Bibelfilme aus christlicher, jüdischer und islamischer Sicht können als Chance zum Gelingen eines interreligiösen Dialogs gesehen werden.

125 Jahre Bibelfilme

Das Buch »The Bible comes from Hollywood« knüpft inhaltlich an »Jesus comes from Hollywood« (2002)[6] an, aktualisiert mit neuen Jesus-Filmen und greift hier umfassend Filme auf, die Gestalten und Themen aus dem Alten Testament inszenieren.

Das Buch »The Bible comes from Hollywood« verfolgt drei **Ziele**:
Einerseits möchte das Buch an *Themenfeldern* konkrete Hinweise zu Bibelfilmen für unterschiedliche Interpretationsmöglichkeiten anbieten, z. B. Einflüsse von Bibelillustrationen und Bearbeitungen in der Literatur für Bibelfilme aufzeigen, theologische Vorverständnisse erläutern, den Gegensatz Historischer Jesus contra Hollywood-Jesus an Filmbeispielen belegen, Antisemitismus und Antijudaismus in Bibelfilmen herausarbeiten, z. B. PASSION 2.1 (D 2021) und belegen, wie Bibelfilme in Politik, Mission und Evangelisation instrumentalisiert wurden. Sowohl unterschiedliche Gewaltexzesse in Bibelfilmen als auch »fromme« Bibelfilme als moderne »biblia pauperum« (sog. »Kirch-Film-Bibel«) werden vorgeführt. Thesen zur Beurteilung von Bibelfilmen u. a. können Hilfestellungen anbieten.

---

4 Verhoeven, Paul (2000): ›Ein Keks namens Jesus‹ (Interview). In: Die Zeit Nr. 42, 12. Oktober 2000, Beilage ›Leben‹, 3.
5 Kerkeling, Hape (2009): Ich bin dann mal weg. Meine Reise auf dem Jakobsweg. (Piper Taschenbuch). 2015 verfilmt von Regisseurin Julia von Heinz mit Devid Striesow, Martina Gedeck, Karoline Schuch, Katharina Thalbach, Annette Frier u. a.
6 Tiemann, Manfred (2002): Jesus comes from Hollywood. Religionspädagogisches Arbeiten mit Jesus-Filmen. Göttingen: Vandenhoeck.

Andererseits möchte das Buch einladen zu einer *spannenden Reise* durch die *Geschichte der Bibelfilme*: Die Reise beginnt 1897 in Oberammergau mit ersten Stummfilmsequenzen, führt dann zum Aufschwung des Tonfilms mit der Epoche der Monumentalfilme, geht auf den Pluralismus der 80er Jahre ein, der geprägt ist von Pietät im Evangelisationsfilm bis zu Blasphemievorwürfen im Skandalfilm, und zeigt neue Akzente auf in Musicals und Transfigurationen, im Mystery-Thriller und Mainstreamkino. Jesus-Filme aus den letzten Jahren bieten weitere neue Zugänge und Interpretationsmöglichkeiten zum Leben und Wirken Jesu an, z. B. DAS NEUE EVANGELIUM (D, CH 2020) oder A BLACK JESUS (D 2020).

Neben den klassisch-direkten (Monumental-)Bibelfilmen werden indirekte Bibelfilme vorgestellt, die eine Transfiguration biblischer Gestalten oder Inhalte vornehmen. Hier sind die biblischen Figuren nur indirekt, gewissermaßen inkognito dabei als eine anders namige, individuelle Erlöserfigur, z. B. der junge Hacker Thomas »Neo« Anderson (Keanu Reeves) in THE MATRIX I–III (US. 1999/2003), Vianne Rocher (Juliette Binoche) als weiblicher Heiland in CHOCOLAT – EIN KLEINER BISS GENÜGT (CHOCOLAT, US. 2000). In WIE IM HIMMEL (SÅ SOM I HIMMELEN, SE 2004) ist Daniel Daréus (Mikael Nyqvist) ein Musikalischer Messias, ein Christus inkognito, der die Menschen des Dorfes von ihren Ängsten befreit, sie von ihren Zwängen und Qualen erlöst, sie therapiert und heilt. In BREAKING THE WAVES (DK u. a. 1996) will die junge Bess McNeill (Emily Watson) in einer isolierten orthodoxen Gemeinde Schottlands nur das Gute: Sie glaubt an die Liebe und an Gott, erleidet aber als Ausgestoßene wie Jesus eine Passion.

Die Idee der Vermittlung erlösender Botschaften im Film ist nicht neu: Die Helden als Befreiungsgestalten siegen im Kampf zwischen Gut und Böse und präsentieren Gerechtigkeit. Auch ein indirekter Bibelfilm kann sinnstiftend sein.

Neuere Trickfilme (z. B. Computeranimationen JOSEPH: KING OF DREAMS (US. 2000), MIRACLE MAKER (GB 2000/2003), EPIC STORIES OF THE BIBLE SERIES (US. 2007), der im japanischen Anime-Format gedrehte MY LAST DAY (2012), THE BIBLE – Part 1 (US. 2020) mit Legofiguren oder DIE BIBEL TO GO (D 2020–2021) mit Playmobilfiguren wollen nicht nur Kinder und Jugendliche ansprechen.

Drittens: Das Buch möchte zum *interreligiösen Dialog* anregen: Sowohl alttestamentliche Figuren (z. B. Abraham, Josef, Mose, Salomon u. a.) als auch neutestamentliche Figuren (z. B. Jesus, Maria) sind im Koran aufgenommen und wurden aus islamischer Sicht verfilmt, z. B. AL-MASIH ((MESIH, JESUS THE SPIRIT OF GOD, IR 2007), MUS. (Biopic-TV-Serie über den Propheten Mose,

KR 2008), MARYAM AL-MUQADDASAH (SAINT MARY, IR 2010), MOLKE SOLEIMAN (THE KINGDOM Of SOLOMON THE PROPHET, IR 2010), DER FALL JUDAS (HISTOIRE DE JUDAS, F/D 2015) u.a. Ebenso sind Bibelfilme aus jüdischer Sicht in den Dialog mit einzubeziehen, z.B. BA'AL HAHALOMOT (AT: JOSEPH SOLD BY HIS BROTHERS, Il 1962) und ESTHER (IL/F/GB/A/NL 1985).

Ein Registerteil mit aufgeführten Filmen, Zuordnungen von Bibeltexten/Personen in direkten und indirekten Bibelfilmen, Abbildungsnachweis und Literaturauswahl schließt den Band ab.

Dank

Dem Vandenhoeck & Ruprecht-Verlag danke ich, dass dieser ein weiteres Manuskript von mir veröffentlicht. Auf die bewährte Verlagsarbeit konnte ich mich auch jetzt wieder voll verlassen.

Ich danke für die gute, vertrauensvolle und unkomplizierte Zusammenarbeit: Herrn Dr. Izaak de Hulster für die Planung, Herrn Oliver Schwinkendorf im Lektorat und Frau Renate Rehkopf für die Herstellung. Sie haben sich für die Publikation unermüdlich eingesetzt.

Ein herzlicher Dank auch an Frau Dorothea Buchfink für ihr geduldiges Korrekturlesen.

Heidenheim, den 15.5.2022

Inhalt

Vorwort 5
1 Einleitung 15
   1.1 Die Allgegenwart des Religiösen trotz Auszug aus den Kirchen 17
   1.2 Allianz von christlichem Erbauungskino und Kommerzialisierung des Glaubens 19
   1.3 Bibelfilme als Garant für hohe Besucherzahlen im Kino und TV-Einschaltquoten 20
   1.4 Werbeclips mit bekannten biblischen Szenen als Garant für hohe Umsätze 22
   1.5 Ist der Bibelfilm wieder »in«? 24
       These 26
2 Sichtung: Bibelfilme – Themenfelder 27
   2.1 Thesen zur Beurteilung von Bibelfilmen 27
   2.2 Bibelfilme und kein Ende 29
   2.3 Differenzierungen von Bibelfilmen (Genre) 31
   2.4 Vorlagen aus Kunst und Literatur 41
   2.5 Umgang mit biblischen Texten 56
       2.5.1 Theologische Vorverständnisse 56
       2.5.2 Unterschiedliche Zugänge zu biblischen Texten 57
       2.5.3 Historischer Jesus contra Hollywood-Jesus 58
       2.5.4 Harmonisierung der Evangelien 59
   2.6 Rezeption 60
       2.6.1 Rezeptionen aus der katholischen Kirche 60
       2.6.2 Rezeptionen aus der evangelischen Kirche 63
       2.6.3 Resonanz/Akzeptanz: Kommerzialisierungen 64
       2.6.4 Zensur – Blasphemievorwürfe 66
       2.6.5 Bibelfilme mit päpstlichem Segen: »Imprimatur« 77

2.7 Bibel-Film-Projekte in der Mission und Evangelisation 78
    2.7.1 Das Genesis-Projekt (John Heyman) und Campus für Christus (1979) 79
    2.7.2 Die »Kirch-Film-Bibel« (1993–2002) als moderne »biblia pauperum« 82
    2.7.3 Die vierteilige Spin-off-Serie »Jesuslegenden« (2013) als Märchenstunde und platten Kitsch 84
    2.7.4 »Die Bibel«-Serie des Senders History (2013) 85
    2.7.5 Das »Lumo Project«: »Die chronologische Verfilmung der Berichte von Matthäus, Markus, Lukas und Johannes« (ab 2014) 86
    2.7.6 PURE FLIX ENTERTAINMENT presents bible-films (ab 2005) 87
    2.7.7 THE CHOSEN – US.-Fernsehserie von Dallas Jenkins (ab 2019) 88
2.8 Bibelfilme in der Politik 90
    2.8.1 Bibelfilme in der politischen Propaganda: Antisemitismus und Antijudaismus 90
    2.8.2 Bibelfilme in der politischen Auseinandersetzung: Freiheit und soziale Gerechtigkeit 108
2.9 Bibelfilme in der Unterhaltung: Comic-Serien 112
2.10 Gewalt in Bibelfilmen 112
2.11 Plakative Darstellungen: Männer als Muskelpakete in heroischen Kämpfen – Frauen als lüsterne Verführerinnen 115
2.12 Copy and face: Bibelfilme imitieren, kopieren oder kritisieren Vorgängerversionen 120
2.13 Schauspieler über ihre »Bibel-Rolle« 121
    Schauspieler inszenieren Figuren aus dem Alten Testament 121
    Schauspieler inszenieren Figuren aus dem Neuen Testament 123
2.14 Künstlerische Freiheit: Black Jesus – Eine weibliche Jesusfigur 126
2.15 Diskussion: Bibelfilm: ja oder nein? 129
2.16 Bedürfnis nach Erlösung 131
2.17 Neue Möglichkeiten und Chancen durch Bibelfilme z. B. für interkulturelle Christologie und für einen interreligiösen Dialog 132
    2.17.1 Projekt »KinoKirche« 133
    2.17.2 Bibelfilme als Chance für interkulturelle Christologie und für einen interreligiösen Dialog 134
2.18 Spuren von biblischen Figuren und Themen in Spielfilmen: Bibelzitate in Spielfilmtiteln, Western, Spielfilmen und Krimis (Babel – Josef und seine Brüder – Hiob – Hosea – Jona – Der verlorene Sohn – Versuchungen – Abendmahl – Passion) 136

2.19 Jesus-Christus-Filme ohne Jesus 158
2.20 Biblische Filmsequenzen in Dokumentationen als mögliches Korrektiv 161

3 Chronologische Übersicht: Die Entwicklung von Bibel-Filmen 165
3.1 Spielfilme – Monumentalfilme 165
    3.1.1 Die Anfänge: Der Stummfilm (1895–1929)
        Von Oberammergau zum Film – Vom Film zum frommen Gebrauchsbild 166
    3.1.2 Die 30er Jahre und der Aufschwung des Tonfilms (1930–1952) 190
    3.1.3 Die Epoche der Monumentalfilme (1953–1969) 197
    3.1.4 Drei neue Akzente in den 70er Jahren: Musicals – Transfigurationen – Christus inkognito 217
    3.1.5 Der Pluralismus der 80er Jahre: Von Pietät im Evangelisationsfilm bis Blasphemie im Skandalfilm 247
    3.1.6 Teilweise Rückschritte in den »Sandalen-Kitsch« der 60er und 70er Jahre (ab 1999) 268
    3.1.7 Mystery-Thriller und Mainstreamkino (ab 2000) 282
    3.1.8 Hollywood und Bollywood (ab 2012) 287
    3.1.9 Ausblick: Geplante Filmprojekte 289
3.2 Biblische Figuren aus jüdischer Sicht 289
3.3 Biblische Figuren aus islamischer Sicht 290
3.4 Biblische Figuren aus feministischer Sicht
    Fernsehspiele: »Biblische Frauen« – Dokureihe »Frauen der Bibel« 291
3.5 Trickfilme 299
3.6 Musikfilme – Ballett 308

4 Register 323
4.1 Aufgeführte Filme 323
4.2 Zuordnungen von Bibeltexten/Personen in direkten und indirekten Bibelfilmen 334
4.3 Abbildungsnachweis 344
4.4 Literaturauswahl 349
    4.4.1 Bibel – Theologie – Glaube – Film 349
    4.4.2 Jesus im Film 351
4.5 Dokumentationen 352

1 Einleitung

Mit der Erfindung des Films durch die Gebrüder Louis und Auguste Lumière im Jahr **1895** bekommen Heilige Schrift und bildliche Darstellungen in Bibel und Kirchen neue Interpretationsmöglichkeiten. Für Künstler und Kirchenvertreter stellt sich die Frage, wie die Erzählungen der Bibel, wie insbesondere das Wirken Jesu auf Leinwand dargestellt werden können. Während für die einen Unterhaltung und Kommerzialisierung im Vordergrund stehen, geht es anderen vor allem um die theologisch-christliche Relevanz eines Films.

Im Jähe **1897** gibt Kirchner, genannt Lear, die erste filmische Version der Leidensgeschichte Jesu mit seinem 5-minütigen Film LA PASSION DU CHRIST in Frankreich heraus. Der Film ist nicht mehr erhalten geblieben.

Bereits in der zweiten Hälfte des Jahres **1897** erscheint in Frankreich der zweite Jesus-Film: der 10-minütige »inszenierte« Film LA VIE ET LA PASSION DE JESUS CHRIST. Der Film, gedreht vom Kameramann Alexandre Promio, umfasst 13 Tableaus von der Anbetung der Heiligen Drei Könige bis zur Auferstehung Jesu (Bretteau).

Filme mit religiösen Inhalten sind nicht einfach ins Bild gesetzte Predigten, sondern eigenständige Gesamtkunstwerke – je eine Welt für sich. Dabei können sie Bilder von Gestalten des Alten Testaments, von Jesus, von Frömmigkeit oder Atheismus entwerfen – sie tun dies aber jeweils nach ihren eigenen Regeln und Intentionen, und diese können alles andere sein als etwa katechetisch.

Regisseure sollten biblische Texte so nachsprechen und inszenieren, dass heutige Menschen sie verstehen können. Dabei wird die Bibel nicht als Geschichtsbuch, sondern als Glaubensurkunde verstanden. Der Film JESUS VON MONTREAL (JÉSUS DE MONTRÉAL, CA 1989, R: Denys Arcand) unterscheidet einerseits den historischen Jesus und was wir über ihn wissen können und andererseits den Christus des Glaubens.

Vereinfacht sind *zwei Arten* von Bibelfilmen zu unterscheiden:[7]

Der klassische *direkte* oder *explizite* Bibelfilm bietet einerseits Illustration, damit der Zuschauer jetzt genau weiß: »So war es!«. Oft auch evangelikal-fundamentalistisch orientiert will dieser Film Beweismittel für die Historizität der biblischen Figuren liefern (»Der Kameramann war dabei«) oder andererseits instrumentalisiert er biblische Szenen zu spannenden Abenteuergeschichten, Kolossalgemälden oder Historienspektakeln mit Massenszenen und Materialschlachten zur Unterhaltung und Belustigung nach dem Motto: »Money's the only thing that ever saves you.«. DIE PASSION CHRISTI von Mel Gibson erzielte 2004 bei 30-Millionen-Dollar-Produktionskosten über 620 Mill. Dollar Einnahmen und NOAH von Darren Aronofsky (US. 2014) spielte 362,6 Mill. Dollar bei einem Budget von 125 Mill. Dollar ein.

Dagegen nimmt der *indirekte* Bibelfilm eine Transfiguration biblischer Gestalten oder Inhalte vor: Hier sind die biblischen Figuren nur indirekt dabei, gewissermaßen inkognito als eine andersnamige, individuelle Erlöserfigur. z. B. der Gefangene John Coffey (Michael Clarke Duncan) in THE GREEN MILE (US. 1999, R: Frank Darabont). Die neuen Heldinnen und Helden zeigen ihre Kompetenzen als mythische Heroen, als Retter und Erlöser, befreien die Menschheit von Krieg, Hunger und Armut und befriedigen die Erlösungssehnsüchte der Zuschauer, z. B. der junge Hacker Thomas »Neo« Anderson (Keanu Reeves) in THE MATRIX I–III (US. 1999/2003, R: Die Wachowskis), Vianne Rocher (Juliette Binoche) als weiblicher Heiland in CHOCOLAT – EIN KLEINER BISS GENÜGT (CHOCOLAT, US. 2000, R: Lasse Hallström), der frühere international erfolgreiche Dirigent Daniel Daréus (Mikael Nyqvist) als Heiland in WIE IM HIMMEL (SÅ SOM I HIMMELEN, SE 2004, R: Kay Pollak): Gabriella's song »Jetzt gehört mein Leben mir« haben viele (Kirchen-) Chöre aufgegriffen.

Der Film JESUS LIEBT MICH (D 2012, R: Florian David Fitz) greift zahlreiche biblische Szenen aus der neutestamentlichen Überlieferung auf oder spielt auf Jesu Leben und Wirken an. Die Komödie kommt in **2012** auf Platz 21 der meistgesehenen deutschen Kinoproduktionen.

Sowohl alttestamentliche Figuren (z. B. Abraham, Josef, Mose, Salomon u. a.) als auch neutestamentliche Figuren (z. B. Jesus, Maria) sind im Koran aufgenommen und wurden aus islamischer Sicht verfilmt, z. B.

---

7   Die Unterscheidung direkte und indirekte Jesus-Filme geht zurück auf Karl- Eugen Hagmann, Kamera ab – Jesus, der Einhundertzwanzigste! Film-dienst (extra). Jesus in der Hauptrolle. Zur Geschichte und Ästhetik der Jesus-Filme. November 1992, 6.

- AL-MASIH (MESIH, JESUS THE SPIRIT OF GOD, IR 2007, R: Nader Talebzadeh),
- MUS. (Biopic-TV-Serie über den Propheten Mose, KR 2008, R: Kim Sung-su),
- MARYAM AL-MUQADDASAH (SAINT MARY, IR 2010. R: Shahriar Bahrani),
- MOLKE SOLEIMAN (THE KINGDOM Of SOLOMON THE PROPHET, IR 2010, R: Shahriar Bahrani).

1.1 Die Allgegenwart des Religiösen trotz Auszug aus den Kirchen

Seit Arnold Schwarzenegger in END OF DAYS – NACHT OHNE MORGEN (END OF DAYS, US. 1999, R: Peter Hyams) als Ex-Cop eine hilflose Jungfrau vor dem Bösen, vor fanatischen Killerpriestern, rettet und gleich zum Endkampf um die Rettung der ganzen Welt antritt, zeigen die neuen Heldinnen und Helden ihre Kompetenzen als Retter und Erlöser, z. B. in MATRIX (US. 1999/2003) u. a. Die Helden als mythische Heroen befreien die Menschheit von Krieg, Hunger und Armut und befriedigen die Erlösungssehnsüchte der Zuschauer.

Seit **1975** gibt es auch in Deutschland eine sog. **Medienreligion**.[8]

Kirchliche Filmproduktionsfirmen und ARD/ZDF präsentieren Religion und christliche Inhalte und bieten Hilfen zur Glaubensfindung an, z. B.: UM HIMMELS WILLEN (ARD ab 2002; bis 2019 wurden 19 Staffeln mit jeweils 13 Folgen sowie vier Weihnachts-Specials produziert und ausgestrahlt), HERZENSBRECHER – VATER VON VIER SÖHNEN (ZDF ab 2013; Staffel 1 (2013/2014), Staffel 2 (2014); Staffel 3 (ab Herbst 2015), SANKT MAIK (seit 2018 mit bis jetzt ausgestrahlten 20 Episoden in 2 Staffeln), AB INS KLOSTER. ROSENKRANZ STATT RANDALE (2019 mit 4 Folgen und 2020 mit 4 Folgen).[9]

Alle Serien hatten eine große Resonanz erfahren, z. B. UM HIMMELS WILLEN: die Ausstrahlung am 22. August 2017 hatte mehr als vier Mill. Zuschauer und 16,1 Prozent Marktanteil und der Serienstart HERZENSBRECHER – VATER VON VIER SÖHNEN wurde im Schnitt von 3,86 Mill. Menschen verfolgt, was einem starken Marktanteil von 14,2 Prozent entsprach.

---

8 Zum Begriff Medienreligion siehe:
   Schilson, Arno: Medienreligion. Zur religiösen Lage der Gegenwart. Tübingen 1997; Thomas, Günter: Medienreligion. Religionssoziologische Perspektiven und theologische Deutungen. In: Magazin für Theologie und Ästhetik 22/2003.
9 Ausführlicher Tiemann, Manfred (2017): Leben nach Luther, 220–225 u. 228–230.

Ab **2019** spielt Religion bei Netflix und anderen Streaming-Diensten zunehmend eine große Rolle: Religion hat Konjunktur.[10] Dies belegt die deutsche vierteilige Miniserie UNORTHODOX (D 2020, R: Maria Schrader, basiert auf dem Roman von Deborah Feldman)[11]. Sie gibt einen Einblick in das Leben streng orthodoxer Communities: Die unglücklich verheiratete 19-jährige Esther »Esty« Shapiro (Shira Haas) befreit sich aus den Zwängen der ultra-orthodoxen Religionsgemeinschaft der Satmarer Chassiden.

Menschen finden auf der Suche nach Identität vermeintliche Antworten in medialen Utopien, Träumen und Märchen. Sie erleben das Kino als Sinnmaschine[12] und Erlösung[13]. Eine mediale Religion, eine sog. »Medienreligion« ist präsent in vielen Fernsehsendungen, die als Gottesdienstersatz wahrgenommen werden.[14]

Seit **1980** ist eine Austrittsbewegung in den beiden großen Kirchen feststellbar und diese wird bis 2030 noch drastisch zunehmen.

Dagegen scheint das Interesse an Religion und Kirche beim Fernsehpublikum weiter zu bestehen, wenn man die Resonanz (Quoten) von TV-Serien beobachtet, z. B. UM HIMMELSWILLEN (2002–2020 mit 19 Staffeln in über 235 Episoden) oder HERZENSBRECHER – VATER VON VIER SÖHNEN (2013–2016 mit 46 Episoden).

Die TV-Serie UM HIMMELSWILLEN erzielt auch noch **2020** überdurchschnittlich hohe Einschaltquoten.[15]

Biblische Themen werden als Satire oder zur reinen Unterhaltung: Regelmäßig strahlen Fernsehsender (Pro 7 MAXX u. a.) Folgen der Serien FAMILY GUY, SOUTH PARK oder der erfolgreichsten Comic-Serie SIMPSONS aus, in denen z. B. der Supermarkt an frommen Bibelauslegungen und die Rolle der Regionsgemeinschaften im amerikanischen Kleinbürgertum humorvoll bis bissig hinterfragt werden. Religion wird oft durch Medien vermittelt. Religion,

---

10 Vgl. auch die Sendung: Religion in der Popkultur: Die Serien »Ramy« und »Unorthodox«. BR 24 vom 23.5.2020.
11 Deutsche Online-Premiere: 26. März 2020 Netflix.
12 Vgl. Herrmann, Jörg (2002): Sinnmaschine Kino. Sinndeutung und Religion im populären Film. Gütersloh: Gütersloher Verlagshaus.
13 Vgl. Kirsner, Inge (1996): Erlösung im Film: Praktisch-theologische Analysen und Interpretationen (Praktische Theologie heute). Stuttgart: Kohlhammer.
14 Vgl. hierzu Krüger, Oliver (2012), bes. Kap 4: Film, 237 ff.
15 Beispiele: Die Folge »Brautalarm« (17/1 der Serie; Deutschland 2018) wurde als Wdh. in ARD am 16.6.2020 ausgestrahlt und erreichte 3,73 Mill. Zuschauer (12,6 % MA). Die nächtliche Wdh. um 1:10 Uhr erreichte immerhin noch 0,14 Mill. (2,9 % MA). (Zahlenangaben: Quelle AGF/GFK; Teletext ARD Tafel 444 und 448 vom 17.6.2020, 8:40 Uhr); (Zahlenangaben: Quelle AGF/GFK; Teletext ARD vom 1.7.2020).

Bibel und Kirche sind in (Film)Medien präsent.¹⁶ Filme können als Chance genutzt werden, Zuschauer bei ihren Sehgewohnheiten abzuholen, um mit ihnen gemeinsam die Herausforderung zur theologischen Auseinandersetzung mit verbreiteten kommerzialisierten (Pseudo-)Sinnangeboten anzunehmen.

1.2 Allianz von christlichem Erbauungskino und Kommerzialisierung des Glaubens

Aus den USA kommend gehen christliches Erbauungskino und Kommerzialisierung des Glaubens eine Allianz ein und liegen damit im aktuellen religiösen Trend, der oft von Fundamentalismus geprägt ist.

Ab 2010 wird vermehrt eine Alternative zu den traditionellen langen Monumental-Bibelfilmen (z. B. DIE ZEHN GEBOTE, MOSE, BEN HUR) angeboten: In diesen Filmen werden meist einzelne biblische Szenen aus Wundererzählungen (z. B. Die Hochzeit zu Kana, Joh 2,1–12; die Auferweckung des Lazarus, Joh 11, 1 ff.), Gleichnisse (z. B. Vom verlorenen Sohn, Lk 15,11–32; u. a.) oder nur einzelne Bibelverse (Gebote, z. B. »Du sollst nicht töten« u. a.) aus ihren Kontexten herausgerissen und für fundamentalistisch-evangelikale missionarische Ziele und konservativ-politische Richtungen instrumentalisiert.

Die Allianz von christlichem Erbauungskino und Kommerzialisierung des Glaubens wird besonders deutlich in der dreiteiligen Filmreihe GOTT IST NICHT TOT (GOD'S NOT DEAD, US. 2014–2018, R: Harold Cronk, Michael Mason):¹⁷

Im ersten Teil GOTT IST NICHT TOT (GOD'S NOT DEAD, US. 2014, R: Harold Cronk) soll der evangelikale Collegestudent Josh Wheaton (Shane Harper) im Philosophiekurs seinem Professor Jeffrey Radisson (Kevin Sorbo) stichhaltige und fundierte Belege für die Existenz Gottes liefern. Da der Film bei einem Budget von 2 Mill. US-Dollar an den Kinokassen schnell mehr als 65 Mill. Dollar einspielte, produzierte Pure Flix Entertainment gleich eine Fortsetzung: GOTT IST NICHT TOT 2 (GOD'S NOT DEAD 2, US. 2016, R: Harold Cronk). Da auch dieser Film bei einem Budget von 2 Mill. US-Dollar an den Kinokassen 20 Mill. US-Dollar einnahm, wurde schnell ein dritter Teil gedreht: GOTT IST

---

16 Böhm, Thomas H. (2005): Religion durch Medien – Kirche in den Medien und die »Medienreligion«. Ein problemorientierte Analyse und Leitlinien einer theologischen Hermeneutik. (Praktische Theologie heute Band 76). Stuttgart.
17 Bibel-TV strahlte die Reihe GOTT IST NICHT TOT (GOD'S NOT DEAD, US. 2014–2018) aus: Teil 1: 2.10.2020, Teil 2: 9.10.020, Teil 3: 16.10.; 5., 12. u. 11.2021

NICHT TOT – EIN LICHT IN DER DUNKELHEIT (GOD'S NOT DEAD 3 – A LIGHT IN THE DARKNESS, US. 2018, R: Michael Mason).

Diese Filme zeigen immer ähnliche Strickmuster auf: Es geht meist um
- Die Verfilmung eines autobiographischen Berichtes, um eine »wahre« Geschichte, die sich tatsächlich ereignet hat,
- die Abgrenzung von angeblich falscher (historisch-kritischer) und angeblich bedingungslos-richtiger Bibelauslegung,
- »Beweise«, dass die Texte der Bibel historisch wahr sind, da die Autoren und Evangelien als Augenzeugen und »Sekretäre Gottes« zuverlässig berichten,
- die Alternative von Denken (Naturwissenschaft) und Glauben,
- die Ablehnung von Philosophie und Humanismus: Nur der christliche Glaube an Gott kann den Menschen erretten,
- Belege, dass der Glaube Berge (Mt 17,14 ff.) versetzen kann,
- die persönliche Entscheidung, sich auf Gottes Plan einzulassen,
- die Herzens-Beziehung des Menschen zu Gott, in der der Glaubende ganz auf Gottes allumfassende Liebe und Errettung vertraut,
- die Mission an die Zuschauer, wie Kinder ihren Gottesglauben zu behalten und diesen nicht wie viele Erwachsene, unter ihnen auch Pfarrer und Prediger, immer mehr zu verlieren. *»Wenn ihr nicht umkehrt und werdet wie die Kinder, so werdet ihr nicht ins Himmelreich kommen.«* (Mt 18,1)

1.3 Bibelfilme als Garant für hohe Besucherzahlen im Kino und TV-Einschaltquoten

Alle Jahre wieder geschieht es in stereotyper Regelmäßigkeit: Zu den Festtagen Weihnachten, Karfreitag, Ostern und Pfingsten senden das öffentlich-rechtliche Fernsehen und die Privaten Bibelfilme: Moses und der Mann aus Nazareth garantieren für gute Einschaltquoten.

Fünf Filmbeispiele:

Der Monumentalfilm DIE ZEHN GEBOTE (THE TEN COMMANDMENTS, US. 1958) wurde bisher über **120-mal** ausgestrahlt, z. B. am 10.04.1998 (ORF II), 25.03.2005 (Premiere 7), 21.03.2008 (SAT 1), 25.12.2010 (SRF 1), 28.03.2015 (plus 4), 18.4.2019 (ORF III), 9.4.2020 (ORF III), 10.4.2020 (ZDF), 11.4.2020 (ORF III), 12.4.2020 (3sat), 31.3.2021 (ORF III), 2.4.2021 (ZDF), ARTE 26.12.2021, 28.12.2021 u. 6.1.2022, 15.4.2022 (ZDF).
Der Film DIE GRÖSSTE GESCHICHTE ALLER ZEITEN (THE GREATEST STORY EVER TOLD, US. 1963) wurde bisher über **105-mal** ausgestrahlt am 28.11.1993 (Kabel), 1.4.1994 (ARD), 24.12.1994 (WDR),14.4.1995 (B 3 und MDR 3), 15.4.1995 (N 3), 16.4.1995 (S 3), 2.4.1999 (ARD), 13.04.2001 (mdr), 16.8.2019 (cinema), 29.03.2002 (ORF 2, ARD); 25.12.2002 (WDR),

18.04.2003 (BR, hr), 24.12.2005 (SWR), 25.12.2005 (3sat), 8.04.2006 (ORF 2), 8.04.2007 (ARD), 24.12.2007 (SWR, hr), 29.03.2013 (SRF 1), 12.4.2020 (SWR), 2.4. u. 4.4.2021 (SWR), 4.4.2021 (3sat), 23.5.2021 (ORF III), 27. u. 28.11.2021 (alpha).

Der Historienfilm DAS GEWAND (THE ROBE, US. 1953) wurde bisher über **70-mal** ausgestrahlt, z. B. am 10.04.1998 (ZDF), 2.04.1999 (ORF), 14.4.2001 (ZDF (10,7 %)), 31.03.2002 (3sat), 18.04.2003 (ZDF), 26.03.2005 (ZDF), 14.04.2006 (ZDF), 6.04.2007 (SAT 1), 21.03.2008 (SRF 1), 26.12.2011 (SRF 1), 30.12.2015 (sky cinema), 14.04.2017 (BR), 30.03.2018 (BR), 15.04.2018 (3sat), 21.04.2019, 30.04.2019 u. 9.5.2019 (arte), 10.04.2020 (3sat), 17.4.2022 (arte).
Der Film KÖNIG DER KÖNIGE (KING OF KINGS, US. 1960) wurde bisher über **30-mal** ausgestrahlt, z. B. am 24.12.2000 (hr, mdr, SWR, BR, WDR), 12.04 2001 (in BR und N3 (6,6 %)), 24.12.2004 (3sat, hr, BR), 6.04.2007 (3sat), 6.01.2008 (SWR), 21.03.2008 (hr, WDR, 1 Festival), 14.5.2010 (Das Erste), 24.12.2010 (hr), 25.12.2010 u. 26.12.2010 (swr), 6.1.2011 (mdr), 26.12.2011 (Das Erste), 29.12.2011 (SWR), 29.3.2018 (arte), 14.05.2010 u. 25.12.2011 (Das Erste).
Der Film BARABBAS (BARABBA, I 1961) wurde bisher über **25-mal** ausgestrahlt, z. B. am 9.4.1993 u. 24.9.1994 (Pro 7); 17.4.1995 u. 17.9.1995 (3.10–5.20 Uhr!) (Kabel 1); 12.01.2003 (arte), 22.03.2008 (ORF 2), 05.04.2012 (ORF 2), 17.11.2013 u. 20.11.2013 (arte), 19.04.2019 (BR), 15.4.2022 (BR).

Ein kurzer Blick auf die **Ostertage des Jahres 2021** bestätigt, dass der Film DIE ZEHN GEBOTE (THE TEN COMMANDMENTS, US. 1958) alle Jahre weiterhin zum festen Film-Repertoire eines Karfreitags gehört: Den Film, der am 2.4.2021 nachmittags im ZDF ausgestrahlt wurde, sahen sich immerhin noch 1,5 Mill. Zuschauer an (MA 10,4 %).

Der Film DIE GRÖSSTE GESCHICHTE ALLER ZEITEN (THE GREATEST STORY EVER TOLD, US. 1963) darf ebenfalls Ostern **2021** nicht fehlen: Er wird ausgestrahlt, z. B. in BR abends (0,1 Mill. Zuschauer, MA 4,6 %) und in 3sat (4.4.2021, um 15:55 Uhr).

Der Film PASSION 2.1 wird von YOUTUBE, Bibel-TV am Karfreitag Abend zur besten Sendezeit um 20.15 Uhr und weiteren neun privaten TV-Sendern mit insgesamt 34 Sendeterminen angeboten.

Das Historiendrama AUFERSTANDEN (RISEN, US. 2016) zeigt VOX (2. u. 3.4.2021).

Die Neuauflage von BEN HUR (US. 2016) liefern VOX (2.4.2021) (1,10 Mill.) und SRF 2 (2.4.2021).

Den Klassiker DAS LEBEN DES BRIAN (GB 1979) liefert RTL Zwei am 4.4.2021: 1,17 Mill., 3,7 Prozent MA.

Bibel-TV sendet die »direkten« Jesus-Film-Klassiker für ihr bibeltreues Publikum:
DIE BIBEL – JESUS (I/D/US. 1999), THE SAVIOR (BUL 2014), THE LIFE OF JESUS (GB 2003), DIE JESUSGESCHICHTE FÜR KINDER (US. 2000), DAS JOHANNES-EVANGELIUM (GB/US. 2014), SON OF GOD (US. 2014), BARABBAS – ER LEBTE, WEIL JESUS STARB (Rus 2019).

In der **Weihnachtszeit des Jahres 2021** wurden im Fernsehprogramm sowohl ältere als auch neuere Bibel- und Jesusfilme aus den USA gezeigt, z. B.

- DIE ZEHN GEBOTE (THE TEN COMMANDMENTS, US. 1958, R: Cecil B. DeMilles): ARTE 26.12.2021 u. 6.1.2022,
- DIE GRÖSSTE GESCHICHTE ALLER ZEITEN (THE GREATEST STORY EVER TOLD, US. 1963): ARDalpha 29.11.2021,
- SON OF GOD (US. 2013): Bibel-TV 26.12.2021,
- JESUS (US. 1979): Bibel-TV 1.1.2022 (um 0:05 Uhr).

1.4 Werbeclips mit bekannten biblischen Szenen als Garant für hohe Umsätze

Werbeclips verwenden bekannte biblische Szenen für ihre Produkte, z. B. Nike bringt **2019** Jesus-Sneaker mit Weihwasser in der Sohle raus – für 3000 Dollar. Die neuen »Jesus Shoes« von Nike und dem Label MSCHF aus Brooklyn sind wohl die seltsamste Schuhkreation des Jahres. In den Sohlen der Sneaker schwappt Weihwasser aus dem Jordan herum. An der Seite der spirituellen Sportschuhe ist der Bibelspruch aufgedruckt: Aus Matth. 14,25: »*Aber in der vierten Nachtwache kam Jesus zu ihnen und ging auf dem Meer. Und da ihn die Jünger auf dem Meer gehen sahen, erschraken sie und riefen: Es ist ein Gespenst!, und schrien vor Furcht. Aber sogleich redete Jesus mit ihnen und sprach: Seid getrost, ich bin's; fürchtet euch nicht!*« Die Schuhe waren innerhalb von Minuten ausverkauft.[18]

Im Werbeclip von Adidas – Forever Sports/Cross Running kann Jesus den römischen Soldaten schnellstens davon laufen.

Abb. 3: Still aus: Werbeclip Red Bull: »*Seid gegrüßt Maria und Josef – wir sind die vier Weisen aus dem Morgenland und hier, um dem Kindlein zu huldigen.*«

---

18 Angaben nach stern 10.10.2019.

2008 wurde Strafanzeige gegen RED BULL, RTL sowie PRO7 wegen des Weihnachtswerbespots gestellt, da dieser die »Heilige Familie« und die »Heiligen Drei Könige« verächtlich mache. Der Clip zeigt das Gespräch zwischen den Königen und Maria:[19]

Der erste König: *Seid gegrüßt Maria und Josef – wir sind die vier Weisen aus dem Morgenland und hier, um dem Kindlein zu huldigen.*
Die Könige verneigen sich voller Ehrfurcht.
Maria: *Wieso Vier? Im Neuen Testament sind es doch nur Drei.*
Der vierte König: *Nun, wir sind vier und bringen Gold, Weihrauch, Myrrhe und RED BULL.*
Maria: *RED BULL, einen Stier?*
Sie wendet sich zum Heiligen Josef: *Ich habe doch schon einen Ochsen.*
Der vierte König: *Maria – RED BULL ist der Energydrink, der verleiht Flügel. Woher kämen denn sonst die himmlischen Heerscharen?*

Die Kamera zeigt, wie Engel im Himmel lachend mit RED BULL-Dosen in den Händen herumfliegen und HALLELUJA singen.
Nach Protesten des Werberats zog RED BULL den Clip zurück.[20]

Abb. 4: Still aus: Werbeclip des Möbelhauses XXXLutz

Ein Schauspieler mimt 2017 für ein großes Möbelhaus in Österreich die biblische Figur Mose und ruft mit Gesetzestafeln in der Hand zum Sparen auf: »*Die zehn Gebote des XXXLutz*«. Der Clip appelliert: »*Du sollst immer viel sparen*«, »*Du sollst eine Markenküche besitzen*« oder »*Du sollst immer gut schlafen*«.
Auf Kritik vom Werberat entgegnet Mariusz Jan Demner von der Werbeagentur »Demner, Merlicek & Bergmann«: »*Wir haben nicht die Bibel, sondern*

---

19 Transkription vom Autor.
20 Nach dem Vortrag »Krippen aus aller Welt«, den der Autor in zwei kirchlichen Frauenkreisen mit ca. 70 Personen in Heidenheim 2019 hielt, zeigten sich weit mehr als die Hälfte der (älteren) Teilnehmerinnen nicht empört über den Werbeclip, im Gegenteil: Viele befanden ihn gut gemacht und lustig.

lediglich einen fast 40 Jahre alten Film von Monty Python zitiert – ›Das Leben des Brian‹, beziehungsweise die darin enthaltenen Predigt-Szenen.«[21]

1.5 Ist der Bibelfilm wieder »in«?

Ist der Bibelfilm also »in«? Der Eindruck wird verstärkt, wenn man im Alltag die Augen offen hält: Im Straßenverkehr begegnet der »Ichtys«-Fisch als Autoaufkleber, an Schmuckständen gibt es Kreuze und Fische in den verschiedensten Ausführungen, Zeitungen und Werbung[22] benutzen Versatzstücke der Jesus-Tradition zur Legitimierung, als »Hingucker« oder zur Provokation. Videoclips und Pop-Songs behandeln in vielfachen direkten und indirekten Anspielungen den gekreuzigten wie den auferstandenen Retter. Hinzu kommt ein allgemein verbreitetes religiöses Interesse der Zeitgenossen, das sich in »Alltagskulten« (Musik, Body-Styling, Mode, Idole), in der wachsenden Nachfrage nach Esoterik, Mystik und Spiritualität und in dem starken Zulauf niederschlägt, den Sekten und Sondergemeinschaften mit fundamentalistischen Grundsätzen und hierarchischen Strukturen verzeichnen.

Bibel, Jesus und Religion sind »in« – aber das ist bekanntlich nur die halbe Wahrheit. Viele Menschen suchen Antworten auf ihre Fragen nicht mehr bei den zuständigen Institutionen wie Parteien, Verbänden oder der Kirche, sondern man bedient sich auf einem Markt gewissermaßen privater Anbieter und »bastelt« dann ganz individuelle Lösungen. Fern von der Institution jedoch bekommen solche Sinnkonstruktionen etwas Unverbindliches, Beliebiges und Austauschbares.

Ab 2012 wird einerseits eine Renaissance der Bibel-Monumental- und Historienfilme eingeläutet, die im Kino oder TV gezeigt werden. Andererseits werden indirekte Bibelfilme mit aktuellen gesellschaftlichen Bezügen gedreht. Hier eine Filmauswahl:

Bibel-Monumental- und Historienfilme

BARABBAS (BARABBA, US./I 2012, R: Roger Young),
IHR NAME WAR MARIA (MARIA DI NAZARET, I/D 2012, R: Giacomo Campiotti),
APOSTEL PETRUS UND DAS LETZTE ABENDMAHL (APOSTLE PETER AND THE LAST SUPPER, US. 2012, R: Gabriel Sabloff), D TV-Prem.: 30.11.2013 Bibel TV,
COME FOLLOW ME (US. 2013, R: Steve Boettcher),
DAVID & GOLIATH (DAVID AND GOLIATH, IN 2013, R: Rajeev Nath),
DAS JOHANNES-EVANGELIUM (THE GOSPEL OF JOHN, GB/US./Mar 2014, R: Philip Saville),

---

21 Zit. nach Pro. Christliches Medienmagazin 3.11.2017.
22 Vgl. Mertin, Andreas/Futterlieb, Hartmut (2001): Werbung als Thema des Religionsunterrichts. Göttingen.

Ist der Bibelfilm wieder »in«? 25

NOAH (US. 2014, R: Darren Aronofsky),
EXODUS: GÖTTER UND KÖNIGE (EXODUS: GODS AND KINGS, US./GB 2014, R: Ridley Scott),
SON OF GOD (US. 2014, R: Christopher Spencer),
DAS MATTHÄUS-EVANGELIUM – Das Lumo-Projekt (THE GOSPEL OF MATTHEW, GB 2014, R: David Batty),
DAS JOHANNES-EVANGELIUM – Das Lumo-Projekt (THE GOSPEL OF JOHN, GB/US. 2014, R: David Batty),
DAVID VS. GOLIATH (DAVID AND GOLIATH (US. 2015, R: Wallace Brothers),
DAS MARKUS-EVANGELIUM – Das Lumo-Projekt (THE GOSPEL OF MARK, US. 2015, R: David Batty),
DAS LUKAS-EVANGELIUM – Das Lumo-Projekt (THE GOSPEL OF LUKE, GB/US. 2015, R: David Batty),
KILLING JESUS (US. 2015, R: Christopher Menaul),
40 TAGE IN DER WÜSTE (LAST DAYS IN THE DESERT, US. 2015, R: Rodrigo García),
MY SON, MY SAVIOR (US. 2015, R: Steve Boettcher),
BEN HUR (US. 2016; R: Timur Bekmambetov),
DER JUNGE MESSIAS (THE YOUNG MESSIAH, US. 2016, R: Cyrus Nowrasteh),
AUFERSTANDEN (RISEN, US. 2016, R: Kevin Reynolds),
SAMSON (US. 2018, R: Bruce Macdonald),
MARIA MAGDALENA (US. 2018, R: Garth Davis),
PAULUS, DER APOSTEL CHRISTI (PAUL, APOSTLE OF CHRIST, US. 2018, R: Andrew Hyatt),
BARABBAS – ER LEBTE, WEIL JESUS STARB (BAPABBA/BARABBAS/VARAVVA, RU 2019, R: Evgeniy Emelin).

Religionssatiren und indirekte Bibelfilme mit aktuellen gesellschaftlichen Bezügen

LA PASIÓN DE JUDAS (THE PASSION OF JUDAS, ES 2014, R: David Pantaleón),
DER FALL JUDAS (HISTOIRE DE JUDAS, F/DZ 2015, R: Rabah Ameur-Zaïmeche),
JESUS CRIES (D 2015, R: Brigitte Maria Mayer),
THE FIRST TEMPTATION OF CHRIST (BR 2019, R: Rodrigo van der Put),
DAS NEUE EVANGELIUM (D/CH 2020, R: Milo Rau),
A BLACK JESUS (D 2020, R: Luca Lucchesi).

Der von der Firma des Regisseurs Ridley Scott produzierte US-amerikanisch-marokkanische Jesusfilm KILLING JESUS (US. 2015, R: Christopher Menaul) belegt, dass vor allem Jesusfilme weiterhin landesweit beliebt sind: Die dreiteilige Serie wurde in 171 Ländern verkauft und in 45 Sprachen übersetzt. Der Film wurde vermutlich auch in Nordkorea verkauft.

Einerseits wollen Bibelfilme aus dem eher evangelikal-fundamentalen Lager ihren Zuschauern verbindliche Antworten und Glaubenssicherheiten als Predigtersatz liefern. Andererseits wollen Bibelfilme in Zeiten des »Event-TV« teilweise anspruchslose Unterhaltung bieten und dabei volle Kinokassen machen oder hohe Einschaltquoten erzielen. Man schätze den »*Bibelfilm auch wieder als einträgliches Geschäftsmodell*«. Das belegen die Verhältnisse von Budget und Einspielergebnisse der folgenden Filme, z. B.

NOAH (US. 2014, R: Darren Aronofsky), AUFERSTANDEN (RISEN, US. 2016, R: Kevin Reynolds), BEN HUR (US. 2016, R: Timur Nuruachitowitsch Bekmambetow) und PAULUS, DER APOSTEL CHRISTI (PAUL, APOSTLE OF CHRIST, US. 2018, R: Andrew Hyatt).

These

Religiöses wird an seinem Bildungs-, Unterhaltungs- oder Freizeitwert gemessen, nach Geschmack oder Brauchbarkeit gewählt oder wieder verworfen.

2 Sichtung: Bibelfilme – Themenfelder

2.1 Thesen zur Beurteilung von Bibelfilmen

Zur Beurteilung von Bibelfilmen können u. a. folgende Kriterien herangezogen werden:
Bibelfilme können und dürfen nicht sein
- eine »biblia pauperum«: einfacher Ersatz für das schwierigere Lesen und Verstehen der biblischen Texte,
- eine einfache Illustration Jesu Lebens, seiner Verkündigung, seines Leidens und Sterbens, seiner Auferstehung,
- eine Illustration, damit der Zuschauer jetzt genau weiß: »So war es!«,
- Reportagen und Beweismittel für die Historizität der biblischen Figuren, z. B. Abraham, Josef, Mose, Jesus u. a. (»Der Kameramann war dabei«),
- spannende Abenteuergeschichten mit Massenszenen und Materialschlachten zur Unterhaltung und Belustigung,
- Kolossalgemälde und Historienspektakel,
- schwülstig-schwere, moralintropfende »Film-Schinken« mit dröhnender Musik,
- eine »dröge Märchenstunde«.

Beispiele für *weniger gelungene* (Monumental-)Bibel-/Jesus-Filme:
- SALOMON UND DIE KÖNIGIN VON SABA (SOLOMON AND SHEBA, US. 1959, R: King Vidor),
- DAVID UND GOLIATH (DAVID E GOLIA, I 1959, R: Richard Pottier und Ferdinando Baldi),
- JOSEF (Das Genesis-Projekt; Alternativer Titel: Josef … wie uns die Bibel berichtet; US. 1978/1979, R: John B. Heyman),
- KÖNIG DAVID (KING DAVID, US. 1984, R: Bruce Beresford),
- DIE BIBEL – JOSEF (D/I/US. 1994, R: Roger Young),
- NOAH (US. 2014, R: Darren Aronofsky),
- EXODUS: GÖTTER UND KÖNIGE (EXODUS: GODS AND KINGS, US. 2014, R: Ridley Scott),
- JESUS (US. 1979, R: John Heyman/Peter Sykes),
- VERBOTENE GESCHICHTEN (IE 1996, R: Jimmy T. Murakami),

- DIE BIBEL – JESUS ((D/I/US. 1999, R: Roger Young),
- MARIA – DIE HEILIGE MUTTER GOTTES (MARY, MOTHER OF JESUS, US. 1999, R: Kevin Ellis),
- Vierteilige Reihe »Jesus-Legenden«:
  JOSEPH VON NAZARETH (D/I 1999, R: Raffaele Mertes),
  JUDAS (D/I 2000, R: Raffaele Mertes),
  MARIA MAGDALENA (D/I 2000, R: Raffaele Mertes),
  THOMAS (D/I 2001, R: Raffaele Mertes),
- MARIA, TOCHTER IHRES SOHNES (I 2000, R: Fabrizio Costa),
- DIE PASSION CHRISTI (US. 2003, R: Mel Gibson),
- JUDAS UND JESUS (US. 2004, R: Charles Robert Carner),
- AUFREGUNG UM JESUS (US. 2005, R: John B. Heyman),
- ES BEGAB SICH ABER ZU DER ZEIT (THE NATIVITY STORY, US. 2006, R: Catherine Hartwicke),
- DANIEL AND THE LIONS (US. 2006, Liken Bible Series),
- MARIA AUS MAGDALA – VON DER LIEBE BERÜHRT (US. 2007, R: John Heyman),
- DIE LETZTEN DREI TAGE (MY LAST DAY, JP 2012, R: Barry Cook),
- APOSTEL PETRUS UND DAS LETZTE ABENDMAHL (APOSTLE PETER AND THE LAST SUPPER, US. 2012; R: Gabriel Sabloff),
- KILLING JESUS (US. 2015, R: Christopher Menaul),
- THE BOOK OF DANIEL (UK 2013, R: Anna Zielinski),
- AUFERSTANDEN (RISEN, US. 2016, R: Kevin Reynolds), BEN HUR (US. 2016, R: Timur Nuruachitowitsch Bekmambetow), DER JUNGE MESSIAS (THE YOUNG MESSIAH, US. 2016, R: Cyrus Nowrasteh),
- PAULUS, DER APOSTEL CHRISTI (PAUL, APOSTLE OF CHRIST, US. 2018, R: Andrew Hyatt),
- SAMSON (US. 2018, R: Bruce Macdonald),
- THE CHOSEN – US.-Fernsehserie von Dallas Jenkins (ab 2019),
- THE BIBLE – Part 1 (US. 2020, R: Josh Carroll),
- PASSION 2:1 – Was ist Wahrheit? (D 2021, R: Manfred Schweigkofler).

»*Gute*«, *ansprechende* Bibel-/Jesus-Filme bieten Chancen an:
Durch kontroverse Bibelfilme/Jesus-Filme kann die Zuschauerin/der Zuschauer dazu angeregt und motiviert werden,
- biblische Themen affektiv wahrzunehmen (»auf sich wirken lassen«),
- biblische Texte und ihre unterschiedlichen Verfilmungen kognitiv in ihren jeweiligen Entstehungshorizont von Zeitgeschichte, Produktionsbedingungen, Theologiegeschichte usw. einzuordnen,
- Maßstäbe (z. B. Historisch-kritische Exegese) für die sachgerechte Auslegung, Bewertung und Beurteilung von Bibel und Film, von Evangelium und Jesus-Film zu finden,
- Reflexion der eigenen religiösen Sozialisation einzuüben.

Beispiele für »*gute, ansprechende*« (direkte und indirekte) Bibel-/Jesus-Filme:
- EL MÁRTIR DEL CALVARIO (IISOUS O NAZORAIOS, MX 1952, R: Miguel Morayta),
- DAS LETZTE ABENDMAHL (LA ULTIMA CENA, CU 1976, R: Tomás Gutiérrez Alea),

- DIE ERBEN VON KAIN UND ABEL (LA GENÈSE, ML/F 1999, R: Cheick Oumar Sissoko),
- BABEL (US. 2006, R: Alejandro González Iñárritu),
- DAS ERSTE EVANGELIUM MATTHÄUS (IL VANGELO SECONDO MATTEO, I/F 1964, R: Pier Paolo Pasolini),
- GEGRÜSSET SEIST DU, MARIA (F/CH 1985, R: Jean-Luc Godard),
- JESUS VON MONTREAL (JÉSUS DE MONTRÉAL, CA 1989, R: Denys Arcand),
- ES WÄRE GUT, DASS EIN MENSCH WÜRDE UMBRACHT FÜR DAS VOLK (D 1991, R: Hugo Niebeling),
- MATTHÄUS-PASSION (D 2005, Ballett von John Neumeier),
- DIE BIBEL: EINE GESPROCHENE SYMPHONIE (D 2008, Ben Becker),
- FERNSEHSPIELE: BIBLISCHE FRAUEN (5-teilige Reihe):
DIE WÜSTE ODER ABRAHAMS FRAUEN (D 1992, Juliana Weiss),
JUDITH (D 1992, R: Konrad Sabrautzky),
DIE FREMDE (D 1993, R: Diethard Klante),
MIRJAMS MUTTER (D 1993, R: Juliana Weiss, Michaela Pilters),
LENA (D 1995, R: Karin Hercher),
- MARY (I/F/US. 2005, R: Abel Ferrara),
- MATTHÄUSPASSION (D 2006, R: Richard Blank),
- SON OF MAN (South Africa 2006, R: Mark Dornford-May),
- THE MAKING OF JESUS CHRIST (CH 2012, R: Luke Gasser),
- SU RE (I 2013, R: Giovanni Columbu),
- RABBUNI ODER DIE ERBEN DES KÖNIGS (CH 2015, R: Luke Gasser),
- DAS NEUE EVANGELIUM (SRF SSR, ZDF in Zusammenarbeit mit Arte, IIPM 2019, R: Milo Rau),
- A BLACK JESUS (D 2020, R: Luca Lucchesi),
- DIE BIBEL TO GO (D 2020–2021, R: Michael Sommer).

2.2 Bibelfilme und kein Ende

Bis zum Jahr **2021** wurden alttestamentliche Figuren über 250-mal verfilmt. Jesus Christus ist über 300-mal Titelheld in Spielfilmen der Filmgeschichte. Zählt man aber Zeichentrick-, Animationsfilme und moderne Übertragungen und Transfigurationen als »Christus inkognito« und Skandalfilme hinzu, sind es insgesamt weit mehr als 1000 Spiel- und Kurzfilme. Zählt man die zahlreichen Prediger-, Priester-, Pfarrer- und Klosterfilme noch hinzu, in denen biblische Botschaft verkündet, verzerrt oder auch teilweise verleugnet wird, dann sind es nochmals wesentlich mehr Filme. Nicht miteingerechnet sind dabei die vielen Dokumentationen über Figuren des AT, über Jesus und seine Zeit, in denen Spielfilmszenen älterer Filme oder neu gedrehte Szenen zu Jesu Leben und Wirken eingefügt sind. Für die klassischen Bibel- und Jesusfilme stellt bereits **1962** Dietmar Schmidt die Frage: »*Bibelfilme – wie lange noch?*«[23]

---

23 Schmidt, Dietmar (1962): Bibelfilme – wie lange noch? In: epd/Kirche und Film Nr. 9 vom Sept. 1962, 2.

2022 sei die Prophetie gewagt:

»Auch in 125 Jahren wird es noch Bibelfilme geben. Sicherlich, solange es Filme gibt und man mit ihnen Geld verdienen kann.«[24]

Alle Bibelfilme sind je nach Entstehungsjahr vom jeweiligen gesellschaftlichen Zeitgeschmack, von der Politik, der vorherrschenden Theologie und der Kirche beeinflusst.

Ab 1897 zeigen die ersten Jesus-Verfilmungen, die nur ca. 5 bis 20 Minuten dauern, bruchstückhafte Episoden aus Jesu Leben. Obwohl viele Filme den Titel DAS LEBEN UND DIE PASSION JESU tragen und damit eher eine Biographie versprechen, stellen sie jedoch seine Passion, seine Wunder und die Auferstehung in den Vordergrund.

Ab 1930 kann der Tonfilm die Realitätstreue intensivieren. Jetzt werden die Kreuzigungsszenen ausführlicher, drastischer und eindringlich-gefühlvoller gedreht. Das Leiden Jesu, das Annageln ans Kreuz, seine Schmerzen kann der Zuschauer akustisch miterleben. Der Zuschauer kann mitleiden.

Ab 1950 eröffnet das Hollywood-Kino mit dem erfundenen Breitwandverfahren Cinemascope auch dem Bibel-Jesus-Film neue Möglichkeiten und Dimensionen, Massenszenen (oft mit mehr als 50000 Komparsen) und Monumentaleffekte zu produzieren und damit die Schaulust der Besucher zu befriedigen.

Ab 1970 stellen einzelne Regisseure Jesus sehr einseitig und provokativ dar und handeln sich Vorwürfe der Blasphemie ein. Viele dieser Filme werden anfangs von der Katholischen Kirche kritisiert und gar verboten. Gleichzeitig wird teilweise versucht, Abstand von der Evangelienverfilmung als Monumentalmachwerk zu nehmen. Es entstehen »Jesus-Musicals« und »Jesus-Transfigurationen«. Jesus erscheint oft inkognito.

Ab 1990 werden zahlreiche »Anti-Jesus-Filme« als »Anti-Hollywood-Filme« gedreht, die sich provokativ und satirisch gegen Monumentalklassiker wenden.

Ab 2010 wagen sich Hollywood und Bollywood an biblisch-christliche Themen heran.

Barry Cook stellt in seinem neunminütigen Kurzfilm MY LAST DAY (»Jesus-Film-Project«; Japan 2012) im japanischen Anime-Format drastisch die Kreuzigung Jesu dar.

Die Filmproduktion des sechsstündigen Films CHRISTAAYAN (DAS LEBEN JESU IN INDIEN; THE LIFE OF JESUS IN INDIA), der als »Jesus Christ, Indian

---

24 Tiemann, Manfred (2022): »zeitzeichen« 2/2022, 46.

Superstar« am 2. Dezember 2012 der indischen Öffentlichkeit in Indore vorgestellt wird, ist eine »*Einzigartige Verfilmung des Lebens Jesu in Indien*« und geht der Frage nach: »*Wie hätte Jesus gelebt, wenn er in Indien geboren worden wäre?*«[25]

Für viele Filmemacher steht die Formel »Bibel sells/Jesus sells« an erster Stelle. Sie sind der Meinung, dass die Bibel- und Evangelientexte eine gute Actionvorlage bieten.

Hiervon hebt sich der Film THE MAKING OF JESUS CHRIST (CH 2012) von Luke Gasser ab, der im März 2013 in die Kinos kommt und der in einer verkürzten Fassung am Karfreitag 2013 in SRF 1 ausgestrahlt wird. Der Film zeigt eine persönliche Spurensuche des Regisseurs Luke Gasser: Er besucht Originalschauplätze und gibt Interviews mit dem Hollywood-Regisseur Paul Verhoeven, mit dem Theologen und Kirchenhistoriker Albert Gasser, mit dem Theologen und Psychoanalytiker Eugen Drewermann u. a.

Die biblischen Erzählungen, vor allem Geschichten aus den Evangelien, werden als Drehbuchvorlage wieder entdeckt. Es wird eine Renaissance der Bibel-Monumental- und Historienfilme eingeläutet.

Der Regisseur Darren Aronofsky (»Black Swan«) bringt 2014 den Film NOAH heraus. In seinem biblischen Historienfilm spielt Emma Watson die RiIla, die Noahs Sohn Shem liebt. Noah wird von Russell Crowe dargestellt. Die Kosten für den Film liegen bei $ 130.000.000.

Die Beschäftigung mit unterschiedlichen Bibel- und Jesus-Filmen kann einerseits die jeweilige Zeitgeschichte, die Produktionsbedingungen und die Theologie- und Kirchengeschichte erhellen, andererseits kann sie helfen, den Zugang zu biblischen Texten zu erleichtern, das eigene Gottes-/Jesusbild klarer zu erkennen und die Bedeutung der Person Jesu, sein Leben und Wirken zu bedenken.

2.3 Differenzierungen von Bibelfilmen (Genre)

Eine Definition des Terminus »Bibelfilm« oder »Jesus-Film« erscheint insofern problematisch, als es keine klare inhaltliche Abgrenzung zu Spielfilmen gibt.

Bereits **1972** hat Theodore Ziolkowski Jesus-Filme in fünf unterschiedliche Kategorien eingeteilt:[26]

---

25 Angaben nach dem missio-Pressesprecher Dr. Christoph Goldt: Pressesprecher missio. Internationales Katholisches Missionswerk Ludwig Missionsverein KdöR (Veröffentlicht am 30.11.2012).
26 Ziolkowski, Theodore (1972): Fictional Transfigurations of Jesus. Princeton. 13 ff.

- »fictionalizing biographies«: die freie Nacherzählung von Jesu Wirken und Leben.
- »Jesus revidivus«: die historische Person Jesus wird aktualisiert und in einen neuen, zeitgemäßen Handlungsverlauf gestellt.
- »imitatio *Christi*«: eine neue, andere Figur imitiert explizit Leben und Wirken Jesu.
- »Pseudonymus of Christ«: nur einzelne Elemente aus Leben und Wirken Jesu sind an einer Figur erkennbar.
- »fictional transfiguration«: an einer Figur, die mit Jesus nicht identisch ist, lassen sich einzelne Inhalte aus Jesu Leben und Verkündigung erkennen. Hierbei geht es weniger um den historischen Jesus, sondern um den kerygmatischen Christus.

Die Einteilung der Jesusfilme in fünf unterschiedliche Kategorien von Theodore Ziolkowski lässt sich teilweise auch auf den Bibelfilm übertragen.

Jesus-Filme werden oft sehr vereinfacht nur in zwei Gruppen eingeordnet:[27] direkte oder explizite Jesusfilme und indirekte Jesusfilme.

Manche Jesus-Filme bieten ein Genre-Mix an, z. B. SON OF MAN (Afrika 2006) von Mark Dornford-May. Ebenfalls ist eine deutliche Abgrenzung nach rein formalen und nach nur inhaltlichen Unterscheidungsmerkmalen nicht möglich. Dennoch lassen sich folgende Unterscheidungen vornehmen, wobei sich einzelne Elemente und Charakteristika überschneiden. Auch diese angeführten Aspekte lassen sich allgemein auf den Bibelfilm übertragen.

Passionsspieldokumentation

Hier lassen sich zwei Gruppen unterscheiden:

Echte Passionsaufführungen werden abgefilmt.

Beispiele:

- Der Film DAS LEBEN UND DIE PASSION CHRISTI (1897) wird in dem böhmischen Passionsspielort Horitz gedreht.
- Der Film LEBEN UND LEIDEN CHRISTI« (1905) gilt als »Dokumentation« der Oberammergauer Passionsspiele.

Nachgestellte, inszenierte Passionsaufführungen, z. B. im Stil von Oberammergau, werden gefilmt.

---

27 Die Unterscheidung direkte und indirekte Jesus-Filme geht zurück auf Karl-Eugen Hagmann, Kamera ab – Jesus, der Einhundertzwanzigste! Film-dienst (extra). Jesus in der Hauptrolle. Zur Geschichte und Ästhetik der Jesus-Filme. November 1992, 6.

Beispiele:

- Der Film PASSION (1897) stellt die »Oberammergauer Passion« in dem böhmischen Dorf Horitz nach.
- Der Film DER GALILÄER (D 1921) unter der Regie des Exilrussen Dimitri Bowetzki wird auf einer riesigen Freilichtbühne in Anlehnung an Oberammergau gedreht. Dabei kürzt man allerdings die etwa fünfeinhalbstündige Bühnenversion auf etwa sechzig Minuten.

Auch wird heftig darum gestritten, wer die Vermarktungsrechte an den Oberammergauer Passionsspielen hat.

Im Jahr **1898** hatte bereits die Edison Manufacturing Company ihren Film mit dem Titel: OBERAMMERGAUER PASSIONSSPIEL (THE PASSION PLAY OF OBERAMMERGAU, US. 1898, R: Henry C. Vincent) herausgegeben. Auch dies führte zu Streitigkeiten, da der Film nicht bei den Oberammergauer Passionsspielen entstand, sondern in Amerika auf dem Dach des Grand Central Palace in New York gedreht wurde.

Im Jahr **1901** gab es Auseinandersetzungen um die Rechte des Titels »Passionsspiele« bzw. »Oberammergauer Passionsspiel« zwischen der optischen Fabrik Siegmund Lubin, die in der Gütersloher Zeitung für ihr »Oberammergauer Passionsspiel« geworben hatte, und dem Katholischen Pfarrer Schröder (Pfarramt Oberammergau).

Jörg Adolph hat **2011** in seiner Dokumentation DIE GROSSE PASSION einen Film über Passionsspiele in Oberammergau gedreht, der in die deutschen Kinos kam.

Passionsspiel-Regisseur Christian Stückl ist in München mit dem Abraham-Geiger-Preis **2020** geehrt worden. Christian Stückl habe die Oberammergauer Passion erneuert, so die Begründung: weg von christlichem Judenhass hin zu einer ausgewogenen Darstellung »innerjüdischer Konflikte«.

»Das Preisgeld soll für die Arbeit an interreligiöser Begegnung mit Studierenden des Ernst Ludwig Ehrlich Studienwerks in Oberammergau verwendet werden.«[28]

Narrative Bilderzyklen

In Anlehnung an die narrativen Zyklen der sakralen Kunst entsteht MATTHÄUS-PASSION (A 1949, R: Ernst Marischka), ein umstrittener Versuch, das Bach-Oratorium visuell zu begleiten.

---

28 Internet: Nachtkritik. In: https://www.nachtkritik.de/index.php?option=com_content&view=article&id=17558:abraham-geiger-preis-2020-fuer-christian-stueckl&catid=126&Itemid=100089 (Zugriff 1.3.2021).

Bibel-Musikfilme: Ballett und Musicals

Die Passion Jesu wird tanzend dargestellt.
Hier lassen sich drei Gruppen abgrenzen:
Die Passionen von Joh. Seb. Bach werden mit eindrucksvollen Filmaufnahmen unterlegt, z. B. JOHANNES-PASSION von Düggelin (CH 1985).
Die Passionen von Joh. Seb. Bach sind als Ballett und Schauspiel inszeniert, z. B.
- ES WÄRE GUT, DASS EIN MENSCH WÜRDE UMBRACHT FÜR SEIN VOLK von Hugo Niebeling (D 1991),
- MATTHÄUS-PASSION von John Neumeier (D 2005).

Neukompositionen, u. a. Musicals und Ballett, berücksichtigen den jeweiligen Musikgeschmack, z. B. Hippie-Bewegung:
- JESUS CHRIST SUPERSTAR (US. 1972, R: Norman Jewison, und GB 2000, R: Simon Lee),
- GODSPELL (US. 1973, R: David Greene),
- THE GOSPEL ROAD (US. 1973, R: Robert Elfstrom),
- HAIR (US. 1976, R: Miloš Forman).

Bibel-Fernsehspiele

Fernsehspiele wollen biblische Inhalte und biblische Personen auf die heutige Alltagswelt übertragen und deren Aktualität aufzeigen.
Filmbeispiele: ZDF-Reihe Biblische Frauen
- DIE WÜSTE ODER ABRAHAMS FRAUEN (D 1992, R: Juliana Weiss),
- JUDITH (D 1992, R: Konrad Sabrautzky),
- DIE FREMDE (D 1993, R: Diethard Klante),
- MIRJAMS MUTTER (D 1993, R: Juliana Weiss, Michaela Pilters),
- LENA (D 1995, R: Karin Hercher).

Jesus-Episoden-Film

Zum Beispiel in INTOLERANCE (US. 1916, R: David Wark Griffith) erscheint Jesus nur am Rand, als »Aufhänger« des Geschehens. Der Film besteht aus vier Episoden, die nicht nacheinander, sondern parallel erzählt werden, und von denen jeweils eine in der Moderne, zur Zeit Jesu, im Mittelalter und zur Zeit des Perserkönigs Kyrus spielt.

Abraham-, Josef-, Mose-, Jesus-Biografie

Diese Filme gehören zu den »direkten« Jesus-Filmen.
Unter den Jesus-Biografien gibt es zwei Gruppen:
- Filme, die sich an ein Evangelium oder mehrere Evangelien halten und den biblischen Text als Drehbuchvorlage verwenden.
Zu dieser Gruppe gehören die Filme DAS GENESIS-PROJEKT: JESUS u. a.
- Filme, die apokryphe Texte und Legenden ausgestalten.
Zu dieser Gruppe gehört der sechsteilige Fernsehfilm EIN KIND MIT NAMEN

JESUS (UN BAMBINO DI NOME GESÚ, I/D 1988, R: Franco Rossi), der sich auf die Kindheitserzählungen konzentriert und die Kindheit Jesu als Geschichte ständiger Flucht und Angst, aber auch Geborgenheitserfahrungen darstellt.
- Ebenfalls DER JUNGE MESSIAS (THE YOUNG MESSIAH, US. 2016, R: Cyrus Nowrasteh), Verfilmung des Romans ›Christ the Lord: Out of Egypt‹ der US-amerikanischen Schriftstellerin Anne Rice. Neben kurzen Szenen aus dem Matthäus- und dem Lukasevangelium werden Episoden aus dem apokryphen Kindheitsevangelium nach Thomas adaptiert, die um 350 n. Chr. niedergeschrieben wurden.

Bibel/Jesus-Missionsfilm
Hier lassen sich zwei Gruppen unterscheiden:
- Jesus-Filme, die von vornherein für missionarische Zwecke produziert werden.
- Jesus-Filme, die erst nachträglich dafür eingesetzt werden. So wird die Filmfassung HOPE HAS GOT A NAME (Zusammenschnitt aus DAS GENESIS-PROJEKT: JESUS) von »Campus für Christus« (D 2000) auf der Weltausstellung Expo 2000 in Hannover kostenlos verteilt.

Bibel/Jesus-Dokumentationsfilm mit Spielfilmszenen
Ergebnisse historischer, archäologischer und theologischer Forschungen werden zu einem Portrait biblischer Personen oder Ereignisse zusammengestellt. Sie verdeutlichen, wie sehr die biblischen Texte einerseits mit der Geschichte des alten Orients verwoben sind und andererseits wie sie von diesen abweichen (vgl. Entmythologisierungstendenzen in der Genesis). Diese (teilweise älteren) Dokumentationsfilme können ein Korrektiv zu »frommen« Bibelfilmen aus dem evangelikal-amerikanischen Lager sein.

Roman-Adaptionen (Literaturverfilmungen)
Hier lassen sich vereinfacht zwei Gruppen von Adaptionen unterscheiden:
- »direkte« Adaption: anspruchslose »Nacherzählungen mit Bildern«, z. B. der nach einem Roman von Marjorie Holmes gedrehte Streifen EINES TAGES IN GALILÄA (THE NATIVITY, US. 1978, R: Bernard L. Kowalski),
- »indirekte« Adaption: ambitionierte Projekte, z. B. Andrej Wajdas Bearbeitung des Romans von Michail Bulgakow »Der Meister und Margarita«. Wajdas Version PILATUS UND ANDERE – FILM FÜR KARFREITAG (D 1972) verlegt die Passionsgeschichte in unsere Tage; der Pole Andrej Wajda verbindet Motive der Passionsgeschichte und Dialoge aus dem Bulgakow-Roman.

Spin-off

Gemeint sind Spin-off (»Ableger«), bei denen beliebte Nebenfiguren zu Hauptfiguren in neuen Serien gemacht werden.

Aus dem Film DIE BIBEL: JESUS (JESUS, US., I, D 1999, R: Roger Young) werden 2001 Nebenfiguren zu Hauptfiguren eigenständiger Filme in Filmserien gemacht.

Jesus-Legenden: JOSEPH VON NAZARETH, MARIA MAGDALENA, JUDAS, THOMAS.

Transfigurationen

Abraham, Josef, Mose, Jesus o. a. sind in solchen Filmen nur indirekt dabei, gewissermaßen inkognito als eine andersnamige, individuelle Erlöserfigur. Transfigurationen und Erlöserfiguren lassen sich zeigen an christusähnlichen Filmfiguren, die den Glauben an Christus implizit bestätigen, z. B.
- NAZARIN (MX 1958/1959, R: Luis Buñuel),
- PALE RIDER – DER NAMENLOSE REITER (PALE RIDER, US. 1985, R: Clint Eastwood),
- FEARLESS – JENSEITS DER ANGST (FEARLESS, US. 1993, R: Peter Weir),
- CHOCOLAT – EIN KLEINER BISS GENÜGT (CHOCOLAT, US. 2000, R: Lasse Hallström),
- MATRIX (Teile 1–3, US. 1999–2003, R: Die Wachowskis),
- THE GREEN MILE (US. 1999, R: Frank Darabont) u. a.

Christus inkognito

Ähnlich wie bei den »Transfigurationen« erscheint in diesen Filmen Christus inkognito. Gemeint sind Filme, die »indirekte Erschließungen, Paraphrasen und Verfremdungen, Parallelerzählungen und dramaturgische Verknüpfungen, Zitate und Anspielungen« herausstellen.

In vielen amerikanischen Western trägt die oft namenlose Erlöserfigur jesuanische Züge. Dabei sind Parallelen zur Verkündigung Jesu sichtbar, z. B.
- PALE RIDER – DER NAMENLOSE REITER (PALE RIDER, US. 1985, R: Clint Eastwood).

Jesus-Entsprechung

Einzelne Bilder und Symbole Jesu finden Entsprechungen im alltäglichen Leben:
Jesus als das Lamm Gottes findet Entsprechungen in
- ZUM BEISPIEL BALTHASAR (AU HASARD BALTHAZAR, F/SE 1965, R: Robert Bresson).

Jesus-Parabel

Jesus spricht in Gleichnissen und benutzt Parabeln, lehrhafte und kurze Erzählungen, um seine Botschaft anschaulich mitzuteilen.

Filme veranschaulichen in Parabeln die Wiederkehr Christi in unsere Welt, in die er nicht angenommen, aber verraten und getötet wird.

Filmbeispiele:
- MISTER BROUN STEIGT HERAB (MR. BROWN COMES DOWN THE HILL, GB 1967, R: Henry Cass),
- GEGRÜSSET SEIST DU, MARIA (AT: MARIA UND JOSEPH, GEGRÜSSET SEIST DU, MARIA (F/CH/GB 1984/1985, R: Jean-Luc Godard).

Bibel-Parodie

Die Bibel-Parodie (»Gegenlied« oder »verstellt gesungenes Lied«) will bekannte Geschichten der biblischen Überlieferung oder Bibelfilme verzerren, übertreibend oder verspottend imitieren und dadurch verstellen.

Regisseur Gary Weis parodiert in seinem Film OH, MOSES (WHOLLY MOSES, US. 1980) den Monumentalfilm DIE ZEHN GEBOTE (THE TEN COMMANDMENTS, US. 1956) von Cecil B. DeMille. Regisseur Gary Weis orientiert sich an Terry Jones, der ein Jahr zuvor den Film JESUS VON NAZARETH (GESU DI NAZARETH | JESUS OF NAZARETH, I 1976) von Franco Zeffirelli parodierte.

In der englischen Satire MONTY PYTHON'S DAS LEBEN DES BRIAN (MONTY PYTHON'S LIFE OF BRIAN, VK 1979, R: Terry Jones) wird Brian in unmittelbarer Nachbarschaft zu Jesus geboren und mit ihm verwechselt. Das Leben wird für Brian immer lästiger, da er für den Messias gehalten und von zahlreichen Anhängern verfolgt wird.

Der Film verspottet nicht Jesus, sondern parodiert traditionelle Sandalen-Jesus-Filme. Der Film ist ein Anti-Zeffirelli-Film, indem er die gleichen Kulissen in Monastir benutzt.

In THE LAST HANGOVER (BR 2018, R: Rodrigo Van Der Put) können sich die verkaterten Jünger Jesu am Tag nach dem Abendmahl an nichts mehr erinnern.

Bibel-Provokationen

Die Jesus-Provokationen gehen noch einen Schritt weiter:
DIE LETZTE VERSUCHUNG (THE LAST TEMPTATION OF CHRIST, US. 1988, R: Martin Scorsese) beschäftigt sich ausführlich und rein fabulös mit Jesu Liebesleben.

Der Film THE RETURN – JESUS VENDER TILBAGE (DK 1992, R: Jens Jørgen Thorsen) war in den 70er Jahren geplant als »Das Sexleben Jesu Christi«.

Jesus-Science-Fiction

Hierzu zählen Filme, in denen Erlöserfiguren Ähnlichkeiten mit Jesus haben.
Beispiel: MATRIX (Teile 1–3, US. 1999–2003, R: Die Wachowskis).

Das Bibel-Splatter-Movie

Verwandt mit dem Horror-Film stehen beim Splatter-Movie (engl.: spritzen) Blut und Gewalt im Vordergrund.

Beispiel: In DIE PASSION CHRISTI (THE PASSION OF THE CHRIST, US. 2004, R: Mel Gibson) wird die Geißelung Jesu mit dem minutenlangen grausamen Auspeitschen sehr brutal und drastisch dargestellt. Jesu Rücken ist blutüberströmt.

Die Jesus-Apokalypse

Besonders um die Jahrtausendwende gehen Regisseure der Frage nach, was passiert, wenn heute Jesus auftaucht und mit seiner Ankunft die Apokalypse anbricht?

Hierzu zählen die Filme:
- DAS BUCH DES LEBENS (THE BOOK OF LIFE, US./F 1998, R: Hal Hartley),
- MENSCH JESUS (Kurzfilm, D 1999, R: Cornelius Meckseper),
- JOSHUA (US. 2002, R: Jon Purdy),
- THE SECOND COMING (GB 2003, R: Adrian Shergold).

Bibel-Komödie

Die Handlung von Mose, Jesus u. a. wird in der übertriebenen, erheiternden Darstellung deutlich in den Filmen:
- OH, MOSES! (Wholly Moses! US. 1980, R: Gary Weis),
- KEINE ZEIT FÜR WUNDER (CERCASI GESU | L' IMPOSTEUR I/F 1982, R: Luigi Comencini),
- JESUS LIEBT MICH (D 2012, R: Florian David Fitz).

Eine »schwarze« Komödie stellt der Film dar:
- DER GEFALLEN, DIE UHR UND DER SEHR GROSSE FISCH (THE FAVOUR, THE WATCH AND THE VERY BIG FISH, US. 1991, R: Ben Lewin).

Jesus-Spektakel

Hierzu zählen Filme, die verschiedene Kino-Genre kopieren: Action-, Musical- und Jesus-Film.

Filmbeispiel:
- JOAN LUI – EINES TAGES WERDE ICH KOMMEN, UND ES WIRD MONTAG SEIN (JOAN LUI – MA UN GIORNO NEL PAESE ARRIVO IO DI LUNEDÌ, D/I 1986, R: Joan Lui).

Bibel/Jesus-Persiflage: Das Simpsons-Movie

In der Zeichentrickserie von Matt Groening (24 Staffeln mit über 500 Episoden/Folgen) werden oft religiöse Themen persifliert, z. B. zum Thema Jesus
- DAS JÜNGSTE GERICHT (THANK GOD IT'S DOOMSDAY, Staffel 16, Folge 19) Homer träumt vom Jüngsten Gericht und begegnet Gott, Jesus und einem Engel im Himmel.),

- DER VATER, DER SOHN UND DER HEILIGE GASTSTAR (THE FATHER, THE SON & THE HOLY GUEST STAR, Staffel 16, Folge 21),
- ES WEIHNACHTET SCHWER (SIMPSONS ROASTING ON AN OPEN FIRE, Staffel 1),
- SIMPSONS WEIHNACHTSGESCHICHTEN (SIMPSONS CHRISTMAS STORIES, Staffel 17, Folge 9),
- EIN KLEINES GEBET (PRAY ANYTHING, STAFFEL 14, Folge 10).

In der US-amerikanischen Zeichentrickserie SOUTH PARK wird Jesus öfters thematisiert, z. B. HALLO GOTT, HIER IST JESUS (16/3), EIN TOLLER APPLAUS (16, 13 u. 14), PASSION DER JUDEN (8, 4): In dieser Folge wird der Film DIE PASSION CHRISTI von Mel Gibson ironisch kritisiert: Cartman sieht sich bestätigt in seinem Kampf gegen die Juden. Er bringt Kyle dazu, den Film sich anzusehen. Er ist entsetzt von der Darstellung der Juden.

Stan und Kenny, die sich den Film auch angesehen haben, sind genervt und verlangen ihr Eintrittsgeld zurück, das sie aber von der Kinokasse nicht bekommen. Sie wollen sich an Mel Gibson wenden, ihn aufsuchen und das Geld direkt von ihm fordern. Dort angekommen stehlen sie das Geld und verschwinden. Mel Gibson verfolgt sie. Als Vorsitzender des »Mel Gibson Fanclubs« hat Cartman eine Versammlung einberufen. Er schwört sie auf Inhalte des christlichen Glaubens ein und fordert sie auf, mit ihm zu demonstrieren. Cartman, der den Marsch anführt, schreit immer wieder: »Wir müssen die Juden ausrotten« Das fordert die Juden South Parks heraus sich gegen diesen antisemitischen Film zu wehren.

In der US-amerikanischen Zeichentrickserie FAMILY GUY werden Fernsehsendungen und die Themen Gewalt, Sex, Religion, Kirchen, Sekten parodiert und kritisch durchleuchtet.

Beispiele: In den beiden Teilen DIE PASSION GRIFFIN (US. 2005) werden der Regisseur Mel Gibson und sein Film DIE PASSION CHRISTI kritisiert: Das Ehepaar Peter und Lois Guy wollen ihre Kinder und die Zuschauer vor einer Fortsetzung von DIE PASSION CHRISTI bewahren und stehlen deshalb den Fortsetzungsstreifen.

Eine weitere Folge der Reihe, in der Jesus thematisiert wird:
ALLE LIEBEN JESUS – I DREAM OF JESUS (Staffel 7, Folge 112. Code 6ACX05, EA: 5. Oktober 2008).

Jesus-Animation

Diese Filme wenden sich an Kinder und Jugendliche. In der Qualität sind die einzelnen Produktionen sehr unterschiedlich; das bunte Medium verführt zum Schwelgen in Action und Kitsch; andererseits ist es bei den Adressaten beliebtes

Darstellungsmittel, das geeignet ist, auch einen fremden und ernsthaften Gehalt attraktiv zu machen.

Filmbeispiele:
- DAMALS IN BETHLEHEM (US. 1998, R: Lindsay van Blerk): Kurzfilm mit Animation,
- DIE GEBURT JESU (ET: »... UND DOCH GIBT ES FRIEDEN, Russland 1998, R: Michail Aldaschin): Trickfilm,
- JESUS-GESCHICHTEN (I 1996): Trickserie,
- VERBOTENE GESCHICHTEN (IE 1996, R: Jimmy T. Murakami): 13-teilige irische Zeichentrickserie,
- DIE SPUR DER KÖNIGE (F/BE/LU 1990): Trickfilm.

Jesus-Anime

Der neunminutige Kurzfilm DIE LETZTEN DREI TAGE (MY LAST DAY, Japan 2012, R: Barry Cook) im japanischen Anime-Format (2012) stellt drastisch die Kreuzigung Jesu dar.

Jesus im Stopp-Motion-Verfahren

Bei diesem Verfahren wird eine Illusion von Bewegung erzeugt, indem einzelne Bilder von unbewegten Motiven aufgenommen werden. Einzelne Spielszenen aus Jesu Leben werden mit Puppen gestellt, abfotografiert. Danach wird die Stellung der Puppen nur leicht verändert und wieder abgefilmt.

Beispiel: DER MANN DER TAUSEND WUNDER (MIRACLE MAKER, GB/RU 2000, R: Derek W. Hayes u. Stanislav Sokolov).

Jesus-Mystery-Thriller

Die Jesus-Gestalt wird in Mystery-Thrillers umfunktioniert: Bei Ausgrabungen werden besondere Entdeckungen gemacht.

Hierzu zählen die Filme THE BODY (US./IL 2000, R: Jonas McCord) und DAS JESUS VIDEO (D 2002, R: Sebastian Niemann).

Bibel-Mainstream-Kino

Der Unterhaltungsfilm kommt oft rechtzeitig zu kirchlichen Feiertagen, z. B. zu Weihnachten heraus.

Hierzu zählt der Film JESUS LIEBT MICH (D 2012, R: Florian David Fitz).

Jesus-B-Movie

Als B-Movie oder B-Picture wird allgemein ein zweitklassiger (Kurz-)Film mit oft geringem Filmbudget und niedrigem künstlerischen Anspruch verstanden.

Hierzu zählt der 13 min. Kurzfilm ZOMBIE JESUS! (CA 2007, R: Steve Miller).

2.4 Vorlagen aus Kunst und Literatur

Vorlagen aus Kunst

Wie die Bilder sind auch die Filme ihrer Entstehungszeit vielfältig verpflichtet; zugleich aber bringt der zeitliche Vorsprung der Kunstgeschichte gegenüber der Filmgeschichte es mit sich, dass Filmemacher sich an Kunstwerke wie an Vorlagen anlehnen können.

Regisseure nehmen die vorhandenen Jesus-Motive wie den Guten Hirten, den jugendlichen Menschenfreund, den Leidenskönig oder den siegreichen Kämpfer auf und setzen ihn in Szene.

Regisseurin Alice Guy-Blaché hat sich für ihren Film LA VIE DU CHRIST (F 1906) von den Grafiken des französischen Malers Jacques Tissot inspirieren lassen, die er zum Leben Christi anfertigte und 1896 in Paris ausstellte.[29]

(Filmbeschreibung S. 292 ff.)

Regisseur Cecile B. DeMille macht für seine Kreuzweg-Inszenierung im Film KING OF KINGS (US. 1927) eine Anleihe bei den Holzschnitten des romantischen Künstlers Gustave Doré aus dem Jahr 1866. Cecile B. DeMille bezeichnet diesen als seinen Lieblingskünstler.

(Filmbeschreibung S. 189)

Abb. 5: Still aus Cecile B. DeMille KING OF KINGS (1927)

Abb. 6: Gustave Doré, Jesus auf Golgatha (1866)

---

29 Ausführlicher: Fleig, Michael (2020): Alice Guy und ihre Erbinnen. Übergangene Frauen in der Filmgeschichtsschreibung (FFK Journal. Dokumentation des 32. Film- und Fernsehwissenschaftlichen Kolloquiums Nr. 5 (2020).

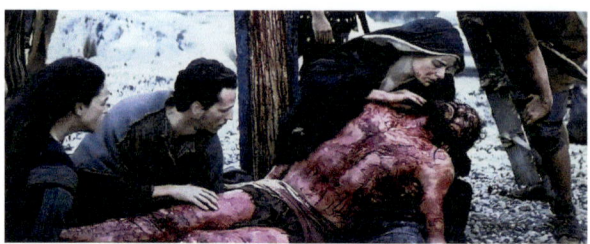

Abb. 7: Still aus Mel Gibson DIE PASSION CHRISTI (US. 2003)

Abb. 8: Caravaggio Die Grablegung Christi (1603/1604)

Mel Gibson adaptiert in seinem umstrittenen Film DIE PASSION CHRISTI (THE PASSION OF THE CHRIST, US. 2003) das Gemälde »Die Grablegung Christi« von Michelangelo Merisi da Caravaggio (1603/1604) und Gemälde von Rembrandt Harmenszoon van Rijn.
(Filmbesprechung S. 268 f.)

Neben den zeitgenössisch besonders beliebten Bibelbildern Dorés oder auch von Julius Schnor von Carolsfeld und J. James Tissot dienen den frühen Filmemachern die Gemälde alter Meister (z. B. DaVincis »Abendmahl« oder die »Kreuzigung« von Velasquez) oder aber die frommen Gebrauchsbilder wie Andachts- und Fleiß- und Sterbebildchen als Vorbilder ihrer Gestaltung.
Ältere wie neuere Jesus-Filme inszenieren Jesusdarstellungen aus der Kunstgeschichte.

Um Bibel-Filme besser verstehen zu können, ist ein kurzer Blick in die Kunstgeschichte zu werfen.
Die ersten Stummfilme führen Bildtraditionen des 19. Jahrhunderts fort und greifen Vorlagen von Laterna-Magica-Folgen, Pressebildern und Historiengemälden auf. Die ersten Filmbilder sind »zentrifugal« orientiert wie ein Gemälde: Tableaux im Film.[30]
Der Film JOSEPH VENDU PAR SES FRÈRES (AT: JOSEPH SOLD BY HIS BRETHREN, F 1909, R: Paul Gavault u. Georges Berr) enthält fünf Bilder: Sold

---

30 Grimm, Bruno (2016): Tableaus im Film – Film als Tableau. Der italienische Stummfilm und Bildtraditionen des 19. Jahrhunderts. Paderborn: Fink. André Bazin: Malerei und Film (1975), in: Ders.: Was ist Film?, hg. v. Robert Fischer, Berlin 2015, S. 224–230. Liptay Fabienne (2016): Telling Images. Studien zur Bildlichkeit des Films, (Diaphanes) Zürich/Berlin.

by his Brethren. In Captivity. Tempted by Potiphar's Wife. Interpretation of Pharaoh's Dreams. Joseph Exalted. – Apotheosis.

Die Entwicklungen von Jesusbildern in der Kunstgeschichte finden eine Parallele in der Filmgeschichte. In allen Jahrhunderten haben Maler, Bildhauer und Graphiker versucht, Gott, Jesus und den Gehalt der Bibel künstlerisch darzustellen. Sie legen auf ihre Weise Zeugnisse ihrer persönlichen Frömmigkeit ab. Viele Künstler gelten als Propheten, die eine besondere Nähe zu Gott haben und deren Werke daher als göttlich inspiriert verehrt werden, z. B. Raffael oder Michelangelo. Die Künstler befolgen nicht das Bilderverbot: »*Du sollst dir kein Bildnis noch irgendein Gleichnis machen ...*« (Ex 20,4).

In der neutestamentlichen Überlieferung und für das frühe Christentum sind in Anlehnung an das Bilderverbot des Alten Testaments (Vgl. Ex 3, 1–14) Darstellungen Jesu verboten.

Kurz vor und nach der Konstantinischen Wende wird das Verbot gelockert, z. B. Jesus wird gezeigt als Caesar in Toga und mit Zepter (Christus erweckt Lazarus: Goldglas, 3. Jahrhundert). Die äußeren Merkmale eines Kaisers (»Insignien«) werden nun auf Jesus übertragen.[31]

Jesus wird zunächst dargestellt in Zeichen und Symbolen, z. B. Jesus als Anker und als Fisch (2./3. Jahrhundert Rom) oder das Christus-Monogramm (4. Jahrhundert Ravenna).

Bilder haben einen erzieherisch-religiösen Aspekt. Besonders wird dies in den Ausmalungen von Kirchen, von Kreuzwegen und bei der Biblia Pauperum, der Armenbibel aus dem 11. Jahrhundert, deutlich: Illustrationen helfen dem Priester, dem Volk (den »geistlich Armen«) die Heilsgeschichte der Bibel und besonders die Wunder Jesu zu vermitteln. Die biblischen Gestalten und vor allem Jesus ziehen lebendig am Betrachter vorüber. Die Gläubigen werden in das Geschehen mit einbezogen.

Die Bilder haben zunächst eine dienende Funktion: Die Heilige Schrift erhält zusätzlich »Heilige Bilder«. Sie sollen die kirchliche Lehre veranschaulichen, in biblischen Geschichten unterweisen und die Erinnerung festigen. In welcher Absicht auch sie entstehen, die Kunstwerke sind geprägt von der Theologie ihrer Zeit. Die Jesus-Darstellungen betonen in manchen Epochen den siegreichen König, in anderen den Schmerzensmann, einmal den jugend-

---

31 Dieser Wandel wird sehr anschaulich verdeutlicht in dem Film: »Vom guten Hirten zum Weltenherrscher – Christusbilder im antiken Rom« von Herbert Alexander Stützer und Günther Friedrich. Eine Produktion des BR. TV: BR 3 29.3.1986.

lichen, menschenfreundlichen Hirten, ein anderes Mal den souveränen und welterfahrenen Herrscher.

Genau diese unterschiedlichen Typologien tauchen bei den Jesus-Filmen wieder auf.

Bereits in der darstellenden Kunst sind zahlreiche Jesus-Transfigurationen und Einkleidungen zu finden.

Ein markantes Beispiel: Das »Westfälische Abendmahl« kleidet um **1500** in der Kirche Sankt Maria zur Wiese (Kirchenfenster im Nordportal; Soest) die Abendmahlsszene in den damaligen Kulturkreis ein: Jesus und seine Jünger feiern das Mahl nicht mit ungesäuertem Brot und Wein, sondern hier in Soest gibt es die Spezialitäten der Soester Heimat mit Schweinskopf, Schinken, Pumpernickel und Bier. Der damalige Kirchenbesucher wurde in die Abendmahlsszene mit einbezogen.

Filmregisseure benutzen das ähnliche Prinzip und basteln für ihr Drehbuch eine Evangelienharmonie. Diese und ähnliche Transfigurationen und Einkleidungen werden später bei vielen Bibel- und Jesus-Filmen aufgegriffen, z. B.:

Regisseur Miguel Morayta gestaltet seinen in Schwarzweiß schlicht gehaltenen Jesus-Film EL MÁRTIR DEL CALVARIO (IISOUS O NAZORAIOS, MX 1952) mit Laienschauspielern und bezieht als Kulissen die Landschaft mit ein.

Regisseur Pier Paolo Pasolini dreht seinen in Schwarzweiß gehaltenen Film DAS ERSTE EVANGELIUM – MATTHÄUS (L VANGELO SECONDO MATTEO, I 1964) mit Laienschauspielern aus Apulien, Lukanien und Kalabrien in der archaischen Landschaft um Matera.

Regissseur Cheick Oumar Sissoko arbeitet in seinen Film DIE ERBEN VON KAIN UND ABEL (LA GENÈSE, Mali/F 1999) ausschließlich mit afrikanischen Schauspielern, die in ihrer Muttersprache »Bambara« agieren. Die biblischen Figuren Isaak, Jakob und der junge Josef werden in afrikanische Kontexte, in deren Mythen und Traditionen transponiert.

Regisseur Giovanni Columbu überträgt in seinem Film SU RE (I 2013) die Passion Jesu auf Sardinien: die Kulisse der kargen, rauhen und wilden Landschaft mit Laienschauspielern aus unterschiedlichen Regionen Sardiniens.

Viele Filme gehen der Frage nach, wie es aussieht, wenn Jesus heute zu uns kommt, z. B.

wenn Jesus durch München zieht, z. B. in der umstrittenen Satire DAS GESPENST (D 1983, R: Herbert Achternbusch),

wenn Jesus im Jahr 2000 an einem Flughafen ankommt, z. B. Jesus gekleidet im Anzug in MANOLO UND DAS BUCH DES LEBENS (THE BOOK OF LIFE, US. 1998, R: Jorge Gutiérrez),

wenn Jesus in einer europäischen Stadt auftritt, z. B. Jesus als Anhalter in dem Kurzfilm ERNST UND DAS LICHT (ERNST OG LYSET, DK 1995, R: Anders Thomas Jensen, Thomas Villum Jensen),

wenn Jesus als Arbeitsloser in Stuttgart um Spenden bittet in dem experimentellen Kurzfilm MENSCH JESUS (D 1999, R: Cornelius Meckseper),
wenn Jesus, der an den Armen stark tätowiert ist und Zigaretten raucht, als Biker auf einer Harley zu Lazarus fährt, in der Kurzfilm-Trilogie ROCK'N'BIBLE (D 2017, R: Harald und Steven Takke).

Die Kreuzigungsszenen zeigen Jesus am Kreuz mit Lendentuch, das gebauschte, flatternde oder gedrehte Enden hat.

Künstler in der Reformationszeit verlegen die Abendmahlsfeier in das Hier und Jetzt, um den Gedanken der realen Gegenwart Christi aufzuzeigen. Ratgebs Judas ist ein Rüpel und bösartiger Flegel. Cranachs Judas dagegen begeht einen Verrat an der reformatorischen Idee.[32]

Diesen Gedanken der Aktualisierung greifen Regisseure auf, wenn sie die Abendmahlsfeier in lokal-politische Situationen verlegen, z. B.

DAS LETZTE ABENDMAHL
LA ULTIMA CENA, CU 1976, R: Tomás Gutiérrez Alea
Der fromme Besitzer einer Zuckerrohrplantage versammelt Ende des 18. Jahrhunderts in Kuba in der Karwoche 12 stark geschundene schwarze Sklaven zu einem symbolischen Abendmahl: Er will ihnen zeigen, dass sie einen liebevollen und verständnisvollen Herrn haben.
(Filmbeschreibung S. 153 ff.)

AVA UND GABRIEL
AVA Y GABRIEL, CW/NL 1992, R: Felix de Rooy
Der Film geht der Frage nach, ob Maria eine Farbige sein kann.
(Filmbeschreibung S. 253 ff.)

Das 17. Jahrhundert historisiert: Biblische Themen werden verweltlicht, d. h. diese werden in Ereignisse der Geschichte und Gegenwart eingebettet. Auch diese Tendenz ist bei vielen Jesus-Filmen erkennbar. Filme betten Jesus in die jeweilige gegenwärtige gesellschaftlich-politische Situation ein, z. B.: ERNST UND DAS LICHT (DK 1995, R: Anders Thomas Jensen).
(Filmbesprechung S. 229 f.)

Neben den zeitgenössisch besonders beliebten Bibelbildern von Gustave Doré (1832–1883), Julius Schnor von Carolsfeld (1794–1872) und J. James Tissot (1836–1902) dienen den frühen Filmemachern die Gemälde alter Meister (z. B. DaVincis »Abendmahl« oder die »Kreuzigung« von Velasquez). Auch fromme

---

32 Vgl. auch Serup-Bilfeldt, Kirsten: Jesus in der Kneipe. Deutschlandfunk 10.4.2019.

Gebrauchsbilder wie Andachts-, Fleiß- und Sterbebildchen werden als Vorbilder ihrer Filmgestaltung gerne verwendet.

Ältere wie neuere Jesus-Filme inszenieren Jesusdarstellungen aus der Kunstgeschichte.

Abb. 9: Leonardo DaVinci, »Das Abendmahl« (1494 bis 1497)

Abb. 10: Still aus DAS LEBEN UND DIE PASSION JESU CHRISTI (F 1897)

Abb. 11: Still aus DAS LEBEN UND DIE PASSION (F 1905)

Abb. 12: Still aus CHRISTUS (I 1915/1916)

Abb. 13: Still aus BLÄTTER AUS DEM BUCH SATANS (DK 1920)

Vorlagen aus Kunst und Literatur

Abb. 14: Still aus APOSTEL PETRUS UND DAS LETZTE ABENDMAHL (US. 2012)

Abb. 15: Still aus LA PASSION DE JUDAS (ES 2014)

Abb. 16: Still aus JESUS NUESTRO SEÑOR – PELÍ1CULA COMPLETA (MX 1979)

Abb. 17: Still aus FAMILY GUY – WHY JUDAS HATES JESUS: The last Supper (US. 2015)

Abb. 18: Still aus DAS NEUE EVANGELIUM (D/CH/I 2020)

Der US-amerikanische Filmregisseur, Drehbuchautor, Filmproduzent und Kameramann Georg Stevens (1904–1975) bestätigt in einem Interview die Rückgriffe auf bekannte Kunstwerke bei seinem Film DIE GRÖSSTE GESCHICHTE ALLER ZEITEN (US. 1965):

> »Max von Sydows wohlcoiffierter, stets in makellos drapiertem Übergewand und häufig in einer sanften Lichtmandoria einherschreitender Todd-AO-Christus sieht nicht nur so aus, als hätten Thorwaldsen und Schnorr von Carolsfeld bei ihm als Maskenbildner gewirkt, ... das Abendmahl à la Leonardo da Vinci, das Kreuzigungstriptychon und der Engelgruß am offenen Grab.«[33]

---

33 Schweizer, Rolf: Der verfilmte Jesus. In: Radius 1/1966, 45.

Abb. 19: Michelangelo »Pietà« (1498–1499, Basilique St-Pierre, Vatican).

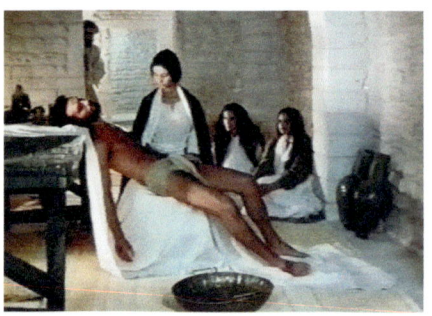

Abb. 20: Still aus DER MESSIAS (F/I 1975)

Abb. 21: Still aus DIE BIBEL: JESUS (US./I/D 1999)

Die »Pietà« von Michelangelo bekommt eine Neuauflage in DER MESSIAS (F/I 1975). (Abb. 20): Alle Einzelheiten, z. B. die Haltung von Maria, die Falten des Tuches u. a., sind im Film genau übernommen.

Der Film DIE BIBEL: JESUS (US. 1999, R: Roger Young) greift ebenfalls die Darstellung der »Pietà« von Michelangelo auf. (Abb. 21)

(Filmbeschreibung S. 251 f.)

Abb. 22: Still aus SON OF MAN (ZA 2006)

Abb. 23: Still aus IHR NAME WAR MARIA (I/D/ES 2012)

In SON OF MAN (ZA 2006) bringt Maria auf der Ladefläche eines Pickups liegend ihren toten Sohn in die Stadt. (Abb. 22)

Auch der Film IHR NAME WAR MARIA (MARIA DI NAZARET, I/D/ES 2012, R: Giacomo Campiotti) lehnt sich deutlich an Michelangelo an. In einem Interview bekennt der Jesus-Darsteller Andreas Pietschmann die Anleihen aus der Kunstgeschichte. (Abb. 23)

Abb. 24: Still aus JUDAS UND JESUS. DER ÄUSSERSTE VERRAT (US. 2004, R: Charles Robert Carner)

Auch in JUDAS UND JESUS. DER ÄUSSERSTE VERRAT (US. 2004, R: Charles Robert Carner) bekommt die »Pietà« von Michelangelo eine Neuauflage.[34] (Abb. 24)

(Filmbeschreibung S. 279 f.)

Der südkoreanische Filmemacher Kim Ki-duk nennt sein Filmdrama nach der gleichnamigen Marienstatue von Michelangelos Römischer Pietà: Filmplakat und DVD-Cover zeigen die Darstellung Marias mit dem Leichnam Jesu.

Abb. 25: Still aus DER WEICHKÄSE (La RICOTTA, I 1963)

---

34 Vgl. Liptay, Fabienne: »Filmische Andachtsbilder. Die Pietà – eine Figur des Mitgefühls« (in: film-dienst, 11, 2006, 13–15).

Pier Paolo Pasolini verwendet für seine zwei Szenen des fiktiven Bibelfilms in DER WEICHKÄSE (La RICOTTA, I 1963) zwei nachgestellte Altarbilder des 16. Jahrhunderts: Rosso Fiorentino: Kreuzabnahme (1521) und Jacopo da Pontormo: Grablegung Christi (1526–1528). (Abb. 25)

Der Film zeigt Dreharbeiten eines Christus-Films: Der bettelarme Komparse und Darsteller des Schächers Stracci (Mario Cipriani) stirbt fast vor Hunger, weil er seine Familie mit seiner Essensration versorgen muss, ohne selbst davon zu essen. Pier Paolo Pasolini verfremdet die sakrale Stimmung durch mehrere »Störfaktoren« der Schauspieler: Ihr »unwürdiges« Verhalten war damals auch Anlass dafür, den Film wegen Blasphemie verbieten zu lassen.[35]

Die ersten Jesus-Filme werden teilweise von der Katholischen Kirche produziert bzw. mitfinanziert, z. B.:
- Das katholische Verlagsunternehmen »La Bonne Presse« produziert den Film LA VIE ET LA PASSION DE JESUS-CHRIST (1897, P: Gebrüder Lumière).[36]
- Die Catholic Art Association produziert den Film THE ETERNAL LIGHT (US. 1919, R: O. E. Goebel).
- Der Film I BEHELD HIS GLORY (US. 1952, R: John T. Coyle.) wird von der Gesellschaft »Cathedral Films« für Vorführungen in Kirchen produziert.

Regisseure sind teilweise an der Zusammenarbeit, an ideeller Unterstützung und Zustimmung der katholischen Kirche (kirchliches Imprimatur) interessiert, lassen sich von ihr beraten und nutzen dies anschließend für Werbezwecke aus.
Beispiele:
- Sidney Olcott für seinen Film FROM THE MANGER TO THE CROSS (US. 1912/1913),
- Cecil B. DeMille bei seinem Film KÖNIG DER KÖNIGE (THE KING OF KINGS, US. 1927),
- Nichola Ray bei seinem Film KÖNIG DER KÖNIGE (KING OF KINGS, US. 1961).

---

35 Vgl. Oy-Marra, Elisabeth: »Alte und neue Medien im Dialog: Malerei und Film in Pier Paolo Pasolinis La ricotta« (in: Koebner, Thomas/Schenk, Irmbert (Hg.): Das goldene Zeitalter des italienischen Films. Die 1960er Jahre. München: Text und Kritik 2008, 268–278); Wagner Birgit: »La ricotta. Körper, Medien, Intermedialität« (in: Kuon, Peter (Hg.): Corpi/Körper. Körperlichkeit und Medialität im Werk Pier Paolo Pasolinis. Frankfurt: Peter Lang (2001), 81–92.
36 Vgl. Zwick, Reinhold (1995): Die Geburt des Erzählkinos. Das Leben und die Passion Jesu Christi nach den Brüdern Lumiere. In: Film-Dienst, 48. Jg. (1995), Nr. 25, 10–13.

Im *18. Jahrhundert* wird Jesus vollends auf das Idealbild des aufgeklärten Bürgers zugeschnitten: »Christus neophilosophicus«.

Im *19. Jahrhundert* wird die Christusfigur einerseits durch neue Kunstströmungen beeinflusst, z. B. durch den Lukasbund oder die Nazarener, andererseits durch die Religionskritik von Denkern wie Feuerbach, Marx und Nietzsche fragwürdig.

In den Werken von Johann Friedrich Overbeck (1789–1869) wird Heilsgeschichte in der Malerei im Stil der Nazarener bekannt und zum Vorbild: Christus bei Maria und Martha von (1813/1816).

Der Mitbegründer der deutschen Romantik Wilhelm Heinrich Wackenroder (1773–1798) fordert: »*Lasset uns darum unser Leben in ein Kunstwerk verwandeln.*«[37]

Bildende Künstler im *19. Jahrhundert* beginnen, aus jüdischer Perspektive auf Jesus zu blicken. Moritz Oppenheim, Maurycy Gottlieb, Mark Antokolsky oder auch Max Liebermann beschäftigten sich in ihrem Ringen um Anerkennung in der europäischen Kunst.[38]

Die Kunstrichtung der Nazarener, die den Neoklassizismus, den Ästhetizismus und den Bildrealismus ablehnt, will biblische Geschichten lebendig werden lassen und diese in die Gegenwart rufen als eine Art »Sakralisierung des Lebens«.

Christus-Darstellungen zeigen eine klare, konturierte Form und seine menschliche Figur.

Abb. 26: Tympanon des Hauptportals der Pauluskirche Heidenheim, erbaut 1895–1898: Beispiel für einen in gotischen Formen errichteten Kirchbau des Historismus. Jesus im »klassischen« Nazarenerstil ganz in Weiß gekleidet, mit weichen Zügen, Vollbart und langem Haar.

---

37 Wackenroder, Wilhelm Heinrich: Die Ewigkeit der Kunst. In: Ders.: Phantasien über die Kunst für Freunde der Kunst: Herausgegeben von Ludwig Tieck, (Berliner Ausgabe, 2016, 4. Auflage), 299.
38 Vgl. »Jesus in Israeli Art«. Ausstellung des Israel-Museums Jerusalem 2018.

Jesus-Darstellungen in den Stummfilmen zeigen deutlich Bezüge zur Nazarener-Kunst, z. B. Cecil B. DeMilles Film KÖNIG DER KÖNIGE (THE KING OF KINGS, US. 1927).

Der US-amerikanische Schauspieler und Filmregisseur Irving Pichel lässt seinen Jesus (Robert Wilson) in DAY OF TRIUMPH (US. 1954, R: John T. Coyle, Irving Pichel) als Nazarener-Gestalt auftreten.

Der italienische Regisseur Franco Zeffirelli greift in seinem Film JESUS VON NAZARETH (GESÙ DI NAZARETH, I 1977) die Jesusdarstellung dieser Kunstrichtung auf.

Auch aktuelle Filme lehnen sich an diese Form der Darstellung Jesu an:

In seinem Film AL-MASIH (JESUS THE SPIRIT OF GOD; THE MESSIAH; 2007) stellt Regisseur Nader Talebzadeh Ordubadi seinen Jesus im »klassischen« Nazarenerstil dar: ganz in Weiß gewandelt, mit weichen Zügen, Vollbart und langen braunen Locken, mit langem blonden Haar.

Man liebt einen klassizistisch dargestellten Jesus mit den idealisierten Zügen des Heilands.

Ein Beispiel aus jüngster Zeit:
Die Kanadierin Marianna Gartner zeigt in ihrem **2005** entstandenen Gemälde »Tattoed Jesus Pietà« einen Jesus, wie er heute aussehen könnte. Die Künstlerin verbindet in ihren Gemälden Vergangenes mit Gegenwärtigem: Sie hat als Vorlage das Bild der Pietà von Villeneuve-lès-Avignon (um 1450) verwendet und die biblischen Figuren und die im Hintergrund links sichtbaren Türme und Tempel Jerusalems in unsere Zeit verlegt: in eine leere Hügellandschaft.

Die Studenten Harald und Steven Takke haben für ihre Film-Examensarbeit ROCK'N'BIBLE (D 2017, Trilogie: »Lazarus«, »Der Täufer« und »Das Abendmahl«) Erzählungen des Neuen Testaments in die Biker-Szene versetzt. Hier sind die Jünger Jesu Boxer, Metzger und Schrauber, gekleidet in Lederkutten. Jesus, ebenfalls an den Armen stark tätowiert, raucht Zigaretten und fährt auf einer Harley zu Lazarus, um ihn von den Toten aufzuerwecken. Lazarus liegt eingewickelt in Tüchern im Kofferraum eines PKWs.

(0:03:16) Lazarus Schwester zu Jesus: *Herr! Wärest du hier gewesen, mein Bruder wäre nicht gestorben. Aber ich weiß auch noch: Das, was du bittest von Gott, das wird dir von Gott gegeben.*
Jesus: *Ich bin die Auferstehung und das Leben. Wer an mich glaubt, der wird leben, ob er gleich stürbe. Und wer da lebt und glaubt an mich, der wird nimmermehr sterben. Glaubst du das? Wo habt ihr ihn hingelegt?*
Lazarus Schwester zeigt auf den Kofferraum eines Wagens.
Lazarus Schwester *Er stinkt schon!*
Jesus: *Hab ich dir nicht gesagt, wenn du glauben würdest, würdest du die Herrlichkeit Gottes sehen –*

Jesus: *Vater, ich danke dir, dass du mich erhört hast. Ich weiß, dass du mich alle Zeit hörst.* Jesus streckt seinen Arm aus: *Lazarus! Komm heraus!*
Der Kofferraum öffnet sich.

Pilatus ist hier Chef einer Tabledance-Bar im Hauptbahnhof. Die Textpassagen sind aus dem Neuen Testament übernommen.

Der Kurzfilm »Das Abendmahl« aus der Trilogie wurde beim deutschen Bundesfestival Film in Hildesheim ausgezeichnet.

Vorlagen aus Literatur (Bibel-Roman)

Jedoch nicht die Bilder allein lehrten den Bibelfilm das Laufen. Eine weitere Unterstützung kam von einer anderen, längst etablierten Gattung, nämlich dem Bibel-Roman.

Dessen Geschichte ähnelt wiederum der Geschichte der Bilder: Bis zum 18. Jahrhundert lehnen sich die literarischen Bearbeitungen der biblischen Figuren und besonders von Jesus eng an die biblischen Vorlagen, an AT und die Evangelien an. Dabei stehen die Geschichten um Josef, Mose, Salomon, David und Goliath, Samson, Belsazar und die Weihnachts-, Passions- und Osterspiele im Vordergrund. Im Zusammenhang mit bibelkritischen Forschungen (z. B. David Friedrich Strauss, Das Leben Jesu. Kritisch bearbeitet. 1835/36) entstehen ab Mitte des 19. Jahrhunderts freiere und säkularisierte Annäherungen an den Mann aus Nazareth.

Produzent Cecil B. DeMille (DIE ZEHN GEBOTE, THE TEN COMMANDMENTS) führt Regie in dem Monumentalfilm SAMSON UND DELILAH (SAMSON AND DELILAH, US. 1949; D: Hedy Lamarr und Victor Mature) und greift für das Drehbuch Texte aus dem Roman »Richter und Narr« auf, den Zeev Jabotinsky 1926 unter dem Pseudonym Altalen herausgab.

Das Monumentalepos SAMSON mit Rutger Hauer (»Blade Runner«) und Billy Zane (»Titanic«) wird veröffentlicht. Den titelgebenden Samson spielt Taylor James.

King Vidor greift für seinen Film SALOMON UND DIE KÖNIGIN VON SABA (SOLOMON AND SHEBA, US. 1959) Szenen aus den beiden Romanen von Czenzi Ormondes »Solomon and the Queen of Sheba« (1954) und Jay Williams' »Solomon and Sheba« (1959) auf.[39]

---

39 Ausführlicher siehe: Krainer, Antonia (2017): King Vidor »Solomon and Sheba« (1959) – Hintergründe und Wirkungsgeschichte. Die Bibel in der Kunst/Bible in the Arts 1, 2017. Wibilex (Zugriff 1.4.2020).

Zu den bekanntesten Jesus-Romanen des 19. Jahrhunderts zählen, die später mehrfach verfilmt werden:
- Lewis Wallace: Ben Hur. Eine Erzählung aus der Zeit Christi (1880),
- Henryk Sienkiewicz: Quo vadis? Eine Erzählung aus der Zeit Neros (1895/96).

Darin wird Jesus aus der Perspektive von Weggefährten und Zeitgenossen dargestellt.

1942: In Lloyd Cassel Douglas' »Das Gewand des Erlösers« wird Jesus aus der Perspektive der Römer beschrieben. Regisseur Henry Koster verfilmt den Roman des US-amerikanischen Pfarrers 1953 als Monumentalfilm: DAS GEWAND (THE ROBE).

1948: Nikos Kazantzarkis lässt in seinem Roman »Die letzte Versuchung« Jesus als Zimmermann auftreten, der Kreuze für die römischen Kreuzigungen herstellen muss. Maria Magdalena ist aus Enttäuschung über Jesus Hure geworden.

Bereits kurz nach dem Erscheinen wurde dieser Roman von der katholischen Literaturkritik wegen Blasphemie auf den »Index der verbotenen Bücher« gesetzt.

Der Roman wird 1988 unter dem Titel DIE LETZTE VERSUCHUNG CHRISTI von Martin Scorsese verfilmt.

1990 erscheint ein besonderer Roman aus feministischer Sicht:

Erika Wisselinck, Journalistin und Schriftstellerin (gest. 2001), gilt als feministische Vordenkerin. In ihrem Roman »Anna im Goldenen Tor – Gegenlegende über die Mutter der Maria« (1990) stellt sie die israelische Gesellschaft am Übergang von der alten Mutter-Religion zur Herrschaft des einen männlichen Gottes dar. Vera Loebner verfilmt 1993 den Roman unter dem Titel: »Mirjams Mutter« (Fernsehspiel in der Reihe: Biblische Frauen).

1993 erreicht Europa eine neue Welle von Romanen über Jesus.

Ab **1993/1994** gilt das Interesse der Jesus-Bücher mehr der Frage, was wir über den historischen Jesus wissen können. Oft findet sich bereits im Titel der Hinweis: »historisch«, z. B. John Dominic Crossan, Der historische Jesus (1994).

Dieser Zugang zu Jesus findet eine Parallele in folgenden Filmen:

2001 entsteht unter der Regie von Raffaele Mertes und den Drehbüchern von Gareth Jones und Gianmario Pagano die vierteilige Spin-off-Serie »Jesuslegenden« mit den Titeln:
JOSEPH VON NAZARETH, MARIA MAGDALENA, JUDAS und THOMAS.

Der Roman von Dan Brown »The Da Vinci Code« (2004) mit dem deutschen Titel »Sakrileg« löst eine heftige Debatte aus: Er beschreibt, Jesus sei mit Maria von Magdala verheiratet gewesen und habe mit ihr eine Tochter gehabt, deren Nachfahren noch heute leben.

Der Roman wurde bereits in 44 Sprachen übersetzt und 2006 verfilmt.
Ab 2000
Von den zahlreichen neuen Jesus-Romanen sind besonders zu nennen:
Eric-Emmanuel Schmitt: Das Evangelium nach Pilatus (2000),
David Safier: Jesus liebt mich (2008), verfilmt 2012.
Die Frage, warum gerade skandalträchtige Jesus-Romane so viel Absatz erzielen, beantwortet Elisabeth Hurth damit,

> »dass diese Werke Auffangbecken für ein Publikum sind, das mit einer wissenschaftlichen Hochtheologie und Fachexegese nichts anzufangen weiß.«[40]

Die Romane wie ihre Verfilmungen spiegeln zunehmend die Fantasie oder die Idealvorstellung des jeweiligen Autors oder Regisseurs wider. Die persönliche Einstellung zur Bibel und zu Jesus – Glaube oder Unglaube – bestimmen den Charakter der Darstellung.

Auch **ab 2015** erreichen uns »historische Romane« um biblische Gestalten, die aus dem Amerikanischen ins Deutsche übersetzt werden. Dabei scheint für die deutsche Leserschaft die Gestalt der Maria Magdalena in Literatur und Film besonders interessant zu sein, z. B.

Jeanne Ruland: Maria Magdalena: Lebe und heile deine Weiblichkeit (2014),
Angela Hunt: Maria Magdalena: Ein biblischer Roman (2015),
Daniel Meurois. Maria Magdalena – das wahre Evangelium (2020).

Ein Bibel/Jesus Roman formuliert den eigenen Glauben, die eigene Stellung zu Jesus oder zu seiner Zeit, wobei bereits Erfahrungen und auch Erwartungen darin aufgenommen sein können.[41]

Der Bibel-Roman kann dabei eine Position einnehmen. Es werden Sachverhalte, Anschauungen, Inhalte aufgezeigt und es wird herausgehoben.

Ebenfalls kann der Bibel-Roman Negationen enthalten. Damit wird von anderen Auffassungen Abstand genommen. Es geschehen Abgrenzungen – zum Zeitgeist, zur Bibel, Kirchenlehre u. a.

Jeder Bibel-Roman stammt aus einer bestimmten Situation. Es hat einen »Sitz im Leben«. Deshalb wird Bestimmtes hervorgehoben, anderes, das uns jetzt wichtig ist, wurde weggelassen. Weil ein Bibel-Roman aktuell sein möchte, benutzt der Roman die Sprache unserer Zeit.

Diese angeführten Beurteilungskriterien lassen sich teilweise auf Bibel-Filme anwenden.

---

40 Hurth, Elisabeth: Fragwürdige Geheimnisse. Wie aktuelle Romane das Leben Jesu darstellen, in: HerKorr 60 (2006) (240–245), 244.
41 Vgl. auch: Langenhorst, Georg: Jesus Christus im Spiegel seiner Autobiographie. Schriftsteller schreiben das Evangelium aus der Perspektive Jesu neu. In: Stimmen der Zeit 216 (1998), 842–852.

2.5 Umgang mit biblischen Texten

Der Umgang mit biblischen Texten kann aus unterschiedlichen theologischen Vorverständnissen, aus teilweise auch kontroversen Perspektiven und mit unterschiedlichen Intentionen geschehen, z. B. aus einer historisch-kritischen, einer pietistisch-evangelikalen, einer feministisch-politischen oder tiefenpsychologischen Sicht.

2.5.1 Theologische Vorverständnisse

Filmproduzent und Filmregisseur haben unterschiedliche Vorverständnisse und verfolgen unterschiedliche erkenntnisleitende Interessen, z. B. mehr den künstlerischen oder mehr den kommerziellen Kinoerfolg.[42]

Einem Bibelfilm/Jesus-Film können unterschiedliche Bibelverständnisse und Vorgehensweisen zugrunde liegen:

Verbalinspiration: Bibel »pur«

Die Bibel wird als »Gottes Wort« im ganz unmittelbaren und wörtlichen Sinn verstanden. Die Bibel ist ein von Gott wortwörtlich diktiertes irrtumfreies, für alle Zeiten unfehlbares Buch. Der biblische Text wird benutzt als Drehbuchvorlage für den Film.

Dies Verständnis ist vorwiegend anzutreffen im Pietismus und in der evangelikal-, fundamentalistischen Auslegung.

Eine Verbalinspiration meint, dass die Verfasser der Bibel die »Sekretäre Gottes« sind, denen Gott seinen Text wörtlich diktiert hat.

Filmbeispiel: JESUS (US./IL 1979, R: John Krish u. Peter Sykes)

Historisch-kritische Methode (Exegese)

Diese Methode fragt nach der ursprünglichen Aussageintention eines Textes (»Sitz im Leben«). Das Vorverständnis, einen biblischen Text zu interpretieren, kann dabei sein, z. B. eher positiv (bestimmt durch den Glauben an Jesus Christus und durch die Erfahrungen mit Gott) oder eher negativ (bestimmt durch atheistische Einstellung). Das Vorverständnis ist nicht vorurteilsfrei, sondern geprägt von Herkunft, Sprache, Problemen und Fragestellungen der jeweiligen Zeit, Politik und Kultur.

---

42 Die folgenden Überlegungen zum Theol. Vorverständnis sind entnommen aus: Tiemann, Manfred (1993): Bibel kontrovers. Sch-Heft, 15 f.

Dies gilt für die Regisseure, die ebenfalls nicht vorurteilsfrei an biblische Themen herangehen. Die Regisseure stellen sich die Frage: Wie kann man heute Texte der synoptischen Tradition, die vor 2000 Jahren in einem ganz anderen Kulturkreis entstanden sind, verstehen bzw. in einen Film umsetzen?

Filmbeispiel: Der Film JESUS VON MONTREAL (JÉSUS DE MONTRÉAL, CA 1989, R: Denys Arcand) unterscheidet den historischen Jesus und was wir über ihn wissen können und andererseits den Christus des Glaubens.

Existentiale Interpretation

Die Bibel wird verstanden als Gottes- und Menschenwort. Damit bleibt die Einheit von Verstehen und Glauben erhalten. Die biblischen Texte erfahren eine Entmythologisierung von Vorstellungs- und Ausdrucksformen.

Diese Interpretation ist geprägt von der erkenntnisleitenden Frage: »Was wollte der jeweilige damalige Verfasser mit diesem Bild für uns heute ausdrücken?«

Wie kann z. B. das Thema der Jungfrauengeburt interpretiert werden?

Filmbeispiel: GEGRÜSSEST SEIST DU, MARIA (auch »Maria und Josef«, F 1985).

2.5.2 Unterschiedliche Zugänge zu biblischen Texten

Mit der *Feministischen Theologie* haben die Kirchen in den letzten 40 Jahren insofern eine Bereicherung erfahren, als diese eintritt gegen androzentrische Einstellungen, traditionelle Abwertung der Frau in Kirche, Religion und Gesellschaft und sich einsetzt für gleichberechtigte Teilhabe von Frauen am kirchlich-religiösen Leben.[43]

Ein feministischer Zugang betont die Aufwertung der Frauen durch Jesus und will die eigene christliche Sozialisation aufarbeiten. Für Jesus sind Frauen die besonderen Partnerinnen, die ihn auf seinem Weg begleiten.

(Siehe auch Kap. 3.4 Biblische Figuren aus feministischer Sicht, S. 291 ff.)

Filmbeispiel MIRJAMS MUTTER (ZDF 1993).

Die *politische* Auslegung der Botschaft Jesu entsteht in der Konfrontation von christlichem Glauben und der politischen und sozialen Wirklichkeit. Jesus fordert eine neue Lebensweise, in der es keine Reichen mehr gibt, die auf Kosten von Armen leben,

---

43 Siehe auch Tiemann, Manfred (1993): Bibel kontrovers. Sch-Heft, 33.

Filmbeispiel:
In dem Film FÜNFZIG STUFEN ZUR GERECHTIGKEIT (O PAGADOR DI PROMESSAS, BR 1961, R: Anselmo Duarte) richtet sich die Passion Jesu gegen Intoleranz und Dogmatismus im sozialen und politischen Leben.

Die Versuche, Ergebnisse der *Psychoanalyse a*uf die Interpretation biblischer Texte zu übertragen, sind seit den Studien von Sigmund Freud und Karl Abraham nicht neu.

Das in der Erzählung berichtete Geschehen wird bei der tiefenpsychologischen Interpretation von innen heraus betrachtet.

Die unterschiedlichen Zugänge zu Jesus werden teilweise bereits bei den Titeln der Jesus-Filme deutlich: Der bekannte mehrfach verwendete Filmtitel »Jesus von Nazareth« (z. B. von Zeffirelli (I/GB 1977) wird ersetzt:

- JESUS VON OTTAKRING (AT 1975/1976, R: Wilhelm Pellert),
- JESUS VON MONTREAL (CA 1989, R: Denys Arcand),
- JESUS CHRISTUS IN SEOUL (KR 1985/1986. R: Son-U Wan).

2.5.3 Historischer Jesus contra Hollywood-Jesus

Albert Schweitzer hat in seiner berühmten »Geschichte der Leben-Jesu-Forschung«[44] bereits 1906 nachgewiesen, dass es unmöglich ist, vom biblischen Christus zum historischen Jesus zurückzugehen und ein »echtes« Jesus-Bild zu gewinnen, da einerseits die Forscher vom neu-humanistischen Mythos des 20. Jahrhunderts geprägt, andererseits die Evangelien nicht historische Berichte und Biographien schreiben, sondern Glaubensurkunden abgeben wollten. Albert Schweitzer lehnt den historischen Menschen Jesus wegen seiner für uns z. T. überholten Anschauungen von Gott und Welt als Autorität ab.[45] Nach Albert Schweizer komme es vielmehr auf den Geist an, der von Jesu Wort ausgeht, »*der in jeder neuen Zeit und in jedem Menschen neu kräftig gestaltet wird.*«[46]

Dennoch lassen sich wenige historische Angaben und Merkmale von Jesus und seiner Zeit nennen.

Die historischen Angaben der Forschung stehen oft im krassen Gegensatz zu den Inszenierungen samt Requisiten in Jesus-Filmen aus Hollywood.

Wenige Beispiele sind hier genannt:

---

44 1906 in 1. Auflage erschienen unter dem Titel »Von Reimarus zu Wrede«. Vgl. Schweitzer, Albert: Geschichte der Leben-Jesu-Forschung. Ausgabe: UTB, Stuttgart (9. Auflage 1984).
45 Vgl. Schweitzer, Albert: Geschichte der Leben-Jesu-Forschung. Ausgabe: UTB, Stuttgart (9. Auflage 1984), 542 f.
46 Schweitzer, Albert: Geschichte der Leben-Jesu-Forschung. A. a. O., 531.

Die Geburt Jesu: Der Stall
Bibelforscher gehen davon aus, dass es kein Stall, sondern eine Höhle in der Landschaft um Bethlehem war. Im Gegensatz zu den »Sandalen-Filmen« greift Pasolini diesen Tatbestand in seinem Film DAS ERSTE EVANGELIUM MATTHÄUS auf. In seinem Film geschieht die Geburt in einer Felshöhle. Zur Zeit Jesu leben Menschen und Tiere gemeinsam in einem Haus: Im Erdgeschoss eines Hauses sind die Tiere untergebracht und darüber in der ersten Etage leben die Menschen, meist nur in dem einzigen Wohnraum. Dagegen greifen viele Jesus-Filme lieber die tradierte Krippenfrömmigkeit und Erwartungen der Zuschauer auf, inszenieren alpenländisches Krippenidyll und nehmen die historischen Fakten über Jesus und seine Zeit nicht zur Kenntnis.

Das Aussehen und die Gestalt Jesu
Forscher gehen davon aus, dass Jesus kurze Haare trug. Schulterlanges Haar haben zur Zeit Jesu nur Männer aus der Volksgruppe der Nasiräer getragen. Zu dieser Gruppe gehört Johannes der Täufer.
 »Jesus soll dunkelhäutig und nicht viel größer als 1,50 Meter gewesen sein.«[47]
 Vor allem Stummfilme greifen in ihren Darstellungen von Jesus auf die Nazarenische Kunst zurück: Jesus trägt sein Haar lang und in der Mitte gescheitelt.
 Im Gegensatz zu den »Sandalen-Filmen« aus Hollywood lässt Pier Paolo Pasolini in DAS ERSTE EVANGELIUM MATTHÄUS Jesus kurze Haare tragen.
 Regisseur Niebeling lässt in seiner Inszenierung ES WÄRE GUT, DASS EIN MENSCH WÜRDE UMBRACHT FÜR SEIN VOLK« (1991) Jesus unrasiert als Glatzenträger auftreten.

2.5.4 Harmonisierung der Evangelien

Manche Regisseure berücksichtigen nicht die synoptische Tradition der Evangelien und deren teilweise unterschiedlichen Intentionen, sondern sie glätten die Inhalte der vier Evangelium zu einer Drehbuchvorlage, z. B. Franco Zeffirelli in JESUS VON NAZARETH (GESU DI NAZARETH | JESUS OF NAZARETH, I 1976), Mel Gibson in DIE PASSION CHRISTI (THE PASSION OF THE CHRIST, US. 2003), Dallas Jenkins in THE CHOSEN (US.-Fernsehserie ab 2019) u. a.

---

47 »Der Forensik-Experte Richard Neave von der Universität Manchester hat mithilfe wissenschaftlicher Methoden vor einiger Zeit das Abbild von Jesus Christus rekonstruiert.« In: Forscher fertigen forensisches Phantombild von Jesus an. Focus-online. Internet: https://www.focus.de/wissen/mensch/jesus-forensische-forscher-fertigen-phantombild-von-jesus-an_id_5153523.html (Zugriff 1.4.2021).

Bereits Tatian (um 170 n. Chr.) hat in seiner »Diatessaron« (τὸ διὰ τεσσάρων) die Texte der vier kanonischen Evangelien für eine einheitliche Lebens- und Wirkungsgeschichte Jesu zusammengefasst.

Weitere Harmonisierungen folgten, z. B. von Ammonios von Alexandria im 3. Jahrhundert, Otfrid von Weißenburg im 9. Jahrhundert, Jakob Beringer (1526) u. a.

Das Prinzip der Evangelienharmonie (harmonia evangelica) greifen Regisseure gerne auf:

Die Evangelien werden deshalb zu einer Kernbotschaft des Films zusammengeführt, weil diese Botschaft für den Zuschauer einfacher vermittelt werden kann. Dabei bevorzugen (US-) Regisseure, die dem evangelikalen Lager zuzuordnen sind, stärker das Johannesevangelium.

Bei der Auswahl der Szenen werden immer wieder die gleichen bekannten Geschichten herausgegriffen:

Geburt Jesu, Jünger Jesu, Versuchungsgeschichte, Bergpredigt, Wunder/Heilungen, Das letzte Abendmahl, Verrat, Passion, Kreuzigung, Auferstehung.

Im Unterschied hierzu verwenden einzelne Regisseure nur ein Evangelium als Textvorlage für ihren Film, z. B.

- Pier Paolo Pasolini in DAS 1. EVANGELIUM – MATTHÄUS (IL VANGELO SECONDO MATTEO, I 1964),
- John B. Heyman in JESUS (US. 1979, hauptsächlich nach dem Lukasevangelium),
- David Batty in DAS MARKUS-EVANGELIUM (US. 2015), DAS MATTHÄUS-EVANGELIUM (US. 2014), DAS LUKAS-EVANGELIUM (US. 2015), DAS JOHANNES-EVANGELIUM (US. 2014).

2.6 Rezeption

2.6.1 Rezeptionen aus der katholischen Kirche

1895: Anfangs – kurz nach Erfindung durch die Gebrüder Lumière – ist die katholische Kirche dem neuen Medium gegenüber noch sehr kritisch eingestellt.

Einzelne Bischöfe warnen sogar in Hirtenbriefen und verurteilen das neue Medium.

> »Das schlimmste ist, dass auch diese an sich großartige Erfindung vielfach zur Schlechtigkeit missbraucht, dass die Lichtbildbühne vielfach zu einer neuen Schaubühne der Unzucht gemacht wird.«[48]

---

48 Browe, Peter: Lichtspieltheater. In: Stimmen aus Maria Laach, Bd. 87, 1914. 173–187, 185.

Das neue Medium Kino wird schnell für politische Zwecke ausgenutzt. Der 1898 gegründete »Deutsche Flottenverein« erschließt das Kino als Propagandamittel und als Geldquelle.
Dagegen reagiert die Katholische Kirche ablehnend:

»Besonders dort, wo Industrialisierung und Urbanisierung die soziale Kontrolle von Nachbarschaften und Kirchengemeinden aufgeweicht hatten, wurde diese Entwicklung als Bedrohung für die Loyalität (…) zur Kirche und zum politischen Katholizismus und für die Integrität des sie tragenden Milieus aufgefasst.«[49]

1897: Papst Leo XIII. nickt von seiner eleganten Pferdekutsche aus einer der ersten Filmkameras der Welt zu und segnet mit ausgestreckten Armen Kamera und Filmteam.

Dies wird von der Filmindustrie auch als »Taufe des Kinos« nach seiner Geburt/Erfindung verstanden und dementsprechend vermarktet. Schaut man sich genauer diese erhaltene Filmszene an, fällt auf, dass Papst Leo XIII. zunächst völlig überrascht, unvorbereitet und irritiert ist von der Situation mit der Kamera. Ein Priester, der zu ihm läuft, will ihm erklären. Daraufhin wird dieser gesegnet.

Anders der **1898** in Köln gegründete Männer-Verein »Verein zur Bekämpfung der öffentlichen Unsittlichkeit«: Er steht der katholischen Kirche nahe, kämpft gegen die Kinematographen und will deutsche Katholiken vor Versuchungen bewahren.

1910 wird aber im konservativ-katholisch geprägten Ostmünsterland weiterhin gewarnt:
»Großstadt-Kinematographen (…), die mit ihrem schlechten Repertoire das Land verpesten«.[50]

Seit **1902** verursacht die Schließung Tausender katholischer Schulen in Frankreich die Auseinandersetzung mit dem Katholizismus. Gleichzeitig erfahren religiöse Mammutfilme eine starke Aufwertung, z. B. LEBEN UND LEIDEN JESU CHRISTI« (F 1902–1905).

Die im Mai **1909** vom »*Volksverein für das katholische Deutschland*« in Mönchengladbach gegründete Gesellschaft »*Lichtbilderei GmbH*« will feste Spielstätten einrichten, um katholische Bildung, Wissen und Unterhaltung mit vorbildlichen Lichtbildern zu erzielen.

---

49 Schäfer, Michael: Das Milieu der katholischen Arbeiter im Ruhrgebiet (1890–1914), in: Kilt, Dagmar (Hg.), Kirmes – Kneipe – Kino. Arbeiterkultur im Ruhrgebiet zwischen Kommerz und Kontrolle (1850–1914). Paderborn 1992, 22.
50 Die Glocke vom 24.3.1910.

Zunehmend lobt die katholische Kirche die neuen Möglichkeiten:

»*Das Zeitalter des Bildes dämmert herauf. Der Film wird zum besten Lehrer und zum besten Priester. Zwei Dinge wird die Zukunft bringen: Alkoholverbot und die Cinematographie. Beide werden die Menschen zu Höherem führen.*«[51]
»*Filme des Passionsspieles als Werbematerial für den christlichen Glauben*«.

Es ist die bedeutendste kirchliche Filmeinrichtung des frühen Kinos zunächst nur mit Diaverleih und ab **1911** mit Verleih von Filmen. Bis **1914** entwickelt sich eine sehr große Nachfrage, so dass »*Lichtbilderei GmbH*« wächst, ihren Tätigkeitsbereich erweitert und ein Wanderkino betreibt.

Im August **1913** fordert dagegen die Fuldaer Bischofskonferenz in der Resolution »*Richtlinien für den Klerus zum Schutz der Jugend und der Erwachsenen vor den Gefahren des Kinos*« ein Kinoverbot für schulpflichtige Kinder und weist Priester und Erzieher an: »*Die Gefahren des Kinos sind in der Kirche und in der Schule den Erwachsenen und Kindern eindringlich vorzuhalten.*«[52]

Erst der Katholikentag **1913** in Metz erlaubt eine Kinoreformbewegung.

Die ersten Jesus-Filme werden teilweise von der Katholischen Kirche produziert bzw. mitfinanziert.

(Beispiele hierzu siehe S. 195, 201)

Die frühesten Kinos waren in ihrer Bauweise Kathedralen nachempfunden, z. B. die »Cathedral of the Motion Picture«, die am 11. März **1927** in New York eingeweiht wurde: Die Fassade wurde der Kathedrale von Valladolid (Spanien, Renaissancebauwerk von Juan de Herrera Anfang 16. Jahrhundert) nachempfunden, der Innenraum war ausgestattet mit gotischen Spitzbögen, mit einer Kanzel nach dem Modell Santa Maria Novella und mit einer Orgel mit 50 Registern und bot 6200 Sitzplätze. Ein Mann in Mönchskutte eröffnete das Theater mit dem Satz »Es werde Licht«.

Um **1922** soll etwa die Hälfte aller amerikanischen Kinos eine Orgel bei der Vorführung der Filme eingesetzt haben. Durch die elektromagnetische Übertragung konnte der Spieltisch sichtbar vor dem Publikum platziert werden. Der Organist wurde zum »Filmkünstler«.

Im Herbst 1924 fordern Sittenwächter mit einem Schreiben an den Magistrat der Stadt Warendorf: »*Im Interesse unserer Jugendlichen bitten wir dringend, die Kinokommission, die (…) bis vor einem Jahr bestanden hat, erneut ins Leben*

---

51 Zit. nach der Fernsehsendung: Jesus Christ Moviestar. Schweiz 25.12.1992. Zuletzt wiederholt in ARTE, 17.12.1993, in WDR 3 am 1.1. und 6.1.1994, in Bayern 3 am 21.3.1994.

52 Repgen, Konrad (Hg.): Akten der Fuldaer Bischofskonferenz, II, 1900–1919. Bearbeitet v. Erwin Gatz: Veröffentlichungen der Kommission für Zeitgeschichte, Reihe A: Quellen, Bd. 39). Mainz 1985, 215.

zu rufen resp. wiederzuwählen. Die Wichtigkeit einer solchen Kommission dürfte allen, die auf dem Gebiete der Jugendpflege und Jugendfürsorge arbeiten, bekannt sein. Es dürfte sich vielleicht empfehlen, den Rahmen derselben zu erweitern und den Kampf gegen Schmutz und Schund in Bild und Lektüre, sowie Jugendbildungsbestrebungen mit hinein zu beziehen.«[53]

1925 wird die Filmfirma »Caritas Lichtbildgesellschaft« (Calig) gegründet, die Filme als Werbung für den Caritasgedanken herstellt.[54]

1928 Nach dem I. Internationalen Katholischen Filmkongresses in Dan Haag schließen sich die internationalen katholischen Filmdachorganisationen zum »Office Catholique International du Cinématographe« (OCIC) zusammen.

1929 hat die katholische »Bild- und Filmzentrale« die Aufgabe, die Pfarr- und Vereinskinos mit Filmen zu versorgen.

1929: Papst Pius XI. weist in der Enzyklika »Divini illius magistri« neben den sittlichen Gefahren des Films auf dessen Wert für Bildung und Erziehung hin.

1957 Papst Pius XII. fordert in seinem Rundschreiben »Miranda Prorsus« über Film, Funk und Fernsehen die Bewahrung der menschlichen Persönlichkeit vor Manipulation durch die Medien.

2.6.2 Rezeptionen aus der evangelischen Kirche

Bedingt durch die Vielzahl der Landeskirchen ist die Haltung der Evangelischen Kirche nicht einheitlich und deshalb nicht so schroff ablehnend.

1920 wird auf Anregung des Bundesdirektors des volkskirchlichen Laienbundes für Sachsen der Deutsche Evangelische Filmdienst gegründet, der Herstellung und Vertrieb von Bildbändern und Projektoren vorantreiben soll. Der Filmdienst gerät nach 1933 unter politischem Druck und wird 1936 aufgelöst.

1922 wird der »Evangelische Preßverband für Deutschland« in Berlin-Steglitz zur Herstellung von Filmen (z. B. »Vom unsichtbaren Königreich. Evangelische Flußschiffermission«, 1925, R u. Drehbuch: Gertrud David) und Bildbändern (z. B. »Bilderbote für das evangelische Haus«, ab 1924) gegründet.

Im Februar **1948** wird der erste Filmbeauftragte der Evangelischen Kirche in Deutschland eingesetzt.

---

53 Johanna Schwarte an den Magistrat der Stadt Warendorf v. 10.9.1924. KA W: Stadt Warendorf vor. Nr. 132.
54 Vgl. auch: Erzbistum Köln, Stabsabteilung Kommunikation, Referat Medienkompetenz (Hg.): Filmgeschichte im Überblick. Wissenswertes über die Welt des Films in chronologischer Anordnung Filmgeschichte – Werke – Film und Religion – kirchliche Filmarbeit. Köln 2013. Internet: https://www.erzbistum-koeln.de/presse_und_medien/medienzentrale/begleitmaterialien/arbeitshilfen/publikationen/filmgeschichte_2_ueberblick.pdf (Zugriff 1.4.2020).

3. April 1948 Zur Tagung des Evangelischen Presseverbandes Deutschlands in Salzdetfurth zum Thema »Kirche und Film« sind Pfarrer, Filmschaffende und Journalisten eingeladen.

1949 kommt es zur Gründung der evangelischen Filmzeitschrift »Evangelischer Film-Beobachter«. Sie wird 1984 mit »Kirche und Film« in »epd Film« vereinigt.

1950: In der »Schwalbacher Entschließung« erteilen Vertreter der evangelischen Kirche Deutschlands einer direkten filmischen Darstellung von Offenbarungsthemen eine klare Absage. Nur auf indirekte Weise, z. B. durch Erzählen einer Wirkungsgeschichte, sollen biblische und sakramentale Inhalte verfilmt werden.

November 1951: Die »Jury der evangelischen Filmarbeit« benennt zum ersten Mal den »Film des Monats.

1952 beginnt der Ausbau des Verleihangebotes von Matthias-Film. Neben religiösen Filmen kommen auch anspruchsvolle Unterhaltungsfilme und Dokumentarfilme ins Programm.

1953 wird die evangelische Filmzeitschrift »Kirche und Film« gegründet, die 1984 mit dem »Evangelischen Film-Beobachter« in »epd Film« vereinigt wird.[55]

1965: Die Tagung »Christus im Film« in der Evangelischen Akademie Arnoldshain (Taunus) soll die evangelische Position zur Jesus- bzw. Christusdarstellung im Film – nach der »Schwalbacher Entschließung« von 1950 – neu überdenken,

Am **15. Januar 1984** erscheint die erste Ausgabe der Fachzeitschrift »epd Film« des Evangelischen Pressedienstes (epd) Gemeinschaftswerk der Evangelischen Publizistik in Frankfurt.

2.6.3 Resonanz/Akzeptanz: Kommerzialisierungen

Bibelfilme im Kino und im Fernsehprogramm fanden stets einen großen Zuspruch.

Der Diplom-Theologe und Kulturjournalist Roland Mörchen behauptet:

»Das Kino kommt ohne Jesus und Moses nicht aus.«[56]

---

55 Vgl. auch Gerz, Raimund: Praxis und Perspektiven Evangelischer Filmpublizistik. »Evangelischer Filmbeobachter« – »Kirche und Film« – »epd-Film«. In: Ammon, Martin/Gottwalt, Eckard: Kino und Kirche im Dialog (Abhandl.d.akad.der Wissensch. Phil.-hist.klasse 3.folge), Göttingen – Zürich 1996: Vandenhoeck & Ruprecht, 115–136.

56 Mörchen, Roland: Katechese und Kapital. Faszination Bibelfilm: Das Genre passt sich Zeitströmungen an. In: Zeitzeichen. Evangelische Kommentare zu Religion und Gesellschaft. 6/2015.

Der erste deutsche Bibel-Spielfilm heißt I.N.R.I. EIN FILM DER MENSCH-
LICHKEIT (D 1923, R: Robert Wiene). Im gleichen Jahr folgt der Film DIE
ZEHN GEBOTE (THE TEN COMMANDMENTS, US. 1923, R: Cecil B. DeMille).
Der Film DIE GEBURT EINER NATION (A BIRTH OF A NATION, US. 1915,
R: D. W. Griffith) findet eine gute Resonanz. Im ersten Jahr seines Erscheinens
waren etwa eine Million Zuschauer bereit gewesen, den ungewöhnlich hohen
Eintritt von 2 Dollar zu bezahlen.

Den Film DER KÖNIG DER KÖNIGE (THE KING OF KINGS, US. 1927, R:
Cecil B. DeMille) sollen rund 8 Milliarden Menschen gesehen haben. Der Film
wurde gegen eine geringe Gebühr an bürgerliche und religiöse Gruppen und
Missionare freigegeben. In New York und in Los Angeles soll der Film länger
als 24 Wochen gelaufen sein.

Der Historienfilm IM ZEICHEN DES KREUZES (THE SIGN OF THE
CROSS, US. 1932, R: Cecil B. DeMille) wird bei Zuschauern beliebt wegen der
vielen Massenszenen und seiner opulenten Ausstattung. Die Zuschauer fühlten
sich sehr gut unterhalten bei Volksbelustigung und bei den römischen grausamen Zirkusspielen.

Zu den im Kino meist besuchten Bibelfilmen gehören:[57]

- GEBURT EINER NATION (THE BIRTHE OF A NATION, US. 1915, R: David Wark Griffith): 171.428.57,
- DIE ZEHN GEBOTE (THE TEN COMMANDMENTS, US. 1956, R Cecil B. DeMille): 127.636.993,
- BEN HUR (US. 1959, R: William Wyler): 104.996.416,
- DAS GEWAND (THE ROBE, US. 1953, R: Henry Koster): 88.627.451,
- BEN HUR (BEN-HUR: A TALE OF THE CHRIST, US. 1926, R: Fred Niblo): 65.428.571,
- DIE PASSION CHRISTI (US. 2004, R: Mel Gibson): 59.704.842,
- SAMSON UND DELILAH (US. 1949, R: Cecil B. DeMille): 59.215.778,
- DIE ZEHN GEBOTE (US. 1923, R: Cecil B. DeMille): 58.571.429.

Den 120-minütigen Kinofilm JESUS des Regisseurs John B. Heyman haben nach
Angaben des Vertriebs in den USA 4 Mill. Zuschauer gesehen. In 229 Ländern
wurde der Film vorgeführt und in 177 Ländern in Fernsehprogrammen ausgestrahlt. Bis 2020 sollen ihn 7,5 Milliarden Zuschauer gesehen haben.

Der Film DIE PASSION CHRISTI (THE PASSION OF THE CHRIST, R: Mel
Gibson) kommt 2004 in die Kinos und hat schon nach zwölf Tagen ca. 45 Mill.
Zuschauer.

---

57 Zahlenangaben nach Inside Kino. Internet: https://www.insidekino.com/USAJahr/USAAllTi-
meInflation.htm (Zugriff 1.4.2020).

2.6.4 Zensur – Blasphemievorwürfe

Für die englischen Jesus-Filme ist folgendes Datum wichtig:
1912 wird in Großbritannien die »BritishBoard of Film Censors« gegründet. Diese Filmbehörde erläßt in ihrem Jahresbericht **1913** zwei Verbote, die für Regisseure unbedingt einzuhalten sind: keine Szenen mit Nackten und keine Szenen mit Jesus.

Die bildliche Darstellung von Jesus gilt als ausreichender Grund für die Ablehnung eines Films.

Dies Verbot besteht in England bis in die 30er Jahre, z. B. in dem Film BARABBAS (UK 1935, R: James B. Sloan) ist Jesus im Verhör mit Pilatus nicht zu sehen, nur zu hören.

Erst **1961** wird das Verbot der Darstellung Jesu offiziell aufgehoben.

Gesellschaftspolitische Situationen nehmen bereits früh Einfluss auf Bibel- und Jesusfilme und bestimmen durch Zensur die Aussage, z. B.:

Die italienische Zensur verbietet in den Film CHRISTUS (I 1915/1917, R: Alberto Pasquali) damals im ausgebrochenen Ersten Weltkrieg 1915 den Zwischentitel mit dem Gruß Christi: »Der Friede sei mit euch.«

Mit seinem Film INTOLERANCE (US. 1916) verärgert D. W. Griffith seine Geldgeber, weil er nicht respektvoll genug mit der Bibel umgeht, z. B. in der Szene der Hochzeit in Kanaan lässt er Jesus als Mittelpunkt eines riesigen Besäufnisses erscheinen.

Die damalige Zensur will diese Szene verbieten, D. W. Griffith besteht aber auf der Darstellung. Die Produzenten verfügen, dass Griffith eine Schrifttafel einfügen muss: Der Heiland sei gegen Alkohol.

Die Zwischentexte dieser Szene:

> »*Das Hochzeitspaar ist beschämt, weil der Wein ausgegangen ist.*
> *Wein gehörte zu den Opfergaben und das Trinken von Wein zu den Bräuchen der jüdischen Religion.*«

Der Anti-Kriegsfilm CIVILIZATION (US. 1916) versucht, die Botschaft Jesu zu aktualisieren.

Er plädiert für Amerikas Neutralität im Ersten Weltkrieg. Christus erscheint einem König, der mit seinem Nachbarland in Krieg lebt, führt ihm die Schrecken des Krieges vor Augen und macht ihn so zu einem friedliebenden Menschen.

Der Film wird wegen seiner pazifistischen Aussage unterdrückt und erst nach 1919 zur Aufführung zugelassen.

Immer hat die katholische Kirche versucht, die Rollengestaltung der Jesus-Filme mitzubestimmen. Sie sieht sich im Besitz eines sogenannten Urheberrechts, das sie vehement vertritt. An diesem Punkt gibt es in der Filmgeschichte Streit mit den Filmleuten. Die katholische Kirche meint, nur sie habe die alleinigen Vermarktungsrechte Jesu.[58]

Abb. 27: Still aus VIRIDIANA (ES/MX 1961, R: Luis Buñuel): Die katholische Kirche veranlasst, den Film verbieten zu lassen.

Die »Abendmahlsszene« (Abb. 27), eine parodistische Kopie von dem »Letzten Abendmahl« von Leonardo da Vinci, in dem Film VIRIDIANA (ES/MX 1961, R: Luis Buñuel) veranlasst die katholische Kirche, den Film verbieten zulassen. 1963 wird der Film in Italien als »Beleidigung der Staatsreligion« beschlagnahmt.

HIM (HIM: THE SEX LIFE OF CHRIST, US. 1974; P: Hand in Hand Films; R: Edward D. Louie; D: Gustav Von Will (Jesus). Der Film wurde für ein homosexuelles Publikum gedreht. Der Film behauptet, Jesus und seine Jünger seien alle homosexuell veranlagt gewesen: ein junger Mann sei erotisch auf Jesus zugegangen. Der Film gilt als verloren.

Abb. 28: Still aus MONTY PYTHON'S DAS LEBEN DES BRIAN (MONTY PYTHON'S LIFE OF BRIAN, GB 1979, R: Terry Jones)

---

58 Vgl. auch Volk, Stefan (2011): Skandalfilme. Cineastische Aufreger gestern und heute. Marburg: Schüren.

Die Komödie MONTY PYTHON'S DAS LEBEN DES BRIAN (MONTY PYTHON'S LIFE OF BRIAN, GB 1979, R: Terry Jones) der britischen Komikergruppe Monty Python (Abb. 28) löst besonders in fundamentalistisch-orientierten Kreisen in USA und in den kirchlichen Kreisen in England den Vorwurf von Blasphemie und den Ruf nach einem Verbot hervor:

Am 9. November 1979 ruft Stuart Blanch, Erzbischof von York, Christen und Bürger dazu auf, den Film zu boykottieren und Mitbewohner und Behörden vor dem Film zu warnen. Viele englische Gemeinden sprechen ein Aufführungs- oder Jugendverbot aus.

In Norwegen wird der Film zunächst mit der Begründung verboten, dass einige Filmszenen (besonders »Bergpredigt« und »Massenkreuzigung«) religiöse Gefühle verletzten.

Abb. 29: Still aus DAS GESPENST (BRD 1982, R: Herbert Achternbusch)

DAS GESPENST
BRD 1982, R: Herbert Achternbusch, 84 Min.
Inhalt Im Film steigt eine lebensgroße Christusfigur (»Der 42. Jesus«) in einem bayerischen Kloster auf die Klage einer enttäuschten Oberin (Annamirl Bierbichler) vom Kreuz (Abb. 29), um als »Ober« (Herbert Achternbusch) mit Münchner Passanten, mit der Polizei und mit einem Bischof in Konflikt zu geraten. Den unbedeutenden 42. Herrgott zieht es ins Bett der Oberin. Um ihren gemeinsamen Lebensunterhalt zu versorgen, bewirtet er die Gäste der Klosterschänke.

(0:44:40) Die Oberin: *Denkst du dir nichts, wenn du Rotwein trinkst?*
»Ober«: *Nein, wieso?*
Oberin: *Es ist dein Blut!*
»Ober«: *Wie kommst du darauf?*

Reaktionen Der Film löst heftige Proteste aus: »cineastischer Nierenschlag«, »grotesk, blasphemisch«. In Deutschland wollte Bundesinnenminister Friedrich Zimmermann (CSU) nach dem Kinobesuch von DAS GESPENST (1982) Herbert Achternbusch, dem Regisseur dieses *»widerwärtigen, blasphemischen und säui-*

schen« Streifens, die noch ausstehende Rate der Filmförderung verweigern. In Österreich wird der Film gemäß § 188 StGB (Herabwürdigung religiöser Lehren) kurz nach Erscheinen beschlagnahmt. Nach zwei Jahren juristischer und journalistischer Auseinandersetzung wird der Film in der Schweiz freigegeben. Das Bundesgericht in Lausanne verfügt die Aufhebung der Beschlagnahme des Films durch die Züricher Bezirksanwaltschaft. Der umstrittene Film wird erstmals in einem öffentlich-rechtlichen Fernsehprogramm ausgestrahlt: Arte, 24.10.2013.

Abb. 30: Still aus GEGRÜSSET SEIST DU, MARIA (AT: MARIA UND JOSEPH/JE VOUS SALUE, MARIE, F/CH 1985; B u. R: Jean-Luc Godard)

Völlig unterschiedliche Bewertungen geben die beiden großen Kirchen ab bei dem Film
GEGRÜSSET SEIST DU, MARIA (AT: MARIA UND JOSEPH/JE VOUS SALUE, MARIE, F/CH 1985; B u. R: Jean-Luc Godard).
Inhalt Nach Motiven des Neuen Testaments wird die Botschaft von der Menschwerdung Jesu mit Lebenszusammenhängen der modernen Welt konfrontiert. Die Godard-Parabel interpretiert die unbefleckte Empfängnis neu. Die biblische Erzählung wird in die französische Gegenwart der Achtzigerjahre verlegt. (Abb. 30) Maria jobbt an der Kasse in der Tankstelle ihres Vaters. Godard zeigt Maria nackt.
Reaktionen Papst Johannes Paul verurteilt den Film als »*tiefe Verletzung der religiösen Gefühle der Gläubigen*«. Auf protestantischer Seite dagegen wird der Film durch die Internationale Evangelische Film Jury mit dem Otto-Dibelius-Filmpreis ausgezeichnet.
(Filmbeschreibung S. 224 f.)

Der Film DIE LETZTE VERSUCHUNG (THE LAST TEMPTATION OF CHRIST; US. 1988; P: Universal; R: Martin Scorsese; B: Paul Schrader nach dem Roman von Nikos Kazantzakis) löst heftige Proteste aus.
(Filmbeschreibung S. 265)

Die Filme NAZARIN (MX 1958/1959), VIRIDIANA (MX/ES 1961) von Luis Buñuel (1900–1983) und MULTIPLE MANIACS von John Waters (geb. 1946) wurden heftig kritisiert und als blasphemisch verurteilt.

Die englische 10-teilige Zeichentrickserie POPETOWN (2003), die 2006 auch in Deutschland (MTV) ausgestrahlt wird, beinhaltet eine heftige Persiflage auf den Vatikan. Die Serie wird heftig von der katholischen Kirche kritisiert und zensiert.

Abb. 31: Still aus COLOR OF CROSS (US. 2006, R: Jean Claude Lamarre)

Der Film COLOR OF CROSS (US. 2006) erregt deshalb Kritik, weil Christus als Farbiger dargestellt wird. (Abb. 31) Bei Verfechtern der traditionellen christlichen Glaubenslehre löst der Film Irritationen und massive Proteste vor allem in evangelikalen Kreisen in USA aus.

Der Regisseur und Jesus-Darsteller Jean Claude LaMarre dreht 2008 eine Fortsetzung mit dem Titel COLOR OF CROSS: THE RESURRECTION (US. 2008).

(Filmbeschreibung S. 269 f.)

Abb. 32: Still aus JUDAS & JESUS (D 2009, R: Claudia Romero, Olaf Encke)

Der Animationsfilm JUDAS & JESUS (D 2009, R: Claudia Romero, Olaf Encke) (Abb. 32) löst eine heftige kontroverse Diskussion um Blasphemievorwürfe aus: Die Filmbewertungsstelle Wiesbaden verleiht dem Film das Prädikat besonders wertvoll, muss dies nach heftigen Protesten aus kirchlichen Kreisen und aus dem Islam revidieren und spricht nun von »Blasphemie«. Bei einem Gerichtsverfahren kommt es zu einem Vergleich zwischen den Filmproduzenten und der Bewertungsstelle: Das Prädikat besonders wertvoll wird beibehalten.

Der Film JESUS LIEBT MICH (D 2012) nach dem Roman von David Safier kommt Weihnachten 2012 in die deutschen Kinos. Massive Kritik am Film erheben vor allem konservativ-evangelikal kirchliche Kreise.

In einem furiosen Clip der US-amerikanischen Comedy-Show SATURDAY NIGHT LIFE parodiert Christoph Waltz Jesus: Sein »Jesus« metzelt mit Samurai Schwert und Schrotflinte.

»Am Ende des zweieinhalbminütigen Gemetzelfilms sind auch noch zwei »Kritikerzitate« eingeblendet: »Wie ›Die Passion Christi‹, nur mit weniger Gewalt« – eine ironische Anspielung auf Mel Gibson, dem man seinerzeit vorgeworfen hatte, er hätte aus dem Neuen Testament einen Splatter Film gemacht – und »*Ich wusste gar nicht, dass Jesus das N-Wort so oft gebraucht hat*«, ein Verweis auf den Streit über den allzu häufigen Gebrauch des Wortes »Nigger« in »Django Unchained«.

Weitere Filme stellen drastisch provokant und für gläubige Christen teilweise verletzend Jesus dar, z. B.: JESUS CHRISTUS VAMPIRJÄGER (JESUS CHRISTUS VAMPIRE HUNTER, CA 2001, R: Lee Demarbre). In dem Horrorfilm kommt Jesus (Phil Caracas), kurzhaarig und mit weißen Sportsocken, zur Erde zurück. Bevor er das »Jüngste Gericht« verkünden kann, muss er sich mit einer Armee von Vampiren herumschlagen. Der katholische Priester (Pater Eustace) erkennt, dass nur Jesus Christus die Vampirangriffe auf Lesben abwehren kann.

Abb. 33: Still aus BOXING JESUS (IL PUGNO DI GESÙ, CH 2007, R: Stefan Jäger): Claudio Caiolo (Antonio Quaresi) behauptet, er sei Jesus.

BOXING JESUS
IL PUGNO DI GESÙ, CH 2007, R: Stefan Jäger, 90 Min.
Inhalt Als der C-Klasse-Boxer Antonio Quaresi (Claudio Caiolo) behauptet, er sei Jesus (Abb. 33), wird er sofort in eine psychiatrische Klinik eingewiesen und

dort festgehalten. Nach 7 Tagen kann er entlassen werden, wenn Antonio vor einer Kommission zeigt, dass er wieder normal ist. In der Anstalt trifft Antonio auf Johannes. Dieser ältere Mann hat seinen Sohn bei einem Autounfall verloren. Er gibt sich die Schuld an dem Tod. Johannes glaubt in Antonio den wiedergeborenen Messias zu erkennen.

THE GATHERING
GB 2002, R: Brian Gilbert, 97 Min.
Inhalt Die junge amerikanische Touristin Cassie Grant (Christina Ricci) wird bei ihrer Wanderung nach Ashby Wake in England von einem Auto angefahren. Marion Kirkman (Kerry Fox), die Fahrerin des Autos, ruft sofort den Notarzt. Im Krankenhaus stellt der Arzt fest, dass sie durch den Unfall ihr Gedächtnis verloren hat. Nach ihrer Entlassung nimmt Marion Kirkman sie in ihrem Haus auf. Cassie lernt ihren Ehemann Simon (Stephen Dillane) kennen. Dieser ist Kunsthistoriker und untersucht eine Kirche aus dem frühen Christentum, die im ersten Jahrhundert in Glastonbury erbaut wurde. In der Kirche sieht Cassie ein aus dem ersten Jahrhundert nach Christus datierendes Fresko, das die Kreuzigung Christi aus einer anderen Perspektive zeigt: Statt Kruzifix sieht man die finsteren Gesichter der Menschen, die bei der Hinrichtung Jesu dabei waren. Dieselben unheilvollen Gestalten trafen sich in den letzten zwei Jahrtausenden an allen möglichen Stätten schlimmster Katastrophen. Nun erkennt Cassie diese Gestalten in diesem ländlichen Ort. Diese Gaffer von damals sind dazu verdammt, bei schweren Unfällen dabei zu sein.

ZOMBIE JESUS!
CA 2007, R: Steve Miller, 13 Min.
Inhalt Mary Maynard (Neale Kimmel) ist in eine Kleinstadt zurückgekehrt, um die Beziehung zu ihrem frommen Priestervater zu verbessern. Dagegen hat Zombie Jesus (Tristan Bell) seine eigenen Pläne für dies Treffen. Aus Angst verbindet sich Mary mit dem Juden Isaac Weidman (Erez Bowers), um in einem verzweifelten Kreuzzug Marys Vater zu retten. Jesus will seinen Anhängern die Unsterblichkeit schenken. »*Oh, Menschensohn*«, sagt der Priester Maynard (Richard S. Jones) und kniet vor seinem Heiland nieder, »*ich bin dein demütiger Diener. Was willst du von mir?*« Zombie-Jesus legt ihm segnend die Hand auf den Kopf und antwortet: »*Gehirn!*« Was auch sonst.«

Reaktion/Kritik Heftige Kritik kam vor allem aus dem evangelikal-amerikanischen Lager: »*Wie krank ist es, dass es Menschen auf der Erde gibt, die, nachdem sie die schöne Passionsgeschichte gehört haben, immer noch versuchen, Christus zu leugnen und ihn sogar zu verspotten? Diese New-Age-Heiden wagen es immer* noch, Christus zu trotzen, obwohl er jetzt auf seinem Thron im Himmel sitzt und auf sie wartet, um seiner Liebe zu folgen.«[59]

JESUS H. ZOMBIE
US. 2007, R: Daniel Heisel, 57 Min.
Aus dem Inhalt Alex (Dah-uh Morrow) und Jamie (Wendy Schweitzer) überfahren mit dem Auto versehentlich einen Mann, der nach ihrer Meinung wie Jesus (Ted Parker) aussehe. Sie bringen den verletzten Mann zunächst nach Hause, um die Stadt vor seiner Macht zu retten. Alex bringt diesen »Jesus« zu einem Freund, der diagnostiziert, dass der Landstreicher tot sei. Da Alex nicht mit dem Gesetz in Konflikt geraten will, will er den Leichnam entsorgen. Alex erhält einen Anruf von einem mysteriösen Mann: Er solle Jesus an einen bestimmten Ort bringen.

ZOMBIES VS. JESUS
US. 2016, R: DJ Robinson, 12 Min.
Kurzinhalt Ein junger Mann wacht an einem Sonntagmorgen auf und stellt fest, dass seine Familie sich in Zombies verwandelt hat. In Panik suchen er und ein Freund Zuflucht in dem einzigen Ort, von dem sie glauben, dass sie dort sicher sind: in der katholischen Kirche der Stadt.

JESUS HATES ZOMBIES
2008, R: Eric Balfour, Drehbuch nach einer Erzählung von Stephen Lindsay
Inhalt Aus Angst um die Zukunft der Menschheit sendet Gott seinen einzigen Sohn Jesus (Eric Balfour), um die Welt zu retten. Als er jedoch ankommt, haben seine Kräfte stark nachgelassen, also macht er sich auf, die letzten treuen Menschen zu finden und sie für seine Sache zu sammeln. Unterwegs schließt er sich mit Laz zusammen – der sein treuer Zombie-Kumpel wird. Er trifft auf verschiedene Freunde, darunter Mutter Teresa, Elvis Presley, eine Stripperin namens King und einen zeitreisenden Abraham Lincoln. Darüber ist Erzengel Gabriel dermaßen verärgert, dass alle Mächte Satans den Kampf mit Jesus und seinen Freunden beginnen.

Der Film beginnt: *Christ has died. Christ has risen. Christ will come again.* (1 Thes. 4:14)

---

59 Zit nach Christwire.org. Internet https://knowyourmeme.com/memes/zombie-jesus (Zugriff 1.4.2021).

HITLER MEETS CHRIST
CA 2007, R: Brendan Keown; 76 Min.
Inhalt Die beiden Prinzipien von Gut und Böse treffen aufeinander: Die mitfühlende Christusfigur (Wyatt Page) stößt an einem heruntergekommenen Bahnhof auf einen verfallenen Menschen (Michael Moriarty), der sich Hitler nennt. Während Hitler Inhalte aus Philosophie und Politik nennt, die ihn erst zu einem der am meisten verleumdeten Diktatoren in der Geschichte der Menschheit gemacht hat, versucht Jesus, den Hass zu überwinden. Vielleicht sind aber beide gar keine historischen Figuren, wie sie behaupten, sondern nur zwei wahnhafte Wahnsinnige, die sich aufgrund ihrer eigenen Demenz verlaufen haben.

JUDAS & JESUS
D 2009, R: Claudia Romero, 15 Min.
Inhalt In dem Animationsfilm werden wichtige Stationen aus dem Leben verdreht: Der Film fragt, ob Jesus ein erfülltes Sexualleben gehabt habe, ob Judas der Verräter war und welche Rolle Maria Magdalena gespielt habe. Der Film lässt Maria Magdalena einen Swinger Club eröffnen.
Bis auf die Römer werden Jesus und Judas als Hunde dargestellt, die Jünger Jesu als Schafe.

(00:32) Hier wohnt Familie Maria, Josef und Jesus Christus.
(03:06) Bereits in der Schule ist Jesus Christus schlauer als Maria Magdalena und Judas und meldet sich eifrig, während seine anderen Mitschüler schlafen. Judas würde Jesus am liebsten im Klassenzimmer am Kartenständer aufhängen.
(5.10) In der Pizzeria – Pension ULTIMO PASTO nehmen am Abendmahl Jesu teil seine Jünger (Schafe), Maria Magdalena (Erotik und Sex) und Judas (Teufel). Als die nackte Maria Magdalena mit ihren Reizen die Jünger ablenkt, weist Jesus sie zurecht.
(07:40) Jesus Christus zieht sich auf sein Zimmer zurück, setzt sich eine Dornenkrone auf und geißelt sich, bis das Blut strömt.
(08:45) Maria Magdalena eröffnet einen Swinger Club: Entrada 30 Euro.

Bewertung Der Film, der mit öffentlichen Geldern unterstützt wurde und der im Netz große Zustimmung und einen Kunst-Preis erfuhr, zeigt sexistische Tendenzen und übersteigt religiöse Toleranz, vielmehr verletzt er die religiösen Gefühle vieler gläubiger Christen.

FIST OF JESUS
ES 2012, R: Adrián Cardona, David Muñoz; 15 Min., FSK ab 18 J.
Inhalt In dem spanischen Low-Budget Splatter-Kurzfilm fordert Jesus (Marc Velasco) seine Jünger auf:

(00:36) Jesus: *Ich sage euch: Liebet eure Feinde. Tut Gutes denen, die euch hassen.*
(00:55) Jesus erfährt, dass Lazarus (Roger Sotera), der Sohn von Jacob (Salvador Llós), gestorben ist.
(01:03) Jesus: *Sorge dich nicht, Jacob. Lazarus ist nicht tot. Er ist eingeschlafen. Ich werde ihn auferwecken. (...) Ich bin die Auferstehung und das Leben. Wer an mich glaubt, wird leben. Judas, mein Freund. Folge mir!*
Jesus verspricht Jakob, seinen Sohn wieder lebend zu machen. Jesus berührt Lazarus Füße und lässt ihn von den Toten auferstehen. Doch dieser erscheint als Zombie und greift Jakob und Jesus an. Dies löst aber dummerweise die nächste Zombie-Apokalypse aus: Die Zombie-Epidemie breitet sich schnell aus. Jesus eilt zu seinem Freund Judas (Noé Blancafort) und bittet diesen, ihm zu helfen.

Hinweis Machart und Filmplakat erinnern an Monty-Python-Komödie DAS LEBEN DES BRIAN.
Bewertung Der Film wurde mit mehr als 70 Preisen und Awards ausgezeichnet.
Reaktionen Die überwiegend positiven Kritiken und Bewertungen veranlassten KISS ltd., im Oktober 2014 ein PC-Computerspiel unter dem Namen Fist of Jesus – The Bloody Gospel of Judas zu veröffentlichen.

GAY JESUS
US. 2015, R: Paul M. McAlarney, 40 Min.
Inhalt Jesus (Jarod Thayne) und Satan (Richard Chandler) ruhen sich aus in einem heruntergekommenen Hotelzimmer außerhalb von Jerusalem. Jesus will sich auf seine nächste Predigt für seine Fan-Gemeinde vorbereiten. Als Maria Magdalena das Zimmer betritt und die Liebesbeziehung zwischen Judas und Jesus zerstören will, wird Judas eifersüchtig. Aus Ärger und Enttäuschung will er Jesus an die Römer verraten.
Bewertung Der Film stellt Jesus als schwulen Erlöser dar.

THE LAST HANGOVER
SE BEBER, NÃO CEIE, BR 2018, R: Rodrigo van der Put, 44 Min.
Kurzinhalt Nach dem Abendmahl wachen die Jünger Jesu völlig verkatert auf und haben einen Filmriss. Nur langsam können sie sich an den Abend erinnern: Nachdem Jesus (Fábio Porchat) das Brot brach, kündigte er an, dass er bald sterben werde. Zu dieser Szene hat Jesus ein Gemälde anfertigen lassen. Sein Jünger Thomas (Antonio Tabet) hatte Kokain und Haschisch mitgebracht und Maria Magdalena (Karina Ramil) und andere Prostituierte zu dem Treffen eingeladen. Maria Magdalena vergnügt sich mit einigen der Jünger. Jesus betrinkt sich. Der anwesende Gast Diego (Rafael Portugal) behauptet, auch Gottes Sohn zu sein. Es kommt zum heftigen Streit zwischen ihm und Jesus, bei dem Jesus ihn tötet.

Nach diesen Erinnerungen suchen die Jünger Jesus. Sie finden ihn an einem Kreuz aufgehängt. Die Jünger beschuldigen Judas (Gregorio Duvivier), er habe Jesus verraten und trage die Schuld an seinem Tod. Sie jagen Judas fort. Jesus wacht auf und spricht sie an.

Bewertung Der Film wurde ausgezeichnet als beste Komödien international: Emmy Awards 2019.

XL: THE TEMPTATION OF CHRIST
A PRIMEIRA TENTAÇÃO DE CRISTO, US. 2019, R: Douglas James Vail, 46 Min.
Inhalt In dem Weihnachtsspiel der brasilianischen Komikertruppe »Porta dos Fundos« warten die Eltern Joseph (Cazzey Louis Cereghino) und Maria (Sophia Louisa) auf die Rückkehr ihres Sohnes Jesus (Sean Ardalan), mit dem sie seinen 30. Geburtstag feiern wollen. Jesus hatte sich in ein 40-tägiges Exil zurückgezogen, um sich auf seine irdische Mission vorzubereiten.

»Bei der Stille muss die Party mies sein. Hier ist gar nichts los.« – *»Kommt rein, die Party geht gleich los! Kommt!«* – *»Jesus!«* – *»Jesus!«* – *Mein Sohn!«* – *»Wer ist das?«* – *»Machst du uns nicht bekannt?«* Jesus bringt zur Geburtstagsparty seinen schwulen Freund Orlando mit. *»Woher kennst du Orlando?«* – *»Aus der Wüste.«* Maria raucht Marihuana. Die drei Könige haben eine Prostituierte zur Geburtstagsparty mitgebracht. Auf der Überraschungsparty offenbaren Maria und Josef Jesus, dass sein wahrer Vater Gott ist.

Reaktionen Der Film wurde am 3. Dezember 2019 von Netflix ausgestrahlt. In Brasilien haben mehr als 1,4 Mill. Menschen eine Petition unterzeichnet, die den Streaming-Dienst auffordert, den Film wegen Gotteslästerung aus dem Programm zu nehmen. Auch Eduardo Bolsonaro, der Sohn des Präsidenten Jair Bolsonaro, hat den Film und Netflix Brasilien kritisiert.[60] Die religiöse Bewegung »Popular Nationalist Insurgency Command of the Large Brazilian Integralist Family« bekannte sich zu einem Bombenanschlag auf Netflix. Dias Toffoli, der Präsident des Obersten Bundesgerichts von Brasilien, ging gegen die versuchte Zensur des Films vor und hob den Beschluss des Gerichtshofs von Rio de Janeiro auf, der die Entfernung des Films von der Streaming-Plattform anordnete.[61] Netflix nimmt den Film im September 2021 aus dem Angebot.

---

60 Angaben nach BBC News vom 26. Dezember 2019. Internet: https://www.bbc.com/news/world-latin-america-50918636 (Zugriff 1.4.2021).
61 Angaben nach: Jeantet, Diane (9. Januar 2020). »Brasiliens Oberster Gerichtshof erlaubt Gay-Jesus-Film auf Netflix«. US-Nachrichten & Weltbericht. (Zugriff 1.4.2021).

ASSASSIN 33 AD
US. 2019, R: Jim Carroll (II), 109 Min.
Inhalt Der fromme Christ Brandt (Donny Boaz) verliert seine Frau Diane und zwei Kinder bei einem Autounfall. Dies erschüttert seinen Glauben an Gott. Brandt will seine Ex-Militärausbildung einsetzen und für Ahmed Ahkbar (Gerardo Davila) arbeiten. Ahmeds Eltern waren Christen und wurden von islamischen Fundamentalisten getötet.

Während einer Recherche stolpert das Forschungsteam, das von Ram Goldstein (Morgan Roberts) geleitetet wird und dem Simon (Lamar Usher), Amy (Isla Levine) und Felix (Cesar D'La Torre) angehören, versehentlich über eine geheime terroristische Verschwörung, bei der die Menschheitsgeschichte verändert werden soll. Attentäter rufen auf zum Dschihad, um Jesus (Jason Castro) und seine Jünger vor seiner Auferstehung zu töten. Ram und seine Leute können die Ermordung Jesu nicht verhindern. Simon versucht zuvor Jesus davon zu überzeugen, die Auferstehung nicht durchzuziehen, weil er einen Teil einer Raubkopie von THE PASSION OF THE CHRIST gesehen hat.

Bewertung Der Film hat zwar zahlreiche internationale Drehbuchpreise gewonnen, beinhaltet aber unterschwellig eine Islamophobie und zeigt ein großes Ausmaß an Gewalt.

2.6.5 Bibelfilme mit päpstlichem Segen: »Imprimatur«

Regisseure zeigen vor der Filmpremiere ihre Filme in Rom und lassen sich diese vom Papst »absegnen«.

Diese Filme wirken überzeugender, sie richten sich vor allem an ein Publikum, das sich vorwiegend an der katholischen Kirche orientiert.

Vier Beispiele:
- Papst Johannes persönlich hat dem Film KÖNIG DER KÖNIGE (KING OF KINGS, US. 1961, R: Nicholas Ray) eine Medaille verliehen.
- Papst Johannes Paul II. hat den Film EIN KIND MIT NAMEN JESUS (UN BAMBINO DI NOME GESÚ, I/D 1988, R: Franco Rossi) gelobt und für gut befunden.
- Papst Johannes Paul II. habe den Film DIE PASSION CHRISTI (THE PASSION OF THE CHRIST, US. 2003) von Mel Gibson abgesegnet. In einer Privat-Audienz erteilte er dem Jesus-Darsteller Jim Caviezel seinen Segen. Der Film zeige Jesu Tod »so, wie es war«.
- Papst Benedikt XVI. schaut sich den Film IHR NAME WAR MARIA (MARIA DI NAZARET, I, D 2012, R: Giacomo Campiotti) im Vatikan an und ist beeindruckt.

– »Es ist nicht einfach die Rolle einer Mutter darzustellen, da sie eine Fülle an Lebenserfahrung beinhaltet, die schwer zu beschreiben ist; und umso schwieriger wird dies, wenn es sich dabei um Maria von Nazareth handelt, eine Frau, die Jesu Mutter ist, die Mutter des menschgewordenen Sohnes Gottes. (…) Maria von Nazareth ist die Frau, die ein absolutes »Ich-bin-da« gegenüber dem Willen Gottes lebt. In diesem wiederholten »Ja«, auch im Augenblick des Verlustes Ihres Sohnes, findet sie ihre ganze Seeligkeit. Ich danke allen für diesen schönen Abend!«[62]

Es gibt auch päptliche »Auftragsarbeiten«. Papst Paul VI. fordert den katholischen Filmemacher Zeffirelli auf, einen Film über Jesu Leben zu inszenieren.

Der italienische Regisseur Pier Paolo Pasolini widmet seinen Film DAS 1. EVANGELIUM – MATTHÄUS (IL VANGELO SECONDO MATTEO) Papst Johannes XXIII.

2.7 Bibel-Film-Projekte in der Mission und Evangelisation

Schon früh erkennt die katholische Kirche die werbewirksame Kraft des Bibelfilms und setzt ihn in Mission und Evangelisation ein.

1900: Kommandant Herbert Henry Booth, der Sohn des Gründers der Heilsarmee William Booth, konzipiert und entwickelt den Film SOLDIERS OF THE CROSS (AU 1900, R: Martyn Jolly). Der Film hat eine deutliche missionarische Intention.

1928: Am 18 April schreibt der Münchner Bankdirektor Wilhelm Pauli einem Brief an Papst Pius XI. mit dem Antrag, die Oberammergauer Passionsspiele verfilmen zu dürfen.

Inwiefern es sich hier um das ehrliche Anliegen von Missionierung oder um Geschäft und Vermarktung unter dem Deckmantel der Missionierung handelt, kann nicht festgestellt werden.

1932: Johannes Giesberg, früherer Reichstagsabgeordneter, will die Gottlosen-Bewegung mit einer Verfilmung der Oberammergauer Passionsspiele bekämpfen. Giesberg stellt einen Antrag an den Oberammergauer Gemeinderat und begründet ihn damit, den Film zur Bekämpfung der Gottlosen-Bewegung einzusetzen. Sein Antrag wird vom Oberammergauer Gemeinderat einstimmig in der Sitzung vom 9.12.1932 abgelehnt, weil man keine Ausnahme machen wolle.

---

62 AdventsZeit 2012. Zeitschrift für das Erzbistum Köln.

Weiter werden Jesus-Filme in der Mission und Evangelisation eingesetzt oder gar für diese extra produziert und teilweise von der katholischen Kirche mitfinanziert.

1941: In dem »Religiösen Racefilm« THE BLOOD OF JESUS (US. 1941) verfolgt Spencer Williams eine missionarische Zielsetzung: Der Film will am Beispiel von Schwester Martha Ann Jackson vorbildlich christlichen Glauben vermitteln.

2.7.1 Das Genesis-Projekt (John Heyman) und Campus für Christus (1979)

1979: Wie »Campus für Christus« Jesus-Filme zur Evangelisation einsetzt, soll an drei Filmbeispielen aufgezeigt werden.[63]

Das erste Beispiel bezieht sich auf den Jesus-Film, der 1979 unter dem Titel JESUS herauskommt (US. 1979, P: John B. Heyman, R: Peter Sykes; 120 Min.).

»Campus für Christus« greift einen der damaligen Untertitel heraus:

»Jesus – keiner hat die Menschen bewegt wie er.«

»Campus für Christus« wirbt für den Film: »Ein berührender und ansprechender Film, der Ihr Leben entscheidend verändern wird.« In der aktuellen Produktwerbung heißt es u. a.:

»Ein Film erobert die Welt
Sie haben sicher viele Filme gesehen, aber der JESUS- Film ist anders. Er ist eine klare Darstellung des Lebens Christi nach dem Lukas-Evangelium und er verändert buchstäblich das Leben von Menschen. JESUS ist der am meisten übersetzte und am meisten gezeigte Film der Geschichte. Am Ende des Films folgt ein Hinweis über die Botschaft des Evangeliums und wie jemand das Angebot von Vergebung und Versöhnung mit Gott annehmen kann.«

Der Sender Bibel-TV weist in seiner Programmvorschau (Dez. 2021) auf die Besonderheiten des Films JESUS (US. 1979) hin:

»Seit über 2000 Jahren bewegt die Geschichte Jesu die Menschheit. Unter der Regie von John Krish und Peter Sykes entstand die wohl wortgetreueste Umsetzung dieses Stoffes. Angefangen mit Marias Empfängnis, über die Geburt Jesu in Bethlehem bis zu seiner Kreuzigung orientiert sich der Film am Lukasevangelium und vermittelt so einen authentischen Einblick in das Leben Jesu. Damit setzt sich der Film inhaltlich von vielen gängigen Jesus-Verfilmungen ab, die den Inhalt des Evangeliums nur allzu oft einer schnittigen Dramaturgie opfern. Der Erfolg gibt dem Film recht: Mit mehr als 7,5 Milliarden Zuschauern ist der Jesus-Film der erfolgreichste Spielfilm

---

63 Campus für Christus: Jesus-Film-Projekt. http://www.cfc.ch/jesusfilm.html (aufgerufen am 30.3.2013).

aller Zeiten, noch vor »Star Wars«, »Titanic« oder »Vom Winde verweht«. Über 490 Millionen Menschen sollen sich dadurch für den christlichen Glauben entschieden haben.«[64]

Das zweite Beispiel ist der für Kinder vorgesehene Film
AUFREGUNG UM JESUS, US. 2005, R: John B. Heyman[65].
Zu Szenen des Films JESUS (US. 1979, P: John B. Heyman, R.: Peter Sykes) ist nachträglich eine Rahmenhandlung mit Kindern hinzugefügt. Die Geißelung- und Kreuzigungsszenen sind gekürzt.

Das dritte Beispiel ist ausführlicher dargestellt: MARIA AUS MAGDALA, VON DER LIEBE BERÜHRT (MAGDALENA: RELEASED FROM SHAME, US. 2007, P: John B. Heyman, R: Charlie Brookins Jordan).
Die Produktwerbung weist darauf hin, dass der Film den Anspruch erhebt, einerseits das Leben der »faszinierenden Frau« Maria aus Magdala darzustellen, andererseits »das Leben und Wirken von Jesus Christus aus ihrer Perspektive« aufzuzeigen. Der Film enthält sehr viele Szenen und Elemente aus JESUS (US. 1979, P: John B. Heyman, R: Peter Sykes). Wenig neu gedrehte Szenen sind hinzugefügt. Der Film wird eingesetzt, damit sich der Teilnehmer klar für Jesus entscheidet:

> *»Ob du dich nun entschieden hast, den Tatsachen über Jesus zu glauben oder nicht, nimm dir in dieser Woche Zeit mit Gott darüber zu reden. Sag ihm offen deine Zweifel und Fragen.«*[66]

Der Film mit seiner Hauptperson Maria von Magdala wird funktionalisiert für die Evangelisation.

> *»Genau wie Maria Magdalena können wir von Bindungen befreit werden und so durch Gottes Kraft ein Leben mit Sinn und Ziel finden. Durch die Kraft, die Jesus gibt, werden wir aus niederdrückenden Bindungen erlöst und befreit.«*[67]

> *»Gott sorgt sich wirklich um dich und um alle Aspekte deines Lebens. Er möchte dich wieder herstellen. Maria Magdalena sagt im Film: »Ich weiss wirklich nicht, was mir die Heilung gebracht hat, ob es seine Kraft und Macht war oder sein tiefes Mitleid.« … Diese Frau erhielt von Jesus genau das, was sie suchte und erwartete – ihre körperliche Heilung.«*[68]

---

64 Bibel-TV. Internet: https://www.bibeltv.de/programm/sendung/224969-jesus-film (Zugriff 21.11.2021).
65 Campus für Christus bietet Materialien zum Film an: JESUS oder: Entdecke das Leben! Die DVD-Version bietet in 8 Sprachen Synchronisation und Untertitel: Deutsch, Englisch, Französisch, Italienisch, Türkisch, Arabisch, Russisch, Chinesisch (Mandarin).
66 Campus für Christus: Gedanken der Hoffnung, Teilnehmerheft, 8.
67 Campus für Christus: Gedanken der Hoffnung, Teilnehmerheft, 23.
68 Campus für Christus: Gedanken der Hoffnung, Teilnehmerheft, 30 f.

Bei allen drei hier vorgestellten Filmen hat John B. Heyman mitgewirkt.

1973 gründet Heyman »The Genesis Project«, um eine Audio-visuelle Enzyklopädie zu erstellen. 1976 beginnt er die Bibel zu verfilmen: Genesis und das Evangelium des Lukas (Filmtitel »Jesus«).

Die Religionsgemeinschaft »Mormonen« (Kirche Jesu Christi der Heiligen der Letzten Tage) hat mehrere Jesus-Filme herausgebracht. Hier sind zwei Beispiele angeführt:
- DAS LAMM GOTTES (THE LAMB OF GOD, CHURCH OF JESUS CHRIST OF LATTER-DAY SAINTS, US. 1992, R: Russel Holt, 25 Min.): Der Film schildert die letzten Stunden im Leben Jesu (Mark Deakins) und seine Auferstehung,
- THE TESTAMENTS OF ONE FOLD AND ONE SHEPHERD (US. 2000, R: Kieth Merill, 67 Min.): Der Film schildert das Leben von Helam (Rick Macy), der in Amerika Zeuge des Sterns wird, der die Geburt Christi ankündigt. Er erwartet die Ankunft des Messias.

Die Religionsgemeinschaft »Jehovas Zeugen« stellt auf ihrem Bundeskongress 2013 den neuen Spielfilm vor:
DER VERLORENE SOHN KEHRT ZURÜCK (THE PRODIGAL RETURNS, US. 2013).
Das biblische Gleichnis soll aktualisiert werden.
   (Filmbeschreibung S. 149 ff.)

DIE SCHÖPFUNG – DIE ERDE IST ZEUGE!
A 2014, Autor: Henry Stober u. Prof. Dr. Walter Veith (Film 60 Min., Vortrag 30 Min.)
Aus dem Pressetext
DIE SCHÖPFUNG IN 98 SPRACHEN
Ein Filmprojekt auf Tour rund um den Globus. Ab Oktober 2014 mit Premiere in Österreich.

> »War es die unbändige Gewalt eines Urknalls, die das Universum hervorbrachte und die Entwicklung des Lebens anstieß? Oder hat dieses alte, heilige Buch recht, dessen geheimnisvolle 66 Schriften mit den schlichten Worten beginnen: »Am Anfang schuf Gott Himmel und Erde«?

Der Film will die Frage »Evolution oder Schöpfung – zwei Weltsichten?« klar mit »Beweisen« beantworten.

2013 wird die indische Filmproduktion des Films CHRISTAAYAN – Das Leben Jesu in Indien (IN 2013) vom Internationalen Katholischen Missionswerk missio in München unterstützt. Der Film wird in Tamil Nadu, Goa und Kerala gedreht.

Einen kritischen Einblick in fundamentalistisch orientierte christliche Gruppen gibt die Dokumentation
JESUS' JUNGE GARDE – DIE CHRISTLICHE RECHTE UND IHRE REKRUTEN (D 2005).

Die von der Kobalt Productions Film- und Fernseh Gmbh (für RBB/ARD) produzierte 43-minütige Dokumentation macht auf das Phänomen »Christlicher Fundamentalismus in Deutschland« aufmerksam. Der Film beleuchtet kritisch u. a. die christliche Erweckungsbewegung »The Call«: Zielsetzung der Bewegung: »die Jugend der Welt zu Jesus führen«.

2.7.2 Die »Kirch-Film-Bibel« (1993–2002) als moderne »biblia pauperum«

Ab 1994 wird versucht, das gesamte Alte Testament für das Fernsehen zu drehen: Heinrich Krauss (1990) erläutert das Projekt (Leo Kirch, »Beta Film«, mit seinem Italienischen Partner Ettore Bernabel, »Lux«) der sukzessiven Verfilmung der gesamten Bibel: In 50 (!) Stunden soll es um Nacherzählungen der biblischen Geschichten aus dem Alten Testament gehen. Die 20-teilige Mammut Serie zu je 94 Minuten sowie ein Prolog von einhundert Minuten über die Schöpfungsgeschichte sollen 120 Mill. Dollar kosten.

Eingeteilt wird in drei Blöcke:
- Die Gestalt des Abraham, die Patriarchengeschichten und Mose und Exodustraditionen;
- Die Richter und Königszeit bis zum Untergang Jerusalems;
- Die Exilszeit.

Das Projekt umfasst folgende Teile: Prolog: Die Schöpfung; Abraham I und II; Jakob; Josef I und II; Mose I und II; Josua; Debora; Simson; Saul; David I und II; Salomo; Elia; Jesaja; Jeremia; Daniel; Ester; Hiob.

Angestrebt ist einerseits große Nähe zur biblischen Vorlage, andererseits soll ein spannender Handlungsablauf erreicht werden. Ziel der Bibelverfilmung ist eine möglichst lebendige und »authentische« inhaltliche Umsetzung.

> »Es geht nicht darum, die biblischen Geschichten prachtvoll und aufwendig zu verfilmen, man hat auch nicht die Absicht, einen wissenschaftlichen Dokumentarfilm zu drehen oder die in der Bibel erzählten Begebenheiten historisch zu rekonstruieren. Vielmehr erlaubt das Fernsehen mit seiner Fiktion eine Synthese: Auf dem Weg über ein angenehmes Unterhaltungsprogramm wird ein Akt der Erkenntnis möglich.«[69]

---

69 Gangloff, Tilmann P.: Die größte Geschichte aller Zeiten, a+b. Für Arbeit und Besinnung. Zeitschrift für die Evangelische Landeskirche Württemberg, 4 [1994], 222.

Der Jesuit Heinrich Krauss, Referent für kath. Religion am FMU (Institut für Film/Bild in Wissenschaft und Unterricht) in Grünwald und Leiter der kath. Kirchenredaktion beim ZDF, über das Projekt:

> »Ich habe das Projekt Ende der siebziger Jahre mit aus der Taufe gehoben, und zwar in einer Zeit, als andere Produzenten darüber nachdachten, die biblischen Geschichten als Comic Strip auf den Bildschirm zu bringen. ... In dieser Inszenierung soll Gott nicht als drohende Stimme vom Himmel kommen, sondern er soll sich in den Worten und Taten der Akteure widerspiegeln. ... Wir bleiben ganz dicht dran am Konfliktpotential der Bibel. Aber wir müssen die manchmal kargen Angaben ausfüllen, können dem Text des Alten Testaments nicht Wort für Wort folgen.«[70]

Das Fernsehen wird als »*die bunten Kirchenglasfenster von heute*« bezeichnet:

> »Die archaische Sprache, die langen Genealogien, der nicht selten verschlüsselte Sinn, machen das Alte Testament schwer zugänglich für das breite Publikum. Schon immer waren Interpreten nötig, die ›das Wort‹ den Menschen sichtbar und begreifbar machten: von den Künstlern des Mittelalters, die die biblischen Geschichten in Skulpturen, Mosaiken und bunten Kirchenfenstern visualisierten, über die ›Biblia Pauperum‹, der bebilderten Bibel für Arme, bis hin zu den Mysterienspielen und den Oratorien des Barock und der Neuzeit. Heute erreicht das Fernsehen wie kein anderes Medium eine riesige und unterschiedliche Zahl von Menschen. Es spricht gleichermaßen Gefühl und Intellekt an. Seine vielfältigen audiovisuellen Möglichkeiten erlauben eine eindringliche und allen Schichten zugängliche Darstellung der literarischen Inhalte des Alten Testaments. Damit ist gerade das Medium Fernsehen einzigartig geeignet, die biblischen Geschichten dem heutigen Menschen näherzubringen.«[71]

1993 beginnt der Regisseur Ermanno Olmi (geb. 1931), der z. B. durch seine Filme IL TEMPO SI E FERMATO (Als die Zeit stillstand; 1959), L'ALBERGO DEGLI ZOCCOLI (Der Holzschuhbaum; 1978) und CAMMINACAMMINA (Und sie folgten einem Stern; 1983) bekannt ist, mit Dreharbeiten zur Schöpfungsgeschichte. Die Musik schreibt Ennio Morricone. Unter Regisseur Joe Sargent (»Lassie«, »Bonanza«, »Raumschiff Enterprise«) werden die Dreharbeiten in Marokkos Wüste fortgesetzt und dauern noch weitere zehn Jahre. Robert McKee (»Columbo«) führte Regie bei »Jakob« und »Mose«. Die Italienischen und amerikanischen Drehbuchautoren wurden von namhaften Wissenschaftlern und Vertretern aller großen Konfessionen beraten.

---

70 Krauss, Heinrich, zit. nach: Presler, E.: Eine neue Bilderbibel. Das Buch der Bücher im Fernsehen, Evangelische Kommentare 27 [1994], 176.
71 TaurusFilm München, Filmmappe o. J. Zu berücksichtigen ist, dass Heinrich Krauss als katholischer Filmberater den Begriff »Biblia pauperum« hier wohl missverstanden hat: Die sprich-wörtliche ›Biblia pauperum‹ richtet sich nicht an arme Menschen, die nicht lesen oder schreiben können. Sie ist also nicht für Analphabeten bestimmt und sie ist auch keine reine Bebilderung, sondern sie zielt auf einen typologischen Zugang biblischer Texte.

2.7.3 Die vierteilige Spin-off-Serie »Jesuslegenden« (2013) als Märchenstunde und platten Kitsch

Regisseure nehmen die Bibeltexte wörtlich als Drehbuchvorlage und setzen die Texte eins zu eins filmisch um, z. B.

Regisseur Heyman nimmt in seinem Film JESUS (US. 1979) den Text des Lukasevangeliums als *»ein gutes, vollständiges und zuverlässiges Drehbuch«*[72], z. B.

bei der Taufe Jesu (0:07:30–0:08:10) landet eine Taube auf Jesu Schulter, während der Erzähler (Off) den biblischen Text zitiert: *»Der Heilige Geist, sichtbar in der Gestalt einer Taube, fuhr auf Jesus herab. Und die Stimme aus dem Himmel sprach: »Du bist mein geliebter Sohn. An dir habe ich Gefallen gefunden.«* (Lk 3, 22),

in der Versuchungsgeschichte (Lk 4, 1.12) spricht eine Schlange mit Jesus,

in der Gefangennahme heftet Jesus das abgeschlagene Ohr des Soldaten wieder an, Jesus erscheint als »Zauberer«.

Regisseur Young verfällt in seinem Film DIE BIBEL – JESUS. Teil 1/2 (D/I/US. 1999) dem Kitsch der früheren Hollywood-Schinken:[73]
- Die Frauen sind nonnenhaft verhüllt.
- Die Männer sind im biblischen Rembrandt-Look gezeichnet.
- Der Abendmahlssaal ist ausgestattet im Leonardo-da-Vinci-Design.
- Geigenromantik im Orchesterklang unterstreicht die Handlung.
- Volksmassen werden aufgeboten mit bis zu 1100 Statisten.

Der Abspann des Filmes möchte eine Pseudo-Aktualität aufzeigen (2:52:50):
Kinder laufen jubelnd dem Jesus-Darsteller entgegen und rufen ihn.
Jesus: *Was wollt ihr?*
Er nimmt ein Mädchen auf den Arm.
Jesus: *Vorsicht, zerquetscht mich nicht! Wisst ihr, was wir jetzt machen? Wir gehen auf die Mole und schauen uns die Fischer an ...*
Ein Farbiger: *Sie lieben dich, als wärst du ihr großer Bruder.*

---

72 Campus für Christus (Hg.): Der Mann, der in kein Schema passt. Stuttgart ²1982, 8.
73 Vgl. Müller, Manfred, in: Spiegel vom 18.12.1999.

MARIA – DIE HEILIGE MUTTER GOTTES
MARY, MOTHER OF JESUS, US. 1999, R: Kevin Connor; 88 Min.
Inhalt Maria (Pernilla August) – wie aus Krippenspielen gewohnt – tritt im weißen Kleid mit blauem Umhang auf. Sie liebt Tiere, ist fromm und gut. Sie lässt sich gleichzeitig mit Jesus (Christian Bale) im Jordan taufen und begleitet Jesus auf dem Kreuzweg nach Golgatha. Maria betet nach Jesu Verlassenheits-Schrei am Kreuz inbrünstig und auf Knien das »Vater-Unser« (1:19:05).
(Filmbeschreibung S. 255 ff.)

MARIA, TOCHTER IHRES SOHNES
MARIA, FIGLIA DEL SUO FIGLIO, I 2000, R: Fabrizio Costa, 120 Min.
Kurzinhalt Maria (Yaël Abecassis) ist geprägt durch einen starken Willen und Glauben an Gott. Maria lebt ganz für Jesus (Nicholas Rogers). Sie hat Sorge um sein Schicksal. Dagegen vernachlässigt sie ihren Mann Joseph (Nancho Novo), zu dem sie nur eine freundschaftliche Beziehung hat.
(Filmbeschreibung S. 257)

DER JUNGE MESSIAS
THE YOUNG MESSIAH/AT: CHRIST THE LORD: OUT OF EGYPT; JESUS CHRISTUS – DER JUNGE MESSIAS
Der Film beinhaltet eine Verfilmung des Romans Christ the Lord: Out of Egypt (dt: Jesus Christus. Rückkehr ins Heilige Land), von Anne Rice, schildert fiktiv das Leben des 7- bzw. 8-jährigen Jesus.

Regisseur Cyrus Nowrasteh bedient sich vieler volkstümlicher Klischeebilder, z. B. ein goldgelockter Teufel im schwarzen Gewand wirkt kitschig.

2.7.4 »Die Bibel«-Serie des Senders History (2013)

Die History-Produktion JESUS – SEIN LEBEN (US. 2019) von Adrian McDowall, Ashley Pearce und Craig Pickles mit Greg Barnett als Jesus will historisch so korrekt wie möglich sein und in Zeiten des »Event-TV« anspruchsvolle Unterhaltung liefern. Die achtteilige Serie wurde ab 9.6.2019 auf History ausgestrahlt und ab 29.22.2020 auf Bibel-TV.
Aus der Pressemitteilung des TV-Senders History:

> »Die Produktion erzählt die Geschichte Jesus Christus' aus den acht verschiedenen Blickwinkeln wichtiger biblischer Figuren, die im Leben Jesu eine zentrale Rolle einnahmen: Maria, Josef, Johannes der Täufer, Kajaphas, Judas Ischariot, Pontius Pilatus, Maria Magdalena und Simon Petrus. Das Doku-Drama kombiniert geskriptete inszenierte Elemente, in denen der Schauspieler Greg Barnett (Foto) Jesus verkörpert, mit Interviews zu Leben und Wirkung Jesu, für die zahlreiche renommierte Wissenschaftler und Geistliche vor der Kamera standen (siehe die unten stehende

Liste). Die Event-Serie, die für HISTORY von Nutopia (»Mankind – Die Geschichte der Menschheit«) produziert wurde, verfolgt das Ziel, der Komplexität der Welt von Jesus Christus mit einem vollständigen Porträt gerecht zu werden.«[74]

2.7.5 Das »Lumo Project«: »Die chronologische Verfilmung der Berichte von Matthäus, Markus, Lukas und Johannes« (ab 2014)

Für die Sonntagsschule fand die Engländerin Hannah Leader kein gutes Lernmaterial. Sie wollte den Unterricht der Kinder mit Filmen ergänzen, die einen historischen Eindruck vermittelten. Hannah Leader wollte biblische Filmsequenzen, die genau für eine Unterrichtsgröße passten, und sie wollte einen historischen Jesus auf authentische Weise darstellen. Hannah Leader ließ Lernvideos für ihre Kirche produzieren. Mit David Batty fand sie den geeigneten Regisseur.

Aus einem Interview mit Hannah Leader:

> »… ich wollte eine relevante Bibelübersetzung verwenden können – und dann dachte ich an andere Länder – Sie wollen keine synchronisierte Version einer amerikanischen Übersetzung – sie wollen ihre eigene Bibelversion hören – so habe ich mir die Idee des Voice-Over ausgedacht, die es ermöglicht, dass die Evangelien vollständig und unbearbeitet sind – aber auch, dass einzelne Lesungen allein verwendet werden können. Mit anderen Worten, eher eine Anbetungs- und Bildungsressource als ein Spielfilm zur Unterhaltung. (…)«[75]

Da es Hannah Leader um größte Authentizität ging, ließ sie nur die Bibel als Drehbuch zu. Die Schauplätze, z. B. die Stadt Jerusalem, bauten Grafiker am Computer nach originalgetreuen Vorlagen nach.

Hannah Leader gründete die Firma »Big Book Media«, um die biblischen Texte je nach der Übersetzung in der Landessprache sprechen zu lassen, z. B. für die deutsche Ausgabe »Hoffnung für alle«, für die englische Ausgabe an »King James« u. a.

Das Lumo Project mit der Botschaft der Evangelien ist in über 100 Sprachen übersetzt. Produziert werden die Filme von »Big Book Media« in Partnerschaft mit »Toy Gun Films«.

> »Das Lumo-Projekt hat es sich zur Aufgabe gemacht, die originalen Erzählungen über Jesus auf die Leinwand zu bringen. Die Filme zeigen den Alltag in der biblischen Welt des ersten Jahrhunderts, basierend auf den aktuellsten Recherchen der besten theologischen, historischen und archäologischen Experten.«[76]

---

74 PRESSEMITTEILUNG: Event-Serie »Jesus: His Life«: HISTORY erzählt die Geschichte Jesu – Deutsche TV-Premiere zu Pfingsten. Pressekontakt HISTORY: A+E NETWORKS GERMANY/The History Channel (Germany) GmbH & Co. KG, 1.
75 Interview with Producer Hannah Leader. In: Visual Parables 6.3.2018). Internet: https://readthespirit.com/visual-parables/12638-2/ (Zugriff.1.4.2020). Übersetzung durch den Autor.
76 Produktbeschreibung zur DVD DAS MATTHÄUS-EVANGELIUM – Das Lumo-Projekt.

Die Filme waren Gewinner des britischen »Christian Film Festival Awards« 2015 in den Kategorien »Best Series« und »Best of British«.

DAS MATTHÄUS-EVANGELIUM – Das Lumo-Projekt
THE GOSPEL OF MATTHEW, GB 2014, R: David Batty, 195 Min.
TV: BibelTV 13.4.2020 u. 1.8.2020

»Glücklich sind, die ein reines Herz haben, denn sie werden Gott sehen.« Das Matthäusevangelium legt seinen Schwerpunkt weniger auf Jesu Taten als auf seine Lehre und seine großen Reden, von denen die Bergpredigt die bekannteste ist. Matthäus wendet sich in erster Linie an Judenchristen, denen er zeigen will, dass Jesus Christus der im Alten Testament prophezeite Messias ist. Aus diesem Grund zitiert er häufiger als die anderen Evangelisten das Alte Testament. Außerdem enthält das Matthäusevangelium etliche Gleichnisse mit entscheidenden Aussagen über die Endzeit.«[77]

DAS MARKUS-EVANGELIUM – Das Lumo-Projekt
THE GOSPEL OF MARK, US. 2015, R: David Batty, 102 Min.
TV: BibelTV 22.4.2019 u. 8.8.2020

Fünf Jahre dauerten die Dreharbeiten zu Regisseur David Battys epischen Spielfilm. Gestützt auf die neuesten theologischen, historischen und archäologischen Forschungsergebnisse bietet er eine authentische Darstellung von Jesu Leben und Sterben, seiner Auferstehung und dem Auftrag an die Jünger, die frohe Botschaft von Gottes Liebe in die Welt hinauszutragen.[78]

DAS LUKAS-EVANGELIUM – Das Lumo-Projekt
THE GOSPEL OF LUKE, GB/US. 2015, R: David Batty,
TV: BibelTV 13.7.2019 u.15.8.2020

DAS JOHANNES-EVANGELIUM – Das Lumo-Projekt
THE GOSPEL OF JOHN, GB/US. 2014, R: David Batty, 161 Min.
TV: BibelTV 14.9.2019 u. 22.8.2020

2.7.6 PURE FLIX ENTERTAINMENT presents bible-films (ab 2005)

Pure Flix wird 2005 als Produzent von christlichen Filmen gegründet. 2014 startet Pure Flix seinen Streaming-Dienst als »familienfreundliche« Alternative zu anderen Streaming-Plattformen. Ihre christlichen Filme hatten so großen (finanziellen) Erfolg, z. B. die erste Folge von »God's Not Dead« (65 Mill. US-Dollar). Weitere erfolgreiche Filme sind »The Case for Christ« (2017) und der Pro-Life-Film »Unplanned« (2019). Sony gründet 2007 »Affirm Films«, das

---

77 Aus dem Programmhinweis von BibelTV vom 1.8.2020.
78 Aus dem Programmhinweis von BibelTV vom 8.8.2020.

»inspirierende Inhalte« produziert, vermarktet und vertrieb. Es wird zum erfolgreichsten glaubensbasierten Filmstudio der Geschichte. »Miracles From Heaven« mit Jennifer Garner wird mit einem Budget von 13 Mill. US-Dollar gedreht und erzielt einen weltweiten Ticketverkauf von fast 74 Mill. Filme mit christlichen Inhalten werden erfolgreiches Business.[79]

PURE FLIX ENTERTAINMENT vermarktet u. a. folgende Bibelfilme (auch als Kauf-DVD):

- BUCH VON RUTH: REISE DES GLAUBENS (THE BOOK OF RUTH: JOURNEY OF FAITH, US. 2009, R: Stephen Patrick Walker),
- APOSTEL PETRUS UND DAS LETZTE ABENDMAHL (APOSTLE PETER AND THE LAST SUPPER, US. 2012, R: Gabriel Sabloff),
- THE BOOK OF DANIEL (US. 2013, R: Anna Zielinski),
- THE BOOK OF ESTHER (US. 2013, R: David A. R. White),
- SAMSON – DER AUSERWÄHLTE, DER VERRATENE, DER TRIUMPHATOR (US. 2018, R: Bruce MacDonald).

2.7.7 THE CHOSEN – US.-Fernsehserie von Dallas Jenkins (ab 2019)

Der amerikanische Filmemacher Dallas Jenkins will mit seiner Fernsehserie THE CHOSEN (»Die Auserwählten«; 13 Episoden in 2 Staffeln) das Leben von Jesus Christus einem breiten Publikum näherbringen. Die Serie wurde über Crowdfunding finanziert.

Inhalt Für das Drehbuch hat Jenkins eine Evangelienharmonie erstellt unter Bevorzugung von Johannes- und Lukasevangelium. Außerdem hat er Erzählungen, z. B. die Episode um Abigail u. a., erfunden.

Die erste Staffel mit der 1. Episode »I Have Called You by Name« beginnt mit Jesu Wirken als wandernder Handwerker im Jahr 28 in Kapernaum am See Genezareth und wird am 19. April 2019 ausgestrahlt. Es folgen Shabbat (2), Jesus Loves the Little Children (3), The Rock on Which it is Built (4), The Wedding Gift (5), Indescribable Compassion (6), Invitations (7) und I Am He (8).

Die zweite Staffel mit der 1. Episode »Thunder« wird am 4. April 2021 ausgestrahlt. Es folgen

I Saw You (2), Matthew 4:24 (3), The Perfect Opportunity (4), Spirit (5), Unlawful (6), Reckoning (7) und Beyond Mountains (8).

---

79 Zahlenangaben nach Reinhold Scharnowski: Christlicher Markt ist wichtig. Sony kauft christlichen Streamingdienst »Pure Flix«. Livenet/CBN News/Evangelical Focus. Internet: Livenet. ch (Zugriff 1.4.2021).

Dallas Jenkins betont, dass es seine Intention sei,

> »ein authentisches Bild von Jesus zu zeigen, und zwar durch die Augen der Menschen, die mit ihm unterwegs waren. In vielen Filmen, in denen Jesus die Hauptfigur ist, ist er keine Identifikationsfigur, weil er entrückt und ein wenig weltfremd erscheint – eben der vollkommene Sohn Gottes. Doch wenn wir Jesus durch die Augen anderer sehen – durch die Augen von Menschen wie Simon Petrus, Maria Magdalena, Nikodemus und Matthäus –, dann begegnen wir einem Menschen, mit dem wir uns tatsächlich identifizieren können. (…)
> Ein wichtiges Thema von The Chosen ist, dass Jesus uns verändert, uns zu Menschen macht, die wir vorher nicht waren. Wenn wir Jesus aus der Sicht von Menschen sehen, die ihm persönlich begegnet sind, dann können wir uns genauso verändern lassen, wie sie verändert wurden. Paradoxerweise entstand The Chosen aus einem Misserfolg.«[80]

2021 werden im Handel zur ersten Staffel des Films Romanfassung[81] und »Andachten«[82] angeboten. Die dritte Staffel soll Anfang 2022 an den Start gehen.

Resonanz Über 200 Millionen Mal wurden die Folgen der Jesus-Serie »The Chosen« in der gleichnamigen App weltweit bereits angeschaut und das, obwohl erst zwei von acht Staffeln zum freien Empfang im Netz stehen.[83]

Michael Diener, der frühere Präses des Evangelischen Gnadauer Gemeinschaftsverbandes erklärt: *Gestern habe ich ›The Chosen‹ geschaut. Ich bin begeistert, tief berührt, und sehr, sehr dankbar.*[84]

Der katholische Theologe und Gründer des Gebetshauses Augsburg Johannes Hartl betont:

Diese Serie haut mich um, rührt mich zu Tränen und stellt Jesus so dar, wie ich ihn zu kennen meine.[85]

Die katholische Filmkritikerin Mangano erkennt in »The Chosen« einen Segen.

Die Kirche braucht diese Serie, (…) dass die Apostel ein erfülltes Leben mit Familien, Jobs, Verpflichtungen und Herausforderungen hatten, genau wie ich.

---

80 Dallas Jenkins, Jesus-Serie »The Chosen«, Internet: https://www.jesus.de/jesus/the-chosen/jesus-serie-the-chosen-entstanden-aus-einem-misserfolg/ (Zugriff 1.8.2021).
81 *»Das Buch zur ersten Staffel der Serie macht ein Stück Geschichte lebendig, denn der Roman gewährt tiefe Einblicke in das Leben der Apostel Simon Petrus, Andreas, Jakobus und Johannes, Matthäus und Maria Magdalena.«* (Produktbeschreibung Gerth Medien).
82 *»Dieses Andachtsbuch lädt uns zu einer 40-tägigen Reise mit Jesus durch unsere Alltagsthemen ein. Jesus revolutionierte das Leben von allen Menschen, die ihm nachfolgten – alle durften zu ihm kommen und sich von ihm verändern lassen. Das Angebot gilt auch uns.«* (Produktbeschreibung Gerth Medien).
83 Jesus-Serie »The Chosen« entwickelt sich zu einer Welle, die immer mehr Herzen berührt. 5. August 2021. Internet: Promis glauben (Zugriff 1.10.2021).
84 Produktbeschreibung Gerth Medien.
85 Produktbeschreibung Gerth Medien.

2.8 Bibelfilme in der Politik

Gerald E. Forshey[86] hat aufgezeigt, dass Biblical Epics »*Probleme der Gegenwart in historischer Perspektive zeigen und dass Geschichte darin nur deshalb verwendet wird, um jene sozialen Werte zu bestärken, die für die amerikanische Gesellschaft als grundlegend gelten*«.[87]

»*In these films the persistent tensions in American culture are fashioned into popular art. They reveal a great deal about American values.*«

Regisseure nehmen bewusst Stellung zu politischen Ereignissen oder sie üben Kritik an gesellschaftlichen Situationen.

Diese Filme können durch Zensurbeschlüsse unterdrückt werden.

2.8.1 Bibelfilme in der politischen Propaganda: Antisemitismus und Antijudaismus

Tendenzen und Zeichen von Antisemitismus und Antijudaismus lassen sich sowohl in älteren als auch in neueren Bibel-Filmen finden.[88]

Folgende Vorlagen mit antijudaistischen Inhalten haben Jesusfilme unterschiedlich aufgegriffen:
- Das apokryphe Petrusevangelium aus Syrien (Mitte 2. Jh.): Einige Juden verspotten, bespucken und schlagen Jesus, legen ihm ein Purpurgewand an. Einer der Juden setzt einen Dornenkranz auf sein Haupt. (vgl. PetrEv Kap. 3).
- Das apokryphe Nikodemusevangelium (Mitte 4. Jh.) stellt das jüdische Synhedrium im Prozess gegen Jesus negativ dar und verlagert die Schuld von Pilatus weg auf »die Juden«.
- Eine Evangelienharmonie (harmonia evangelica), oft unter Vorrang von »antijüdischen Elementen« aus dem JohEv. (vgl. 8, 44).

---

86 Forshey, Gerald E. (1992): American Biblical and Religious Spectaculars (Media and Society Series). Westport: Praeger, 10 f.
87 Zwick, Reinhold (2017): Der Weise und die schöne Fremde Salomo im Film. Die Bibel in der Kunst/Bible in the Arts 1, 2017, S. 8 f. Internet: wibilex (Zugriff 1.4.2020).
88 Vgl.: Zwick, Reinhold: Antijüdische Tendenzen im Jesusfilm. In: Communicatio Socialis 30 (1997) 3, 227–246; Vgl.: Loewenstein, Martin: Wann ist ein Film antisemitisch? Kriterien für Antisemitismus im Film: Workshop »Sehschule für Kinogänger«. (17. März 2004). http://www.martin-loewenstein.de/unveroef/film_antisemitisch.html (Zugriff 30.3.2013); Reinhartz, Adele (2013): Violence Against the Jews. Anti-Judaism in the Jesus Movies. In: Zwick, Reinhold (Hg.): Religion und Gewalt im Bibelfilm. (Film und Theologie 20) Marburg, 133 ff.; Tiemann, Manfred (2021): »Antisemitismus in Bibelfilmen: »Die ganze Nation will seinen Tod!« In: »zeitzeichen«. Ev. Kommentare zu Religion und Gesellschaft 4/2021, 50–53.

- Eine diskriminierende Kleiderordnung im Mittelalter von Papst Innozenz III. (4. Laterankonzil 1215): Juden müssen spitzen Judenhut und gelben Judenring auf der Brust tragen; das Mainzer Diözesankonzil (1229) verlangt einen langen »Judenrock« (Kaftan) mit gelbem Brustzeichen und einen langen spitzen Bart.
- Die diskriminierenden Bezeichnungen von »Geldjuden«, »Wucherjuden« und »Hofjuden« seit dem Mittelalter: Juden gelten als nützliche Geldeintreiber für Obrigkeiten, als geldgierige Zinsnehmer und Wucherer.
- In vielen Passionsspielen im 17. und 18. Jh. ruft das jüdische Volk: »Ans Kreuz mit ihm, die ganze Nation will seinen Tod!« (»Passions-Spiele« der Freilichtbühne Freiburg).
- Antijüdische Bildsymbole zeigen Juden als Christusmörder, z. B. das Epitaph in der Nürnberger St. Sebaldkirche (15. Jh.) oder diskriminieren Juden in »Judensau«-Skulpturen, z. B. in Goslar (um 1250), Köln (um 1280), Wittenberg (um 1300), Nürnberg (um 1380) u. a.[89]

Das apokryphe Petrusevangelium mit antijüdischen Elementen von Jesu Verspottungs- und Kreuzigungsszene, diskriminierende Kleiderordnungen im Mittelalter, Passionsspiele im 17. Jahrhundert und antijüdische Bildsymbole.

In Stumm- und Monumentalfilmen werden antisemitistische Symbole aus der Ikonografie aufgegriffen, z. B. die *Ecclesia* (in der linken Hand mit einen Kelch, der das Blut Christi verkörpert, und in der rechten das Zeichen des Kreuzes, Zeichen für das Christentum, mit einem heiteren und schönen Gesicht) und die *Synagoge* (mit verbundenen Augen, blind für den Erlöser, mit einer gebrochenen Thorarolle in der rechten und der Gesetzestafel Moses in der linken Hand).

Inszenierungen der Passionsszene in Stummfilmen sind oft inspiriert von der antijüdischen Darstellung des apokryphen Petrusevangeliums aus Syrien, Mitte des 2. Jahrhunderts:[90] Die Verspottung und Folterung Jesu wird hier offensichtlich nicht von römischen Soldaten, sondern von dem jüdischen Volk durchgeführt (V. 6–9). *»Während Verspottungs- wie auch die Kreuzigungsszene voll von antijüdischen Stereotypen sind, scheint der Text nach der Erzählung des Todes Jesu eine Differenzierung zwischen Volk einerseits und Ältesten, Priestern und Schriftgelehrten andererseits vorzunehmen.«*[91]

---

89 Siehe auch: Vgl. Schneider, Barbara (2020): Die tödliche Wirkung antijüdischer Bildsymbole. In: Zeitzeichen 12/2020, 15 ff.
90 Vgl. Zwick, Reinhold: Antijüdische Tendenzen im Jesusfilm. A. a. O., 240.
91 Nicklas, Tobias: Evangelium nach Petrus. In: Das wissenschaftliche Bibellexikon im Internet (wibilex). (Stand: Mai 2016) (Zugriff 1.4.2020). Vgl. auch: Nicklas, Tobias (2013): Das apokryphe Petrusevangelium: Stand und Perspektiven der Erforschung. In: L. Roig Lanzillota/I. Muñoz

Einige Juden verspotten, bespucken und schlagen Jesus. Die Juden »*nahmen den Herrn und stießen ihn eilends und sprachen: ›Lasset uns den Sohn Gottes schleifen, da wir Gewalt über ihn bekommen haben.‹ Und sie legten ihm ein Purpurgewand um und setzten ihn auf den Richterstuhl und sprachen: ›Richte gerecht, o König Israels!‹ Und einer von ihnen brachte einen Dornenkranz und setzte ihn auf das Haupt des Herrn. Und andere, die dabei standen, spieen ihm ins Angesicht, und andere schlugen ihn auf die Wangen, andere stießen ihn mit einem Rohr, und etliche geißelten ihn und sprachen: Mit solcher Ehre wollen wir den Sohn Gottes ehren.*«[92]

Antijüdische Bildsymbole setzen Inhalte aus dem apokryphen Petrusevangeliums in Szene und beeinflussen die Passionsszenen in der Stummfilmzeit. Diese zeigen Juden als Christusmörder, z. B. das Epitaph in der Nürnberger St. Sebaldkirche (15. Jahrhundert) zeigt wütende Juden, die Jesus misshandeln. Einer aus dem jüdischen Volk drückt Jesus gewaltsam eine Dornenkrone auf.[93]

Die zwei allegorischen weiblichen Figuren »Ecclesia und Synagoge« personifizieren in der christlichen Ikonographie des Mittelalters das Christentum und das Judentum, nicht gleichberechtigt, sondern das starke Überlegenheitsgefühl der christlichen Kirche gegenüber dem Judentum ist prägend.[94]

Die »Ecclesia« hält in der linken Hand einen Kelch, der das Blut Christi verkörpert, und in der rechten das Zeichen des Kreuzes, Zeichen für das Christentum. Sie hat ein heiteres und schönes Gesicht und blickt hämisch herab auf die »Synagoge«. (Allegorie: die neue christliche Religion)

Die »Synagoge« steht da mit verbundenen Augen, ist blind für den Erlöser, mit einer gebrochenen Thorarolle in der rechten und der Gesetzestafel Moses in der linken Hand. (Allegorie: die alte jüdische Religion)

Im Kaiserreich wird das antijüdische Bildsymbol wieder vielfach aufgegriffen, z. B.

Heilig-Kreuz-Kirche (Dortmund, 1914–1916), Herz-Jesu-Kirche (Berlin-Prenzlauer Berg, 1911), St. Lamberti (Münster, 1911).

Gallarte (Hrsg.), Greeks, Jews and Christians. Historical, Religious and Philological Studies in Honor of Jesús Peláez de Rosal, Estudios de Filología Neotestamentaria 10, Cordoba, 337–369.
92 Schneemelcher, Wilhelm (Hg.) u. Hennecke, Edgar (Begründet): Neutestamentliche Apokrpyphen in deutscher Übersetzung, in 2 Bdn, Bd. 1, Evangelien, Tübingen (Mohr Siebeck), 6., durchges. Auflage 1990, 185.
93 Vgl. Schneider, Barbara (2020): Die tödliche Wirkung antijüdischer Bildsymbole. In: zeitzeichen 12/2020, 15–17.
94 Vgl. Wacker, Marie-Theres (2018): Ecclesia und Synagoga im späten 19. und frühen 20. Jahrhundert. (Franz-Delitzsch-Vorlesung 2017). Münster.

Zu den Beispielen aus der Stummfilmzeit ist anzumerken, dass diese Filme oft eine beliebte Passionsspielaufführung fast dokumentarisch abfilmen. Wenn auch der gesprochene Dramentext fehlt, werden dem Filmzuschauer in diesen Jesusfilmen implizite und explizite Antisemitismen deutlich vermittelt. Die Juden tragen überdimensionierte Bärte und Hüte, große Geldtaschen als Attribute des sog. Schacherjuden und angeklebte »*Gurkennasen*«.[95]

Juden werden durch eine diskriminierende Kleiderordnung, (vgl. Papst Innozenz III. auf dem 4. Laterankonzil 1215: Verordnung von Judenhut und gelbem Judenring auf der Brust)[96] und durch Darstellungen der Juden mit verkrümmter Körperhaltung mit »*fratzenhaft-verschlagenem Grinsen und den unvermeidlichen Hakennasen*«[97] verspottet. Manchmal ist als Kennzeichnung auch ein roter Ring vorgeschrieben, um die visuelle Unterscheidung zwischen Juden und Christen herzustellen. Auch die Breslauer Synode 1267 schreibt den Juden das Tragen des spitzen Judenhutes mit hoher, kugelförmig endender Spitze vor. Diese Kennzeichnungspflicht wird 1431 auf dem Baseler Konzil bestätigt und weitergeführt. Die Städte Speyer, Worms und Mainz schreiben die »takkanot Schum« vor, die es Juden verbietet, ihre Haare wie Nichtjuden zu schneiden oder ihren Bart vollständig zu rasieren. Frauen werden angewiesen, zugeknöpft »sittliche« Kleidung zu tragen. Diese Kleiderordnungen greifen viele Stummfilme auf. Bemerkenswert ist, dass manche zeitgenössische Filmkritiker als Kriterium für die Echtheit der Darstellung von Juden im Film gerade diese Vorschriften aus dem 13. – 15. Jahrhundert heranziehen.

Abb. 34: Still aus INTOLERANCE (US. 1916): Zwei Juden (Erich von Stroheim und Gunther von Ritzau) als Außenseiter wenden sich bei der »Hochzeit von Kana« bewusst von Jesus und von den Gästen der fröhlichen Hochzeit ab.

---

95 Zwick, Reinhold: Antijüdische Tendenzen im Jesusfilm. A. a. O., 229.
96 Diese Kleiderordnung sollte verhindern, dass sich Christen und Juden (unwissentlich) vermischen. Diese Diskriminierung der Juden wird erst 1728 aufgehoben.
97 Zwick, Reinhold: Antijüdische Tendenzen im Jesusfilm. A. a. O., 230.

D. W. Griffith will in seinem Film INTOLERANCE (LOVE'S STRUGGLE THROUGHOUT THE AGES, US. 1916) in vier ineinander verwobenen Handlungssträngen u. a. intolerantes Verhalten der Menschen anklagen: Eine moderne Geschichte eines jungen Paares (Mae Marsh und Robert Haron) zu Beginn des 20. Jahrhunderts, Judäa im Jahr 27. n. Chr., Paris zur Zeit der Hugenotten-Verfolgung und Babylon im Jahr 539 v. Chr.

In der Geschichte »The Judean Story« werden drei Episoden aus dem Leben Jesu (Howard Gave) dargestellt: »The miracle at Cana«, »Christ's mercy toward the adulterous woman« und »The Crucifixion«. Die Pharisäer werden verantwortlich gemacht für die Kreuzigung Jesu.

Zitate aus den Texttafeln:

(0:08:50) *Certain hypocrites among the Pharisees. Pharisee – A learned Jewish party, the name possible brought into disrepute later by hypocrites among them. When these Pharisees pray they demand that all action cease. »Oh Lord, I thank thee that I am better than other man. Amen.«* (0:58:16) *The poor bride and groom suffer great humiliation because the wine has given out. The first miracle. The turning of water into wine. NOTE: – Wine was deemed a fit offering to God; the drinking of it a part of the Jewish religion.*

(1:06:15) *Equally intolerant hypocrites of another age. And the Pharisee said: »Behold a man gluttouson, and a winewibber, a friend of publicans and sinners. St. Matthew XI-19. The woman taken in adultery.*

D. W. Griffith hatte in seiner ursprünglich ersten Fassung antisemitische Szenen, die er nach heftigen Protesten bei den ersten Aufführungen herausnehmen musste.

In den beanstandeten Szenen ließ Griffith die Juden Jesus ans Kreuz nageln.

»*According to an article in Variety (April 7, 1916), the B'nai Brith, the most powerful Hebrew society in the United States at the time, brought pressure to bear on Griffith to omit the sequences which showed the Jews crucifying Christ. For the sequence, Griffith had hired all the orthodox Hebrew he could find in Los Angeles.*«[98]

In der beibehaltenen Szene »Hochzeit von Kana« sind zwei Juden Außenseiter, weil sie sich bewusst von Jesus und den Gästen der fröhlichen Hochzeit von Kana abwenden. Mimik und Körperhaltung zeigen einen Neid gegenüber der

---

98 Campbell, Richard H./Pitts, Michael R: The Bible on Film. A Checklist, 1897–1980, Metuchen, N.J.-London 1981 (The Scarecrow Press), 93.

Hochzeitsgesellschaft. Die beiden Juden werden »*in einer Tracht gezeigt, wie sie auch noch 1916 unter US-amerikanischen Juden vergleichbar anzutreffen war.*«[99]

Abb. 35: Still aus I.N.R.I. EIN FILM DER MENSCHLICHKEIT (CROWN OF THORNS, D 1923). Hier sind es die jüdischen Bewohner Jerusalems, die Jesus angreifen und ihn foltern (Christusmörder).

Robert Wiene lässt in seinem Film I.N.R.I. EIN FILM DER MENSCHLICHKEI (CROWN OF THORNS, D 1923) nicht die Römer, sondern die jüdischen Bewohner Jerusalems eine Dornenkrone für Jesus flechten und »*ihn auf einem öffentlichen Platz mit Ruten schlagen*«.[100]

In manchen Passionsspielen werden Juden als Erfinder der Dornenkrone gezeichnet. Im Frankfurter Passionsspiel von 1493, das auf die Frankfurter Dirigierrolle um 1350 fußt, führen Juden die Geißelung Jesu durch:[101]

Juden vollstrecken die Annagelung mit stumpfen Nägeln. Im Alsfelder Passionsspiel werden Juden »Mörder Gottes« genannt.[102]

---

99   Loewenstein, Martin: Wann ist ein Film antisemitisch? Kriterien für Antisemitismus im Film: Workshop »Sehschule für Kinogänger«. A. a. O.
100 Zwick, Reinhold: Antijüdische Tendenzen im Jesusfilm. A. a. O., 238.
101 Zit. nach: Froning, Richard (Hg.): Das Drama des Mittelalters, (Deutsche Nationalliteratur, Bd. 14), Bd. 2, Stuttgart 1891/92.
102 Janota, Johannes (Hg.) (2002): Die Hessische Passionsspielgruppe. Band 2 Alsfelder Passionsspiel. »Frankfurter Dirigierrolle« mit den Paralleltexten. Weitere Spielzeugnisse. »Alsfelder Passionsspiel« mit den Paralleltexten. Berlin: De Gruyter. Vgl. auch die Dissertation von Dorothea Freise (2000): Geistliche Spiele in der Stadt des ausgehenden Mittelalters. Frankfurt u. a.; Natascha Bremer (1986): Das Bild der Juden in den Passionsspielen und in der bildenden Kunst des deutschen Mittelalters. Frankfurt/M.-Bem-New York (Europäische Hochschulschriften, Reihe 1, Bd. 892); Edith Wenzel (1992): Do worden die Judden alle geschani. Rolle und Funktion der Juden in spätmittelalterlichen Spielen. München (Forschungen zur Geschichte der älteren deutschen Literatur 14).

Abb. 36: Still aus DER GALILÄER (D 1921). Nicht Judas allein, sondern das gesamte jüdische Volk trägt die Schuld am Tode Jesu. Offensichtlich begeistert eilen Juden zur Kreuzigungsstätte, um dabei zu sein.

Der Film DER GALILÄER (D 1921) ist ein Zusammenschnitt, eine Kurzfassung der aufgenommenen »Passions-Spiele« der Freilichtbühne Freiburg: »*Das alte Oberammergauer Passions-Festspiel unter Zugrundelegung des Urtextes in der Art eines Mysterien-Spiels, bearbeitet von Harry Schaefer für die Freilichtbühne Freiburg/B.*«

Durch die Viragierung des Filmmaterials erhalten die Szenen mit jüdischem Personal eher kalte und grelle, die Jesusszenen dagegen eher warme Farben. Hierbei ist zu berücksichtigen, dass die Farbe Blau für Szenen Außen und nachts, die Farbe Sepia für Innen und nachts, die Farbe Rosa für Frieden und Gelassenheit, die Farbe Rot für Liebe und Gewalt eingesetzt wurden.

Die Kreuzigung Jesu ist eingetaucht in helles grelles Gelb.

Antisemitische Tendenzen (narrative Verleumdungen) werden besonders in den Textpassagen des jüdischen Volkes deutlich:[103]

Nathanael und Volk: *Die Lehre Mosis hat er abgegriffen, zur Rache ruft sein heiliges Gesetz.*
Volk: *Des Moses Schüler wollen wir verbleiben; nichts wollen wir von einer anderen Lehr. ... Wir halten uns an unsere Priester, fort mit jedem, der sich gegen sie erhebt! ... Ihr bleibet unsere Väter wie bisher, für eure Lehre stehen wir alle ein.*
Dathan: *Kommt Kinder, schließt euch ans Synedrium! Es wird euch retten!*
Ezechiel: *Schüttelt ab das Joch, Ja werft es ab, das der Verführer euch bereitet hat.*
Volk: *Wir wollen nichts mehr wissen von ihm, euch folgen wir! ...Volk: Das ganze Land, es ruft euch Beifall zu. ...Volk: Wir gehen mit euch, wir müssen frei sein von dem falschen Lehrer, dem Nazarener.*
Nathanael: *Eurer Väter Gott nimmt euch jetzt wieder auf in seine Huld.*
Annas: *Jetzt seid ihr wieder unserem Gott ein heilig Volk.*
Volk: *In euch erkennen wir die wahren Freunde. Es lebe das Synedrium! Es leben unsere Hohenpriester.*
Dathan: *Und der Galiläer soll sterben, Auf und zu Pilatus hin!*
Volk: *Ja, ja es lebe der hohe Rat! Aber der Nazarener sterbe!*
Ezechiel: *Er hat das heilige Gesetz verfälscht, verachtet hat er die Propheten! Er hat Gott gelästert!*

---

103 Das alte Oberammergauer Passions-Festspiel unter Zugrundelegung des Urtextes in der Art eines Mysterien-Spiels, bearbeitet von Harry Schaefer für die Freilichtbühne Freiburg/B. Provisorische Textausgabe. Augsburg 1921, 54–58 (die ursprüngliche Schreibweise ist beibehalten).

Volk: *Pilatus muss ihn kreuzigen lassen! ... Wir ruhen nicht eher, bis er das Urteil ihm gesprochen hat. ... Ans Kreuz mit ihm, Die ganze Nation will seinen Tod, – den Tod, das Blut. ... Der Nazarener sterbe! ... Wir wollen, dass Pilatus das Todesurteil spreche! ...*
Alle: *Ans Kreuz mit ihm! – Ans Kreuz! Schlagt ihn ans Kreuz!*
Alles Volk: *Ans Kreuz, ans Kreuz mit ihm!*

Cecil B. DeMille will in seinem Film KING OF KINGS (US. 1927) das jüdische Volk von der Schuld am Tode Jesu entlasten. Er zeichnet seine Kaiphas-Figur (Rudolph Schildkraut) mit allen Vorurteilen eines Juden. Kaiphas bittet Gott, die Schuld allein bei ihm und nicht bei seinem Volk zu sehen. Er nimmt die Schuld am Tode Jesu allein auf sich.

Der Film wurde jahrelang in US-Sonntagsschulen eingesetzt.

Die Passionsszenen im Film DAS KREUZ VON GOLGATHA (GOLGOTHA, F 1935) von Julien Duvivier befriedigen sadistische Schaulust der anwesenden Juden.

Obwohl der Film zahlreiche antijüdische Szenen aufweist, wird er im nationalsozialistischen Deutschen Reich mit Aufführungsverbot belegt, weil biblisch-christliche Inhalte nicht gezeigt werden durften.

Dagegen wird der Film im konservativ-katholischen »Ständestaat« Österreich am 31. Januar **1936** in Wien in Anwesenheit von Staatspräsident Wilhelm Miklas und Theodor Kardinal Innitze und zahlreichen hohen Klerikern aufgeführt.

Das Drehbuch von Canonigo Joseph Reymond lässt das Geschehen aus der Sicht Jesu (Robert Le Vignan) erzählen. Für die Dialoge wurden ausschließlich Textstellen des Evangeliums Joh benutzt.

Die um fünf Minuten gekürzte deutsche Filmfassung verzichtet auf fast sämtliche Großaufnahmen Christi – in der Erkenntnis, dass ein Schauspielergesicht bei der Darstellung Jesu der Distanz bedarf.

Abb. 37: Still aus DIE ZEHN GEBOTE (The Great Commandment, US. 1939): Optische Verleumdungen bereits in der Kontrastierung der beiden Gruppen Juden und Christen.

Abb. 38: Still aus DIE ZEHN GEBOTE (The Great Commandment, US. 1939): Der älteste Sohn Joel (John Beal) liebt Tamar (Marjorie Cooley). Beide sind von Jesus angetan.

In DIE ZEHN GEBOTE (The Great Commandment, US. 1939) sind zahlreiche visuelle Verleumdung zu finden: Juden haben Münder mit schlechten Zähnen, zottige Bärte; unruhige Augen unter struppigen, ungepflegten Haaren, hakennasige Köpfe raubvogelartig; hektisch gestikulierende Hände. (Abb. 37) Dagegen werden die Anhänger Jesu visuell aufgewertet als positive Handlungsfiguren und erfahren eine »De-Semitisierung«, eine Tilgung ihrer ›jüdischen‹ Merkmale. (Abb. 38)

Neben der visuellen Verleumdung tritt die narrative Verleumdung noch massiver hervor: Nicht nur der Rabbiner Lamech (Maurice Moscovitch) fordert seinen ältesten Sohn Joel (John Beal) auf, Rache zu üben, sondern mit ihm alle jüdischen Männer: Joel soll den Römer Longinus (Albert Dekker) töten. Joel weigert sich und befolgt die Lehre Jesu von der Feindesliebe: »*Dieser Mann ist auch mein Bruder.*« Nun spürt er den Hass seiner eigenen Leute, die ihn sogar umbringen wollen. Vorsorglich nimmt der Römer Joel in »Schutzhaft«.

Abb. 39: Still aus LOS MISTERLOS DEL ROSARIO (AT: JESUS CHRISTUS: Der WEG DES HERRN, ES 1957)

In LOS MISTERLOS DEL ROSARIO (AT: JESUS CHRISTUS: Der WEG DES HERRN, ES 1957)[104] sind es nicht allein die römischen Soldaten, die Jesus verspotten, sondern zwei Männer aus dem jüdischen Mob beteiligen sich eifrig daran, während die jüdische Menschenmenge im Hintergrund zustimmend und amüsiert zuschaut. (Abb. 39)

Jude: *Ich mache ihm eine Krone!*
Im Film ruft ein Jude Jesus am Kreuz zu: *Wenn er der Messias ist, der Auserwählte, der Sohn Gottes, so steige er vom Kreuz und helfe sich selber! Dann werden wir an ihm glauben. Hilf dir selbst!*

---

104   Eine DVD-Fassung ist 2015 erschienen unter dem Titel: JESUS CHRISTUS: Der WEG DES HERRN, leider in schlechter Bild- und Tonqualität. (EuroVideo Medien GmbH). In 15 Episoden will der amerikanisch-spanische Bibelfilm das Leben, das Leiden und die Auferstehung Jesu Christi zeigen.

Der Bibeltext lautet: *Es verspotteten ihn auch die Soldaten (...) und sagten:* »*Wenn du der König der Juden bist, so rette dich selbst!*« (Lk 23, 36)
Die Filmhandlung ist beeinflusst von der antijüdischen Darstellung des Petrusevangeliums (Mitte 2. Jhd.):
»*Die Juden legten ihm ein Purpurgewand um und setzten ihn auf den Richterstuhl und sprachen:* ›*Richte gerecht, o König Israels!*‹ *Und einer von ihnen brachte einen Dornenkranz und setzte ihn auf das Haupt des Herrn.*«

Die spanische Produktion »Los Misterlos del Rosario« wurde finanziert durch eine weltweite Spendenkampagne der Initiative »Kreuzzug des Rosenkranzes« (Portugal um 2017).

Abb. 40: Still aus JESUS VON NAZARETH (GESU DI NAZARETH | JESUS OF NAZARETH, I 1976, R: Franco Zeffirelli): die Mitglieder des Hohen Rates werden eher als unsympathisch wirkende düstere Gestalten wahrgenommen, die Ängste verbreiten.

In den Film JESUS VON NAZARETH (I 1977) von Franco Zeffirelli erscheinen die Mitglieder des Hohen Rates und »die Volksmasse« eher als »typische Juden«. Dagegen werden Jesus, Maria und die Apostel in ihrer Kleidung eher als »Christen« wahrgenommen.

Abb. 41: Still aus DIE LETZTE VERSUCHUNG CHRISTI (THE LAST TEMPTATION OF CHRI31, US. 1988): Martin Scorsese greift in seinem Film Merkmale eines klassischen Antisemitismus auf: Jesus zu einem Händler: »Hast du genügend profitiert?« – »Genügend!« (1:22:20)

Martin Scorsese greift in seinem Film DIE LETZTE VERSUCHUNG CHRISTI (THE LAST TEMPTATION OF CHRIST, US. 1988, R: Martin Scorsese) ebenfalls Merkmale eines klassischen Antisemitismus auf: Juden sind Christusmörder und geldgierig.

In der Szene: »*Jesus vertreibt die Händler aus dem Tempel*« (1:21:00) werden Juden in Verbindung mit Handel, Profitgier und Geld gebracht. (Abb. 41)

Abb. 42 u. 43: Still aus JESUS CHRIST SUPERSTAR (US. 1973): Norman Jewison zeigt antisemitische Inhalte.

Norman Jewison zeigt durch Typisierung in JESUS CHRIST SUPERSTAR (US. 1973) antisemitische Inhalte:

Jewison betont den Dualismus, der das Gute gegen das Böse stellt, das Göttliche gegen das Dämonische, Christus gegen Antichrist.

Jewison teilt bewusst in zwei Lager, in gute und böse Menschen.

Visuelle Verleumdungen Hier die Gruppe der Jünger und Anhänger Jesu: eine multiethnisch gemischte, fröhlich tanzende und lebensbejahende Schar (der Europäische Typ Jesus, der Afro-Amerikaner Judas, die Asiatin Maria Magdalena), Kinder und junge Erwachsene. Sie alle sind in leuchtend-bunten Farben gekleidet und wirken insgesamt sympathisch. (Abb. 42) – Dort die Gruppe des Hohen Rates: Die Männer wirken als Monstren in schwarzen Kutten und Hüten. Als bedrohliche Krähen am Gerüst erscheinen sie als aggressive Wesen (»Tiere«), die Ängste auslösen. (Abb. 43)

Narrative Verleumdungen Beide Filmversionen (1973 und 2000) unterstellen, dass die Juden den Erlöser der Menschheit verhindern wollten.

Hoher Rat: *Denn dieses Problem verlangt endgültig eine Lösung.*
Jesus über Jerusalem (und die Juden): *Du würdest sehen, was die Wahrheit birgt. Doch Du stellst Dich blind.* (vgl. Kunst: Ecclesia und Synagoga).
Jesus nennt Judas (hier stellvertretend für das Volk) Lügner: *You'd see the truth. But you close your eyes.*

Filmdrehbuch contra biblische Überlieferung

Im Film sind Pharisäer am Prozess des Hohen Rates gegen Jesus beteiligt: »*The Pharisees and priests are here for you.*«, »*He ist dangerous*«.

Pharisäer, Hohenpriester und jüdische Bevölkerung als Kollektiv: die Juden.

Die biblische Überlieferung: Pharisäer waren am Prozess des Hohen Rates gegen Jesus nicht beteiligt.

Bibelfilme in der Politik 101

Abb. 44: Still aus JESUS CHRIST SUPERSTAR (GB 2000). Tendenzen von antisemitischen Darstellungen, von optischen Verleumdungen werden fortgeführt: Jesus als Lichtgestalt, seine Anhänger fröhliche tanzend, sympathisch wirkend.

Abb. 45: Die Vertreter des Judentums werden in dunkler Kleidung und mit bedrohlichen Gebärden als Monster gezeigt.

Gale Edwards greift in seiner Bühnenfassung JESUS CHRIST SUPERSTAR (GB 2000) ebenfalls Tendenzen von antisemitischen Darstellungen auf: Auch hier werden die Vertreter des Judentums in dunkler Kleidung und mit bedrohlichen Gebärden als Monster gezeigt.

Mel Gibson zeigt in DIE PASSION CHRISTI (THE PASSION OF THE CHRIST, US. 2004) deutlich antisemitische Formen.

Gibson arbeitet mit Kontrasten: Hier die »schlechten« Juden – dort die »guten« Römer. Der Hohepriester, der Hohe Rat und große Teile des jüdischen Volkes werden im Film negativ gezeichnet. Römische Figuren werden dagegen aufgewertet, z. B. die namenlose Frau des Pontius Pilatus, im Film Claudia reicht der trauernden Maria strahlend weiße Trosttücher. Sie beobachtet die Geißelung Jesu mit Bestürzung und Missbilligung. Der Herrscher Pontius Pilatus (vgl. Lk 13,1) bekommt im Film beinah humane Züge im Gegensatz zum Hohenpriester Kaiphas, der als schmutzig gekleideter Jude mit schiefen Zähnen völlig unsympathisch wirkt. Der Satan als androgyne Figur und als Gegenspieler Gottes schleicht durch die Reihen der Juden, als sei Jerusalem sein Reich und als seien die Juden sein Volk.

Die Kath. Filmkommission Deutschlands, die Kath. Aktion Österreichs und die Deutsche Bischofskonferenz mahnen in ihrer gemeinsamen Stellungnahme zum Film u. a. an:

> »Durch die Wiederverwendung von Bild-Stereotypen – so z. B. des verhetzerisch dargestellten Kollektivs der Hohenpriester in seiner Steuerungsrolle in der Passion – nimmt der Film keine Rücksicht auf das historische Faktum der antijudaistischen Aufladung solcher Bilder in den vergangenen Jahrhunderten. In jüdischen Augen sind aber solche Bilder heute nicht einfach von den mörderischen Folgen des einstigen Antisemitismus zu trennen.«[105]

Die beiden großen Kirchen und der Zentralrat der Juden haben vor einer antisemitischen Instrumentalisierung des Werks gewarnt.

> »Die Darstellung des Films birgt die Gefahr, dass antisemitische Vorurteile wiederaufleben.«[106]

Mel Gibson wird 2006 in Kalifornien von der Polizei wegen Trunkenheit am Steuer festgehalten. Er soll sich gegenüber der Polizei ausfallend mit Schimpftiraden, darunter mit antisemitischen Sprüchen, geäußert haben:
»*Fucking Jews … The Jews are responsible for all the wars in the world.*«
Gibson fragt den Polizisten: »*Are you a Jew?*«[107]
Mel Gibson fragt in den neunziger Jahren auf einer Party Winona Ryder mit Blick auf ihre jüdische Religion: »*Bist du dem Ofen entkommen?*«[108]

Die Zeichentrickserie SOUTH PARK hat DIE PASSION CHRISTI und Regisseur Mel Gibson mehrfach parodiert, z. B. DIE PASSION DES JUDEN (2004, Staffel 8 F 3): Cartman verkleidet sich gerne als Hitler. Als Vorsitzender des »Mel Gibson Fanclubs« ruft er eine Versammlung ein und fordert die Mitglieder auf, mit ihm zu demonstrieren: »*Wir müssen die Juden ausrotten!*« Er benutzt den Film von Mel Gibson, in dem Juden als Gottesmörder dargestellt werden, um seinen Antisemitismus auszuleben.

In JUDAS UND JESUS. DER ÄUSSERSTE VERRAT (US. 2004, R: Charles Robert Carner) ist bereits im Titel eine narrative Verleumdung zu sehen.
Was meint der griechische Text: »Übergabe« oder »Verrat«? (z. B. Mk 3, 19; Mk 14,8 u. a.)

---

105 Stellungnahmen zum Film »Die Passion Christi«. Kath. Filmkommission Deutschland – Kath. Aktion Österreichs – Deutsche Bischofskonferenz. Wien, am 12. März 2004.
106 Gemeinsame Erklärung: Kirchen und Zentralrat: »Jesus-Film birgt Antisemitismus-Gefahr.« (EKD 18. März 2004).
107 Zit. nach Gibson'd Anti-Semitic Tirade, TMZ 28/7/2006.
108 Zit. nach Internet: Queer.de 25.6.2020 (Zugriff 1.10.2021).

Eine Übersetzung des griechischen Verbums »paradidonai« (παραδιδόναι; Präs. παραδίδωμι) lautet: »überliefern, übergeben«, ferner »eine Person übergeben, ausliefern, überlassen (als Ausdruck der Polizei- und Gerichtssprache zwangsweise vorführen, gefangen einliefern). Es ist ein Terminus der Prozess- und Gerichtssprache, kann auch mit »aushändigen« und »dahingeben« übersetzt werden. Eine Juristische Verwendung ist zu finden in Mk. 13,9, Mt 5,25.[109]

Fazit: Die Wiedergabe mit »verraten« sei bereits Interpretation, erst recht mit »äußerster Verrat«.[110]

Narrative Verleumdungen sind zu finden, z. B.: Judas
- ist von Anfang an ein Problemjünger (»eine schwarze Seele«): *Sobald ihr die Römer pfeifen hört. Stellt ihr euch tot. Ich nicht!* (0:04:52)
- will die Wunder Jesu vermarkten und versilbern,
- trägt unter dem Kleid ein Schwert,
- möchte Jesus zur Offenbarung als politischen Messias zwingen,
- verrät Jesus aus politischen Gründen für dreißig Silberlinge an die Hohenpriester,
- erhängt sich an einem Baum. Die Jünger bestatten Judas betend.

In MARYAM AL-MUQADDASAH (SAINT MARY; IN 2010) von Shahriar Bahrani leidet Maryam unter dem Patriarchat. Sie öffnet sich jüdischen Frauen und wird als selbstbewusste »emanzipierte« Frau gezeichnet. Maria steht in Konfrontation zu den jüdischen Autoritäten, die der Film abwertend antijüdisch zeigt. Sie wird von jüdischen Priestern belästigt.

---

109 Bauer, W.: Wörterbuch zum Neuen Testament. 5. Aufl. Berlin 1963 (6. Aufl. 1988), Sp. 1218 ff.
110 Die meisten Bibelübersetzungen pflegen im Judas-Kontext die »Verrätertradition«: Lutherbibel 1912, 1984, erst 2017 mit dem Zusatz »Andere Übersetzung: dahingegeben«; Neues Leben Bibel (2017), Gute Nachricht (2018), Schlachter Bibel (2000), Neue evangelistische Übersetzung (2010), Volxbibel (2012), Hoffnung für alle (2015) BasisBibel (2021) u. a. Menge-Bibel (2020) »und Judas, der ihn (später) überantwortet (oder verraten) hat.« Wenige Bibelübersetzungen vermeiden im Judas-Kontext die »Verrätertradition«, z. B. Bibel in gerechter Sprache (2006), Zürcher Übersetzung (2007), Elberfelder Bibel (2016), Einheitsübersetzung (2016) u. a.

Abb. 46: Still aus DIE LETZTEN DREI TAGE (2012): Die grimmigen Gesichter der Pharisäer sollen Angst erregen.

Der von »The Jesus-Film Project« (»Campus für Christus«) beauftragte, im japanischen Anime-Format gedrehte Film DIE LETZTEN DREI TAGE (2012) betont einerseits visuelle Verleumdungen in den Grimassen, Drohgebärden und aggressives Verhalten des »jüdischen Volkes« (Abb. 46). Andererseits fokussiert betont er narrative Verleumdungen, wenn die Juden über Jesus spotten: »*Anderen hat er geholfen, nun soll er sich selbst helfen.*«

Antisemitische Tendenzen werden fortgeschrieben in Internet-Bibelcartoons für Kinder, z. B. GESCHICHTE DER STATION GOSLAR: JESUS UND ZACHÄUS:

> *Jericho: Dort lebte ein reicher Mann namens Zachäus. Er wohnte in einem prächtigen Haus und hatte alles, was er sich wünschte. Aber niemanden in der Stadt konnte Zachäus leiden. Niemand sprach mit ihm. Niemand grüßte ihn, wenn er über die Straße ging. Die Leute zeigten sogar mit dem Finger auf ihn. »Seht den Gauner Zachäus! Der nimmt uns alles weg!« (…) Zachäus verlangte viel Geld, viel mehr Geld, als er verlangen durfte. (…) Er war der größte Gauner von allen.*[111]

Luke Gasser zeigt in seinem sonst vielbeachteten kreativen DokuDrama RABBUNI ODER DIE ERBEN DES KÖNIGS (CH 2015)[112] leider antisemitische Tendenzen, wenn Gasser den Hauptmann an die Kreuzigung Jesu erinnern lässt:

(06:13) *Entsetzlich sah er aus.*
Sie hatten sich am Messias vergriffen. Viele Juden glaubten, dass der Nazarener der erwartete Erlöser sei, den ihr Gott ihnen schicken würde.
Die Mehrheit der Priester sah das anders. Ihr Gräuel war verständlich.
Es heißt, der Nazarener habe den Hohepriestern kräftig in die Suppe gespuckt.
Und so ließ Pilatus ihn kreuzigen, weil es die führenden Priester von ihm verlangten.
Sie drohten ihm, ihn beim Kaiser anzuschwärzen. »Kreuzige ihn oder du wirst verlieren!«
Die Menschen strömten noch immer herbei.

---

111 Internet: youtube (Zugriff 1.12.2020).
112 Gasser, Luke (2011): Ich habe ein Feuer auf die Welt geworfen. Die Apostel-Doku. Hatte Jesus wirklich eine Kirche im Sinn? Das Buch zum Film »Rabbuni oder die Erben des Königs«. Olten: Weltbild.

»*Sie kamen also zum Richtplatz und bellten mich an, als seien sie die Herren im Land. ›Verflucht ist, was am Holze hängt!‹, zischte einer der Priester. ›Nimm die Gekreuzigten herunter, damit der Tag des Herrn nicht entehrt wird.‹ Die seien aber noch nicht tot, erwiderte einer meiner Männer. ›Dann schlag sie eben tot!‹, kläffte einer der Priester.*«

Die Ausdrücke »bellen«, »zischen«, »kläffen« gehören zu der Kategorie der Tierlaute und sind hier antisemitische Beleidigungen.

Abb. 47: Still aus PASSION 20:21 (D 2021)

Der am **Karfreitag 2021** auf Youtube und Bibel-TV und später in neun weiteren Privatsendern über die Osterzeit ausgestrahlte – mit insgesamt 34 Sendeterminen Film PASSION 20:21 beinhaltet zahlreiche Antisemitismen.[113]

Die Rollenverteilung beschränkt sich auf Maria Magdalena (Valentina Schatzer), Petrus (Christian Schöne), Judas (Christopher Brose), auf den Hohepriester (Michael Grimm) und Pilatus (Stephan Lewetz). Sie erzählen die Passions-Geschichte aus ihrer Perspektive. Eine Passionsgeschichte ohne Jesus: Dies erscheint zunächst interessant zu sein, ist aber nicht neu. Dadurch, dass die Rollen der römischen Soldaten mit ihren vielen gehässigen Beleidigungen und Verspottungen Jesu (»*Da nahmen die Soldaten Jesus, zogen ihn aus …*« vgl. Matth 17, 27 ff.; Lk 15, 16 ff.; Joh 19, 1 ff. u. 23 ff.) hier ganz weggelassen wurden, übernimmt fast zwangsläufig der Hohepriester verstärkt und verdichtet die Anklagen. Der Hohepriester wird im Gegensatz zu Pilatus hier im Kostüm als Stellvertreter des Judentums gezeigt und er lehnt Jesus radikal ab. So wird suggeriert, dass die Hohepriester, also die Juden, schuld am Tode Jesu seien. Dabei ist Jesus, unbestritten von der heutigen Theologie und Geschichtsschreibung, als angeblicher Aufrührer ganz klar von den Römern hingerichtet worden, auf ihre schreckliche Art und Weise, am Kreuz. Es war ein schmachvolles und langsames Sterben.

Das zeigt, auch das Weglassen kann manchmal fatale Auswirkungen haben: Der Film suggeriert durch seine Lücken deutlich antisemitische Elemente. Er

---

113 Vgl. Tiemann, Manfred: Störfall. Deutlich antisemitische Elemente. In: »zeitzeichen«. Ev. Kommentare zu Religion und Gesellschaft 5/2021, 59.

verstärkt damit Antijudaismen, die ansatzweise bereits in den Evangelien zu finden sind (vergleiche etwa Mt 27,25 und Joh 8,44).

Der Vers »*Da antwortete das ganze Volk und sprach: Sein Blut komme über uns und unsere Kinder!*« (Mt 27, 25) wurde oft herangezogen für antijudaistische Diskriminierung und Verfolgung der Juden im »christlichen« Abendland. Dagegen betonen aktuelle theologische Exegesen, Matthäus wolle bei der Deutung der Passion Jesu Israel, »das ganze Volk« (pas ho laos) in das Heil der Jesus-Geschichte ausdrücklich miteinbeziehen.

Antisemitische Elemente im Film sind auch an den zwei folgenden Textbeispielen zu erkennen:

Im ersten Beispiel (00:16:45–00:19:48) warnt der Hohepriester (Michael Grimm) vor Jesus und betont seine Gefährlichkeit:

> »*Er ist gefährlich! Sie folgen diesem Jesus nach. Sie nennen ihn Herrn! (…) Er bringt Feuer! Unordnung! Chaos! (…) Er kollaboriert mit den Besatzern! Er ist mit Huren und Zöllnern unterwegs. (…) Dieser Zimmermann lästert Gott!*« (…) *Und zu Judas sagt der Hohepriester:* »*Finde ein paar falsche Zeugen und sie werden ihn nicht mehr lieben! Du sollst deinen Lohn bekommen.*«

Im zweiten Beispiel (00:43:21) macht sich der Hohepriester über Jesus lustig, wenn er höhnisch und voller Ironie anführt:

> »*Anderen hat er geholfen. Und kann sich selber nicht helfen! Ist er der König Israels, so steige er nun vom Kreuz, so wollen wir ihm glauben. Er steigt nicht vom Kreuz. Warum hilft er sich nicht selbst?*«

Sicherlich, das ist zum Teil nahe an den Zeilen der Evangelien – aber wird nicht durch diese Verkürzungen der Eindruck erweckt, als seien allein die Juden für den Tod Jesu verantwortlich?

Zuletzt ist die inszenierte Rolle der Maria Magdalena (Valentina Schatzer) zu kritisieren: Sie wirkt »angewidert und ablehnend«, durch ihre Mimik spöttisch und fast diabolisch, wenn sie von den Hohepriestern und Schriftgelehrten (25:28–26:38) spricht:

> »*Als Jesus einmal in den Tempel kam, war alles Volk um ihn und er lehrte sie. Die Schriftgelehrten und die Pharisäer aber warfen mich in die Mitte und sagten:* »*Rabbi! Diese Frau ist ergriffen worden auf frischer Tat beim Ehebruch. Unser Gesetz aber gebietet uns, diese Frau zu steinigen. Du, nun? Was sagst du?*« *Jesus aber sagte nichts, bückte sich und schrieb mit seinem Finger auf die Erde. Was er schrieb? Ich weiß es nicht. Dann erhob er sich und sagte:* »*Wer von euch ohne Sünde der werfe den ersten Stein!*« *Dann bückte er sich wieder und schrieb in die Erde.*«

Auch das zweite Beispiel belegt, dass das Weglassen manchmal fatale Auswirkungen haben kann:

Maria Magdalena zitiert Jesus falsch: Nach ihrem Bericht sagt Jesus am Kreuz nur »Eli, Eli«. Das genauso wichtige »lama asabtani« fehlt. (43:32–48:25)

> »Da verspotteten sie ihn und zogen ihm seine Kleider an. Golgatha! Und da sie ihn gekreuzigt hatten, teilten sie seine Kleider (...) Von der sechsten Stunde an herrschte eine große Finsternis über das Land. Um die neunte Stunde schrie Jesus laut: Eli, Eli!«

Zur Inszenierung: Ein Vergleich mit JESUS CHRIST SUPERSTAR (US. 1973) zeigt deutlich optische und inhaltliche Anlehnungen. Norman Jewison hatte seine Hohepriester mit ähnlichen Hüten eingekleidet, die ebenfalls in einer Drohgebärde von einem hohen Gerüst herabsteigen. Norman Jewison hat sie sagen lassen: »*He must die!*«

Bibelfilme werden in der **politischen Propaganda** eingesetzt.

Der italienische Regisseur und Maler Enrico Guazzoni hat in seinem Film QUO VADIS (I 1913) bewusst eine visuelle Konzeption des Antiken Rom vorgenommen. Im Film sei »*das Verhältnis des antiken Imperium Romanum zu den Christen mit dem des italienischen Staates um die Jahrhundertwende gleichgesetzt*«.[114]

> »*Durch die einfache symbolische Ikonographie des Films wurden die Zuschauer visuell geführt, um die Christen der Zeit Neros mit jenen Gruppen gleichzusetzen (Katholiken und Sozialisten), die durch die liberale Regierung während der Repressionen von 1898 verfolgt worden waren.*«[115]

Im ausgebrochenen Ersten Weltkrieg verbietet die Italienische Zensur 1915 in den Film CHRISTUS (I 1915/1917) den Zwischentitel mit dem Gruß Christi: »*Der Friede sei mit euch.*«

Der Genfer Kinounternehmer Adelardo Fernández Aria hat im Mai 1918 die Vorführrechte für den Film CHRISTUS (I 1915/1917) erworben und will den Film im Grand Théâtre Genf vorführen. In der lokalen Presse wird der Film als »boche« diffamiert und der Theaterbesitzer kündigt den Vertrag, was einem Verbot der Vorführung gleichkommt. Die Vorführung des Films wird untersagt mit der Begründung, dass der Film aus dem feindlichen Deutschland stamme.

---

114 Grimm, Bruno (2016): Tableaus im Film – Film als Tableau: Der Italienische Stummfilm und Bildtraditionen des 19. Jahrhunderts. Paderborn: Wilhelm Fink, 128.
115 Wyke, Maria (1997): Projecting the Past. Ancient Rome, Cinema and History. London. Zit. Übersetzung von Grimm, Bruno (2016), a. a. O.

Mit dem ersten Cinemascope-Film in Breitwandformat DAS GEWAND (THE ROBE, US. 1953) soll die Weltmacht Amerika gewarnt werden vor dem Untergang: Amerika soll es nicht so ergehen wie Rom in der Antike.

Cecil B. DeMilles hat in seinem Film THE TEN COMMANDMENTS (US. 1956) den Pharao (Yul Brynner) als Vertreter der totalitären Tyrannis dem Mose als dem Repräsentanten christlicher freiheitlicher Ordnung gegenübergestellt.

Nicholas Ray zeigt in seinem Jesusfilm KÖNIG DER KÖNIGE (KING OF KINGS, US. 1961) Herodes den Großen (Frank Thring) als Tyrannen, der seine Gegner in Massen töten lässt. Herodes ordnet an, die Leichen in Halden aufzutürmen und in Gruben zu verbrennen. Damit erinnert Nicholas Ray bewusst an die Massentötungen der Juden im Dritten Reich. Nicholas Ray wendet sich auch gegen aktuelle weltpolitische Konflikte, wenn sich in totalitären Herrschaftsformen noch NS-Gedankengut breit macht oder wenn sich im »Kalten Krieg« feindliche Systeme hoch aufgerüstet mit Nuklearwaffen gegenüberstehen.

2.8.2 Bibelfilme in der politischen Auseinandersetzung: Freiheit und soziale Gerechtigkeit

Die *politische* Auslegung der Botschaft Jesu entsteht in der Konfrontation von christlichem Glauben und der politischen und sozialen Wirklichkeit. Jesus fordert eine neue Lebensweise, in der es keine Reichen mehr gibt, die auf Kosten von Armen leben.
Filmbeispiele:
In dem Film FÜNFZIG STUFEN ZUR GERECHTIGKEIT (O PAGADOR DI PROMESSAS, BR 1961, R: Anselmo Duarte) richtet sich die Passion Jesu gegen Intoleranz und Dogmatismus im sozialen und politischen Leben.

Regisseur Amos Gitai, geb. 1950 in Haifa, hat in seinem Film ESTHER (Il/F/GB/A/NL 1985, 97 Min.) die biblische Erzählung aktualisiert, indem er jüdisch-arabische Geschichte im Jahr 1985 in Wadi Salib, einem Stadtteil von Haifa, aufgreift, Probleme von Vertreibung und Integration im Israel zeigt und sich gegen Hass und Gewalt wendet. Die Rollen in seinem ersten Spielfilm ESTHER hat Gitai mit Schauspielern und Schauspielerinnen aus israelisch-jüdischer und palästinensischer und armenischer Herkunft besetzt. Der Film gewinnt bei den Turiner Filmfestspielen im Oktober 1986 mehrere Preise, und erzielt Beachtung auf den 36. Internationalen Filmfestspielen Berlin am 21. Februar 1992.

> Bewertung »Gitai interpretiert die biblische Erzählung als Kritik am Verhalten Mordechais gegenüber der Familie und den Gefolgsleuten Hamans, denn sie lasse Mordechais Handeln in eine Wiederholung der von Haman ausgeübten Intoleranz und Gewalt münden – nur eben mit vertauschten Rollen. Mahnend wolle die biblische Erzählung so vor Augen stellen, wie schnell aus Opfern selbst Verfolger werden können.«[116]

Die Liebesgeschichte um Königin Esther und den persischen König Xerxes wurde mehrfach verfilmt: DAS SCHWERT VON PERSIEN (Esther and the King, Kinofilm 1960), The Thirteenth Day: The Story of Esther (Fernsehfilm 1979), DIE BIBEL – ESTHER (Fernsehfilm 1999), One Night with the King (Kinofilm 2006), A HISTÓRIA DE ESTER (Fernsehserie 1998/2010), The Book of Esther (Fernsehfilm 2013).

Regisseur Warwick Thornton spiegelt in seiner »*Überlebens-Liebes-Geschichte*« SAMSON AND DELILAH (AU 2009, 101 Min.) die biblische Vorlage:

Inhalt Das Aborigine-Mädchen Delilah (Marissa Gibson) entflieht mit dem Nachbarsjungen Samson (Rowan McNamara) den schlechten Lebensverhältnissen in seinem Dorf in der Wüste Zentral-Australiens. Samson fährt mit ihr in einem gestohlenen Pickup-Truck in die nächste Stadt Alice Springs, um dort ihr Glück zu suchen. Die Großmutter von Delilah hatte mitgeholfen beim Herstellen von Aborigine-Gemälden. Delilah erkennt in der Stadt im Schaufenster einer Galerie ein Bild ihrer Großmutter, das jetzt für 20.000 AUD angeboten wird. Der Händler hat sie betrogen, denn er hatte nur 200 Dollar gezahlt. In der Stadt werden sie ausgegrenzt und sie erfahren Ablehnung von Sicherheitsmännern in den Einkaufszentren und Pfarrern in den Kirchen.

Deutung Das Verhältnis des biblischen Liebespaares wird hier umgedreht: Delilah rettet den kurzhaarigen Samson. Eine gute Zukunft finden sie nicht bei den »Philistern«, den weißen Australiern, sondern in der einsamen Isolation ihrer Zweisamkeit und Liebe. Regisseur Warwick Thornton übt harsche Kritik an der Ausbeutung der Bewohner.

Auszeichnungen Caméra d'Or für den besten Debütfilm, 2009: Asia Pacific Screen Awards: Bester Film.

Milo Rau interpretiert in seinem Film DAS NEUE EVANGELIUM (D/CH 2020) die Passion Christi als Revolte von Migranten, die in Italien für einen Hunger-

---

116 Zwick, Reinhold (2006): Mit »Esther« für Versöhnung Streiten: Zu Amos Gitais filmischer Aktualisierung der biblischen Erzählung. Biblical Interpretation A Journal of Contemporary Approaches 14(1–2), 54–75. (Abstract).

lohn Tomaten ernten. Mit seinem Film will Milo Rau eine politische Kampagne gegen Ausbeutung und für die Rechte von Flüchtlingen antreten.
(Filmbeschreibung S. 288)

Regisseure verlegen die biblische Handlung in eine dem Zuschauer bekannte lokale Umgebung. Schon der Filmtitel zeigt diese Veränderung an: Statt JESUS VON NAZARETH heißen nun die Filme:

- DER LEIDENSWEG JESU IN CURALHA (PT 1963, R u. B: Manoel de Oliveira),
- JESUS VON OTTAKRING (A 1975, R: Wilhelm Pellert),
- JESUS CHRISTUS IN SEOUL (KR 1985/86, R u. B: Wan Son-u, Chang Son-U),
- JESUS VON MONTREAL (CA 1989, R: Denys Arcand).
   (Filmbeschreibung S. 226 ff.)

DER LEIDENSWEG JESU IN CURALHA
O ACTO DA PRIMAVERA, PT 1963, P: Lusomondo/Cinetil, R u. B: Manoel de Oliveira, nach einem Passionsstück von Francisco Vaz de Guimaraes. D: Bewohner von Curalha, 90 Min.
Angesprochene Themen Modernes Passionsspiel, die Passion Jesu und seine Kreuzigung als gegenwärtige Botschaft im alltäglichen Leben.
Inhalt Der Film beinhaltet eine Mischung aus Dokumentation und Fiktion: Ein Passionsspiel aus dem 16. Jahrhundert, von portugiesischen Bauern aus Curalha dargestellt, wird eingebettet in Szenen aus der Realität. Die Figuren der Passionsgeschichte beggnen dem Zuschauer zunächst als Personen des alltäglichen Dorflebens. Die Passion Christi wird aktuellen Hiobsbotschaften über drohende Katastrophen und Gefahren gegenübergestellt.

JESUS VON OTTAKRING
DIE NEIDER NICHT GEZÄHLT, A 1975/1976, P: Gruppe Borobya, R: Wilhelm Pellert, 94 Min.
Der Film enthält viele Dialekt-Songs, z. B. Das Leben ist ein Ringelspiel, Im Prater, A Tschusch, A Gartenzwerg, Was willst du vom Leben.
Inhalt Der Film schildert in der Art eines Underground-Musicals die Leidensgeschichte eines Außenseiters.

Die Handlung basiert auf einem Fall: Einige Wiener Bürger haben 1970 einen Obdachlosen erschlagen, weil sie glaubten, dieser hätte fünfzig Schilling gestohlen.

In der Filmhandlung verfolgen die Bewohner des Wiener Bezirks Ottakring den Mann Ferdinand Novacek, den die Jesus nennen. Sie können ihn nicht ausstehen und hassen ihn. Sie töten ihn. Später wird er ihr Vorbild, das sie verehren. Bei der Enthüllung einer Gedenktafel wird salbungsvoll sein Martyrium bedauert. Jugendliche sehen in ihm einen neuen Franz von Assisi.

Aus dem Anfang des Films:

Erzähler: *Vor ungefähr drei Jahrzehnten, in der Zeit nach dem großen Völkermord, zogen in einer unfreundlichen rauhen Nacht Maria Novacek und ihr Lebensgefährte, ein gelernter Tischler, nach Wien, um hier eine neue Heimat zu finden. Im Leiterwagen, mitten unter den verschlissenen Kleidern, im armseligen Küchenrat lag in einem Wäschekorb verpackt, der kleine Ferdinand Novacek, der später »Jesus von Ottakring« genannt werden sollte.*

Der Film beinhaltet zum Schluss eine Aufführung eines Passionsstücks:

(1:21:50) Vater zum kleinen Sohn vor Beginn: *Pass auf, das wird was Schönes sein!*
Zwei Engel ziehen den Vorhang auf: *So sei von mir das Urteil gefällt, dass man Jesus von Nazareth, weil nachgestrebt im Königsreich verkehrtes Gottes Gesetze alte Bräuch, ... sich selbst zum Gottes Sohn gemacht, das Volk in Aufstand hat gebracht, auf dass man ihn an die Richtstatt führt, wie bei Verbrüchern es sich gebührt, am Kreuzes Galgen nagelt an. Der dorten steht, ganz krank und fad, ich seh nicht, wo er Unrecht hat.«*
Frau: *Wo sind die Tausend deiner Gäst', die du mit wenig Brot gemäst'*
Mann: *Die an seinem Tisch gesessen, sie haben ihn heute vergessen. – Ans Kreuz mit Strick bindet an, auf dass er sich nicht rühren kann.«* Vorhang
Der Vater zu einer Besucherin über die Schauspieler, während sein Sohn weint: *Anständige junge Leut', alle Achtung! Viel Text, nicht leicht zu merken!*

Bewertung Interessant: In dem Film ist das Opfer nicht zu sehen, sondern es werden die Täter und ihr Meinungswandel gezeigt. Der Film wurde mit vielen Preisen geehrt, z. B. Theodor Körner Preis für Literatur (1973), Preis des Wiener Kunstfonds für Film (1976).

JESUS CHRISTUS IN SEOUL
SEOUL JESU, KR 1985/86, P: Hyun Jin Films, R u. B: Wan Son-u, Chang Son-U, 102 Min.
Angesprochene Themen Jesus im modernen Gewand, selbsternannter Jesus Christus, Verlust von Menschlichkeit durch Macht, Gier und Ausbeutung, Solidarität mit Ausgestoßenen

Inhalt Die Parabel versucht, Jesus im modernen Gewand zu interpretieren. Der Film spielt dabei auf die Zustände in Südkorea an. Ein selbsternannter Jesus Christus entkommt einer psychiatrischen Anstalt und taucht in der Hauptstadt Seoul unter. Er trifft auf den Waisenknaben Tokkan, der am Seouler Hauptbahnhof Kaugummis verkauft und ihn fortan begleitet. Tokkan glaubt, dass dieser Mann wirklich Jesus Christus ist und ihn zu seiner Mutter führt. Sie stoßen auf die schöne und intelligente Maria. Sie ist anfangs nicht bereit, sich aus ihrem festgefügten und leeren Leben zu lösen. Nachdem Tokkan seine Mutter gefunden hat, kehrt »Jesus« für eine neue Aufgabe wieder zurück in seine Anstalt.

Aus einem Interview (1988) mit dem Regisseur Son-U Wan[117]
»Mit Seoul ist nicht eine bestimmte Stadt gemeint. Jesus Christus geht überall hin, wo das Chaos von Sodom und Gomorrha herrscht, und wo anstelle der Menschlichkeit nur noch Gier und Verfall herrschen. ... Die politische und gesellschaftliche Situation von damals (1985–1986) war viel schwieriger als heute, was sich in der sehr repressiven Zensurpraxis ausdrückte. So wurde sogar der Originaltitel JESUS CHRISTUS IN SEOUL von der Zensurbehörde nicht akzeptiert und musste durch den Titel ›Der Kaiser von Seoul‹ ersetzt werden. Alle diese Umstände ermöglichten die Uraufführung erst zwei Jahre später, nach der mühsamen Fertigstellung des Films, also im Oktober 1988, aber nicht in Seoul, sondern in einer Provinzstadt. Dieser Film hat bis heute noch immer keinen geeigneten Aufführungsort in Korea gefunden.«

2.9 Bibelfilme in der Unterhaltung: Comic-Serien

Das SIMPSONS-Movie zeigt Jesus-Persiflagen, z. B. »Simpsons Roasting on an Open Fire – Es weihnachtet schwer« (1989; Staffel 1 Episode 1), »Tis the Fifteenth Season – Eine Simpsons Weihnachtsgeschichte« (2003; Staffel 15 Episode 7), »Pray Anything – Ein kleines Gebet« (»Vater-Unser«). (2003; Staffel 14 Episode 10), »The Father, The Son & The Holy Guest Star – Vater, Sohn und heiliger Gaststar« (2005; Staffel 16 Episode 21).

In der US-amerikanischen Zeichentrickserie SOUTH PARK wird das Geschehen im kleinen Bergstädtchen South Park in Colorado kritisch beleuchtet. Dabei werden Religion und Jesus öfters thematisiert, z. B. »The Mexican Staring Frog of Southern Sri Lanka – Jesus verliert Einschaltquoten« (1998; Staffel 2 Episode 06), »Are you there god? It's me Jesus! – Hallo Gott, hier ist Jesus« (1999; Staffel 3 Episode 16).

In der US-amerikanischen Zeichentrickserie FAMILLY GUY werden in den beiden Teilen DIE PASSION GRIFFIN (US. 2005) der Regisseur Mel Gibson und sein Film DIE PASSION CHRISTI kritisiert.

2.10 Gewalt in Bibelfilmen

Gewalt in den Überlieferungen der alttestamentlichen Erzählungen kann als ein besonderes Merkmal des Monotheismus verstanden werden. Für das Alte Testament ist ein Zusammenhang von Monotheismus und Gewalt zu sehen.

---

117   19. internationales forum des jungen films berlin 1989. 47–39. internationale filmfestspiele berlin. In: Internationales Forum des Jungen Films/Freunde der Deutschen Kinemathek (Hg.), 1000 Berlin 30 (Kino Arsenal) (stark gekürzt).

Gewalt und Kriege hängen von der Gottesvorstellung Israels ab: Götter kämpfen um die Vormachtstellung, Gott kämpft auf Israels Seite.[118]
Im Neuen Testament wird zum Gewaltverzicht (Röm 12, 19 f.), zur Vergebung (Eph 4,2) und zur Feindesliebe (Mt 5, 43 ff.) aufgerufen. In der christlichen Tradition wird Gewaltausübung zwar als Negativum angesehen, diese kann aber moralisch gerechtfertigt sein.

> »Wie bereits das Alte Testament selbst kennen auch Filmbearbeitungen, die einzelne seiner Erzählungen umsetzen, ein differenziertes Tableau von guter und böser Gewalt und sensibilisieren in dieser Hinsicht ihrerseits neu für die biblische Vorlage (je nachdem etwa, wer Gewalt an wem, in welcher Situation und in welcher Absicht ausübt). Dabei spielen auch genderbezogene Differenzierungen und Ungleichheiten eine gewichtige Rolle (...).«[119]

Die »Motion Picture Producers and Distributors Association«, 1922 in US. gegründet, überwacht kritisch, dass Filme nicht sittengefährdend sind. Sie verbieten Filme, die blasphemische Inhalte haben und die Gewalt, Verbrechen und Erotik darstellen. Die amerikanische Filmwirtschaft wird 1934 auf den »Production Code« verpflichtet. Die Einhaltung wird von der »Legion of Deceny« (Legion des Anstands) überwacht.

Regisseure rechtfertigen u. a. die Gewaltszenen in ihren Filmen damit, dass in der christlichen Tradition schon immer Gott als ein Gott der Gewalt angesehen wurde.
Filmbeispiele:
Regisseur Brendan Muldowney lässt in seinem Film GOTTES WEGE SIND BLUTIG (PILGRIMAGE, IE 2017) in Irland im 13. Jahrhundert Mönche ein heiliges Relikt ihres Klosters nach Rom bringen. Auf ihrer Pilgerfahrt nach Rom liefern sie sich mit rivalisierenden Clans und normannischen Eroberern blutige Kämpfe.
Der junge französische Hufschmied Ballan von Ibelin (Orlando Bloom) führt im 12. Jahrhundert seinen Kreuzzug in dem Monumentalfilm KÖNIGREICH DER HIMMEL (KINGDOM OF HEAVEN, US. 2005, R: Ridley Scott), der sehr blutig ausfällt.
Die Director's Cut Version, die um ca 46 Minuten länger ist als die Kinoversion, zeigt ausführlicher und neue Szenen, z. B. Balians Kampf mit Guy.
Zum Monumentalfilm KÖNIGREICH DER HIMMEL:

---

118 Fischer, Irmtraud (Hg.) (2013): Macht – Gewalt – Krieg im Alten Testament. Gesellschaftliche Problematik und das Problem ihrer Repräsentation. Arbeitsgemeinschaft der deutschsprachigen Katholischen Alttestamentler und Alttestamentlerinnen. Jahrestagung. Freiburg: Herder.
119 Zwick, Reinhold (2013): Religion und Gewalt. (Film & Theologie). Marburg: Schüren, 12 f.

> *»Schlachten und große Kämpfe dienen dabei als Eckdaten, sofern sie historisch als gesichert gelten, ebenso wie die Figuren, um die sich die eigentliche Handlung aufbaut. Der Versuch des Historienfilms, sich bei der Charakterisierung der Figuren und der Rekonstruktion schicksalhafter Handlungen der Vergangenheit auf gesicherte Quellen zu stützen, kann nur unvollständig gelingen. (…) Hinter den zahlreichen Kämpfen und Schlachten des Historienfilms steht immer auch die moralische Bewertung des aktuellen Zeitgeschehens – hier finden sich Allegorien und Analogien zu gegenwärtigen ethischen Fragen unserer Gesellschaft im Mantel der Geschichte und ihrer Helden.«*[120]

Regisseur Troy Duffy DER BLUTIGE PFAD GOTTES (THE BOONDOCK SAINTS, US. 1999) lässt in seiner blutigen Mischung aus Gangsterballade und Thriller zwei Brüder aus Boston in vermeintlich göttlicher Mission Selbstjustiz ausüben und zu grausamen Killern werden.

Der Film DIE PASSION CHRISTI (THE PASSION OF THE CHRIST, US. 2004) von Mel Gibson wird einerseits als »Gewaltorgie« und »Horrorfilm« kritisiert, andererseits vom evangelikalen Lager als Katalysator für eine »christliche Wiedergeburt« der Gesellschaft gefeiert.

In EXODUS: GÖTTER UND KÖNIGE (EXODUS: GODS AND KINGS (GB/US./ES 2014, R: Ridley Scott) rücken die Ägypter mit ihrer riesigen Armee an, um Moses und sein Volk zu vernichten. Hunderte von Streitwagen rasen über enge Bergpässe, die Räder stehen nicht still. Eine Achse bricht und der erste Wagen stürzt in die Tiefe, es gibt massenhafte Karambolagen, weitere Wagen und Krieger stürzen und der ganze Berghang rutscht weg. Zurück bleibt eine gewaltige Lawine aus Kriegern, Pferden und Geröll. Lange Total- und Nahaufnahmen zeigen drastisch die visuelle Gewalt der Kämpfer.

Brigitte Maria Mayer hat ihren Jesus in JESUS CRIES (D 2015) aus verschiedenen Quellen zusammengesetzt. Hier ruft Jesus (Sabin Tambrea) explizit zur Gewalt auf: »*Ich bin die Wut, ich bin der Hass, ich bin der Aufstand, ich bin die Verzweiflung*«.[121]

---

120 Stiftung Lesen. KÖNIGREICH DER HIMMEL Infoguide Themenorientierte Leseförderung im Medienverbund. 2 f. Internet: https://www.derlehrerclub.de/download.php?type=documentpdf&id=188 (Zugriff 1.4.2020).
121 Transkription vom Autor.

2.11 Plakative Darstellungen: Männer als Muskelpakete in heroischen Kämpfen – Frauen als lüsterne Verführerinnen

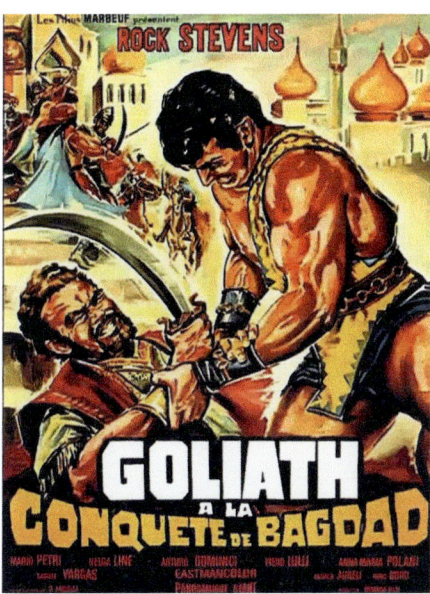

Abb. 48: Filmplakat GOLIATH À LA CONQUÊTE DE BAGDAD (GOLIA ALLA CONQUISTA DI BAGDAD, GOLIATH AT THE CONQUEST OF DAMASCUS, I 1965, R: Domenico Paolella, D: Rock Stevens (Goliath)

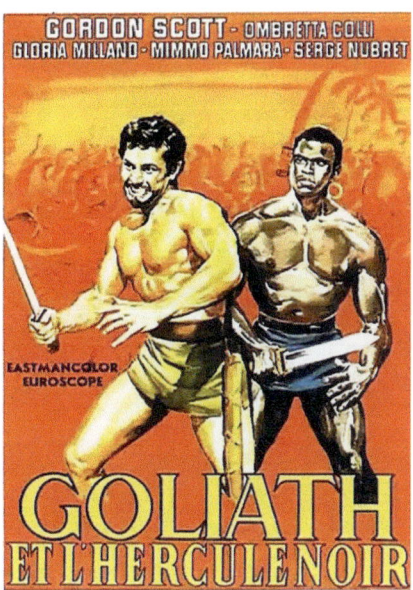

Abb. 49: Filmplakat GOLIATH ET L'HERCULE NOIR (GOLIATH UND HERKULES, I/F 1963, R: Mario Caiano, D: Gordon Scott (Goliath). Der Film trug auch den deutschen AT DER TIGER VON SARDES.)

Der deutsche Regisseur Hasko Baumann (geb. 1970) und Grimme-Preisträger über das Bild von Männern in Monumentalfilmen:

> »Ein Mann ist stark, ein Mann steht zu seinen Prinzipien, ein Mann zeigt wenig Emotionen und steht wieder auf, wenn er fällt: Muskelbepackt kämpfen sie sich über die Kinoleinwände, zeigen uns ihre Interpretation von Maskulinität, Stärke, Selbstsicherheit und Dominanz. Posen, die wir imitieren.«[122]

---

122 Regisseur Hasko Baumann im Gespräch mit Timo Grampes. In: Deutschlandradio Beitrag vom 02.01.2020. Siehe auch: »Real Men«, Arte, Sonntag, 29.12.19, 22:15 Uhr.

Regisseure stellen Männer als unbesiegbare Muskelpakete in heroischen Kämpfen dar.[123]

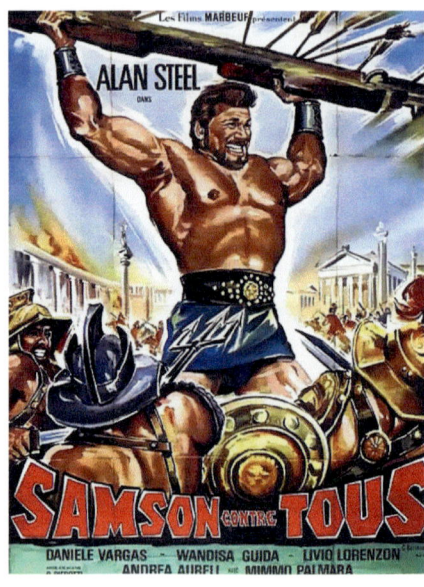

Abb. 50: Filmplakat SAMSON CONTRE TOUS (ERCOLE CONTRO ROMA, I/F 1964, R: Piero Pierotti, D: Alan Steel (Samson)

In dem US-amerikanischen Monumentalfilm SAMSON AND DELILAH (US. 1949) setzen Hedy Lamarr (Delilah) und Victor Mature (Samson) ihre körperlichen Reize voll ein.

Auszug aus Filmbeschreibungen

> »Samson, der allein und furchtlos die gefürchtete Armee seiner Zeit besiegte. Seine kühnen Taten sind zur Legende geworden. Samson, der mit seiner unglaublichen Kraft die Tempel zum Einsturz brachte.«

> »Der mit übermenschlichen Kräften ausgestattete Samson gilt bei seinem Volk der Daniter als Auserwählter Gottes, der sie von der Unterjochung durch die Philister befreien soll. Als er jedoch die Schwester der schönen Philisterin Delilah zur Frau nehmen will, wird der Held das Opfer von Intrigen und Verrat.« (Produktbeschreibung)

> »Samson verfügt über nahezu übermenschliche körperliche Kraft.« (VideoMarkt)

---

123   Siehe auch »Mit Schwertern und Sandalen. Die Geschichte des Sandalenfilms«. (Dokumentation; F 2018 | TV: arte 10.4.2020; 89 Min.).

Plakative Darstellungen   117

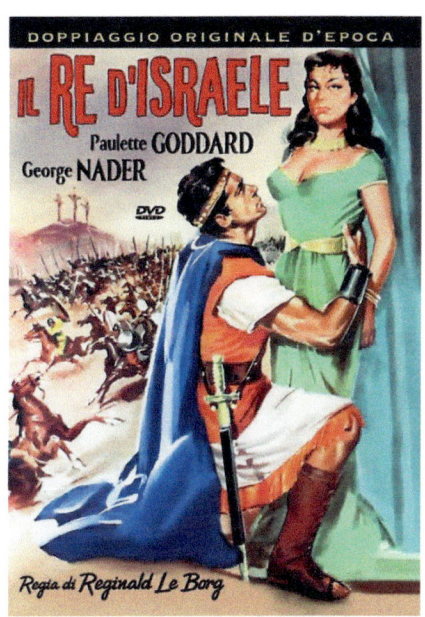

Abb. 51: Filmplakat SINS OF JEZEBEL (US. 1953, R: Reginald Le Borg, D: Paulette Goddard (Jezebel): US-Version

Abb. 52: Filmplakat IL RE D'ISRAELE (Sins of Jezebel, US. 1953, R: Reginald Le Borg): Italienische Version

In vielen Bibelfilmen werden Frauen denunziert: Hier greifen sie gottesfürchtige Männer an, verführen sie, beuten sie egoistisch sexuell aus oder vergewaltigen sie brutal.

Hierzu ist ein älteres Filmbeispiel angeführt:

In seinem Epic-Bible-Film SAMSON AND DELILAH (US. 1949) verändert Regisseur DeMille die biblische Vorlage zugunsten von Samson zu einen übermenschlich starken Freiheitshelden und zur Diffamierung von Delilah, zu einer sexbesessenen Verführerin.

In dem Prolog des Films fungiert DeMille als Stimme Gottes. Er will in die Thematik des Films einführen, spielt dabei aber gezielt auf das freie demokratische Land Amerika und auf die unfreie gewaltsame Sowjetunion an.

> »… deep in Man's heart still burned the unquenchable will for freedom (…) Samson is such a man whose s »bold dream« is »liberty for his nation.«

In der biblischen Überlieferung steht: »*Simson ging gen Thimnath und sah ein Weib zu Thimnath unter den Töchtern der Philister.*« (Ri 14,1), sah in Gaza eine Hure und hatte Sex mit ihr (Ri 16,1), »*Danach gewann er ein Weib lieb am Bach Sorek, die hieß Delila.*« (Ri 16, 4).

Im Film versucht Delilah (Hedy Lamarr) wiederholt, Samson (Victor Mature) ins Bett zu zerren. Samson aber widersetzt sich ständig ihren verführerischen Annäherungsversuchen.

Im Film zeigt sich Delilah gefährlich (»*a daughter of Hell*«): »*I want his life. Chain him in the grist mill. Let him grind our grain like a beast. Let the people mock him and make sport of him, until he draws his breath in agony and every word he speaks a prayer for death.*«

Regisseur DeMille: »*We'll sell it as a story of faith, a story of the power of prayer. That's for the cencors and the women's organizations. For the public, it's the hottest love story of all time.*«[124]

In Bibelfilmen stellen Regisseure Frauen als lüsterne Verführerinnen dar:[125]

Die biblischen Frauen Ester, Judith, Delilah, Jezebel und Salome sind von Anfang an beliebte Inhalte in der Filmgeschichte. Bereits in der Stummfilmzeit boten sie die Möglichkeiten, Harems- oder Kampfszenen zu zeigen, ohne dass dies von der (kirchlichen) Zensur beanstandet wurde.

Die Gestalt Ester war so beliebt, dass von der Ära des Stummfilms bis heute zahlreiche Produktionen sich im Wettstreit an Freizügigkeit überboten, z. B.:

- ESTHER (1910, R: Louis Feuillade),
- ESTHER: A BIBLICAL EPISODE (1911, R: Theo Frenkel),
- ESTHER (F 1913, R: Henri Andréani),
- ESTHER (UK 1916, R: Maurice Elvey),
- DAS BUCH ESTHER (D 1919, R: Uwe Jens Krafft u. Ernst Reicher),
- QUEEN ESTHER (US. 1948, R: James F. Fredrich),
- DAS SCHWERT VON PERSIEN (ESTHER AND THE KING; I/US. 1960, R: Raoul Walsh, Mario Bava),
- THE THIRTEENTH DAY: THE STORY OF ESTHER (US. 1979, R: Leo Penn),
- DIE BIBEL – ESTHER (ESTHER; US./I/D 1999, R: Raffaele Mertes),
- EINE NACHT MIT DEM KÖNIG (ONE NIGHT WITH THE KING; US./IN 2006, R: Michael O. Sajbel; Kinofilm),
- A HISTÓRIA DE ESTER (BR 1998/2010, R: Michael O. Sajbel; Fernsehserie),
- THE BOOK OF ESTHER (US. 2013, R: David A. R. White; Fernsehfilm).

---

124 Zit. nach Richards, Jeffrey (2008): Hollywood's Ancient Worlds, New York: Bloomsbury Academic, 97.

125 Zu empfehlen die Dokumentation: Jesus und die verschwundenen Frauen. Vergessene Säulen des Christentums. Film von Maria Blumencron. Österreich 2013. »*Die Dokumentation versucht eine Annäherung an biblisch überlieferte Frauengestalten um Jesus und in den frühen paulinischen Gemeinden. Porträtiert werden Maria aus Magdala, Lydia, Phoebe und Junia. Vor allem Maria aus Magdala wird ausführlich vorgestellt, inklusive der Verfremdungen, die diese Frauengestalt im Laufe der Jahrhunderte erfahren hat. Das apokryphe Evangelium der Maria, das nach ihr benannt ist, wird erläutert.*« (kfw Frankfurt 2013).

Ebenfalls wird das Thema Judith zahlreich verfilmt, z. B.:

- JUDITH ET HOLOFERNES (F 1909), JUDITH (UK 1912),
- JUDITH VON BETHULIEN (JUDITH OF BETHULIA, US. 1913; R: David Llewelyn Wark ok Griffith.

Die Figur Delilah bekommt ebenfalls viele Filmversionen, z. B.: SAMSON AND DELILAH (England 1922; R: H. B. Parkinson/Edwin J. Collins), SAMSON AND DELILAH (US. 1949; R: Cecil B. DeMille). SAMSON AND DELILAH (US. 1984; R: Lee Philips), DIE BIBEL – SAMSON UND DELILA (SAMSON AND DELILAH; US./D 1996; R: Nicolas Roeg).

Regisseur Michael Kértèsz [Michael Curtiz] zeigt 1922 in SODOM UND GOMORRHA (Alternativer Titel: SODOM UND GOMORRHA – LEGENDE VON SÜNDE UND STRAFE; A) seine abwertende Haltung über Frauen, wenn er die Lust der Frau als Ursache allen Übels ansieht und Mary oder Lots Frau als warnendes Beispiel vorführt: Die Verführungskünste dieser Frauen sorgen für den Niedergang der Männer. Die Frau: »*Ich brauche um mich herum Glanz und Pracht, ohne die ich nicht sein kann. Es ist klüger, man lebt, ohne zu denken.*«

Regisseur Roger Young kontrastiert in JOSEF (D/I/US. 1994) gleich zu Anfang der Verfilmung ausführlich einerseits die sündhaft verführerische Frau des Potifar, andererseits das keusche Verhalten des Mannes: Der schöne Josef wird an Potifar verkauft. Potifars Frau lauert Josef beim Baden auf.

(0:19:20) Josef: *Herrin, bitte, ihr solltet nicht hierher kommen!*
Potifars Frau: *Ach wirklich? Hat mein Gefühl dich in diese Stellung erhoben, die dir zu sagen erlaubt, wo ich sein darf und wo nicht?*
Josef: *Nein, Herrin, natürlich nicht.*
Potifars Frau: *Dann sei still. Du hast etwas Staub auf deiner Schulter. Komm, lass ihn mit abspülen. Na komm! Du arbeitest hart. Deine Muskeln beweisen es: Josef mit den goldenen Händen. Mein Gedanke ist überzeugt, dass der Gott uns diesen vielen Erfolg gebracht hat. Dass du der Schlüssel zu allem bist, was er sich je erhofft hat. Würde er auch meine Wünsche erhören, wenn ich deine Freundin wäre?*
Josef: *Bitte, Herrin! Ich bin nur aus Fleisch und Blut. Überfordere nicht meine Willenskraft!*[126]

---

126 Ausführlicher: Tiemann, Manfred (2020): Josef. 311–366, bes. 328 ff.

2.12 Copy and face: Bibelfilme imitieren, kopieren oder kritisieren Vorgängerversionen

Sehr oft orientieren sich Filmregisseure an früheren Bibelfilme oder sie komponieren aus einzelnen Szenen mehrerer Vorbilder ein »neues« Werk.
Beispiel:
Mel Gibson greift in DIE PASSION CHRISTI (THE PASSION OF THE CHRIST, US. 2004) gleich auf mehrere Vorbilder aus der Geschichte der Jesusfilme zurück und »kopiert« diese:
Der Drehort von DIE PASSION CHRISTI erinnert an den Film von Pier Paolo Pasolini DAS 1. EVANGELIUM MATTHÄUS (IL VANGELO SECONDO MATTEO, I 1964). Die Drehorte um Matera (»Bethlehem«) liegen beieinander.
Gibson lässt die Figur des Satans durch eine Frau verkörpern. In dem Film DIE BIBEL – JESUS (JESUS | LA BIBBIA: JESUS – PARTE 1 & 2, D/I/US. 1999) von Roger Young will ein Paar (der Teufel als Frau und Mann) in der Wüste Jesus versuchen.
Eine hübsche junge Frau im roten Kleid will Jesus überreden.
Gibsons Szenen »Jesus vor dem Hohen Rat« sind eine Anlehnung an Franco Zeffirellis Film JESUS VON NAZARETH (GESÙ DI NAZARETH, Vereinigtes Königreich, I 1976). Die blutigen Details der Kreuzigung erinnern an Scorseses Film DIE LETZTE VERSUCHUNG CHRISTI (THE LAST TEMPTATION OF CHRIST, US. 1988).

Der Film PASSION 20:21 (D 2021) kopiert Inszenierungen aus JESUS CHRIST SUPERSTAR (US. 1973, R: Norman Jewison): Der Hohepriester steigt von einem Klettergerüst herab wie die Hohepriester von den Kletterseilen. In beiden Filmen wirken sie bedrohlich und aggressiv.

Filme kopieren Szenen aus älteren Jesus-Filmen, z. B.
John B. Heyman verwendet in seinem Film MARIA AUS MAGDALA, VON DER LIEBE BERÜHRT (US. 2007) sehr viele Szenen und Elemente aus seinem früheren Film JESUS (US. 1979). Wenig neu gedrehte Szenen mussten nur deshalb hinzugefügt werden, um jetzt den Frauenanteil in der Gefolgschaft Jesu zu zeigen: Nun begleiten viele Frauen Jesus.
John B. Heyman verwendet für seinen Film AUFREGUNG UM JESUS (US. 2005) ebenfalls Szenen aus seinem früheren Film JESUS (US. 1979).
Zu Szenen des früheren Jesus-Films (US. 1979) ist nachträglich eine Rahmenhandlung mit Kindern hinzugefügt.
Filme kritisieren Jesus-Filme, z. B.

Terry Jones übt mit seiner Filmsatire MONTY PYTHON'S DAS LEBEN DES BRIAN (MONTY PYTHON'S LIFE OF BRIAN, GB 1979) heftige Kritik an Sandalenfilme, vor allem an Zeffirellis pathetischen Film JESUS VON NAZARETH (1976).

Abb. 53: Still aus Franco Zeffirelli: JESUS VON NAZARETH (GESÙ DI NAZARETH, VK/I 1976)

Abb. 54: Still aus MONTY PYTHON'S DAS LEBEN DES BRIAN (MONTY PYTHON'S LIFE OF BRIAN, GB 1979)

Dies wird bereits optisch dadurch deutlich, dass Terry Jones die zurückgelassenen Kulissen aus Franco Zeffirellis Film in Monastir (Tunesien) verwendet (siehe Abb. 53 u. 54), seine Filmhelden in fast gleiche Kostüme steckt und ähnliche Kameraeinstellungen vornimmt.

Damiano Damiani benutzt für seinen Film DIE UNTERSUCHUNG (L' INCHIESTA (Fernsehtitel: UND SIE ERKANNTEN IHN NICHT, I/TN 1986) ebenfalls die zurückgelassenen Kulissen von Franco Zeffirellis pathetischen Film JESUS VON NAZARETH (GESÙ DI NAZARETH, VK/I 1976).

Abel Ferrara kritisiert in seinem Film MARY (AT: MARY – THIS IS MY BLOOD, I/F/US. 2005) die brutalen Blutszenen in Mel Gibsons DIE PASSION CHRISTI (US. 2004), andererseits prangert er Heuchlertum und Profitgier von Gibson an.

2.13 Schauspieler über ihre »Bibel-Rolle«

Schauspieler inszenieren Figuren aus dem Alten Testament

Abraham
Film: DIE BIBEL – ABRAHAM (US./I/D 1993, R: Joseph Sargent)
Abraham Darsteller Richard Harris [»Der Mann, den sie Pferd nannten«] stellt klar:

> »Das hier ist nicht Hollywood. Ich bin nicht Kirk Douglas und nicht Charlton Heston. Gott erscheint in diesem Film weder in einem himmlischen Strahlenglanz noch als alter Mann in einer Baumkrone. Wenn das die Absicht gewesen wäre, hätte ich für diese TV Serie nicht zur Verfügung gestanden.«[127]

Auf die Frage, was ihn veranlasst hat, die Rolle als Abraham zu übernehmen, antwortet Harris:

> »Ich wollte weder einen weiteren Cecil B. DeMille Film, noch einen Hollywood-Schinken. ...«[128]

Richard Harris interpretiert seine Darstellung der Abraham Figur:

> »Hollywood hatte biblische Gestalten immer entweder als Heilige oder als Rebellen dargestellt. Daran war ich nicht interessiert. Ich wollte einen zweifelnden Abraham spielen. ... Ich habe versucht das Staunen Abrahams wiederzugeben, aber auch all seine Zweifel darüber, ob er einer solchen Aufgabe gewachsen sei, ja ob er solcher Gnade überhaupt würdig sei.«[129]

Potifar
Film: DIE BIBEL – JOSEF (D/I/US. 1994; R: Roger Young)
Der Schauspieler Ben Kingsley charakterisiert seine Rolle als Potifar:

> »Potifar ist ein Mann, der keine Veränderungen scheut. Der Film spielt in einer außergewöhnlichen Gesellschaft, weil der Kontext, in dem sich die Veränderungen zutragen, Ordnung und Disziplin ist. Diese Gesellschaft ist in strenge Hierarchien gepresst, die die Beziehungen zu den Mitmenschen, den Frauen und Göttern prägt. ... Interessant ist auch, dass Potifar sich in der Öffentlichkeit verändert: er gibt zu, dass er sein Verhältnis gegenüber Juden und Sklaven überprüft hat und behandelt Josef wie einen Sohn. ... Ich glaube nicht, dass Potifar ein Tyrann ist. Ich glaube, dass eine große Weisheit in ihm steckt, viel Pragmatismus, ein Sinn für Ironie und Vergnügen. ...«[130]

Mose
Film: EXODUS: GODS AND KINGS (US./VK 2014; R: Ridley Scott)
Der Schauspieler Christian Bale charakterisiert Mose:

> »Israelische Archäologen haben bewiesen, dass der Auszug der Juden aus der Gefangenschaft falsch datiert ist. Wir wissen aus anderen Quellen, dass die Juden in Babylon und Ägypten versklavt und verfolgt wurden, weshalb sie von Moses geführt das Land verließen. Mein Ziel war es daher, Moses als Menschen zu zeigen, der zu einem Anführer wurde.«[131]

---

127 Harris, Richard, zit. nach »HÖR ZU«, Heft 30 vom 23.7.1993, 16.
128 Harris, Richard, zit. nach Präsentation von »Die Bibel – Abraham« des »TaurusFilm«, München o. J.
129 Präsentation von »Die Bibel – Abraham« des »TaurusFilm«, München o. J.
130 Zit. nach Präsentation »Die Bibel – Josef«, ARD 1996, 7 ff.
131 Aus einem Interview KINO: Bale: »Welche Interpretation ist denn die richtige?« Luzerner Zeitung 15.12.2014.

Schauspieler inszenieren Figuren aus dem Neuen Testament

Schauspieler über ihre **Jesus-Rolle**
In früheren Jesus-Filmen müssen Schauspieler oft garantieren, dass sie einen »sittlich« unbescholtenen Lebenswandel führen.

Der amerikanische Regisseur Cecil B. DeMille verlangt von seinem »Jesus-Darsteller«, dem 1,84 Meter großen Engländer Henry Byron Warner (KÖNIG DER KÖNIGE, THE KING OF KINGS, US. 1927), dass dieser sich vertraglich verpflichtet, genauso untadelig zu leben wie das heilige Vorbild Jesus. Fünf Jahre lang solle Warner keine Nachtclubs, Bälle und Freibäder besuchen. Auch soll er nicht Karten spielen oder Cabrio fahren. George Fisher über seine Jesus-Rolle in CIVILISATION (CIVILIZATION, US. 1916, R: Reginald Barker, Thomas H. Ince):

> »I can say in truth that the playing of this part has affected my whole life and the impressions will never leave me. I have tried earnestly and sincerely, with a deep prayer in my heart, to bring a message to the world, one which will reach, perhaps, millions. Now my only wish is that whoever may witness the performances of ›Civilization‹ will realize only the truth and beauty of the message.«[132]

Der französische Schauspieler Robert Le Vignan wird vor allem bekannt durch seine Jesus-Rolle in KREUZ VON GOLGATHA (GOLGOTHA, F 1935; R: Duvivier). Während der deutschen Besatzung (1940–44) ist Robert Le Vignan Mitglied von »Parti Populiste Français«, einer rechten pro-faschistischen Partei, verbreitet öffentlich antisemitische Hassparolen und arbeitet mit der Gestapo zusammen. Le Vigan wird 1946 zu zehn Jahren Zwangsarbeit bei Verlust der bürgerlichen Ehrenrechte verurteilt.

Jeffrey Hunter sagt in einem Interview über seine Jesus-Rolle in KÖNIG DER KÖNIGE (US. 1961; R: Nicholas Ray):

> »Ich wurde vor der Rolle gewarnt. Schauspieler, die Jesus spielen bekommen danach oft nur sehr schwer andere Rollen. Aber ich glaubte, dass das nur eine Sage war, denn seien wir ehrlich: Wie kann man auf die Christus-Rolle festgelegt werden? Es gibt nicht allzu viele Jesus-Rollen in der Branche. Wenn es letztlich meine Karriere beeinflusst hat, dann, denke ich, positiv. Ich bezweifle, dass das Publikum an mich als Jesus gedacht hat, als es mich das nächste Mal als Temple Houston im Fernsehen gesehen hat.«[133]

---

132 Fisher George: »DEVOTED DEEP STUDY TO ROLE: Idealistic Interpreter Plays Role of Master; Youthful Actor Exercised Special Care in Preparation for Portrayal of the Man of Peace in Ince Cinema Drama – Is Said to Have Achieved Big Message«, in Los Angeles Times. 1916-04-09. (zit. nach: http://en.wikipedia.org/wiki/Civilization_%28film%29; Zugriff 39.4.2013).

133 Zitiert nach: Jeffrey Hunter – Hollywoods schönster Allroundmime. http://www.jeffreyhunter.net/NewSite/InPrint/Biographies/GregorspaperGerman.pdf (abgerufen am 30.3.2013).

Viele damalige Filmkritiker spotteten: »I was a teenaged Jesus«. Jeffrey war zu dem Zeitpunkt der Dreharbeiten 35 Jahre alt und dies entsprach etwa dem Lebensalter Jesu.

Manche Schauspieler lehnen es völlig ab, später über ihre Jesus-Rolle nachzudenken. Einige Schauspieler haben ihre Jesus-Rolle in Interviews interpretiert und verteidigt.

Nur wenigen war es später peinlich, diese Rolle übernommen und in der Art gespielt zu haben.

Max von Sydow in DIE GRÖSSTE GESCHICHTE ALLER ZEITEN (THE GREATEST STORY EVER TOLD, US. 1965, R: George Stevens) bewertet seine Rolle kritisch in einem Fernseh-Interview 1991:

> »Heute ist mir eines klar: Will man Jesus darstellen, dann kann man das nur, indem man die eigene Sicht seiner Person wiedergibt. Legt man nicht eine eigene Meinung über Jesus in die Rolle, dann bleibt sie leer. Man kann nicht einfach sowohl Protestanten, Katholiken, Christen und Juden gleichzeitig für Jesus gewinnen.«[134]

Ted Neeley, der Original-»Jesus« aus der Verfilmung des Lloyd Webber-Musicals »Jesus Christ Superstar« aus dem Jahr 1973, geht 2007 noch einmal mit seiner Paraderolle auf Tour.

> »Mehr als 2000 Mal hat er den Part in den letzten 30 Jahren gespielt, mittlerweile hat Neeley die 60 Jahre überschritten und ist dennoch ein glaubhafter Jesus, wie er immer wieder bei diversen Konzerten und Tourneen beweist.«[135]

Brian Deacon erkrankt schwer bei den Dreharbeiten zum Film »Jesus«. Bei längeren Szenen, z. B. bei der »Kreuzigung«, muss ein Double eingesetzt werden.

Ursprünglich will Franco Zeffirelli die Jesus-Rolle in seinem Film JESUS VON NAZARETH (I 1977) mit dem Schauspieler Alfredo James Pacino besetzen und der damals noch unbekannte Robert Powell soll die Rolle des Judas übernehmen.

Nach Probeaufnahmen ändert Franco Zeffirelli die Rollenbesetzung mit der Begründung:

> »Wenn Judas solche Augen gehabt hätte, welche Präsenz hätte dann erst Christus gehabt.«

---

134 Hans-Joachim Schilde sprach mit Max von Sydow. In: Sie spielten Jesus. Eine Rolle hinterlässt Spuren. WDR vom 26.12.1991.
135 http://www.kultur-channel.at/ted-neeley-mit-jesus-christ-superstar-noch-einmal-auf-tour/ (Zugriff 30.3.2013).

Um sich auf seine Jesus-Rolle vorzubereiten, zieht sich Robert Powell mehrere Monate vor Drehbeginn in ein Kloster zurück. Er will Ruhe und Gelassenheit haben, um Jesus glaubwürdig darzustellen.

Lew Grade, der Produzent des Films, verlangt, Robert Powell solle sich von seiner Frau scheiden lassen, da auch Christus ledig war. Dies lehnt Robert Powell strikt ab.

Robert Powell über seine Rolle:

»Wir haben uns nicht aufgemacht, Religion zu predigen, sondern die Geschichte eines sehr bemerkenswerten Mannes möglichst getreu zu erzählen.«[136]

Der tiefreligiöse und streng-katholische Jim Caviezel (Jesus-Darsteller in DIE PASSION CHRISTI, US. 2004), der ursprünglich Basketballprofi werden wollte, antwortet auf die Frage, ob er Zweifel hatte, Christus zu spielen:

»Ja, jede Menge. Als Mel davon anfing, dachte ich, ich würde lieber eine Komödie drehen. ... Außerdem drehten wir im Winter, und ich war halbnackt und bekam Kälteschock, renkte mir bei der Kreuzigung die Schulter aus und als ich dann am Kreuz hing, schlug während eines Gewitters der Blitz ein. Ich schaute nach oben und meinte zu Gott: »Dir scheint gleichgültig zu sein, ob wir diesen Film machen oder nicht.«[137]

Schauspieler Andreas Pietschmann sagt über seine Rolle als Jesus in IHR NAME WAR MARIA (MARIA DI NAZARET, I/D 2012; R: Giacomo Campiotti):

»Ich habe persönlich großen Respekt vor der Figur Jesus Christus. Kaum eine andere Person hat die Menschheit so nachhaltig beeinflusst, sein Leben und seine Lehre haben die Menschen geprägt und die Welt verändert. Die einen begegnen Jesus mit Liebe, andere mit Furcht und Abneigung. (...) So habe ich mir für die Szene, in der Jesus das Kreuz nach Golgatha schleppen muss, das schwerste und massivste unter den vorhandenen Holzkreuzen ausgesucht – der Ausstatter sprach von ca. 100 Kilo – um den Leidensweg so realistisch wie möglich darzustellen.«[138]

Schauspieler Florian David Fitz über die Jesus-Rolle in JESUS LIEBT MICH (D 2012: R: Florian David Fitz):

»Die Rolle ist gar nicht so schräg. Wie bei jedem anderen Projekt suche ich nach dem, was ich an der Figur verstehe: die Sehnsüchte, die Ängste, den Humor. Sonst droht die Gefahr eines Abziehbilds oder eines Pop-Jesus wie im Musical. (...) Ich bin zwar kein Gutmensch, doch ich will, wie die meisten Menschen, mein Leben so anständig wie möglich über die Bühne bringen. Frieden

---

136 Zit. nach Hebblethwaite, Peter: Zeffirellis Jesus von Nazareth. In: Orientierung. Zürich 1977, Heft 41 (S. 90–91), 90.
137 Zit. nach http://www.filmreporter.de/stars/interview/168-Der-Prediger-des-Herrn (Zugriff 30.3.2013).
138 Zweiteiler im Ersten: »Ihr Name war Maria«. In: Pro. Christliches Medienmagazin. 26.3.2013.

auf Erden wird wohl nie passieren. Was nicht heißt, dass man es nicht probieren soll. Sonst wäre vieles wohl noch schlimmer.«[139]

Schauspieler Greg Barnett über die Jesus-Rolle in der achtteiligen Reihe JESUS – SEIN LEBEN (Jesus: His Life, US. 2019; R: Adrian McDowall, 4 Episoden 2019; Ashley Pearce, 3 Episoden 2019; Craig Pickles, 2 Episoden 2019):

»Falls das Leben von Jesus die berühmteste aller jemals erzählten Geschichten sei, wie ›History‹ über die eigene Serie behauptet, müsste die Rolle des Christus doch wohl die wichtigste für einen Schauspieler sein, oder? … Ich musste meinen persönlichen Weg ausgerechnet zu der Menschlichkeit des Sohnes Gottes finden. Denn diese ist es doch, die Jesus ausmacht, wobei jeder Gläubige sie ganz unterschiedlich mit dem Heiland verbindet.«[140]

Paulus
Schauspieler über ihre Paulus-Rolle
Schauspieler Johannes Brandrup über das Paulus-Projekt DIE BIBEL PAULUS (SAINT PAUL, I/US./D 2000; R: Roger Young).

»Vor allem die Auseinandersetzung mit der historischen Figur des Paulus fand ich reizvoll. Solche konkreten Bezüge sind beim Fernsehen eher selten. (…) Für mich waren Saul und Paulus nicht so unterschiedlich. Wenn man die Aufgabe hat, eine Figur zu spielen, die auf den ersten Blick als eine Person mit zwei extremen Seiten erscheinen mag, muss man versuchen, den Menschen dabei zu spielen. Ich habe probiert, das Gleichbleibende in ihm zu finden und die Person zu verstehen. (…) Die Erblindungsszene war sehr spannend für mich, weil ich dabei wirklich blind war. Ich habe einen Tag vorher die Augen zugemacht und zugelassen und dann war ich wirklich wie blind. Das war schon irre, weil es ein Zustand irgendwo zwischen Realität und der Geschichte war.«[141]

2.14 Künstlerische Freiheit: Black Jesus – Eine weibliche Jesusfigur

Black Jesus
Jesus ist in fast allen Stumm- oder Monumentalfilmen als weißer Mann dargestellt.

Filme kopieren das Bild vieler Statuen, die Jesus als einen weißen, bärtigen Mann mit ausgestreckten Armen repräsentieren.

---

139 Fitz Florian David in: VOGUE-Interview vom 13. November 2012. http://www.vogue.de/people-kultur/people-news/vogue-interview-florian-david-fitz (abgerufen am 30.1.2013).
140 Zit. nach: »History« zeigt Jesus-Serie an Pfingsten, pro. Christliches Medienmagazin 8.6.2019.
141 Zit. nach: Filmmappe Die Bibel Paulus (Saint Paul). KircheMedia Pressestelle/Programm (2002), 19 ff. In der theologischen Auslegung ist das »Damaskuserlebnis« umstritten, weil Paulus in seinen Briefen hierüber nichts berichtet, sondern ein unbekannter Verfasser der Apostelgeschichte um 90 n. Chr. (Apg 9, 3–29). Der Namenswechsel vom Saulus zum Paulus ist im NT nicht belegt. Paulus kennt keinen Namenswechsel. Paulus trug einen Doppelnamen (Apg 13, 9).

Die Jesus-Statue am Großen Seminar des Heiligen Herzens in Detroit, die Jesus weiß zeigte, wurde während des Detroit Race Riot 1967 in Schwarz lackiert.

Die afrikanische Holzfigur in der Kapelle der Missions-Benediktinerinnen von Namibia in Windhoek-Nubuamis, Namibia, zeigt einen schwarzen Jesus Christus am Kreuz mit Dornenkrone.

Die Schwarzen forderten damals das Ende der Diskriminierung.

Die Theologin und Religionspädagogin Sarah Vecera, die für die Vereinte Evangelische Mission (VEM) in Wuppertal arbeitet, fordert 2021 auf, Bilder vom weißen Jesuskind, vom holden Knaben mit lockig blondem Haar, infrage zu stellen:

> »*Es fühlt sich selbst für mich ungewohnt an und auch ich kriege das weiße Baby nur schwer aus meinem Kopf raus, auch wenn ich mir intellektuell darüber im Klaren bin, dass das richtig ist. Der uns an Weihnachten geborene Retter der Welt war Person of Color. Punkt.*«[142]

> »*In Abbildungen, Büchern, Kinderbibeln und Filmen wird er oft so dargestellt wie ein Hipster aus Berlin-Kreuzberg und eindeutig europäisch gelesen. Das hat mit jahrhundertelanger weißer Vorherrschaft, der Kolonialzeit und der Hochphase der Entstehung von Rassismus zu tun.*«[143]

Einzelne, neuere Verfilmungen verändern dies, z. B.

KRISTO (PHL 1996, R: Ben Yalung) geht der Frage nach, wie die Geschichte Jesu (Mat Ranillo III) aussehen würde, wenn das Neue Testament aus dem Mittleren Osten zu den Philippinen kommt.

Bevor KRISTO als Film gedreht wurde, war KRISTO als traditionelles philippinisches »Passion Play« (Tanz-Drama) im April 1977 am Folk Arts Theatre gespielt worden.

COLOR OF THE CROSS (US. 2006, R: Jean-Claude La Marre) und COLOR OF CROSS: THE RESURRECTION (US. 2008)

Hier wird Jesus als ein Schwarzer dargestellt. Die Kreuzigung wird als rassistisch motiviert interpretiert.

Bei Verfechtern der traditionellen christlichen Glaubenslehre löst der Film Irritationen und massive Proteste vor allem in fundamental orientierten Bibelkreisen in USA aus.

---

142 Zit. nach: epd-Gespräch: Franziska Hein, 3.12.2021. Internet: evangelisch.de (Zugriff 6.2.2922).
143 Vecera, Sarah (2022): Jesus war eine Person of Color. In: Rassismus: Warum er uns alle angeht. Publik Forum. Oberursel: 3/2022, 17; vgl. auch: Vecera, Sarah (2022): Wie ist Jesus weiß geworden? Mein Traum von einer Kirche ohne Rassismus. Ostfildern: Patmos.

Abb. 55: Still aus SON OF MAN (UK 2006)

In SON OF MAN (UK 2006, Mark Dornford-May) wird die Jesusfigur in das heutige Südafrika angesiedelt. (Abb. 55)
(Filmbeschreibung S. 270)

A BLACK JESUS
D 2020, R: Luca Lucchesi, 92 Min.
Inhalt In der sizilianischen Stadt Siculiana wird jedes Jahr im Mai die große Jesusfigur aus schwarzem Holz aus der Kirche geholt und durch die Straßen getragen. Der 19-jährige Edward aus Ghana, der im Auffangzentrum für Geflüchtete wohnt, möchte im nächsten Jahr ebenfalls zu den Trägern gehören. Sein Lehrer, der ihm Italienisch beibringt, schlägt vor, den Pfarrer anzusprechen. Der Lehrer macht den Geflüchteten Mut: »*Eure Neugier ist Euer Kapital, zerreißt die Ketten.*« Aber viele Einheimische sind der Meinung, dass die Afrikaner nicht in die sizilianische Stadt Siculiana passen. Sie fordern, das Auffangzentrum zu schließen.
    Der Film zeigt thematisch Parallelen zu Milo Raus »Das Neue Evangelium«.

Eine weibliche Jesusfigur
Mehrere Filme versuchen, das Leben Jesu aus weiblicher Sicht, aus der Mutterperspektive zu erzählen, z. B.

- MARIA VON NAZARETH (MARIE DE NAZARETH, F 1994, R: Jean Delannoy),
- MARIA – DIE HEILIGE MUTTER GOTTES (MARY, MOTHER OF JESUS, US. 1999, R: Kevin Connor),
- MARIA, TOCHTER IHRES SOHNES (MARIA, FIGLIA DEL SUO FIGLIO, I 2002, R: Fabrizio Costa),
- IHR NAME WAR MARIA (MARIA DI NAZARET, I/D 2012, R: Giacomo Campiotti).

THE PASSION OF THE CHRISTA
SE 2016, P: Passion of a Goddess, R: Ramón Martinez, 12 Min.
Der experimentelle Kurzfilm THE PASSION OF THE CHRISTA von Ramón Martínez, der im Rahmen des Kunstprojekts »Passion of a Goddess« entstand,

Abb. 56: Still aus THE PASSION OF THE CHRISTA (SE 2016). Filmbewertung: Nicht jugendfrei.

stellt Jesus als weibliche Figur dar und zeigt die Passion in fünf Stationen: »Dornenkrone«, »das Kreuz tragen«, »Kreuzigung«, »Leiden am Kreuz« und »Tod«. Der Film widerspricht der traditionellen Auffassung, dass Gott und Jesus nur als Mann dargestellt werden können. Da Frauen mehr Liebe geben könnten als Männer, sei es konsequent, Jesus als Inbegriff der Liebe weiblich darzustellen.

2.15 Diskussion: Bibelfilm: ja oder nein?

Die Frage, ob Menschen durch Bibelfilme bzw. Jesus-Filme (z. B. von Pasolini, Zeffirelli, Stevens u. a.) einen Zugang zu Gott bzw. Jesus finden, ist umstritten. Für die unterschiedlichen Argumentationen seien vier ältere Beispiele angeführt:

Pro:

> »Jesus ist in dieser Welt und in dieser Geschichte geboren, hat in ihr gelebt und ist darin gestorben. Wenn er aber richtiger Mensch geworden ist, dann kann man ihn auch verfilmen. Was den Künstlern der Malerei recht ist, ist den Filmgestaltern billig.« (W. Wilken, Pastor)[144]

> »Heute erreicht das Fernsehen wie kein anderes Medium eine riesige und unterschiedliche Zahl von Menschen. Es spricht gleichermaßen Gefühl und Intellekt an. Seine vielfältigen audiovisuellen Möglichkeiten erlauben eine eindringliche und allen Schichten zugängliche Darstellung der literarischen Inhalte des Alten Testaments. Damit ist gerade das Medium Fernsehen einzigartig geeignet, die biblischen Geschichten dem heutigen Menschen näherzubringen.« (H. Kraus, Filmberater für die »Kirch-Bibel«)[145]

---

144 Schweizer, Rolf: Der verfilmte Jesus. In: Radius 1/1966, 45 f.
145 TaurusFilm München, Filmmappe.

Contra:

> »Die heiligen Dinge werden heute in einer Weise in die Öffentlichkeit gestellt, die sicher nicht im Sinne des Reiches Gottes ist. Ich wage zum Beispiel nicht, mir die Situation vorzustellen, in welche bei der Vorbereitung des Films die Person Christi durch ihren unglücklichen Darsteller geraten würde.« (Romano Guardini, Religionsphilosoph)[146]

> »Bibelfilme sind ein altbekanntes und nur noch von wenigen bestrittenes Ärgernis. Das Leben Christi als kleinbürgerliches Genre, als leere Erbaulichkeit auf Öldruck, 19. Jahrhundert in seiner negativsten Prägung; wer will das noch sehen?« (Theo Fürstenau, Leiter der Filmbewertungsstelle Wiesbaden)[147]

Bereits **1978** hat der evangelische Theologe und Hochschullehrer Ferdinand Hahn in seinen »Theologischen Überlegungen zu Jesus-Filmen« auf die Gefahren hingewiesen:

> »Mit der filmischen Wiedergabe biblischer Texte verbindet sich zudem noch eine ganz besondere Gefahr, die der unsachgemäßen Verobjektivierung. Denn die Filmgestaltung wird sich bemühen, in gewisser Hinsicht möglichst eng am neutestamentlichen Text zu bleiben. Dabei wird dann aber sehr leicht das, was Glaubensaussage ist, in konkrete Wirklichkeit umgesetzt, so dass dies im Einzelfall sogar zu einer Mythisierung der Wirklichkeit führen kann, die der wahren Menschlichkeit Jesu gar nicht mehr gerecht wird.«[148]

Schon »als die Bilder laufen lernten« gehört Jesus – später Moses, David – als Kinoheld auf die Leinwand: im Jahr 1897 wird die Passion Jesu gleich sechsmal verfilmt.

Biblische Szenen werden für ein breites Publikum gestaltet, weniger zur Erbauung oder Missionierung, sondern eher zur Unterhaltung, zum Amüsement und zur Anschaulichkeit:

Dramatische und übertrieben burleske Szenen, später viele Massenszenen wechseln einander ab.

Innerlichkeit und Action sind meist die Zielvorstellungen der Verfilmungen.

Das Grundproblem bei allen Bibel- und Jesusverfilmungen hat sich bereits bei den literarischen Bearbeitungen gestellt:

- Mit welchem Bibelverständnis werden biblische Personen interpretiert?
- Wird die Bibel als von Gott wörtlich diktierte Drehbuchvorlage (Verbalinspiration) oder als Glaubensurkunde verstanden?
- Wie soll der »Held« dargestellt werden: z. B. Jesus als Mensch, als Gott?

---

146 Schweizer, Rolf, a. a. O.
147 Zit. nach: Gerber Hermann: Christliche Superlative. Gedanken zur Problematik der »Bibelfilme«. In: epd. Kirche und Film Nr. 11 vom November 1965.
148 Hahn, Ferdinand: Theologische Überlegungen zu Jesus-Filmen. In: zur debatte. Themen der Katholischen Akademie in Bayern. Sept./Okt. 1978, 16.

Albert Schweitzer hat in seiner berühmten »Geschichte der Leben-Jesu-Forschung« bereits 1906 nachgewiesen, dass es unmöglich ist, vom biblischen Christus zum historischen Jesus zurückzugehen und ein »echtes« Jesus-Bild zu gewinnen, da einerseits die Forscher vom neu-humanistischen Mythos des 20. Jahrhunderts geprägt, andererseits die Evangelien nicht historische Berichte und Biographien schreiben, sondern Glaubensurkunden abgeben wollten. (Ausführlicher S. 58 f.)

Thomas Binotto fordert 2000 im 11. Gebot: »Du sollst keine Jesusfilme machen.«[149]

Er begründet dies u. a. damit: »weil das absolut Gute absolut langweilig ist, weil Matthäus nicht Charles Dickens ist und da Vinci unfehlbar und weil du gezwungen sein könntest, Jesus zu zeigen.«

Für Thomas Binotto werden Jesusfilme spannend, wenn »man sich am Evangelium vergreift, wenn man den »anderen« Jesus zeigt und wenn Jesus nicht auftritt«.

2.16 Bedürfnis nach Erlösung

Wurden früher Äußerungen des kollektiven Unbewussten (vgl. C. G. Jung) in Märchen und Mythen wahrgenommen, so findet dies heute mehr in Spielfilmen und in Werbespots statt. Als charakteristische Merkmale eines Erlösers lassen sich u. a. anführen:

Der Erlöser kann im Verlauf der Handlung mehrere Archetypen annehmen.

Der Erlöser stellt seine Bedürfnisse zurück und opfert diese der Gemeinschaft (Selbstaufopferung).

Der Erlöser präsentiert das Ich und ist auf der Suche nach Ganzheit und Identität.

Je mehr der Erlöser mit persönlichen Problemen zu kämpfen hat, desto beliebter wird er beim Publikum landen.

Typologisch zeigt der Erlöser einen starken Willen, der stets zum Erfolg führt: Er hat eine bestimmte Mission zu erfüllen. Der Erlöser hat den Wunsch nach äußerer und innerer Freiheit (Selbstverwirklichung), das Verlangen nach Rache und gerechter Bestrafung des Bösen (Weltpolizist). Er sieht seine Funk-

---

149 Binotto, Thomas: Das 11. Gebot: »Du sollst keine Jesusfilme machen.« Vortrag am 9.3.2000 in Rankweil/Österreich. Mehrfach abgedruckt, z. B. http://public.rpi-virtuell.de/ThomasBinotto/Jesusfilme.pdf.

tion als Retter und Erlöser für einzelne Personen oder für die gesamte Menschheit in Notsituationen.

Der Literatur- und Filmwissenschaftler Matthias Hurst erklärt, warum religiöse Filme oder Fantasy-Serien beim Zuschauer so beliebt sind:

> »In der Fantasy sehen wir einen Akt der Kreativität, der Schöpfung. (...) All das, was uns fehlt in der realen Welt, oder von dem wir glauben, dass es uns fehlt, das muss ja nicht immer so sein, all das, Spiritualität, Emotionalität, der Glaube an Dinge, die größer, höher, schöner, bedeutender sind als der pure Schein, Industrialisierung, Oberfläche, Wirtschaft, Geld, Kapitalismus, all das erschaffen wir uns dann in unseren Fantasiewelten. Natürlich hat Fantasy auch deshalb so einen Boom erlebt, weil die Menschen zunehmend unzufriedener werden mit der Realität, in der wir leben. (...) Für manche Forscher sind Bibelfilme oder die Bibel an sich Fantasy. Das sind magische Geschichten. Biblische Mythologie. Für andere Menschen hat das nichts mit Magie zu tun, ist grad das Gegenteil von Magie.«[150]

2.17 Neue Möglichkeiten und Chancen durch Bibelfilme z. B. für interkulturelle Christologie und für einen interreligiösen Dialog

Kirchliche Institute, Akademien und Hochschulen bieten in den letzten Jahren vermehrt Seminare und Kurse zum Themenbereich »Bibelfilme« oder »Jesus-Filme« an, z. B.:
- Vom »Messias« zur »Matrix«. 105 Jahre Jesusfilme und die Neo-Mythen der populären Kultur« (Studium generale Sommeresmester 2002, Universität Tübingen)[151],
- Die Internationale Forschungsgruppe »Film und Theologie« (eine Vereinigung von universitären theologischen Forschungsgruppen aus Deutschland, Österreich, der Schweiz, Belgien und Großbritannien) und die Katholische Akademie Schwerte publizieren zum Thema Jesus-Filme.

Weitere Arbeitskreise sind zu nennen:
- »INTERFILM«, deren Mitglieder aus den Kirchen des Weltkirchenrates kommen,
- »SIGNIS«, das weltweit Kulturschaffende im Medienbereich umfasst,
- Veranstaltungs- und Buchreihe »Arnoldshainer Filmgespräche«.

---

150 Zit. nach Dietrich, Kirsten: Fantasy als Religion. Heldenreise zur Erlösung. Religionen/Archiv | Beitrag vom 01.01.2017 (Deutschlandfunk Kultur).
151 Zu dem »Studium generale« wurde der Autor als Referent eingeladen.

Ferner ist hinzuweisen auf die Filmpublizistik in Deutschland »epd-Film« und »FILM-DIENST« mit ihrem großen Renommee. Die kirchlichen Medienzentralen bieten Filme zur nichtgewerblichen Auswertung an.

2.17.1 Projekt »KinoKirche«

Die beiden großen Kirchen bieten Meditationen und Gottesdienste mit Filmen an.

In ihren Bemerkungen zum Projekt »KinoKirche« fragt Inge Kirsner 2002: »Die Leinwand als Tabernakel?« Sie kommt zu dem »Fazit«:

> »Versteht man Theologie, unter anderem, als Wahrnehmungswissenschaft, so ist es eine ihrer Aufgaben, zu untersuchen, wie die Konstruktionsbedingungen der Wirklichkeit und des Glaubens ›funktionieren‹. Wie die Beziehungen zwischen beiden Größen aussehen, muss immer neu gedacht und bedacht werden. Die Umgestaltung eines Kirchenraumes zur Kinokirche ist eine der spannenden Möglichkeiten, dieses Wechselspiel zu inszenieren und sichtbar zu machen.«[152]

Stummfilmszenen, unterlegt mit klassischen oder freien Orgelstücken, eignen sich besonders gut zu Themen des Kirchenjahres.[153] In einer sog. Filmpredigt können ausgewählte Spielfilmszenen statt einer traditionellen Predigt eingesetzt werden.[154]

Über das Verhältnis von Film und Predigttext nennen Inge Kirsner und Hans-Ulrich Gehring u. a. folgende Merkmale: Filme seien *»verdichteter Ausdruck menschlicher Lebenswirklichkeiten, und das ganze Leben hat Raum vor Gott.«*[155]

---

152 Kirsner, Inge: Die Leinwand als Tabernakel? Bemerkungen zum Projekt »KinoKirche«. In: Magazin für Theologie und Ästhetik 15/2002.
153 Der Autor hat zahlreiche Filmmeditationsabende, Andachten und Gottesdienste mit Stummfilmszenen und Orgelbegleitung zu folgenden Themen durchgeführt, z. B. »Geburt Jesu«, »Wunder Jesu«, Passion Jesu«, »Tod und Auferstehung Jesu«, »Teufels- und Engelgestalten« u. a.
154 Beispiel: Sonntag in der Andreasgemeinde in Frankfurt-Niederhöchstadt: Während der hessischen Sommerferien 2011 gibt es jeden Sonntag Film-Predigten. Gepredigt wird zu biblischen Themen über »Die Truman Show«, »James Bond«, »Slumdog Millionaire«, »Chocolat«, »Cast Away«, »Cat-Woman« und »Ungeküsst«.
155 Kirsner, Inge und Gehring, Hans-Ulrich (Hg.) (2005): Filmgottesdienste. Theorie und Modelle. Mit einem Beitrag von Andrea Bieler. Jena. Vgl. auch: Kirsner, Inge und Wermke, Michael (Hrsg.) (2002): Religion im Kino. Religionspädagogisches Arbeiten mit Filme. Göttingen 2004; Nicol, Martin: Einander ins Bild setzen. Dramaturgische Homiletik, Göttingen; Thies Gundlach: Bilder – Mythen – Movies. Gottesdienste zu Unterhaltungsfilmen der Gegenwart. In: Pastoral-Theologie, 83/1994, 550–563; Herrmann, Jörg (2001): Sinnmaschine Kino. Sinndeutung und Religion im populären Film, PThK 4, Gütersloh.

Das folgende Angebot der evangelikal geprägten Gruppierungen für Filmgottesdienste erscheint fragwürdig:

Der Film DIE CHRONIKEN VON NARNIA: DER KÖNIG VON NARNIA (THE CHRONICLES OF NARNIA: THE LION, THE WITCH AND THE WARDROBE, R: Andrew Adamson) wird seit dem Kinostart im Dezember 2005 kontrovers diskutiert: Viele amerikanische Christen und teilweise auch evangelikal-fundamentalistisch geprägte Kreise in Europa loben die Vermittlung von christlicher Botschaft im Werk von C. S. Lewis (1898–1963): Der Löwe Aslan opfert sich für das Gute, wird getötet und feiert eine Auferstehung.

2006 wird für Narnia-Gottesdienste in der Basler Gellertkirche eingeladen. »Unterhaltsam und mit Tiefgang.« Noch 2009 werden Narnia-Gottesdienste im Kirchsaal in der Hohe Mark angeboten.

2.17.2 Bibelfilme als Chance für interkulturelle Christologie und für einen interreligiösen Dialog

Eine kritische Betrachtung von Christologien in unterschiedlichen Kontexten, z. B. im Kontext des Pluralismus asiatischer Kulturen und Religionen, im Kontext des Buddhismus, im Kontext des Hinduismus, im Kontext von Armut und Unterdrückung in Afrika und Asien, im Kontext von Sexismus, Rassismus und Antisemitismus kann einen interreligiösen Dialog eröffnen.[156]

Westliche Filme, die von Regisseurinnen bzw. von Drehbuchautorinnen produziert wurden und die Elemente einer feministisch orientierten Bibelauslegung aufgreifen, eignen sich besonders für einen interreligiösen Dialog. Östliche Filme, die biblische Themen in ihrer Religion und Kulturtradition interpretieren, bereichern den Dialog.[157]

> »Europas Kulturen bilden im Gesamt der Kulturen nur einen kleinen Mosaikstein. Deshalb sollen europäische Kulturen und Christentum nicht den Anspruch erheben, universal zu sein. Zu unterscheiden sind zwei Vermittlungsmodelle: Transfer von feststehenden Inhalten, von Symbolen, Riten und Texten und Interaktion zwischen christlicher Botschaft und neuer Kultur.«[158]

Es bleibt spannend, biblische Texte im populärkulturellen Kontext zu untersuchen, die in ihrer Rezeptionsgeschichte zahlreiche mehrdimensionale trans-

---

156 Vgl. Küster, Volker (2021): Interkulturelle Christologie. Die vielen Gesichter Jesu Christi. Darmstadt: wbg Academic.
157 Verkürzt entnommen aus: Tiemann, Manfred (2019), 44 f.; ausführlicher in: Tiemann, Manfred (1995), 15–21; Tiemann, Manfred (2002), 14–36.
158 Tiemann, Manfred (2020), 15 f.

kulturelle Verflechtungen zwischen Ost und West erfahren. Sowohl alttestamentliche Figuren (z. B. Abraham, Josef, Potifera, Mose, Salomon u. a.) als auch neutestamentliche Figuren (z. B. Jesus, Maria) sind im Koran aufgenommen und wurden aus islamischer Sicht verfilmt.

Abrahams Frau Sara und ihre Sklavin Hagar streiten um Leihmutterschaft, Flucht, Vertreibung und Gottesbegegnung: Themen, die in Bibel, Koran und für den heutigen interreligiösen Dialog zwischen Jüdinnen, Christinnen und Musliminnen unterschiedlich interpretiert werden.

Regisseurin Riesch-Seitler greift in ihrem Film SARAH UND HAGAR – ZWEI FRAUEN UND IHR ERBE Elemente einer feministisch orientierten Auslegung auf.

Abb. 57: Still aus DER FALL JUDAS (F-DZ 2015, Judas, Rabah Ameur-Zaïmeche) trägt Jesus (Nabil Djedouani) auf dem Rücken zurück ins Dorf.

Inhalt Judas (Rabah Ameur-Zaïmeche) ist nicht der Verräter, sondern ein eifriger Anhänger und Freund Jesu (Nabil Djedouani.). Judas trägt den nach einer langen Askese entkräfteten Jesus auf seinem Rücken den Berg hinunter. (Abb. 57) Nachdem Jesus im Fluss gebadet hat, bricht er zusammen mit Judas nach Jerusalem auf. Judas setzt sein eigenes Leben ein, um Jesus zu beschützen. Jesus nennt ihn »Sohn des Lichts«. Judas zeigt sich als ein treuer Kämpfer für die Worte Jesu und wird wie Jesus zum Opfer von Intrigen.

Hintergrund Als visuelle Inspirationsquelle dienten Werke von Caravaggio und Rembrandt.

Bewertung Der algerische Regisseur Rabah Ameur-Zaïmeche setzt in seinem Film DER FALL JUDAS (F/DZ 2015, Preis der Ökumenischen Jury 2015) Verfremdungen ein, um den Zuschauer zu irritieren: Der Regisseur will den Jahrhunderte lang als Verräter stigmatisierten Judas rehabilitieren und zeigt ihn als loyalen und aufopferungsbereiten Freund. »*Judas war zu lange die symbolische Figur des Antisemitismus.*«[159]

---

159 Programmhinweis Programm ARD 13.2.2917. Internet. https://programm.ard.de/TV/arte/der-fall-judas/eid_2872473997829 (Zugriff 1.2.2021).

Abb. 58: Still aus Film DAS KLAGELIED DES JUDAS (F/NL 2019/2020)

Regisseur Boris Gerrets will mit seinem Film DAS KLAGELIED DES JUDAS (F/NL 2019/2020) angolanischen Veteranen, die zu Opfern der Racheaktionen von ANC-Abspaltern und mehreren internationalen Komplotten wurden und die jetzt in Südafrika verarmt mit ihren Familien leben, helfen, ihre Situation aufzuarbeiten, indem er mit ihnen einen Film über Jesu Passion aus der Sicht Judas dreht. (Abb. 58) Boris Gerrets zeigt Parallelen zwischen der Darstellung des Judas-Mythos und den Ich-Erzählungen der Angolaner auf und will dieser traumatisierten sozialen Gruppe einen Ausweg aus ihrer Situation ermöglichen. »Wir suchen Jesus von Nazareth.« – »Das bin ich. Hört auf! Legt die Waffen ab!«

2.18 Spuren von biblischen Figuren und Themen in Spielfilmen: Bibelzitate in Spielfilmtiteln, Western, Spielfilmen und Krimis (Babel – Josef und seine Brüder – Hiob – Hosea – Jona – Der verlorene Sohn – Versuchungen – Abendmahl – Passion)

Bibelzitate in Spielfilmtiteln

Eine Reihe von Filmen nennen in ihrem Titel – vor allem in den deutschen Titeln ausländischer Filme – bekannte biblische Zitate (Luther Übersetzung), z. B.:

Gen 1, 3: *Gott sprach: Es werde Licht! Und es ward Licht.*
  in UND ES WARD LICHT (LA SYMPHONIE PASTORALE, F 1946, R: Jean Delannoy)

Ex 21, 24: *Auge um Auge, Zahn um Zahn*
  in AUGE UM AUGE (OEIL POUR OEIL, F/I 1957, R: André Cayatte)

Psalm 37, 5: *Befiehl dem Herrn deine Wege*
  in BEFIEHL DU DEINE WEGE (ALL MINE TO GIVE, US. 1957, R: Allen Reisner)

Ps 67, 2 u. a.: *Gott sei uns gnädig und segne uns*
  in UND DER HERR SEI UNS GNÄDIG (ALL THE YOUNG MEN, US. 1959, R u. B: Hall Bartlett)

Matth 5,4: *Selig, die da Leid tragen, denn sie sollen getröstet werden*
   in DENN SIE SOLLEN GETRÖSTET WERDEN (CRY, THE BELOVED COUNTRY, GB 1951, R: Zoltan Korda)

Matth 6, 13: *und führe uns nicht in Versuchung*
   in UND FÜHRE UNS NICHT IN VERSUCHUNG (BRD 1957, R: Rolf Hansen)

Matth 26, 41: *Der Geist ist willig, aber das Fleisch ist schwach*
   in DAS FLEISCH IST SCHWACH (BUFERE, I 1953, R: Guido Brignone)

1. Kor 13, 1: *Und hätte die Liebe nicht, so wäre ich ein tönend Erz*
   in UND WÄRE DIE LIEBE NICHT (ONE DESIRE, US. 1955, R: Jerry Hopper)

Joh 8, 7: *wer ohne Sünde ist, der werfe den ersten Stein*
   in DER WERFE DEN ERSTEN STEIN (THE HOODLUM PRIEST, US. 1960, R: Irvin Kershner)

Gal 6, 2: *Einer trage des andern Last, so werdet ihr das Gesetz Christi erfüllen.*
   in EINER TRAGE DES ANDEREN LAST (DDR 1988, R: Lothar Warneke).

Bibelzitate in Western und Spielfilmen

In Western sind oft einzelne religiöse Elemente zu finden: Das Exodus-Motiv (besonders bei den Wagentreckfilmen) und der Einzug in das gelobte Land, in eine moralisch und materiell bessere Welt, sollen dem Zuschauer Hoffnung geben. Ein einsamer Mann (deus ex machina) als ein Fremder ohne Namen kommt von außen und befreit eine Gemeinschaft von bösen Elementen. Der Westernheld in der amerikanischen Kultur, z. B. als Sheriff, als Marshall, als Cowboy, als Prediger o. ä., ist meist eine Erlösergestalt, die oft dabei auch jesuanische Züge trägt. Um seine göttliche Vollmacht und Nähe zur Verkündigung Jesu zu verdeutlichen, zeigt der Prediger seine Bibel oder er zitiert dem Publikum bekannte Bibelverse, z. B. aus den Zehn Geboten, aus Psalm 23, das Vater-Unser u. a.

Vor allem **(Neo-)Western** bedienen sich religiöser Sprache mit Bibelzitaten, z. B.

- COLD MOUNTAIN (US. 2003, R: Anthony Minghella),
- THERE WILL BE BLOOD (US. 2007, R: Paul Thomas Anderson): Ex 7, 19,
- 12 YEARS A SLAVE (2013, R: McQueen): Ford zitiert Lk 17,2; Epps liest Lk 12,47,
- SWEETWATER (US. 2013, R: Noah Miller und Logan Miller),
- WESTERN RELIGION (US. 2015, R: James O'Brien) u. a.[160]

Die Autorin Kristin Kobes du Mez vertritt **2020** die These, dass evangelikale Christen in den USA von heute ihr Bild von Jesus nach dem Vorbild des rauchenden und trinkenden Hollywood-Star John Wayne modelliert hätten.

---

160   Ausführlicher in Tiemann, Manfred: Leben nach Luther, 30 ff., 63 ff.

>»Amerikanische Evangelikale sind schon lange konzentriert auf Geschlechterfragen, darauf, was es heißt, ein christlicher Mann oder eine christliche Frau zu sein. Und als ich all die Bücher über christliche Männlichkeit untersucht habe, ist mir aufgefallen, dass sich in diesen Büchern nur sehr wenige Bibelverse fanden – und das obwohl die Evangelikalen immer betonen, wie wichtig ihnen die Bibel ist. Stattdessen stieß ich immer wieder auf Hollywood-Helden und mythische Helden wie Krieger und Soldaten, Mel Gibson-Filme waren sehr beliebt, und natürlich John Wayne.«[161]

In dem US-amerikanischer Western PALE RIDER (US. 1985, R: Clint Eastwood) muss Megan (Sydney Penny) ihr Hündlein beerdigen, das brutal von einem Terrorkommando erschossen wurde. Sie spricht dabei den gesamten Psalm 23 und fügt ihre eigene Not ein. (0:07:50)

> »Der Herr ist mein Hirte, mir wird nichts mangeln, aber ihn vermiss ich.
> Er führet mich zum frischen Wasser. Er erquicket meine Seele, aber sie haben meinen Hund getötet.
> Auch wenn ich wandere im tiefen Tal des Todes, fürchte ich nichts Böses – aber ich habe Angst.
> Doch du bist bei mir. Dein Stecken und Stab werden mich leiten. Wir brauchen ein Wunder.
> Und ich werde wohnen im Hause des Herrn immerdar.«

Ein namenloser Fremder, auf dem Schimmel reitend, taucht plötzlich auf (Clint Eastwood).

Er wird wegen seines weißen Kragens »Prediger« genannt.

Megan liest in der Wohnstube in der Bibel die Vision von den apokalyptischen Reitern (0:19.15): »*Da sah ich ein fahles Pferd und der, der auf ihm saß, dessen Name war Tod. Und die Hölle folgte ihm nach*«. (Offb 6, 4–8)

Der namenlose Prediger entgegnet dem reichen skrupellosen Coy LaHood, dem Besitzer der Bergbaugesellschaft: »*Man kann nicht Gott dienen und dem Mammon.*« (Matth 6, 24)

Der Westernheld in der amerikanischen Kultur, z. B. als Sheriff, als Marshall, als Cowboy o. ä., ist meist eine Erlösergestalt, um einzelne in Not oder das Volk zu retten.

Der Regisseur Eastwood zu seinem Film:

> »*Ich bin kein Schüler der Bibel, doch ich war stets von der Mythologie dieser biblischen Geschichten fasziniert und wie eng diese mit der Mythologie des Western verbunden sind.*«[162]

---

161 Kristin Kobes Du Mez: »Jesus and John Wayne. How White Evangelicals Corrupted a Faith and Fractured a Nation«. Liveright Publishing Corp., New York City 2020.
162 Zit. nach Presseheft zum Film.

In Spielfilmen zitieren Hauptfiguren die Bibel

US-amerikanische Comicverfilmung X-MAN-2 (1957, R: Ring): Pred 1,5
in THE SUN ALSO RISES (US. 1957, R: Henry King, Verfilmung von Ernest Hemingways Roman Fiesta (1926): Pred 1, 5,
in dem Thriller THE YEAR OF LIVING DANGEROUSLY (1982, R: Peter Weir): Lk 3,10,
in dem US-amerikanischen Justizthriller A TIME TO KILL (US. 1996, R. Joel Schumacher): Pred 3,3,
in dem US-amerikanischen Tanzfilm FOOTLOOSE (US. 1984, R: Herbert Ross): Pred 3,4,
in dem Boxerdrama RAGING BUOLL (US. 1980, R: Martin Scorsese): Joh 9, 24–25,
in STALKER (UdSSR 1979/80, R: Andrej Tarkowskij) zitiert der Stalker die Emmausgeschichte: »Wir wollen nun dort hingehen. Es wird bald Abend werden.« (vgl. Lk 24, 29),
in dem britisch-US-amerikanischen historischen Filmdrama 12 JEARS A SLAVE (R: Steve McQueen): Lk 17,2 und Lk 12,47,
in THE SHAWSHANK REDEMPTION (US. 1994, R: Frank Darabont): Der zu lebenslanger Haft verurteilte Bankmanager Andy Dufresne (Tim Robbins) zitiert Mk 13,35, der Gefängniswärter zitiert Joh 8, 12; Direktor Samuel Norton (Bob Gunton): »*I believe in two things: discipline and the Bible. Here you'll receive both.*« – Nachdem Andy aus dem Gefängnis ausgebrochen ist, findet Norton Andys alte Schuhe und im Tresor die Bibel, in deren Deckel folgende Widmung steht: »*Dear Warden, you were right, Salvation lay within.*«
in MATEWAN (US. 1987, R u. B: John Sayles) verweigern 1920 Grubenbesitzer in dem Bergwerksort Matewan in West Virginia den Bergarbeitern den gerechten Lohn. Als der Prediger im Gottesdienst gegen die Gewerkschaftsbewegung Partei ergreift und damit die Grubenbesitzer unterstützt, erzählt der junge Dennis Jesu Gleichnis vom Weinberg. »*Die Arbeiter erhalten einen Dollar pro Tag. Die Arbeiter murrten, aber der Besitzer sagte: Wir einigten uns auf einen Dollar und den habt ihr gekriegt. Und was ich mit den anderen ausgemacht habe, geht euch nichts an. Fertig! Aus! So steht es im Evangelium. Und welche Lehre zieht Jesus nun daraus? Jesus sagt: So wird es also sein im Reiche Gottes. Die ersten werden die letzten sein und die letzten die ersten. Aus diesem Gleichnis erkennen wir, dass Jesus nichts von einer Gewerkschaft wusste. Wenn er jedoch heute lebte, dann würde er anders denken. ...*«
in dem Drama AS IT IS IN HEAVEN (DK 2004, R: Kay Pollak): Matth 6,10,
in DELPHINSOMMER ((TV: 3sat 25.3.2015, R: Jobst Oetzmann) muss die 17-jährige Nathalie (Anna Maria Mühe) erfahren, wie ihr Adoptivvater Gregor Wagner (Samuel Fintzi) als Anwalt der streng religiösen Gemeinschaft »Kirche des Herrn« die neue Familie unglücklich macht, ihnen Möglichkeiten zur Lebensfreude nimmt und seine strenge Haltung mit Bibelversen begründet: »*Weil Jesus Gottes Schöpfung ist und somit sein Kind. Er ist das Ebenbild des unsichtbaren Gottes. Der Erstgeborene vor aller Schöpfung. Kolosser-Kapitel 1, Vers 15/16.*«
In der Versammlung zitiert Gregor Wagner »*Jesu Wundererzählung aus Matthäus Kapitel 9, Vers 18 bis 25*«.
Als Nathalies Freundin Sibyll (Sophie Rogal) meint, Jesus habe »*richtig viel Glück gehabt. Ja. Wahrscheinlich war das Mädchen nur scheintot*«, wird sie von Gregor Wagner geohrfeigt.

In Krimis zitieren Hauptfiguren die Bibel

Hierzu ist ein markantes Beispiel angeführt: die Polizeiseelsorgerin Pfarrerin Lena Fauch (Veronica Ferres) lehnt in LENA FAUCH: DU SOLLST NICHT TÖTEN (TV ZDF 5.9.2016, R: Martin Weinhart) den gezielten Todesschuss ab und begründet ihre Haltung mit dem fünften Gebot »Du sollst nicht töten«.

In dem Kroatien-Krimi TOD IM ROTEN KLEID (D 2022, R: Michael Kreindl) stehen sich im Fall des Todes des jungen transsexuellen Anton Djulic (Riccardo Campione) zwei unterschiedliche Bibelauslegungen gegenüber:

Die fromme fundamentalistische und buchstabenorientierte Auslegung des strenggläubigen Ivan Rukovic (Joachim Nimtz), der zur kirchlichen Gruppierung »Unsere Familie« (*»Wir sind alle Kinder Gottes«*) gehört, der örtliche Polizist Marko Mikec (Thomas Dehler) und weitere Dorfbewohner, die Transsexualität und Homophobie als gottwidrig streng ablehnen: »Jesus wirft Satan vom Felsen.« (0:40:02). Sie vertreten festgefahrene Geschlechtervorstellungen: »*Einmal Sohn, immer Sohn.*«

Die Kommissarin Stascha Novak (Jasmin Gerat), ihr einheimischer Kollege Emil Perica (Lenn Kudrjawizki) und der örtliche Priester Zupan (Michael Roll) sehen die Ablehnung der betroffenen Menschen als unchristlich: »*Transsexualität ist keine Sünde, sagt die Bibel.*« Emil Perica und später der Priester bei der Beerdigung von Anton und Zoran zitieren aus Gal 3,28: »*Hier ist weder Jude noch Grieche, nicht Sklave noch Freier, Mann noch Frau. Denn ihr seid alle eins in Jesus Christus.*« (0:40:30/1:24:36).

Biblische Figuren und Themen in Spielfilmen

Regisseure greifen gerne biblische Figuren und Themen auf, um diese für ihre Spielfilmhandlung zu aktualisieren. Hierzu sind nur wenige Beispiele aufgeführt:

Babel

BABEL
US. 2006, R: Alejandro González Iñárritu, 142 Min.
Der Film des mexikanischen Regisseurs Alejandro González Iñárritu bietet eine Neuinterpretation des biblischen Turmbau-zu-Babel-Motivs.
Er gewann 25 Preise und 73 Nominierungen, z. B. den Golden Globe US. 2007.
Inhalt Der Film zeigt drei unterschiedliche Geschichten an drei Orten. In der ersten Geschichte »Marokko« hüten die beiden marokkanischen Brüder Ahmed (Said Tarchani) und Yussef (Boubker Ait El Caid) die Ziegenherde der Familie. Dabei experimentieren sie mit einem Jagdgewehr, das sie zum Schutz der Herde mitbekommen haben. Sie zielen auf einen Touristenbus und treffen Susan (Cate Blanchett), die mit ihrem Mann Richard (Brad Pitt) unterwegs ist, an der Schulter. Ahmed und Yussef erfahren von ihrem Vater, dass die amerikanische Frau im Touristenbus tot sei. Sie verstecken das Gewehr. Als die Polizei kommt, will Ahmed fliehen, wird aber angeschossen. Yussef ergreift das Gewehr und erschießt einen Polizisten. Ahmed wird tödlich getroffen. Yussef stellt sich der Polizei, er habe allein auf den Bus geschossen.

In Tokio lebt die Hauptperson der zweiten Geschichte, die junge Chieko (Rinko Kikuchi), die den Selbstmord ihrer Mutter nicht verarbeiten kann. Sie ahnt nicht, dass die Ereignisse in Marokko auch ihre Familie betreffen.

Die dritte Hauptperson ist eine mexikanische Nanny: Amelia (Adriana Barraza). Ihr sind die Kinder von Susan und Richard anvertraut und sie gerät in Schwierigkeiten, als die Eltern nicht zurückkehren. Als Amelia keinen Ersatzbabysitter findet, nimmt sie die beiden Kinder mit, um an der Hochzeitsfeier ihres Sohnes im nahegelegenen Mexiko teilnehmen zu können. An der Grenze legt sich Amelias angetrunkener Neffe Santiago (Gael García Bernal) mit den US-amerikanischen Grenzbeamten an, die ihn zuvor provoziert hatten. Santiago durchbricht die Sperren und lässt Amelia mit den beiden Kindern in der Wüste zurück. Als Amelia Hilfe suchen will, wird sie von den Grenzbeamten aufgegriffen und verhaftet.

Deutung Als Verständnisschlüssel kann die biblische Geschichte von der babylonischen Sprachverwirrung dienen. Im Kern steht die pessimistische Sicht: Die Menschen sind einander fremd geworden. Sie verstehen einander nicht.

Kritik »*Babel ist emotional aufpeitschend, handwerklich von atemberaubender Virtuosität, großartig gespielt und in einigen Momenten sogar von überraschender Poesie. Trotzdem ist es ein frustrierender Film, weil er einen ausgelaugt aus dem Kino entlässt, ohne gedanklich anregend oder wenigstens kontrovers zu sein.*«[163]

Josef und seine Brüder
JOSEPH'S GIFT
US. 1998, R: Philippe Mora, B: Patricia Monville, 90 Min.
Inhalt Regisseur Philippe Mora will die biblische Handlung aktualisieren: In JOSEPH'S GIFT[164] führt die Familie Keller 1979 ein erfolgreiches Bekleidungsunternehmen in Los Angeles, Kalifornien. Sie bewohnen eine große Luxusvilla in einer gepflegten Parkanlage. Materiell geht es ihnen sehr gut. Dies zeigen die teuren Einrichtungen der Zimmer: Vom Flügel bis zu den Möbeln scheint das Beste gerade gut genug zu sein. Aber der Haussegen hängt schief: Da Jacob Keller (John Saxon) seinen jüngsten Sohn Joseph (Freddy Rodriguez) immer bevorzugt, gibt es Streit. Die Brüder Ashton (Ben Bottoms), Simon (Joseph Bottoms) und Robert (Sam Bottoms) planen, Joseph aus dem Wege zu räumen. Sie unternehmen mit Joseph eine Geschäftsreise nach New York, um ihn dort von Frank Childress (Brion James) entführen zu lassen. Als Joseph sich wehrt und fliehen will, wird er von Franks Freund Thompson (Martin Kove)

---

163 Kai Mihm. In epd-Film 07.02.2015.
164 Ausführungen entnommen aus Tiemann, Manfred (2020): Josef, 338 ff.

zusammengeschlagen und gefangen gehalten. Joseph erweckt Mitleid bei Frank und er bekommt die Möglichkeit, in seinem Büro zu arbeiten. Josephs Geschäftssinn macht Frank mit seiner Bekleidungsfirma erfolgreich. Frank stellt Joseph seiner Frau Clara (Caroline Ambrose) vor. Bereits von der ersten Begegnung an ist Clara von Joseph sehr angetan.

(0:45:12) Szene in der Fertigungshalle der Bekleidungsfirma.[165] Hier fallen schon optisch die Gegensätze auf:
Clara trägt ein knall-rotes sexy enganliegendes Kostüm mit weitem Ausschnitt, läuft in roten Schuhen mit hohen Absätzen und hat ihre Lippen auffallend rot geschminkt. Joseph dagegen trägt brav ein blau-weiß gestreiftes Hemd mit Krawatte und eine dunkelblaue Anzugshose.
Clara sucht Joseph in der Fabrik auf, bestaunt die Entwürfe für die neue Bekleidungskollektion. Sie schaut sich diese nur kurz an, denn sie ist mehr an Joseph interessiert.
(0:46:00) Clara führt Joseph in ein großes Zimmer, wo ein festlich gedeckter Tisch mit zwei Flaschen Wein und prall gefülltem Frühstückskorb auf sie wartet. Joseph zeigt sich sehr überrascht.
Joseph: *Wow. What's – ugh. What's all this for?*
Clara: *Frank. He's being so stubborn about not letting you go out. So. Well, we can stand here and stare at it until Frank gets back. Or, we can begin. What it'll it be?*
Joseph: *I vote we dig in.*
Clara: *Good decision.*
Joseph: *What about Mr ... Mr. Childress. Why isn't he here?*
Clara: *Frank is out of town again. I'm so glad I have you to talk to sometimes. Well, shall I do the honours, or shall you?*
Joseph: *I'll do it.*
Als Joseph die Weinflasche öffnen will, fasst sie an seiner Krawatte und löst den Binder.
Clara: *And do me a favour, please. Take off that appalling tie. I promise I'll buy you a replacement. One that won't ruin my sense of taste.*
Joseph: *I have ... I've got to thank you. I haven't eaten like that in a very long, long time. Your husband missed out on a very enjoyable afternoon I must say.*
Clara: *I'm not sure he would've appreciated it the way you did. Too bad this place isn't a little more comfortable.*
Joseph: *But still, the company is good.*

Bewertung Aus Josefs Gottesglauben wird hier der Glaube an die eigenen Fähigkeiten. Der Film beinhaltet ein Märchen und bestätigt die (US-)Ideologie: Mit Beharrlichkeit und mit dem Glauben an das Gute und an das Wohlwollen der Menschheit schaffst du es, so wie Josef die Hindernisse deiner Umgebung zu überwinden, auch wenn diese jetzt noch so groß sind. Die einfache Botschaft des Films lautet: »*Halte durch. Es wird wieder alles gut. Du schaffst es, wenn du nur willst!*«

---

165 Die DVD payless PEL 928 enthält nur die englische Fassung. Die Dialogtexte sind vom Autor abgehört.

DER TRÄUMER
SEASONS OF GRAY: A MODERN DAY STORY OF JOSEPH, US. 2013, R: Paul Stehlik Jr., 90 Min.,
Der Film greift als Untertitel das Bibelzitat aus Gen 50, 20 auf: »*Sie gedachten es böse zu machen, aber Gott gedachte es gut zu machen.*«
TV: 01.01.2017 Bibel TV (Erstausstrahlung)
Inhalt Der Film DER TRÄUMER will die biblische Geschichte von Josef und seinen Brüdern im Kontext des 21. Jahrhunderts aktualisieren: Brady Gray (Andrew Cheney) ist der Lieblingssohn seines Vaters. Seine Mutter starb vor fünfzehn Jahren bei der Geburt seines kleinen Bruders Logan. Nach ihrem Tod ist die Familie immer mehr auseinander gebrochen. Für den Vater ist das besonders schlimm. Er war zweimal verheiratet. Das erste Mal eher aus Pflichtgefühl. Das zweite Mal aus Liebe. Er hatte vier Söhne mit seiner ersten Frau, bevor er sie wegen Bradys Mutter verließ. In der Fremde schafft Brady einen Neuanfang. Bei einer Party zeigt Julia Tanner (April Hartman), die Frau seines neuen Chefs, sexuelles Interesse an Brady Gray (Andrew Cheney).

Die Zeit im Gefängnis hat Brady Gray geprägt und verändert. Sein Fazit lautet:

> »*Wir bilden uns gerne ein, dass wir ganz genau wissen, wie die Dinge laufen sollen. Aber das ist nicht so. Ich weiß jetzt: Ich musste diesen steinigen Weg gehen, das weiß ich inzwischen, um hier zu landen.*«

Und am Ende des Films (01:23:54–01:24:38) kann Brady bei der Familienfeier sagen:

> »*Ich konnte vergeben, weil Gott das Gleiche für mich getan hatte. Und wenn du erst einmal begriffen hast, dass dir vergeben wurde, dann kannst auch du selbst vergeben und wenn du weißt, dass du geliebt wirst, kannst du lieben. Wir lieben, weil er uns zuerst geliebt hat.*« (1 Joh 4, 19)

Abspann
»*Love is powerful. Forgiveness is possible.*«
Off: *Liebe ist mächtig. Vergebung ist möglich. Die Geschichte von Brady Gray basiert auf dem Leben von Josef, dessen eigene Geschichte als Bild für das Leben von Jesus verstanden werden kann. Die Beschäftigung mit dem Leben Jesu kann auch deiner persönlichen Geschichte eine neue Richtung geben.*

Bewertung Der Film trägt deutlich missionarische Züge: Er zeige, »*wie Gott in schweren Zeiten hinter den Kulissen am Werk ist*«.[166]

---

166 DVD Hänssler SCM.

Hiob

HIOB

D/A 1978, R u. DB: Michael Kehlmann, 248 (75/83/90) Min.

In seinem Roman »Hiob« verlegt Joseph Roth den biblischen Juden Hiob in die Zeit des 1. Weltkriegs: Der Dorfschullehrer Mendel Singer (Günter Mack) lebt als frommer Jude im russischen Teil Galiziens. Er akzeptiert das Leben und eine Reihe von Prüfungen als von Gott gegeben. Er liebt und fürchtet Gott, bis die Katastrophen ausbrechen und nicht mehr aufhören. Sein viertes Kind, sein jüngster Sohn Menuchim (Heini Ricker), kommt mit einem Hirnschaden auf die Welt. Sein Leid belastet die Familie. Mendel flüchtet ohne Menuchim nach Amerika. Dort stirbt seine Frau aus Gram. Als zwei seiner Söhne als Soldaten fallen, verflucht Mendel Gott. Nach langer Zeit kommt der früher schwerkranke Menuchim zum Vater zurück. Er ist nun Komponist.

Bewertung Regisseur Michael Kehlmann schafft mit seinem dreiteiligen Fernsehfilm eine *»vorzüglich gespielte (Fernseh-)Literaturverfilmung nach dem Roman von Joseph Roth.«*[167]

ADAMS ÄPFEL

Adams æbler DK 2005, P: R u. B: Anders Thomas Jensen, 94 Min.
Zahlreiche Auszeichnungen, u. a. Zweimal Europäischer Filmpreis 2005 und 2006

Angesprochene Themen Theodizee Frage, grenzenloser Optimismus und Vergebungsbereitschaft eines Pfarrers, offenes Pfarrhaus, Resozialisierung von Straftätern, Verdrängung von Leid.

Inhalt Anders Thomas Jensen erzählt die biblische Geschichte von Gut und Böse, vom Sündenfall mit Schlange und (Apfel-)Baum neu:

Der Film stellt den dänischen Landpfarrer Ivan (Mads Mikkelsen) vor, der in seiner Pfarroase Straffällige resozialisieren will: Den Vergewaltiger und Trinker Gunnar (Nicolas Bro), den arabischen Tankstellenräuber Khalid (Ali Karim) und den gewalttätigen Neo-Nazi Adam (Ulrich Thomsen). Dieser will den Apfelbaum vor der Kirche pflegen und aus den Früchten einen Apfelkuchen backen.

> (0:01:49) Pfarrer Ivan begrüßt Adam: *Ich hab mich echt auf dich gefreut. ... Das ist unsere kleine Kirche und das ist unser Apfelbaum. Auf den sind wir so richtig stolz. Viele Äpfel dieses Jahr. Richtig viele Äpfel. Hängt wohl mit dem warmen Sommer zusammen. Sie brauchen noch so zwei bis drei Wochen.*

Ivan glaubt nur an das Gute und leugnet die Existenz des Bösen, er will das Böse nicht anerkennen.

---

167 Filmdienst 533023/hiob.

(0:04:18) Ivan zu Adam: »*Es gibt keine schlechten Menschen. Das ist unsere Meinung. Wer nur Ausschau hält nach dem Schlechten, der findet auch was Schlechtes auf der Welt. Aber wenn man versucht, sich ein bisschen auf das Gute zu konzentrieren, wie wir es hier im Hause tun, ... dann wird die Welt ein bisschen freundlicher.*«

Ivan will in allem nur das Gute sehen und das Leben interpretiert er als Prüfung des Satans: »*Satan stellt uns auf die Probe, ob wir stark genug sind zu widerstehen.*« Seine Barmherzigkeit steigert sich zur Besessenheit. Er ist gestört. Er verdrängt die Behinderung seines Sohnes und seine eigene Krankheit und hilft der schwangeren Alkoholikerin Sarah nicht. Der Pfarrer bleibt blind, die Realität zu erkennen.

Adam hasst Ivan und unter Gewaltausbrüchen prügelt er auf ihn ein.

Nach der Lektüre des Buches Hiob will Adam den Pfarrer mit der grausamen Wirklichkeit konfrontieren. Ivan wird depressiv, zumal sein Hirntumor einen baldigen Tod vorzeichnet. Es kommt zu einem Rollentausch: Adam übernimmt die Verantwortung im Pfarrhaus. Bei einer Schlägerei mit früheren Nazi-Freunden wird Adam am Kopf schwer verletzt Adam und Ivan nähern sich an und führen gemeinsam die Männer-WG.

Interpretation Beide Figuren zeigen extreme Positionen: Der Pfarrer zeigt grenzenlosen Optimismus und extreme Vergebungsbereit, Adam setzt alles daran, den Glauben des Pfarrers zu brechen. Aber beide bedingen einander: Ivan gelangt erst durch Adams Provokationen den klaren, ungeschönten Blick zur Realität und wird befreit von seiner krankhaften Gutmütigkeit; Adam erfährt seine heilende Katharsis, als Ivan depressiv am Nullpunkt angelangt ist. Adam und Ivan sind »geheilt«. Ein Vergleich mit der biblischen Hiob-Figur liegt nahe: Zunächst verbindet beide, dass sie als fromme Männer bezeichnet werden. Das Böse bricht als Unglück in Hiobs Familie ein, ein Blitz zerstört den Apfelbaum. Sowohl Hiob als auch Ivan meiden das Böse. Beide erfahren Leid durch den Tod von Familienangehörigen. Hiob nimmt das Leid an, Ivan dagegen verdrängt es und verleugnet es. Hiob klagt sein Leid Gott vor, für Ivan liegen die Ursachen des Leids nicht bei Gott. Ivan zweifelt nicht an der Barmherzigkeit und der Güte Gottes. Hiob glaubt, Gott hätte dies Unglück verhindern können. (Vgl. Hi 3, 20–23)[168]

---

168 Entnommen aus Tiemann, Manfred: Leben nach Luther, 129 ff.

Hosea
BEDINGUNGSLOS GELIEBT:
Hosea: Die unvernünftigste Liebesgeschichte aller Zeiten
AMAZING LOVE – THE STORY OF HOSEA US. 2012, R: Kevin Downes, 80 Min.
Angesprochene Themen Hosea, Aktualisierung biblischer Geschichten, Evangelisierung.

Inhalt Der Jugendpastor Stuart (Sean Astin) fährt mit seiner Frau Beth (Erin Bethea) und einer Teenager-Gruppe für ein Gemeindefreizeit-Wochenende zum Campen in den Wald. Die fünf Teenager haben Probleme: Ein Junge spielt dauernd mit dem Gameboy. Ein anderer hat panische Angst vor Ungeziefer. Das verwöhnte Mädchen Ashley (Savannah Jayde) zickt herum.

(0:08:55) Ashley: *Ich konnt' mich nicht entscheiden.*
(0:11:34) Ashley: *Ich hab' keine Lust mich groß zu unterhalten. ... Ich find's zum Kotzen hier.*
(0:12:08) Stuart fragt abends die Gruppe: *Was ist euer Lieblingsbuch in der Bibel?*
(0:14:13) Stuart stellt seine letzte Frage: *Wenn ihr etwas an eurem Charakter verändern könntet, was wäre das?*
(0:16:15) Stuart fasst zusammen: *Es ist okay, dass wir unterschiedlich sind. Wir sollten nicht versuchen, jemand anderer zu sein, als wer wir sind. Wir alle sind von Gott einzigartig geschaffen, um einfach wir selbst zu sein! Niemand sonst! Und anstatt uns gegenseitig zu kritisieren, uns vielleicht sogar runterzuziehen, sollten wir sehen, dass wir alle etwas Besonderes sind und uns gegenseitig helfen. Nur das macht Sinn.*
(0:27:47) Beth zu ihrem Mann: *Ashley hat eine Portion uneingeschränkter Liebe nötig.*
(0: 28:03) Stuart: *Leute, heute ist unser letzter Abend hier. Ich würde ihn gerne mit einer Geschichte abschließen.*
Stuart erzählt den Jugendlichen die Geschichte des Propheten Hosea (Elijah Alexander): *Wegen dieses Mangels an Glauben bei den Leuten oben im Norden schickte ihnen Gott die Assyrer, um sie anzugreifen und zu versklaven.* Hoseas Frau Gomer (Tehmina Sunny) war ihrem Mann untreu.
Stuart: *Sie war also genau so veranlagt wie das untreue Volk im nördlichen Königreich, das tote Götzen anbetete, um Wohlstand zu finden und dabei dem lebendigen Gott untreu geworden war.*
Hosea prophezeit das Ende für das Nordreich.
Stuart: *Die Geschichte zeigt uns, wie ernst wir Gottes Wort nehmen sollten.*
Stuart vergleicht Hoseas Kauf von seiner Frau Gomer mit Christus, der den Preis für die Sünden der Menschen bezahlt und die Menschen zurückkauft.
Beth bekennt: *Stuart ist mein Hosea.*

Bewertung Die Rückgriffe auf die szenisch dargestellte biblische Hosea-Handlung werden immer wieder durch Fragen von Jugendpastor Stuart und der Teenager-Gruppe unterbrochen. Dies erscheint erzwungen. Die alttestamentliche Erzählung wird christologisch gedeutet: »*So wie Hosea seine Frau mit allem, was er hatte, zurückkaufte ohne zu zögern (...), so hat auch Jesus Christus den höchsten Preis, den ein Mensch bieten kann, gezahlt, als er sich für uns ans Kreuz nageln ließ.*« Die Charaktere wirken nicht echt, sondern aufgesetzt. Film und Beiheft mit »Material zum Weiterdenken« rufen zum Bekenntnis auf: »*Glaubst du, dass Jesus für dich alle Schuld am Kreuz bezahlt hat? Hast du*

Jesus deine Schuld bekannt? Hast du Jesus in dein Leben als Erlöser und Herr eingeladen?«

Auch der Ausgang der Filmhandlung ist vorhersehbar: Alle Beteiligten verstehen einander und haben sich lieb.

Jona
JONAS, DER IM JAHRE 2000 25 JAHRE ALT SEIN WIRD
F/CH 1976, R: Alain Tanner, 110 Min.[169]
Angesprochene Themen Jona-Figur, Aktualisierung biblischer Geschichten, Zukunft.

Inhalt Schon im Titelvorspann wird mit einem Zitat aus der biblischen Erzählung ein Bezug zur Jona-Figur erstellt:

> »Motto: Nehmt mich und werft mich ins Meer. ... Denn ich weiß, dass solch groß Ungewitter über euch kommt um meinetwillen.« (Jonas I, 12)«

In der didaktischen Komödie kennen sich Max (Jean-Luc Bideau), Mathieu, Maria (Miou-Miou) und Madeleine (Myriam Mézières) seit den Pariser Mai-Unruhen 1968. Sie leben auf einem Bauernhof. Als Madeleine schwanger wird, träumen alle davon, dass das Kind 25 Jahre später den Beginn eines besseren Zeitalters erleben wird.

Die Namen der im Film handelnden vier Männer und vier Frauen beginnen alle mit Ma. Die Personen sind geprägt vom Pariser Mai 1968. Als Einzelkämpfer wollen sie trotz der erlittenen Repressionen nicht aufgeben und rebellieren privat in ihrem Umkreis, um hier frei leben zu können. Max (Jean-Luc Bideau) war früher als politischer Journalist sehr aktiv, hatte dann als Korrektor gelangweilt Aufsätze korrigiert. Er beschafft sich über die Sekretärin Madeleine (Myriam Mézières) nähere Informationen über Bodenspekulationen und kann die Gemüsebauern Marcel (Roger Jendly) und Marguerite (Dominique Labourier) warnen. Der Lehrer Marco (Jacques Denis) kann sich bei den beiden Gemüsebauern Anschauungsmaterial für seinen Unterricht erwerben. Seine Freundin Marie (Miou-Miou) berechnet als Kassiererin in einem Supermarkt bei bedürftigen Kunden heimlich weniger. Als letztes Paar sind auf Marguerites Hof der stellungslose Setzer Mathieu (Rufus) und seine Frau Mathilde (Myriam

---

169 Vergl. Lit.: Karl Saurer, Alain Tanner (1978): Die Gegenwart mit den Augen der Zukunft sehen. In: Peter Jansen, Wolfram Schütte (Hg.): Film in der Schweiz (Reihe Hanser 265, Reihe Film 17) München/Wien: Verlag für Filmschriften.

Boyer), die in einer Apparatefabrik arbeitet. Sie lehnt sich auf ihre Weise gegen den Trend der Zeit auf. Sie freut sich über ihre Schwangerschaft und wartet auf ihr Kind. Wenn es ein Sohn ist, soll er Jonas heißen:

Auf dieses Kind übertragen sie alle ihre Hoffnungen für die Zukunft. Bei einer gemeinsamen Mahlzeit einigen sie sich darauf, dass es Jonas heißen soll:

> »*Er wird Jonas heißen. Jonas wird aus deinem Bauch kommen. Niemand kann den Walen etwas vorwerfen ...*«

Gemeinsam singen sie das Lied:

> »*Er fiel vom Schiff ins Meer – von dem schönen Narrenschiff, mit dem wir unterwegs sind-*
> *er fiel ins blaue Meer, und du, du hast ihn ganz und gar verschlungen, weil du freundlich bist;*
> *sein Leben hast du ihm gerettet, und er ist Jonas.*
> *Im Jahr 2000 ist Jonas 25 Jahr.*
> *Mit 25 Jahren wird ihn das Jahrhundert ausspucken- der Walfisch der Geschichte wird Jonas ausspucken- dann wird er 25 sein im Jahr 2000.*
> *Das ist die Zeit, die uns bleibt, um ihm zu helfen, etwas zu tun, dann kommt er vielleicht aus der Scheiße ‚raus.*«

JONAS ODER DER KÜNSTLER BEI DER ARBEIT
BRD 1970

Fernsehfilm nach der Novelle von Albert Camus, R: Stanislav Barabas, 100 Min.

Angesprochene Themen Jona-Figur, Aktualisierung biblischer Geschichten, Existentialismus, Sinn und Ziel menschlichen Lebens.

Inhalt Der Kunstmaler Gilbert Jonas (Walter Giller) ist zunächst sehr berühmt und umgeben von anderen Künstlern und Kritikern. Er sucht im Trubel vergeblich einen ruhigen Winkel in seiner Wohnung. Immer weniger bleibt ihm Zeit zum Malen. Er sieht, dass das wenige, was er malt, leerer und nichtssagender wird. Seine Frau Louise (Christa-Maria Klatt) und seine heranwachsenden Kinder unterstützen Jona nicht, seine Ruhe – äußerlich und innerlich – zu finden. Jona flieht, bleibt Tag und Nacht in Kneipen und säuft. Als ihn seine Frau zur Rede stellt, baut er sich in der Wohnung mit Brettern einen Verschlag: dort verharrt er unbeweglich im Dunkeln.

Deutung Albert Camus, Vertreter des Existentialismus, stellt die Frage nach Sinn und Ziel menschlichen Lebens. Der Mensch, der in einer ihm feindlichen Umgebung (Welt) lebt und leidet, kann den Tod nur als absolutes Ende ansehen. Sein Dasein ist absurd, und jede Hoffnung auf ein Leben nach dem Tode ist Selbstbetrug, Täuschung und deshalb radikal abzulehnen. Die Flucht aus der Wohnung (aus der Umgebung, aus der Realität) in die Kneipen, zuletzt in den Bretterverschlag (Walfischbauch) soll den Künstler davor bewahren, sich selber aufzugeben: »*Jonas horchte auf den unbekümmerten Lärm des menschlichen*

Treibens. Er kam aus so weiter Ferne, dass er der in ihm wohnenden jubelnden Kraft nichts anhaben konnte und nichts seiner Kunst ...«

Während das »man« (die Gesellschaft) über die Stellung des Künstlers innerhalb seiner Umgebung nicht sicher ist und seine Berechtigung überhaupt bezweifelt (Wortspiel: solitaire – solidaire), geht der Künstler seinen eigenen vermeintlich richtigen Weg konsequent zu Ende:

> »Er löschte die Lampe, und da, in der zurückgekehrten Dunkelheit, war das nicht sein Stern, der unverändert leuchtete? Er war es, er erkannte ihn, sein Herz war voll Dankbarkeit, und er schaute ihn noch immer an, als er lautlos zu Boden fiel ...«

Der verlorene Sohn

Abb. 59: Still aus DER VERLORENE SOHN KOMMT ZURÜCK (THE PRODIGAL RETURNS, US. 2013): Die Familie Barker beim gemeinsamen Frühstück.

DER VERLORENE SOHN KOMMT ZURÜCK
THE PRODIGAL RETURNS, US. 2013, P: Watch Tower Bible and Tract Society New York, 104 Min.
Angesprochene Themen Bibl. Gleichnisse, Religionsgemeinschaft »Zeugen Jehovas«, Wachtturm-Gesellschaft.

Kurzinhalt Das biblische Gleichnis soll aktualisiert werden: David Barker, ein Zeuge Jehovas, gerät an Freunde, deren Einstellung und Verhalten anders sind, als er von klein auf in seiner Familie gelernt hat.

Aus den ersten Szenen Barker Family Constructions

6:45 Uhr: Sohn David erhält eine SMS: *Ey mann heute is dein großer Tag! 8.45 jawa station ok?*
Der ältere Sohn James kommt in das Zimmer seines Bruders: *Endlich wach?*
David: *Wer will das wissen?*
James: *Komm, Kleiner, mach. Du musst mir schnell helfen, die Leiter aufzuladen.*
David: *Heute nicht, big brother!*
Szenenwechsel: Draußen im Hof
Der ältere Sohn James zum Vater: *Klar ist das eine Arbeit für zwei. Der zweite Mann hat es heute nicht nötig!*
Vater: *David hat heute ein Vorstellungsgespräch!*
Sohn: *Vorstellungsgespräch? Wozu das denn?*
Vater: *Er hat es uns gestern Abend erzählt.*
Szenenwechsel: Esszimmer

David: *Mam. ich muss los!*
Mutter: *Du musst doch was frühstücken!*
David: *Ne, geht nicht!*
Vater: *David, du isst nicht mit uns?*
David: *Ne, ich muss weg!*
Mutter: *Aber das Frühstück ist doch fertig!*
Vater: *Bleib doch noch, wir könnten reden.*
James: *Ja, bleib doch noch ein bisschen! Wir könnten ja mal reden! Über das Wetter, oder warum du deinem größeren Bruder nichts über deine Jobsuche erzählt hast.*
David: *Wusste gar nicht, dass ich dich fragen muss.*
James: *Du hast ganz vergessen, dass du einen Job hast: Vaters Familienbetrieb.*
David bewirbt sich als Web-Marketer. Er lernt die »Versuchungen des Stadtlebens« kennen. Er trifft sich mit Andersgläubigen nach der Arbeit und geht nicht mehr regelmäßig zu den Versammlungen in den Königreichssaal.
(0:46:46) David trifft sich mit Alan und den beiden andersgläubigen Arbeitskolleginnen.
(1:22:30) Szenenwechsel: David verlässt die Versammlung: *Es tut so gut, wieder bei Jehovas Volk zu sein.*
(1:23:00) Szenenwechsel: Im Elternhaus singen Mutter und Vater: *Jehova schenkt uns Freude, die uns stark macht! Sein Name soll geheiligt sein!*
James, der heim kommt, zu den Eltern: *Was gibt es denn zu feiern?*
Vater: *Wir dachten, wir machen was Schönes und laden Freunde ein.*
Mutter: *Wir kochen Davids Lieblingsessen. …*
James: *Ist ein Witz, oder?*
James packt seine Sachen.
Vater: *Was hast du vor?*
James: *Ich muss mal hier raus! Ich geh vielleicht zu einem Freund. … Ich kapier es nicht. Ich gebe alles für den Familienbetrieb, ich bin immer treu geblieben, ich versuche, alles richtig zu machen. Keiner singt, wenn ich heim komme. Keiner schmeißt für mich ne Party.*
Vater: *James. Wir reden einen Moment. Du hast zu uns gehalten. Du bist treu geblieben. Wir beide lieben dich dafür. Ich bin so stolz auf dich! Und du hast Recht. Dein Bruder hat viel falsch gemacht und trägt jetzt die Folgen. Aber er ist zurückgekommen!*
James: *Er verprasst das ganze Geld! … Du lässt ihn einfach wieder rein!*
(1:25:40) Szenenwechsel
Vater: *Dein Bruder war geistig tot. Aber er kam wieder zum Leben und er braucht dich jetzt mehr denn je. Kannst du nicht durchringen, ihm zu vergeben? Ihn mit offenen Armen empfangen?*
James: *Ich weiß, dass ich das tun müsste, aber ich fühl es einfach nicht! Tut mir leid!*
James nimmt seine Tasche und geht.
Szenenwechsel: Die Familie feiert ein Fest mit Freunden, nur der Platz von James bleibt leer.
James kehrt später zurück, um noch Sachen zu holen. Er stößt auf David und die Brüder sprechen sich aus.
(1:31:40) Am nächsten Morgen beim gemeinsamen Frühstück:
Vater fragt David: *Wie sieht dein Plan aus für nächste Woche?*
David: *Dienst habe ich Montag und Dienstag. Ich würde arbeiten die anderen Tage.*
Vater: *Perfekt! …*
Vater: *James, liest du uns den Tagestext vor?*
James: *Er ist aus Erster Korinther dreizehn, Vers dreizehn: Nun aber bleiben Glaube, Hoffnung, Liebe. Diese drei. Die größte aber von diesen ist die Liebe.*
Vater: *So, wir sprechen also über Liebe heute Morgen. David. Liest du den Kommentar?*
David: *Gern. Wer Jehova folgt, bestätigt sich heute Morgen, wie vorzüglich er wirklich ist, der Weg der Liebe. Die Liebe triumphiert wirklich in jeder denkbaren Situation.*

Bewertung Das biblische Gleichnis »Vom Verlorenen Sohn« (Lk 15, 11–32) wird am Anfang des Films von einem Jungen bei einer Versammlung der »Zeugen Jehovas« vorgelesen: Aus »Die Neue-Welt-Übersetzung der Heiligen Schrift (Abkürzung NWÜ; englisch: NWT New World Translation of the Holy Scriptures), die »von der Wachtturm-Gesellschaft, der gemeinnützigen Verlagsunternehmung der Religionsgemeinschaft der Zeugen Jehovas, herausgegebene Bibelübersetzung«. Das Gleichnis wird funktional gedeutet: Der »verlorene« Sohn kehrt zurück in die Familie, in die Glaubensgemeinschaft der Zeugen. Der Film zeigt unterschwellig Tendenzen, die dem Gedanken von Toleranz widersprechen: Der Film unterstellt, dass Menschen, die anders leben als die Gemeinschaft der Zeugen, nicht biblisch fundiert glauben können.

DER VERLORENE SOHN
BOY ERASED, US. 2018, R: Michael Davis, John Errington, 116 Min.
Angesprochene Themen Bibl. Gleichnisse, Homosexualität, Reparativtherapie.
   Kurzinhalt Der Film versichert, die wahre Geschichte von Garrard Conley zu erzählen:

Der Baptistenprediger und erfolgreiche Autohändler Marshall Eamons (Russell Crowe) zu seinem Sohn Jared (Lucas Hedges): *Jared. Ich wünsche, dass es dir gut geht. Ich wünsche dir ein erfülltes Leben.*
Der 19-jährige Jared wird von seinem strenggläubigen Vater zu einer »Gay Conversion Therapy« (einer sogenannten »Reparativtherapie«) geschickt. Jared hatte zuvor seinen Eltern gestanden, dass er sich zu Männern hingezogen fühlt: *Ich denke an Männer. Ich weiß nicht, wieso. Das tut mir auch leid.*
Seine Mutter Nancy (Nicole Kidman): *Dein Vater hat dich nächsten Monat für ein Programm angemeldet.*
Sein Vater befiehlt, dass er eine Reparativtherapie bei einer christlichen Organisation mache. Diese Therapie »Love in Action« soll ihn von seiner Homosexualität »heilen«. Sein Sohn sei vom rechten Pfade Gottes abgekommen. »*Willkommen beim Erneuerungsprogramm!*« Doch Jared leidet immer stärker unter der psychischen Misshandlung des radikalen Campleiters Viktor Sykes (Joel Edgerton). Dieser hat keine besonderen medizinischen Qualifikationen, sondern er benutzt ein religiös drapiertes Umerziehungsprogramm mit Drill und Unterordnung, um Homosexualität auszumerzen.
Campleiter: *Gott wird dich nicht lieben, so wie du im Augenblick bist! (…) Was du jetzt durchlebst, ist nur ein Moment*
Jared: *Ein Moment!*
Die Ärztin, die Jared untersuchen soll, zweifelt an der Therapie, die Jared nun absolvieren soll.

Bewertung Das Besondere des Films: Regisseur John Edgerton vermeidet bewusst eine Anklage oder Verurteilung der Verhaltensweise des Vaters, sondern stellt ihn als »Überzeugungstäter« dar, gefangen in den Grundsätzen der Baptistengemeinschaft. Die »Gay Conversion Therapy« wird heute noch in vielen US-Staaten aktiv betrieben, auch für Eltern, die nicht akzeptieren wollen/können, dass ihr Kind homosexuell ist.

In den Schlusstiteln steht die nüchterne Information, dass etwa 700.000 US-Jugendliche die Qualen einer solchen »Reparativtherapie« über sich ergehen lassen mussten.

Versuchungen

Abb. 60: Still aus IM AUFTRAG DES TEUFELS (THE DEVIL'S ADVOCATE, US. 1997): Auf dem Dach eines Hochhauses will John Milton (Al Pacino) den jungen Staranwalt Kevin Lomax (Keanu Reeves) in Versuchung führen, indem er ihm Reichtümer anbietet.

IM AUFTRAG DES TEUFELS
THE DEVIL'S ADVOCATE, US. 1997, R: Taylor Hackford, 138 Min.
Angesprochene Themen Versuchungsgeschichte (Matth 4, 1 ff.), Verführbarkeit, Macht, Reichtum, Ruhm.

Kurzinhalt John Milton (Al Pacino), der Teufel, führt den Protagonisten, den jungen Staranwalt Kevin Lomax (Keanu Reeves), in Versuchung, indem er anbietet, ihm seinen »schweren Sack voller Steine« abzunehmen, ihn von seinen Schuldgefühlen und seinen Sorgen über die Konsequenzen seiner Handlungen zu befreien – und so von seinem eigenen Gewissen abzulenken. Der Anwalt verfällt der Versuchung und lebt fortan »gewissenlos«. Er ruiniert sein Leben und mehr noch das seiner Frau Mary Ann (Charlize Theron) und Familie.

Interpretation Der Film erhebt den Anspruch, eine klassische Geschichte über Versuchung und Verführung, eine moderne Version von Faust, darzustellen. Die Parallelen zur biblischen Versuchungsgeschichte (Matth 4, 1 ff.) sind überdeutlich: Der Teufel führt Jesus »*auf einen sehr hohen Berg und zeigte ihm alle Reiche der Welt und Herrlichkeit ... Das alles will ich dir geben, wenn du ... mich anbetest.*« – Der Teufel führt den Anwalt auf das Dach eines Hochhauses und bietet ihm Reichtümer und Befriedigungen für das Ego an: »*Na, los! Gewinne! Achte nicht auf Gottes Worte! Achte auch nicht auf das ganze andere Zeug. Du kannst dein Ego füttern. Du kannst so viel Sex haben, wie du nur willst. Warum solltest du deswegen irgendwelche Schuldgefühle empfinden? Es gibt keine Schuld, also los jetzt, keine Hemmungen!*«

Es geht um das Menschenbild, um Gut und Böse, um die Verführbarkeit des Menschen. Bedarf es eigentlich eines Versuchers? Sind nicht die Dinge des Lebens – Macht, Reichtum, Ruhm – allein schon Versuchung genug? Welche Versuchungen begegnen uns täglich, wie »funktionieren« sie und wie kann man kritisch und selbstbewusst mit ihnen umgehen?

Abendmahl
DAS LETZTE ABENDMAHL
LA ULTIMA CENA, CU 1976, R: Tomás Gutiérrez Alea, 120 Min.
Zahlreiche Auszeichnungen
Angesprochene Themen Modernes Passionsspiel; Vereinnahmung der Religion durch die Mächtigen zur Unterdrückung des Volkes; Soziale Gerechtigkeit.
   Inhalt Ende des 18. Jahrhunderts in einer Fabrik in Havanna (Kuba). Der fromme Graf und Besitzer einer Zuckerrohrplantage gibt sich öffentlich eher liberal in christlicher Nächstenliebe, während er durch seinen Verwalter die Sklaven brutal ausbeuten lässt. Er versammelt am Gründonnerstag 12 seiner schwarzen Sklaven im Herrenhaus, die von den Aufsehern arg geschundenen waren, zu einem symbolischen Abendmahl. In seiner Ansprache will er die Sklaven davon überzeugen, wie verständnisvoll er mit ihnen ist.
   Szene: Gründonnerstag. Am Vorabend des Karfreitages zelebriert der streng katholische Zuckerrohrplantagenbesitzer mit zwölf seiner schwarzen Sklaven symbolisch das Abendmahl.
   Aus den Dialogen:

(0:30:14) Am Vorabend des Karfreitages
Graf: *Don Manuel, Ich möchte, dass Sie mir zwölf von diesen Negern auswählen.*
Don Manuel: *Wofür?*
Graf: *Tun Sie, was ich Ihnen sage.*
Don Manuel: *Ich wollte nur wissen, wonach ich auswählen soll.*
Graf: *Irgendwelche. Wählen Sie einen aus jeder Gruppe und fertig.*
Aufseher: *Du ... und Du ... zum Henker!*
Graf: *Wo ist der entlaufene Neger, der gestern eingefangen wurde?*
Aufseher: *Der ist im Bußholz.*
Graf: *Er macht die Reihe voll. Bringen Sie ihn ins Krankenzimmer, danach in die Kapelle.*
Aufseher: *Aber ... Herr Graf!*
Graf: *Tun Sie, was ich Ihnen sage.*

(0:17:30) Szenenwechsel: Zuvor hält der Pater den Sklaven eine kurze Predigt:
Was heißt »In den Himmel kommen?« Es heißt, Gott sehen, bei Gott sein, in Gottes Haus leben. Nicht in der Küche, sondern im Salon. Es heißt, an Gottes Tisch essen, mit der Heiligen Jungfrau, die unsere Mutter ist, und mit den Engeln und den Heiligen, unseren Brüdern. Das heißt in den Himmel Kommen. Dort befiehlt keiner, keiner will dem andern etwas Böses, keiner streitet, das ist meins, das ist deins. Denn dort gehört alles allen, und keinem fehlt etwas. Ist das nicht gut? Ist das nicht großartig? Wollt Ihr nicht in den Himmel? Aber um dorthin zu kommen, muss man rein sein und die Gebote einhalten. Der Sklave tut seine Pflicht, um ein guter Sklave zu sein. Er muss dem Herrn Respekt erweisen und ihm dienen, da Gott will, dass er ihm dient. Und ihn lieben, da Gott will, dass er ihn liebt, sehr liebt.

(0:20:12) Szenenwechsel. Die Abendmahlsfeier beginnt mit der Fußwaschung. Der Graf will feierlich seinen Sklaven die Füße waschen. Diese können die Situation nicht verstehen und müssen kräftig lachen, als der Graf die Füße auch küssen will.

Graf: *Lass das, mehr Wasser!*
Der Graf kann sich solchen Luxus leisten. Es ist seine Art sich zu reinigen
Graf: *All dies ist für euch (er zeigt auf den reich gedeckten Tisch). Dies ist kein Tag wie jeder andere. Dies ist ein besonderer Tag. So steht es geschrieben im Buche Gottes. An einem Tag wie heute versammelte Christus seine Freunde um sich, seine Jünger, die wie seine Sklaven waren, um Abschied von ihnen zu nehmen. Christus würde sterben.*
Ein Schwarzer: *Nein! Mein Herr kann nicht sterben. Mein Herr ist gut.*
Graf: *Ich rede von Christus. Christus ging in den Himmel. Gott, der Vater, hatte ihn gerufen. Einer musste sich opfern und für die Menschheit leiden, das Lamm sein, die Strafe Gottes auf sich nehmen, ohne sich aufzulehnen, schweigend. Einer musste bezahlen für alles Schlechte, das der Mensch tut. Also. Eßt und trinkt!*
... Von allen guten Dingen des Heiligen Geistes, die Christus seinen Feinden gewährt, ist das beste, sich selbst zu überwinden, und Qualen, Schande und Unrecht zu ertragen um Christi willen. Alle anderen guten Dinge sind Gottes, und ihm schulden wie sie. Der Schmerz ist das einzige, was wir haben, und das einzige, was wir Gott darbringen können ... mit Freuden.
Der Graf setzt sich langsam wieder hin und hat Tränen in den Augen. Die Schwarzen lachen und der Graf stimmt in das Lachen mit ein.
Ihr habt's verstanden ... Ihr habt die Moral verstanden, nicht wahr?
Schwarzer: *Mein Herr, mal sehen, ob Neger Ambrosio verstanden hat. Wenn Aufseher gibt Schläge mit Kopf nach unten, Neger muss zufrieden sein?*
Lachen der Schwarzen
Graf: *Ja genau. So ist es. Habt ihr das verstanden, könnt ihr wahrhaft glücklich sein, glücklicher als die Weissen. Hört zu: Der Neger ist von der Natur viel eher dazu geschaffen, den Schmerz mit Ergebenheit zu ertragen. Hat je ein Weißer beim Zuckerrohrschneiden gesungen? Der Neger hingegen singt immer. Denn wenn man singt, vergisst man, was man tut. Und die Seele freut sich. Weiße leiden mehr beim Zuckerrohrschneiden als Neger. Gott richtet es so ein, dass dem Neger die Fähigkeit zum Schneiden angeboren ist; er ist gleichsam in das Zuckerrohrfeld hineingeboren.*
Schwarzer: *Mein Herr, der Neger singt und schneidet Zuckerrohr, aber Singen ist ihm lieber als Zuckerrohrschneiden.*
Graf: *Ja, darum muss man ihn zwingen. Dazu ist der Aufseher da. Er hat die Aufgabe, die Tagediebe zum Arbeiten zu bringen. Viele von euch sind Tagediebe, darum bekommen sie die meisten Schläge.*
Schwarzer: *Warum muss der Neger ertragen, dass der Aufseher ihn schlägt? Warum schlägt man ihn nicht?*
Der Graf springt erregt auf und schreit: *Weil Gott es so verfügt hat. Das ist die Strafe Gottes. Gott ist barmherzig, aber er hat kein Mitleid mit dem, der ihm nicht gehorsam ist.*
Der Graf beruhigt sich und nimmt wieder Platz:
Aber Gott entschädigt auch die, die am meisten leiden und die sich opfern und die am meisten arbeiten. Für alle, die tun, was Gott befiehlt, gibt es ein Paradies im Himmel, wie früher, das der Mensch zerstört hat. Und wisst ihr was? Man brauchte nicht zu arbeiten. Hatte man Hunger, streckte man die Hand aus und nahm, was man brauchte. Keine Neger! Neger und Sklaven gab es erst später, als Gottes Strafe kam ...
Schwarzer: *Neger denkt an Paradies, dort gibt es keinen Herrn, oder?*

Bewertung Der Film attackiert mit subtiler Ironie die Vereinnahmung der Religion durch die Mächtigen zur Unterdrückung des Volkes. Dies wird besonders in den Ansprachen des Grafen und des Paters deutlich.

Passion
BREAKING THE WAVES
DK/F 1996, R: Lars von Trier, 152 Min.
Angesprochene Themen Moderne Passionsgeschichte, unterschiedliche Gottesbilder: ein strafender – ein liebender Gott, Theodizee: Fragen nach Leid und Tod, Intoleranz von Sekten und religiösen Gemeinschaften, Möglichkeiten von Emanzipation von Frauen und deren Verhinderungen durch patriarchale Strukturen in Kirche und Gesellschaft.

Inhalt Die tief religiöse junge Bess McNeill (Emily Watson), die in einer abgelegenen nordschottischen und puritanisch geprägten Gemeinde aufgewachsen ist, heiratet entgegen den Traditionen Jan Nyman (Stellan Skarsgård), der von außerhalb kommt. Bereits nach wenigen Wochen muss Jan wieder zurück auf seine Bohrinsel, um zu arbeiten. Für Bess ist diese zeitweilige Trennung eine psychische Belastung; sie bittet Gott darum, dass Jan möglichst bald zurückkommt. Bei einem Unfall auf der Bohrinsel wird Jan so schwer verletzt, dass er vom Hals abwärts gelähmt bleiben wird. Bess fühlt sich schuldig, weil sie egoistisch Gott um schnelle Rückkehr ihres Mannes bat.

Jan bittet sie, mit anderen Männern zu schlafen und ihm davon zu berichten. Bess glaubt, auf diese Weise Jan heilen zu können und willigt ein. Sie opfert sich und lässt sich mit Hafenarbeitern ein. Von zwei perversen Männern wird sie brutal misshandelt und tödlich verletzt.

Aus einzelnen Szenen

(00:00–01:40) Der Film beginnt mit einem Verhör: Bess vor dem Ältestenrat Bess: *Sein Name ist Jan.*
Der Vorsitzende des Ältestenrats: *Ich kenne ihn nicht.*
Bess: *Er ist von der Bohrinsel.*
Der Vorsitzende: *Du weißt, dass wir den Bund der Ehe mit Fremden nicht gutheißen.*
Ein anderer Ältester: *Weißt du überhaupt, was Ehe bedeutet?*
Bess: *Das ist, wenn Menschen in Gott vereint werden.*
Ältester: *Glaubst du wirklich, dass du die Kraft hast, die Verantwortung nicht nur für dich zu tragen, sondern auch für einen anderen?*
Bess: *Ich weiß, dass ich sie hab.*
Ältester: *Kannst du uns etwas nennen, das wahrhaft Wert besäße, was uns die Leute von draußen mitgebracht haben.*
Bess (lächelt): *Ihre Musik.*
Ältester: *Geh nun hinaus, Bess McNiel, und warte!*
Die Gemeindeglieder führen ein Leben in der Demut vor Gott. (03:27–05:18) Bei der Trauung spricht der Pfarrer (Jonathan Hackett) Bess an und betont den Gedanken der Opferbereitschaft: Er beginnt die Zeremonie: *Ich bitte die Gemeinde, sich für die Braut zu erheben.*
Bess betritt die Kirche und schreitet zum Altar.
Der Pfarrer predigt Gesetzestreue: *Und ich will euch sagen: Wenn auch nur eines unter diesen Geboten sei, das ihr nicht liebt, und das ihr nicht befolgt, dass ihr keinen Platz am Tisch unseres Herrn haben werdet.*

Der Pfarrer spricht einem fremden Menschen den Gottesglauben ab. Als Bess ihm von dem Streit zwischen ihr und Jan erzählt, rät er ihr, sich bei ihm zu entschuldigen.
Du hast Gott. Du hast die Kraft in dir, die dir durch dein Leben in Gott verliehen worden ist und das ist eine Kraft, die er nicht besitzt.
Der Pfarrer droht Bess, als sie in der Kirche putzt: *Du bist lange nicht hier gewesen. So kenne ich dich gar nicht. Ich muss dich warnen: Der blickt im Zorn auf jene, die ihn enttäuschen.*
(0:23:43) Rede eines Gemeindemitglieds:
Aber nun Freunde, haben sich die Dinge sehr verändert. Es schmerzt mich, das sagen zu müssen. Aber es scheinen mir welche in der Kirche zu sein, die eher bereit sind, sich an die Welt zu hängen, anstatt ihr zu entsagen. Aber jene, auf die ich damit hinweise, werden selber wissen, wovon ich spreche. Es bekümmert mein Herz und ich weiß, dass auch noch andere unter uns genauso empfinden. Amen.
Bess beim Verlassen der Kirche: *Wie albern, dass nur die Männer in der Kirche reden dürfen.*

Die Menschen in der Gemeinde glauben, dass der einzelne Mensch Sünder ist und es bleiben wird. An der Beerdigung dürfen nur Männer teilnehmen.
(0:24:22) Pfarrer: *Du bist ein Sünder und du verdienst deinen Platz in der Hölle.*
Jan kehrt zu Bess zurück. Er kann die Worte des Pfarrers nicht verstehen.
Jan: *Der Pfarrer hat gesagt, er kommt in die Hölle.*
Bess erklärt ihm: *Aber Antony kommt in die Hölle. Das wissen wir alle. Denn es gibt für uns, Sünder, die wir sind, nur einen Weg, in den Augen Gottes Vollkommenheit zu erlangen: Durch die bedingungslose Liebe zu dem Wort, das geschrieben steht, durch die bedingungslose Liebe zum Gesetz.*

(0:25:43) Der Vater von Bess spricht vor dem Essen das Tischgebet: *Herr, wir sind der Gaben unwürdig. Wir danken dir für dieses Mahl. Vergib uns unsere Sünden um Christi willen. Amen.*
Als Bess durch zwei Matrosen schwer misshandelt wird, will der Arzt Dr. Richardson sie aus der Gemeinschaft ausschließen und in die Psychiatrie einweisen. Die orthodoxe Gemeinde verweigert ihr wegen ihres sündigen Lebenswandels eine christliche Bestattung. Der Großvater von Bess kann seinen Einfluss geltend machen und im Ältestenrat die Erlaubnis für eine kirchliche Bestattung durchsetzen.

Der Ältestenrat begründet seine Entscheidung, Bess ohne Gedenkgottesdienst zu bestatten:
(2:22:25–2:23:11) *Wir haben uns damit einverstanden erklärt, sie kirchlich zu bestatten. Aber es darf für sie keinen Gedenkgottesdienst geben. Die Tatsache, dass einige von uns die Verstorbene gut kannten, darf unter gar keinen Umständen einen Einfluss auf die Form des Begräbnisses haben. Bess McNiells Beerdigung muss ebenso verlaufen, wie die eines jeden anderen ihrer Sorte. Die Behörden werden vermutlich im Laufe dieser Woche die Leiche für die Bestattung freigeben.*
Der Pfarrer draußen zu Jan: *Ich habe mir vom Ältestenrat die Erlaubnis geholt, Bess zu bestatten. Aber ich darf leider nicht von den Prinzipien abweichen, die für Beerdigungen hier Gültigkeit haben. Ich muss das über Bess sagen, was gesagt werden muss.*

Hintergrund Lars von Trier ist durch das Filmwerk von Carl Theodor Dreyer inspiriert worden.[170]

---

170 Forst, Achim (1998), Breaking the dreams – Das Kino des Lars von Trier. Marburg: Schüren, 128.

Aus einem Interview mit Regisseur Lars von Trier:

»*Ein Film muss weh tun wie ein Stein im Schuh. Es gibt doch keinen anderen Grund, ins Kino zu gehen. Wenn man was Schönes erleben will, ist Sex dazu besser. Oder Kanufahren. (…) Der Mensch ist ein krankes Tier, sagt Rousseau. Und ich bin noch nicht so größen- wahnsinnig, mich nicht als Menschen zu sehen. Aber vielleicht habe ich auch nur einen etwas altmodischen Kunstanspruch. Kunst muss zeigen, was es heißt, ein Mensch zu sein. Daran glaube ich.*«[171]

Interpretation Die junge Bess McNeill ist eine moderne Jesustransfiguration, sie durchleidet eine moderne Passionsgeschichte. Bess McNeill opfert sich aus Liebe für Jan und für Gott. In der Kirche spricht sie mit Gott: »*Ja, ich verspreche, immer ein gutes Mädchen zu sein.*« (0:36:17) Jan stiehlt mit Freunden den Leichnam für eine Seebestattung. Es ertönen die Glocken am Himmel. Die (puritanische) Kirche hat aber gar keine Glocken. In ihrer Umgebung wird Bess verhöhnt und gegeißelt, z. B. durch Steinewerfen der Kinder (2:05:07). Sie muss erkennen, dass Jan trotz ihres Opfers nicht gerettet und geheilt ist. Nach ihrem Tod im Krankenhaus wird ihr Mann Jan wie durch ein Wunder geheilt.

Das himmlische Glockengeläut ist als Bild für die Auferstehung zu sehen: Bess lebt. Die Szene erinnert an den Schluss von Goethes Faust I: Die Menschen verurteilen Gretchen »*Sie ist gerichtet!*« – Die göttliche Stimme von oben dagegen: »*Sie ist gerettet!*«

Vom Film zur Oper und zum Theaterstück 2006 wird in Philadelphia die Opernversion von Missy Mazzoli und Royce Vavrek erfolgreich uraufgeführt. Christian Lollike gestaltet 2007 am Maxim Gorki Theater Berlin eine Bühnenerstaufführung. Regisseur Jan Jochymski inszeniert 2008 am Theater in Magdeburg das Thema.

In seinem Stationen-Drama KREUZWEG (D 2014) verwendet Dietrich Brüggemann 14 Zwischentitel aus der Passion Jesu, um den Passionsweg der 14-jährigen Maria (Lea van Acken) aufzuzeigen: Sie leidet unter der streng katholischen Erziehung von Pater Weber (Florian Stetter) aus der Priesterbruderschaft Sankt Paulus und ihrer rigiden Mutter (Franziska Weisz). Das Filmplakat Kreuzweg zeigt das Mädchen Maria mit Dornenkrone.

Unterricht zur Vorbereitung auf die Firmung
Pater Weber: *Aber was bedeutet das für euch. Wenn wir jetzt hier durch die Tür hinausgehen, dann sehen wir Menschen, Autos, Häuser. Keine Feinde und keine Armee und wer denkt, wie soll ich denn Soldat sein? Wo ist die Schlacht, in die ich ziehen soll? Na wo ist sie denn die Schlacht?*
Schüler: *In der Schule.*
Pater Weber: *In der Schule ja, aber wo noch?*

---

171 von Trier, Lars (2003): Der Mensch ist ein krankes Tier. Theaterregisseur Stefan Bachmann spricht mit Lars von Trier. FAZ vom 19.10.2003 (stark gekürzt).

Schüler: *Vor dem Fernseher.*
Pater Weber: *Vor dem Fernsehapparat auch.*
Schüler: *Überall.*
Pater Weber: *Überall auch, aber auch an einem ganz bestimmten Ort.*
Schüler: *In unserem Herzen.*
Pater Weber: *Ja genau in unseren Herzen tobt eine Schlacht zwischen Gut und Böse. (...) Jeder Rosenkranz, den wir beten, stärkt unsere Kampfkraft.*

Bemerkenswert ist Brüggemanns Namensgebung seiner Figuren: Maria Göttler mit ihren Geschwistern Thomas (Georg Wesch), Katharina (Chiara Palmeri) und dem vierjährigen Johannes (Linus Fluhr), das französische Au-pair-Mädchen Bernadette (Lucie Aron), Marias Mitschüler Christian (Moritz Knapp), der Bestatter Feuerbach (Hanns Zischler).

2.19 Jesus-Christus-Filme ohne Jesus

Hierzu sind Filme gemeint, die nicht einmal eine Transfiguration, nicht einmal ein »Jesus inkognito« anbieten, sondern die die Profanisierung soweit ziehen, dass Jesus in der Filmhandlung gar nicht erscheint, z.B.

DAS LEBEN JESU
LA VIE DE JESUS, F 1997, R: Bruno Dumont, 93 Min.
Angesprochene Themen Arbeitslose Jugendliche, Gewalt, Sex, Rassismus, Ernest Renan

Inhalt Der junge arbeitslose Epileptiker Freddy (David Douche) lebt mit seiner Mutter (Geneviève Cottreel) in einer Kleinstadt nahe der nordfranzösischen Stadt Callais. Um der Langeweile zu entfliehen, verbringt er aus Frustration seine Tage mit den anderen jungen Leuten des Dorfes. Die arbeitslosen Jugendliche Freddy, Gégé (Sébastien Delbaere), Quinquin (Sébastien Bailleul), Michou (Samuel Boidin) und Robert (Steve Smagghe) vertreiben sich die Zeit mit Mopedfahren und Mutproben. Freddy trifft sich auch mit Marie (Marjorie Cottreel), der Kassiererin des Supermarktes, um mit ihr Sex zu haben. Als Marie sich dem Nordafrikaner Kader (Kader Chaatouf) annähert, verwandelt sich Freddys Frust in Gewalt. Beim sonntäglichen Frühschoppen wird Kaders Familie mit fremdenfeindlichen Sprüchen beleidigt. Freddy droht Marie, dass er nicht nur Kader sondern auch sie tötet, wenn beide auch nur im Entferntesten etwas miteinander haben. Als Marie Kader umarmt, flüstert sie ihm ins Ohr: »Pardon«. Marie ahnt, welche Folgen diese Umarmung für Kader haben wird und bittet ihn um Entschuldigung. Die Freundesclique beschließt, Kader zu »klatschen«. Nach dem Totschlag an Kader wird Freddy als Haupttäter verhaftet. Der Polizist fragt Freddy beim Verhör: »*Magst du keine Araber? Bist du ein Rassist?*«

Die Jungen besuchen den aidskranken Bruder eines Mitglieds im Krankenhaus. Sie sehen das Bild *Auferweckung des Lazarus* von Giotto di Bondone. Es hängt dort an der Wand des Krankenzimmers.
(0:07:20) Einer aus der Clique: *Hast du das Bild gesehen? Der Typ darauf wird wieder zum Leben erweckt.*
Freddy: *Halt die Klappe!*

Titel des Films Die Zuschauer, die vom Titel DAS LEBEN JESU einen Jesus-Monumentalfilm erwarteten, fühlen sich enttäuscht, da Jesus nicht im Film erscheint. Der Originaltitel LA VIE DE JESUS weist auf die Veröffentlichung des ersten Bandes des Religionswissenschaftlers und Orientalisten Ernest Renan, der im Jahr 1863 in der achtbändigen Publikationsreihe »Histoire des origines du christianisme« erscheint. Ernest Renan vertritt die These, dass kurz nach Jesu Tod seine Anhänger die Auferstehung von Jesus verkündet hätten, da diese von seiner Ausstrahlung und Predigt so überwältigt waren. Renan wird wegen Beleidigung des christlichen Glaubens seines Amtes enthoben und das Buch wird 1864 von Papst Pius IX. auf den Index gesetzt.

Bewertung Bruno Dumont stellt alle tradierten christlichen Werte auf den Kopf im Sinne einer Umwertung aller Werte (Nietzsche), als eine Art ins Negative gekehrte Jesusgeschichte: Aus Langeweile wird aus Liebe reine Triebbefriedigung (Geschlechtsakt) und sexuelle Gewalt, und aus Langeweile wird aus Nächstenliebe Hass und ein Mord an den jungen Afrikaner verübt. Das Handeln der Clique bezeugt die Sinnlosigkeit. Gott, Jesus und christliche Ethik sind abwesend. Ecce homo! Seht, so ist die Welt. Die Jugendlichen erscheinen im Film als verzweifelte Opfer einer moralisch verrohenden Gesellschaft.

Ähnlich wie Pasolini hat auch Bruno Dumont seinen Film mit Laienschauspielern besetzt, die er in den Arbeitslosenlisten im Rathaus von Bailleul vorfand. Somit bewahrt er Natürlichkeit seiner Laiendarsteller und gewinnt Authentizität.

»*Bruno Dumont entblößt einen fortschreitenden, psychischen Zerfallsprozess. Menschliche Werte lösen sich auf, bis hauptsächlich bloße Brutalität dominiert. Freddy blickt flüchtig und starr in die Welt. (...) Sein Schweigen erweckt den Anschein einer gefühlsmäßigen Tiefe, die wohl mehr innere Leere ausdrückt. Er spricht, indem er schweigt und sich verweigert. Der Verzicht auf direkte Kommunikation von Liebe, Eifersucht und Hass führt zum Tod. Der Widersacher muss sterben. Wie Jesus am Kreuz? Sofern wir vom Titel des Films her diese Analogie, ein wenig strapaziert, herbeiziehen wollen.*«[172]

---

172 Mayordomo, Moisés: Vollendete Inkarnation? Theologische Überlegungen zu Bruno Dumonts LA VIE DE JÉSUS. In: Pezzoli-Olgiati, Daria/Fritz, Natalie/Mäder, Marie-Theres/Scolari, Baldassare (HG) (2018): Leid-Bilder. Die Passionsgeschichte in der Kultur. (Religion, Film und Medien (RFM) 1). Marburg: Schüren, 370.

Der südkoreanische Filmemacher Kim Ki-duk nennt sein Filmdrama nach der gleichnamigen Marienstatue von Michelangelos »Römische Pietà«: Die Darstellung Marias mit dem Leichnam Jesu (1498–1500)
PIETA
피에타, Pieta, KR 2012, 104 Min., FSK 16
Inhalt Der 30-jährige alleinstehende brutale Schuldeneintreiber Lee Kang-do aus Seoul (Lee Jung-jin) wird durch das Treffen mit seiner angeblichen Mutter (Cho Min-soo), die er nie gekannt hat, geläutert. Der als »Teufel« verschriene Lee Kang-do arbeitet für einen Kredithai in Seoul, kennt keine Gnade, und wenn jemand nicht sofort zahlen kann, verkrüppelt er auch schon mal die Schuldner. Jang Mi-sun (Cho Min-soo), eine geheimnisvolle ältere, attraktive Frau Mitte 40, klopft an seine Wohnungstür, tritt ein und behauptet, seine Mutter zu sein. Sie habe ihn kurz nach der Geburt abgegeben. Lee Kang-do vergewaltigt sie, um ihre Glaubwürdigkeit auf die Probe zu stellen: »*Wenn du sagst, dass Du nicht meine Mutter bist, werde ich stoppen.*« Kang-do erkennt sie als seine Mutter an, die darauf bei ihm einzieht und sich um den Haushalt und Küche kümmert. Durch das Zusammenleben verändert sich Kang-do.

Regisseur Kim Ki-duk versteht seinen Film als Kapitalismuskritik. Er wolle aufzeigen,

»*wie die Finanziers der kapitalistischen Gesellschaft die Welt schlecht machen, und zwar weltweit. (…) von den Verlierern dieses Systems, den Zukurzgekommenen, die keine Lobby haben. Ich zeige die negativen Seiten des Kapitalismus und die Probleme, die das aufwirft und vor denen wir Angst haben sollten.*«[173] Kim berichtet, beim Anblick von Michelangelos »Römische Pietà« sei er bewegt gewesen und die Marienstatue habe er jahrelang in Erinnerung behalten.

»*Zeichen vom Teilen des Schmerzes der gesamten Menschheit*«. »*[…] mein Film ist durchzogen von Leitbildern wie Aufopferung, Mitleid, Erlösung, die auf den Katholizismus zurückgehen.*«[174]

Kim hat später die Filmsequenz, in der Mi-sun ihren vermeintlichen Sohn Kang-do im Stile von Michelangelos Römischer Pietà in den Armen hält, aus dem Film entfernt. Ein Still hieraus ist nur auf Filmplakaten und DVD-Cover zu sehen: Der Titel in roter Schrift und das kreuzförmige »T«.

---

173 Kim Ki-duk, zitiert nach: Zander, Peter: Ein Mutterherz kann viel verzeihen. In: Die Welt, 10. September 2012, 22.
174 Zit nach: Manin, Giuseppina: Denaro, follia, Michelangelo: la via della redenzione. In: Corriere della Sera, 5. September 2012, S. 42–43.

2.20 Biblische Filmsequenzen in Dokumentationen als mögliches Korrektiv

Ergebnisse historischer, archäologischer und theologischer Forschungen werden zu einem Portrait biblischer Personen oder Ereignisse zusammengestellt. Sie verdeutlichen, wie sehr die biblischen Texte einerseits mit der Geschichte des alten Orients verwoben sind und andererseits wie sie von diesen abweichen (vgl. Entmythologisierungstendenzen in der Genesis).

Diese (teilweise älteren) Dokumentationsfilme können ein Korrektiv zu »frommen« Bibelfilmen aus dem evangelikal-amerikanischen Lager sein.

Es sind hier nur wenige Reihen genannt, z. B.: die achtteilige Reihe DIE BIBEL UND IHRE ZEIT (GB 1977/BRD 1980; je 13–17 Min.), die 13-teilige Reihe 2000 JAHRE CHRISTENTUM (ARD-Doku 1999) u. a.

Für die vierteilige Reihe DIE BIBEL IM FILM – ALTES TESTAMENT: SCHÖPFUNG UND URVÄTER (SCHÖPFUNG ABRAHAMS, ISAAK, JAKOB und JOSEF) recherchierte ein Team von Wissenschaftlern über verschiedene Geschehnisse der Bibel. Gedreht wurde an Originalschauplätzen mit Menschen aus diesen Gegenden. Die biblischen Geschichten der Erzväter Israels sollen durch Bild und Ton (Bibeltext) lebendig werden.

Für die vierteilige BBC-Reihe JESUS: PROPHET, MESSIAS, REBELL? (deutscher Fernsehtitel: JESUS – WER WAR DIESER MANN?) diskutiert Autor Mark Tully vor Ort, z. B. in Ägypten, Israel, Indien und Rom, mit Wissenschaftlern über die Wahrscheinlichkeit alter und neuer Theorien über Jesus. Er geht der Frage nach, was an der Person Jesu so faszinierend gewesen sein mag, dass sich kurze Zeit nach seinem Tod in seinem Namen eine neue Glaubensrichtung entfaltete.[175]

1. Der Messias (Jesus in Indien, heutige Beispiele für die Vergottung von Menschen) (45 Min.)
2. Der Jude (die Lebenszeit Jesu, Jesus der Rabbi, Kreuzigung) (45 Min.)
3. Der Rebell (die Evangelien im Licht antiker Geschichtsschreiber u. i. d. modernen Forschung) (45 Min.)
4. Der Geheimnisvolle (apokryphe Schriften, Qumran, Jesus als Asket u. Mystiker) (45 Min.)

Die Film-Dokumentation DIE GROSSEN ERLÖSER – JESUS. Rebell oder Erlöser (D 2002, 45 Min.) von Jens-Peter Behrend folgt der jahrhundertelangen Erforschung des Lebens Jesu und will historische Hintergründe beleuchten.

---

175 Vgl. Begleitband zu der Reihe: Tully, Mark: Jesus, Prophet, Messias, Rebell? Begleitband zur Serie der BBC in der ARD. 1997 (Egmont VGS).

Die Dokumentation hat die Kapitel Kindheit und Jugend, Johannes der Täufer, Qumran, Wundertaten am See Genezareth, Prozess und Hinrichtung, Turiner Grabtuch, Die Auferstehung.

Aus der Reihe »Terra X«, der preisgekrönten Dokumentationsreihe des ZDF, sind zu nennen:

- BIBELRÄTSEL: 1. MYTHOS MOSES (2005): Fr 25.03.2005 ZDF (31.03.2021 ORF III)
- BIBELRÄTSEL: 2. JENSEITS VON EDEN (2005): So 27.03.2005 ZDF (15.4.2022 ORF III)
- BIBELRÄTSEL: 3. DER ZORN GOTTES (2005): Mo 28.03.2005 ZDF (15.4.2022 ORF III)
- BIBELRÄTSEL: 4. DER MANN AUS NAZARETH (2005): So 03.04.2005 ZDF
- BIBELRÄTSEL: 5. DIE KARRIERE GOTTES (2012): 25.11.2012 ZDF
- BIBELRÄTSEL: 6. DIE MACHT DER ZEHN GEBOTE (2012): So 02.12.2012 ZDF
- DIE BIBLISCHEN PLAGEN (Dreiteilig: Teil 1: DUELL AM NIL, Teil 2: FINSTERNIS ÜBER ÄGYPTEN, Teil 3: FLUCHT AUS DEM PHARAONENREICH)
- DER FALL JESUS – RÄTSEL UM DEN MANN AUS NAZARETH (DOKU Terra X – 81, 2005): Wissenschaftler fahnden nach Indizien, die Spekulation und Wahrscheinlichkeit über das Leben des Religionsstifters.

Der Filmbeitrag DAS JESUSRÄTSEL – PETRA GERSTER AUF SPURENSUCHE IM HEILIGEN LAND (ZDF 2014) gibt Antworten auf die Fragen: Wie muss man sich die Welt vorstellen, in der Jesus wirkte? Wovon lebt ein Wanderprediger? Was wissen wir über das Verhältnis Jesu zu seiner Familie? Warum folgten ihm die Jünger überhaupt?

Die Dokumentation STRAFSACHE JESUS VON NAZARETH – DER FAKTENCHECK MIT PETRA GERSTER (ZDF 2014) geht der Frage nach, wer schuld war am Tod Jesu. In einem »Faktencheck« rollt ZDF-Moderatorin Petra Gerster die »Strafsache Jesus von Nazareth« neu auf.

Auf eine besondere Dokumentation ist hinzuweisen, die Elemente aus der feministischen Theologie aufgreift:
JESUS UND DIE VERSCHWUNDENEN FRAUEN
Vergessene Säulen des Christentums (D 2013)
Inhalt Maria Blumencron will vergessene Säulen des Christentums wieder sichtbar machen, z. B. Magdalena, die wichtigste Jüngerin Jesu, wurde als Propagandafigur der katholischen Kirche missbraucht; Junia, die berühmte Apostelin der Frühkirche, wurde im Mittelalter in Bibelübersetzungen und Bibelausgaben (auch Luther) in einen Mann verwandelt; Phöbe, Vorsteherin einer frühen Christengemeinde, wurde als Hilfskraft des Apostel Paulus degradiert.
Bewertung Der Film kann Auffassungen aus dem evangelikal-pietistischen Lager mit Forschungsergebnissen aus der Theologie korrigieren, dass der Ent-

stehungszusammenhang der Paulusbriefe in den Gemeinden zu suchen ist, die ein toragemäßes Leben im Glauben an den Messias Jesus führen wollen; dass die Evangelien nicht von einer einzelnen Person verfasst wurden, sondern von einer größeren Gruppe von Menschen, die in den Schriften ihre Glaubensgeschichten unterschiedlich bezeugen.[176]

Die neue Folge aus der Reihe Terra X: »Große Mythen aufgedeckt« ist zu nennen:
NOAH UND DIE SINTFLUT – GROSSE MYTHEN AUFGEDECKT
Noah und die Sintflut (D 2020, 43 Min.), TV: 5.12.2021 (ZDF), 23.4.2022 (neo)
Die Geschichte von Noah und der Sintflut ist Teil der Schöpfungsgeschichte und gehört zu den ältesten Mythen der Welt.
Zur Thematik von Jesu Passion und Tod ist auf die Dokumentationen hinzuweisen:

DIE KREUZIGUNG. Aufgedeckt – Rätsel der Geschichte
(US. 2019, 44 Min., TV: 20.7.2021 ZDF)

DIE LETZEN STUNDEN VON JESUS VON NAZARETH
(D 2022, 45 Min.,TV: 17.4.2022 ZDF)
»Die Kreuzigung Jesu ist eines der großen Rätsel der Geschichte. Wie starb der Mann aus Nazareth wirklich? Von seiner Verhaftung bis zu seinem Tod: Das Leiden und Sterben Jesu wird in der Bibel detailliert geschildert. Doch wie viel Wahrheit steckt hinter den biblischen Szenarien?«

GESCHICHTE SCHREIBEN: DAS KRUZIFIX – EIN CHRISTLICHER TALISMAN?
(F 2020, R: Jean-Dominique Ferrucci, 45 Min., TV: 16.4.2022 ARTE)
»Wie wird aus Tod und Leiden Christi ein kollektives Symbol? Wie konnten die Christen ein Folterinstrument – das Kreuz – zu ihrem Zeichen der Gemeinschaft machen? Wir verharmlosen das Kruzifix heutzutage als alltäglichen Gegenstand, als Anhänger einer Halskette oder als Holzkreuz über dem Bett. Die Brutalität der Darstellung nehmen wir gar nicht mehr wahr. Dabei zeigt das Kruzifix einen Menschen, der qualvoll am Kreuz stirbt.«

---

176 Vgl. hierzu auch Janssen, Claudia: Paulus. Grenzgänge zwischen Traditionen und Zeiten. In: Dies./Ute Ochtendung und Beate Wehn (Hg.): GrenzgängerInnen. Unterwegs zu einer anderen biblischen Theologie. Ein feministisch-theologisches Lesebuch, Mainz; Matthias-Grünewald, 1999, 49–57; Tiemann, Manfred: Bibel Kontrovers. Frankfurt: Diesterweg, SchH., 14–23, u. LHB, 13–23.

3 Chronologische Übersicht: Die Entwicklung von Bibel-Filmen

Die kurze chronologische Übersicht über die Entwicklung von Bibel-Filmen zeigt einerseits die jeweils neuen filmtechnischen Möglichkeiten vom ersten »Kinematographen« bis zur digitalisierten Animation auf, andererseits belegt sie die Spannbreite von unterschiedlichen theologischen Hintergründen: vom frommen missionarischen Bibelfilm bis zur Provokation und Vorwürfen von Blasphemie im Skandalfilm.

3.1 Spielfilme – Monumentalfilme

Kennzeichen dieser überdimensionalen Spielfilme sind u. a. ihre epische Breite (meist bis zu drei Stunden Dauer), ihr sehr hoher Aufwand an Darstellern mit Massenszenen (oft mit 5000 Mitwirkenden), Kulissen, Kostümen. In den Jahren zwischen 1955 und 1970 überbieten sich Monumentalfilme, z. B.
- DIE ZEHN GEBOTE (THE TEN COMMANDMENTS, US. 1956, R: Cecil B. DeMille), 220 Min.,
- BEN HUR (US. 1959, R: William Wyler), 222 Min.
- SALOMON UND DIE KÖNIGIN VON SABA (SOLOMON AND SHEBA, US. 1959; R: King Vidor), 140 Min.
- BARABBAS (BARABBAS, I 1961, R: Richard Fleischer), 143 Min.
- DIE GRÖSSTE GESCHICHTE ALLER ZEITEN (THE GREATEST STORY EVER TOLD, US. 1965, R: George Stevens), 195 Min.
- DIE BIBEL (THE BIBLE: IN THE BEGINNING …, US./I 1966, R: John Huston), 190 Min.

Eine Renaissance erlebt der Monumentalfilm ab dem Jahr 2000, z. B.
- GLADIATOR (US./GB/Malta/MA 2000, R: Ridley Scott), 155 Min.

- EXODUS: GÖTTER UND KÖNIGE (EXODUS: GODS AND KINGS, US./ GB 2014, R: Ridley Scott), 150 Min.[177]

3.1.1 Die Anfänge: Der Stummfilm (1895–1929) Von Oberammergau zum Film – Vom Film zum frommen Gebrauchsbild

Im April **1840** können sich die Bewohner von Warendorf auf dem Marktplatz im Automaten-Kabinett von Rudolph Hubert die Darstellung religiöser Motive in Panoramen und Wachsfigurenausstellungen ansehen, z. B. das »heil. Abendmahl und Christi Auferstehung«.

> »In der Regel wussten die Schausteller ihr Publikum mit einer Melange aus Belehrung und Information, Spektakel und religiöser Erbauung zu bedienen.«[178]

Der Film muss als eine kollektive Erfindung gesehen werden.

> »Für die Ausbreitung des Massenmediums Film waren zwei Bereiche der Unterhaltungsbranche wichtig, die in der bildungsbürgerlich geprägten Hierarchie gewöhnlich eher in unteren Regionen angesiedelt werden: Der Jahrmarkt und – möglicherweise sogar von noch größerer Bedeutung – das Varieté. Der Zusammenhang Kino-Varieté wird bereits bei den Filmvorführungen der Gebrüder Skladanowsky im November 1895 deutlich. (...) Die Schausteller entdeckten das Kino und zogen mit ihren Apparaturen von Ort zu Ort.«[179]

1895 flimmern die ersten »Kinematographen«-Bilder öffentlich über die Leinwände:

Max und Emil Skladanowsky zeigen mit ihrem Bioskop am 1. November 1895 im Berliner Varieté Wintergarten in Berlin und Paris ihre selbst aufgenommenen Filme, die Gebrüder Auguste und L. J. Lumière zeigen 1895 mit ihrem Kinematograph aufgenommene Szenen: »Arbeiter verlassen ihre Fabrik«.

> »Mein Bruder Louis und ich hatten uns gesagt, wie interessant es doch sei, einem größeren Publikum auf einer Leinwand bewegte Objekte und Personen wirklichkeitsgetreu zu zeigen«, erinnert sich Auguste Lumière.[180]

---

177 Siehe auch: Junkelmann, Marcus (2004): Hollywoods Traum von Rom. »Gladiator« und die Tradition des Monumentalfilms. (Kulturgeschichte der Antiken Welt, Band 94). Zabern, Mainz.
178 Grabe, Wilhelm: Vergiftung des gesunden Volksgeistes? Die Anfänge des Kinos in Warendorf. In: Westfälische Zeitschrift 148, 1998, 201.
179 Grabe, Wilhelm: Vergiftung des gesunden Volksgeistes? Die Anfänge des Kinos in Warendorf. A. a. O., 201 f.
180 Zit. nach WDR Stichpunkt 13. Februar 2010 – Vor 115 Jahren: Kinematograph zum Patent angemeldet. Internet: https://www1.wdr.de/stichtag/stichtag5032.html (Zugriff 1.4.2020).

»Im Dezember 1895 führen sie im »Salon Indien« des Grand Café auf dem Pariser Boulevard des Capucines vor 33 zunehmend begeisterten Schaulustigen erstmals öffentlich ihre Filme vor. Bereits einige Tage später bilden sich Schlangen von Interessenten, die unter anderem sehen wollen, wie ein Zug aus der Leinwand auf sie zurast. Die erste Vorführung bringt den Lumières gerade einmal 35 Francs. Einige Wochen später verdienen sie schon 2.000 Francs am Tag.«[181]

Die ersten Bibelfilme vernachlässigen Themen des AT: Im Jahr **1897** wird gleich mehr als sechsmal die Passion Jesu verfilmt, zuerst von den Brüdern Basile, in gleichen Jahr von Louis Lumière mit Bildern aus 13 Szenen der Passion »Leben und die Passion Christi«.

Die ersten Stummfilme reihen einzelne Szenen aneinander, werden im Studio mit Laiendarstellern gefilmt und sind meist nur 10 bis 15 Minuten lang.

Ab 1915 wird an historischen Orten gefilmt, z. B. in Ägypten. Filme erhalten Zwischentitel, oft einzelne Bibelzitate. Biblische Texte werden als Drehbuchvorlage verwendet. Damit soll Echtheit erreicht werden. Das Publikum soll erkennen: So war es ...

Zu den beliebtesten alttestamentlichen Erzählungen gehört Simson und Delila, verfilmt von Ferdinand Zecca (F 1903), weitere Verfilmungen folgen 1908, 1922, 1927, 1949. Weitere beliebte Themen sind: »Daniel in der Löwengrube« (DANIEL; F 1905) sowie JUDIT UND HOLOFERNES (JUDIT; I 1906; das Thema wird unter dem gleichen Titel 1914, 1928 und 1960 verfilmt).

Am häufigsten wurde Jesus Christus zum Filmhelden gemacht:

Der Mann aus Nazareth war bis **2021** über 300-mal Titelheld der Filmgeschichte. Sein Leben und seine Passion stehen dabei im Vordergrund. Zählt man aber Zeichentrick-, Animationsfilme und moderne Übertragungen und Transfigurationen als »Christus inkognito« und Skandalfilme hinzu, sind es mehr als 800 Spiel- und Kurzfilme.

Die ersten Jesus-Verfilmungen zeigen nur bruchstückhafte Episoden aus Jesu Leben. Die Dauer der Filme beträgt oft nur wenige Minuten.

Der Film LA PASSION DU CHRIST (THE HORITZ PASSION PLAY; F 1897; P: Société Léar, Antelme und Pacon; B: Hermano Basile; D: Laien; R: Kirchner, genannt Lear; 5 Min.) ist die erste filmische Version der Leidensgeschichte Jesu. Der Film ist nicht mehr erhalten geblieben.

---

181 WDR Stichpunkt 13. Februar 2010.

Abb. 61: Still aus LA VIE ET LA PASSION DE JÉSUS-CHRIST (F 1897, R: George Hatot): Die zweite filmische Version des Lebens Jesu

LA VIE ET LA PASSION DE JÉSUS-CHRIST
F 1897, R: George Hatot, P: Gebrüder Auguste und Louis Lumière, 10 Min. Obwohl das Werk nur 220 Meter lang (etwa 10 Minuten) ist, zeigt die zweite filmische Version 13 Szenen des Lebens Jesu: von der Anbetung der Könige über die Flucht nach Ägypten, die Ankunft in Jerusalem bis zur Kreuzigung, zur Grablegung und zur Auferstehung. Es ist die größte Filmproduktion der Firma Lumière. Der Käufer aus Amerika will ein authentisches Passionsspiel haben. Oberammergau spielt aber nur alle zehn Jahre. Man erzählt deshalb dem Käufer, die Aufnahmen seien von einem böhmischen Passionsspiel. Die Produktion der Gebrüder Lumière wurde deshalb in dem böhmischen Dorf Horitz gedreht, wo alljährliche Passionsspiele stattfanden.

Der Anklang, den die ersten Jesus-Filme beim Publikum fanden, veranlasst nun weitere Produzenten, Jesus in der Hauptrolle des Films zu vermarkten.
Um und kurz nach der Jahrhundertwende entsteht deshalb eine Reihe von Christusfilmen.

THE HORITZ PASSION PLAY
THE PASSION PLAY, US. 1897, R: Charles Webster u. Walter W. Freeman
Der Film mit 12 Szenen wurde entweder in der Tschechischen Republik, in Palästina oder Österreich gedreht. Als die Regisseure die Rechte an dem beliebten Léar-Film nicht bekommen, drehen sie für die International Film Company. Der Film, der in USA weit verbreitet in einer Theatershow aufgenommen wird, gilt als verloren.

PASSION CHRISTI
PASSION PLAY; US. 1897/1898; P: Lubin; R: J. L. Vincent; B: Salmi Morse (deshalb auch der Titel: »The Salmi Morse version«)

Der Film wurde gedreht auf dem Dach des Grand Centralpalace in New York mit den Bühnenschauspielern Frank Russel (Christus), Frank Caylor (Judas), Richard Strong (Pilatus) in vierundzwanzig Szenen. Der Film wird für das Eden Musée in New York hergestellt und von der Firma Edison veröffentlicht. Der Film besitzt keine Untertitel, weil ein Erzähler für jede Vorstellung anwesend war.

Die beiden Alternativtitel THE ORIGINAL OBERAMMERGAU PASSION PLAY und THE MYSTERY OF THE PASSION PLAY OF OBERAMMERGAU suggerieren zwar, ein Passionsspiel in Oberammergau sei abgefilmt, doch fanden 1897/1898 keine Passionsspiele in Oberammergau statt. Diese werden nur alle 10 Jahre aufgeführt: die nächste Inszenierung war im Jahr 1900. Außerdem verweigerte die Stadt Oberammergau, die Filmrechte für Aufführungen zu vergeben. Trotzdem wird der Film mit dem Titel OBERAMMERGAU vermarktet.

1898 Eine der ältesten erhaltenen Filmszenen zeigt Papst Leo XIII., wie er mit ausgestreckten Armen Kamera und Filmteam segnet. Kirchliche Kreise reagieren allerdings keineswegs alle so positiv auf das neu erfundene Medium.

Einzelne Bischöfe warnen ablehnend in Hirtenbriefen:

> »Das schlimmste ist, dass auch diese an sich großartige Erfindung vielfach zur Schlechtigkeit missbraucht, dass die Lichtbildbühne vielfach zu einer neuen Schaubühne der Unzucht gemacht wird.«[182]

Die ersten Jesusfilme beschränken sich auf die Passion, deshalb tragen viele Filme den Titel:
PASSION: gedreht 1897, 1898, 1914 oder
PASSION PLAY: gedreht 1897, 1898 gleich zweimal, 1909, 1924, 1928, 1930.

LA VIE DU CHRIST
F 1899, P: Gaumont, R: Alice Guy-Blaché, Victorin Jasset
Hintergrund Der Film wird realisiert von einer Frau, was zur damaligen Zeit eine Besonderheit war. Alice Guy bevorzugt es, Tricktechniken von Georges Méliès zu kopieren. Das Leben Jesu wird in einer Bilderfolge präsentiert, die von Gemälden großer Meister inspiriert ist. Der Film ist ein wegweisender Beitrag zu der um die Jahrhundertwende einsetzenden filmischen Inszenierung von Passionsspielen. Alice Guy fertigt 1906 ein »Remake« von LA VIE DU CHRIST für Pathé an. Sie hat vielleicht einige Farbenszenen hinzugefügt.

---

182 Browe, Peter: Lichtspieltheater, in: Stimmen aus Maria Laach, Bd. 87, 1914, 173–18, 185.

Abb. 62: Still aus LE CHRIST MARCHANT SUR LES FLOTS (F 1899/1900). Jesus schreitet – mit Hilfe des Tricks – auf dem Wasser.

LE CHRIST MARCHANT SUR LES FLOTS
CHRIST WALKING ON WATER, F 1899/1900, P, R u. B: George Méliès
Der Film ist einer der ersten Bibel-Filme, die sich nicht auf die Passion Jesu beschränken. Das Werk verblüffte damals die Filmbesucher, weil Jesus – mit Hilfe des Tricks – auf dem Wasser schreitet. In Doppelbelichtung wird erreicht, dass man Jesus über das Wasser wandeln sieht. Wie ein U-Boot taucht der Heiland auf und schreitet über das Wasser. Georges Méliès (1861–1938) gilt als Meister der Tricktechnik. Von seinen 1200 Filmen sind etwa 100 erhalten.

1897 wird der Film Industriezweig: Die Brüder Charles und Emile Pathé gründen die Firma Pathé Cinema zur Massenproduktion eigener Filme im großen Stil.

Um **1900** wird das »Leben Jesu« zum Kassenfüller. Das Evangelium kann nun in alle Winkel der Welt verbreitet werden. Die Kirche erkennt schnell die Werbekraft des neuen Mediums und meldet Urheberrechte an. Euphorisch äußern sich die Befürworter der neuen Kunst:

> »Das Zeitalter des Films dämmert herauf. Der Film wird zum besten Lehrer und zum besten Priester. Zwei Dinge wird die Zukunft bringen: Alkoholverbot und die Cinematographie. Beide werden die Menschen zu Höherem führen.«[183]

Seit **1898** gibt es Streit zwischen Regisseuren und dem Städten Horitz und Oberammergau um die Vermarktungsrechte der Passionsspiele.

Da Hollaman die Filmrechte nicht bekommt, geht er zusammen mit dem Schauspieler Frank Russell zur Philadelphia-Premiere des Horitz-Stücks und macht sich Notizen, um einen eigenen Film vom Dach des Grand Central Palace Hotels mit den Kostümen aus dem Passionsspiel von Salmi Morse von 1880 zu drehen und diesen in New York noch vor der Horitz-Passionsspielaufführ-

---

183   Fernsehsendung: Jesus Christ Moviestar.

rung zu präsentieren. Nach Empörungen und Protesten aus Horitz behauptet Hollaman, es handle sich um eine Oberammergauer Aufführung. Später verklagte die Filmfirma Edison Hollaman, da dieser Filmequipment, das von Edison monopolisiert war, benutzt habe. Im Jahr 1990 schickt Edison ein Filmteam nach Oberammergau, um hier wenigstens ein paar wenige Szenen zu filmen, um somit den Anspruch des Filmtitels zu sichern. Das Filmteam konnte keine Szenen von der Aufführung drehen, sondern nur Außenaufnahmen. Der Film THE PASSION PLAY OF OBERAMMERGAU besteht aus 23 Szenen und beinhaltet Filmsequenzen aus früheren Filmen aus dem Jahr 1898: The Flight into Egypt, Massacre of the Innocents, Herodias pleads for John the Baptist's head, Salomes Dance Before Herod, Death of John the Baptist, Christ Blessing Little Children u. a.

Folgendes Beispiel zeigt die Auseinandersetzungen um die Rechte des Titels »Passionsspiele« bzw. »Oberammergauer Passionsspiel«. Die optische Fabrik Siegmund Lubin hatte in der Gütersloher Zeitung für ihre Produktion »Oberammergauer Passionsspiel« geworben. In einem offenen Brief stellt der Katholische Pfarrer Schröder (Pfarramt Oberammergau), der am 21. Januar 1901 u. a. in der Gütersloher Zeitung erschien, u. a. klar:

> »Das Passionskomitée hat im notariellen Vertrage mit dem sich bewerbenden Photographen cinematorische Aufnahmen als der Würde der Passionsvorstellungen widersprechend ganz ausdrücklich zurückgewiesen. – Seit mehreren Jahren wird in Deutschland und der Schweiz versucht, unsere Passionsspiele zu Reclamezwecken zu benutzen. – In Ingolstadt und in Zürich gaben sich sogar ganze Gesellschaften als »Oberammergauer« aus, um ihre Sonderzwecke zu erreichen. – Seit Oberammergau steht, ist indes noch kein Einwohner in die Fremde gezogen, um durch theatralische Verwertung unserer Passionsspiele Nutzen zu gewinnen.«

Siegmund Lubin antwortet in einem offenen Brief in Form einer Anzeige (Auszug):

> »Mein werthester Herr Pfarrer Schröder! Seit wann haben Sie denn Passions-Spiele? Wie eignen Sie sich etwas an, das Ihnen gar nicht gehört? Passion bedeutet weiter nichts als »die Leiden« und die Passionsspiele sind »Spiele, welche die Leiden (des Herrn) darstellen« Auf diese Leiden hat weder Oberammergau, der Herr Pfarrer Schröder, noch irgend eine andere Privatperson, Corporation oder Gemeinde oder wer immer es sei, ein besonderes Anrecht und Sie sind im Unrecht, wenn Sie bei der Bonner Stadtverwaltung etwas veranlasst haben, wozu Ihnen keinerlei Befugnis zusteht. Und die Bonner Stadtverwaltung wird sich wohl hüten, eine kinematographische Darstellung der »Passions-Spiele« zu hintertreiben ...«[184]

---

184 Angaben und Zitate nach einer zeitgenössischen Anzeige mit »Werberatschlag«. Abgedruckt in: film-dienst extra Nov. 1992, 57.

Bereits **1901** setzen Geistliche in Deutschland »*den Kinematographen und das photographische Lichtbild als Hilfsmittel des Unterrichts und der Seelsorge ein*«.

Die ersten Jesus-Filme adaptieren bzw. inszenieren bekannte Gemälde, sogenannte »heilige Bilder« der Kunst, z. B.

Der Film DER GALILÄER (D 1921, R: Dimitri Bowetzki) basiert auf dem Gemälde von Leonardo Da Vinci, »Das letzte Mahl« (1494 bis 1498).

Cecile B. DeMille macht für seine Kreuzweg-Inszenierung im Film KING OF KINGS (1927) eine Anleihe bei den Holzschnitten des romantischen Künstlers Gustave Doré (1866).

Der Weg von bekannten Gemälden und Kreuzwegen zum Film kann auch rückläufig werden:

Der Weg vom Stummfilm zum Einzelbild, vom »Screenshot« zum handkolorierten Andachtsbild.

Nicht nur die Passionsspiele bringen Geld ein. Gleichzeitig werden nun Stereoptikon, Slides (Nebelbilder) von den Filmstreifen verkauft, und zwar unbemalte und handkolorierte Bilder. Lichtbildserien zur Oberammergauer Passion werden in den Vereinigten Staaten bereits Ende des 19. Jahrhunderts für religiöse Veranstaltungen angeboten.

Seit **1902** verursacht die Schließung tausender katholischer Schulen in Frankreich die Auseinandersetzung mit dem Katholizismus. Gleichzeitig erfahren religiöse Mammutfilme eine starke Aufwertung.

Abb 63: Still aus LA VIE ET LA PASSION DE JESUS-CHRIST. F 1902–1905

Abb 64: Still aus LA VIE ET LA PASSION DE JESUS-CHRIST. F 1902–1905

LA VIE ET LA PASSION DE JESUS-CHRIST
THE LIFE AND PASSION OF CHRIST, F 1902–1905, P: Pathé, R: Ferdinand Zecca, Lucien Nonguet, 44 Min.

Der Film wurde deutlich von den Bibelillustrationen von Gustave Doré inspiriert. Er will eine Art »Film-Biographie« Jesu zeigen. Er beinhaltet 32 Tableaus. Zum Kauf angeboten wurde der Film entweder in einzelnen Szenen oder als Vollversion mit Zwischentiteln (Titelkarten).

Der Film zeigt wesentliche technische Erneuerungen für die Aufnahmetechnik, z. B. einzelne Szenen erhalten unterschiedlich feste Einstellungen, Szenen werden lebendiger durch Bewegungen der Kamera, einzelne Szenen erhalten eine blaue, rosa oder grüne Einfärbung oder werden handkoloriert, z. B. die Krippenszene beginnt mit einer mehrfarbigen Aufnahme des Inneren des Stalles. Die Kamera schwenkt nach rechts und zeigt in blauer Einfärbung draußen die Ankunft der drei Weisen. Die Himmelfahrtsszene erreicht eine besondere Wirkung durch Mehrfarbigkeit und Rückwärtsbewegung der Kamera.

LA VIE DU CHRIST
THE BIRTH, THE LIFE AND THE DEATH OF CHRIST,
LA NAISSANCE, LA VIE ET LA MORT DE NOTRE-SEIGNEUR JÉSUS-CHRIST, F 1906, R: Alice Guy-Blaché, 33 Min.
LA VIE DU CHRIST wird im April 1906 in Paris und anschließend mit neu übersetzten Zwischentiteln im Mai 1907 in den Vereinigten Staaten veröffentlicht. Der Film wurde später anderen Regisseuren, z. B. Victorin Jasset, zugeschrieben. Der Film beinhaltet 25 Tableaus: von der Ankunft in Bethlehem bis zur Auferstehung. Da der Film nur 25 Tableaus verwendet, müssen biblische Szenen ausgelassen werden, z. B. die Ankunft der drei Könige, die Flucht nach Ägypten u. a.

Alice Guy-Blaché hat sich nicht durch die Werke von Gustave Doré inspirieren lassen, sondern von den Bibelillustrationen von Jacques Tissot.

> »I had long wanted to make a film about the fine drama of the Passion. At the 1900 Exposition [Universelle in Paris], Tissot had published a very beautiful Bible illustrated after the sketches he had made in the Holy Land. It was ideal documentation, for decors, costumes and even local customs.«

LA VIE DU CHRIST wirkt fast wie ein Film aus »feministischer« Perspektive. (Hierzu ausführlicher siehe S. 292 f.)

Alice Guy verbindet geschickt Indoor-Tableaux vivantes mit Outdoor-Szenen.
Henry Ménessier hat die Kulissen entworfen.
Von den etwa vierhundert Filmen, die Alice Guy zwischen 1896 und 1920 für die Studios von Leon Gaumont und später für ihre eigene Firma Solax in Fort Lee (New Jersey) inszeniert, sind nur wenige bekannt. Sie zählt zu den ers-

ten Regisseurinnen/Regisseuren, die einen Film mit einer narrativen Struktur inszenieren. Ihre Schauspieler haben den narrativen Teil durch deutliche Gesten und Handlungen vermittelt.

Erst ab **1898** werden Themen aus dem Alten Testament verfilmt.
Der einminütige Film LA FUITE EN ÈGYPTE (F 1898, R: Alice Guy), produziert von Société des Etablissements L. Gaumont, stellt eine Besonderheit dar: Eine Frau führt Regie, was zur damaligen Zeit völlig ungewöhnlich ist. Alice Guy hat in etwa vierhundert weiteren Filmen Regie geführt.

Der Film SAMSON ET DELILA (F 1903, P: Pathé, R: Ferdinand Zecca; 15 Min.) beginnt mit Samsons Besuch in Gaza, Stadt der Philister. Die Philister schließen die Tore und setzen Wächter ein, um die Stadt zu verteidigen, Sie wollen Samson am nächsten Tag töten. Samson schläft bis Mitternacht. An den Toren erschlägt Samson den Wächter. Samson verliebt sich in Delila, eine verräterische Frau unter den Philistern.
 Es ist die erste Verfilmung dieses beliebten Themas um SAMSON und DELILA, die nächsten folgen 1908, 1922, 1927, 1949.

Um 1910 werden vermehrt Themen des Alten Testaments verfilmt, z. B.:
LA REINE DE SABA (F 1910/1913), LA REGINA DI NINIVE (I 1911), THE LIFE OF MOSES (US. 1910).
Die biblische Erzählung von Adam und Eva wird in den Jahren nach 1910 noch mehr als vierzigmal verfilmt. Dabei weichen viele Regisseure stark vom biblischen Thema ab.

ADAM AND EVE
England 1910, R: Phil Bruns
Der Film bietet fast eine Ein-Mann-Show des Produzenten und des Regisseurs Phil Bruns, der auch die Rolle des Adam spielt. Für damalige Verhältnisse zeigen Adam und Eva viel nackte Haut.

Die biblische Sintfluterzählung (Gen 6,9 ff.) wird bereits früh von Filmregisseuren aufgegriffen.
 Bemerkenswert ist, dass der Film eines im Abspann nicht genannten Regisseurs auf den ersten Texttafeln auf ähnliche Erzählungen anderer antiker Kulturen und auf archäologische Forschung hinweist.
THE DELUGE
US. 1911, P: Vitagraph Company of America, R: unbekannt, 16 Min.

Inhalt Der Film greift die bekannten Motive der biblischen Sintfluterzählung auf: Gott will wegen der Bosheit der Menschen die Welt zerstören. Er weist Noah an, eine Arche oder ein Boot zu bauen, in dem seine Familie Zuflucht suchen soll. (00:21–01:25) Aus den ersten Texttafeln:

> »The sacred books of India, the Brahmana and the Purana, tell of the ark, and of the pairs of animals and the seeds saved from the water. Dr. George Smith, desiphering clay tablets from the ruins of Nineveh, nearly fainted with joy when he found this inscription: »I released a dove: it flew about but finding no resting place.« Many have attempted to limit the deluge to mere local floods, but today, mythological, archaeological and geological researches tend to establish the essentials of the story as given in the Bible.«

Der französische Regisseur Henri Andréani (1877–1936) dreht zwischen 1911 und 1913 in Frankreich die Titel CAIN ET ABEL, MOÏSE SAUVÉ DES EAUX, DAVID ET SAÜL LA MORT DE SAÜL, LE SACRIFICE D'ABRAHAM, LE SACRIFICE D'ISMAEL, LA FILLE DE JEPHTÈ.

Der französische Regisseur Louis Feuillade (1873–1925), der mehr als 450 Filme (u. a. FANTÔMAS, JUDEX) herausbrachte, hat auch eine Reihe von Filmen mit biblischen Themen gedreht, die allerdings nicht alle mehr erhalten sind. Die wichtigsten Titel aus 1909–1911 sind JUDITH ET HOLOFERNES, ESTHER, L'EXODE.

Theodorus Maurita Frenkel (1871–1956) gibt 1911 und 1912 Filme mit biblischen Themen heraus: ESTHER: A BIBLICAL EPISODE, SAMSON AND DELILAH, THE FALL OF BABYLON, JUDITH (1912 und 1923).

JUDITH VON BETHULIEN
JUDITH OF BETHULIA, US. 1913, R: David Llewelyn Wark ok Griffith, 61 Min.
Inhalt Der Film greift Inhalte des 1862 veröffentlichten Theaterstücks *Judith of Bethulia* von Thomas Bailey Aldrich auf: Die biblische Geschichte von Judith (Blanche Sweet) und Holofernes (Henry B. Walthall) wird in vier verschiedenen Episoden erzählt. Die assyrischen Truppen König Nebukadnezars belagern die jüdische Stadt Bethulien und beschießen sie mit größter Heftigkeit. Die Bevölkerung erleidet Gewalt. Die Witwe Judith verführt Holofernes, den Oberbefehlshaber des assyrischen Heeres, und tötet ihn.

Hintergrund Der Film gilt als einer der ersten Monumentalfilme Hollywoods und ist zugleich D. W. Griffiths erste Großinszenierung. Der Film gilt als erster, bei dessen Vorführung ein Orchester eingesetzt war.

Ab **1910** wandeln sich die Jesus-Verfilmungen: Sie werden länger, erläuternde dialogische und monologische Zwischentitel werden eingefügt. Die Rollen werden nicht mehr vorwiegend von unbekannten Laienspielern, sondern nun mit professionellen Darstellern besetzt. Auch bemüht man sich, vor Ort an Originalschauplätzen, d. h. im Heiligen Land und in Ägypten zu drehen.

LE BAISER DE JUDAS
DER JUDASKUSS/DER KUSS DES JUDAS, F 1908/1911, R: Armand Bour, 25 Min.
Der Film ist der erste Versuch einer künstlerisch anspruchsvollen Umsetzung der Geschichte Jesu vom letzten Abendmahl bis zum Selbstmord des Judas, besetzt mit renommierten Schauspielern der Comédie Francaise.

Abendsmahlsszene: Jésus verse un peu de vin de la carafe de terre dans la coupe, et l'élevant, dit: »Ceci est mon sang«. Même jeu des apôtres. »Son sang?« Mains jointes. Et Jésus de nouveau certifie. Il boit et leur passe la coupe où, tour à tour, ils boivent.
Im Garten: La nuit tombe. Paysage de Judée, oliviers, arbustes courts, rocs, pierres en quantité, sol mouvementé. A gauche, premier plan, un grand arbre dont avancent horizontalement plusieurs maîtresses branches. Judas arrive, le premier, seul. Il guette. Presque aussitôt, de l'extrémité opposée, arrivent les princes des prêtres et une troupe d'hommes armés de bâtons, quelques soldats avec des lances (une douzaine). Ceux-ci, sur un signe des princes des prêtres, restent en arrière. Les princes des prêtres abordent Judas.
– Eh bien? – (Judas) Il va venir tout à l'heure. – Ici? – (Judas) Ici, et je vous le livrerai, vous pourrez vous en emparer. – Comment le reconnaitrons-nous? – (Judas) Je l'embrasserai sur la joue droite. – Bien.

In Amerika werden ebenfalls bereits früh Jesus-Filme gedreht.

FROM THE MANGER TO THE CROSS
JESUS OF NAZARETH, US. 1912, P: Kalem, R: Sidney Olcott, 60 Min.
Inhalt Der Film beginnt mit der Geburt Jesu zeigt die Flucht nach Ägypten (The Flight into Egypt), und Jesu Kindheit in Nazareth (Period of Youth). Es schließen sich die Wunder an (The Beginning of Miracles), z. B. die Auferweckung des Lazarus. Die Ereignisse während der letzten Woche, Kreuzigung und Auferstehung (The Crucifixion and Death) bilden den Schlussteil.

Hintergrund Es ist der erste Dokumentarfilm aus dem Heiligen Land, gedreht an Originalschauplätzen in Israel und Ägypten, versehen mit dem Segen der Kirche.

Von den Dreharbeiten berichtet der Regisseur Sidney Olcott, der schon die erste Version des »Ben-Hur«- Stoffes realisiert hatte: »*Als man dabei war, den Kindermord von Bethlehem zu drehen, kam es zu einem Zwischenfall. Plötzlich stürzte sich eine Horde Moslems mit Knüppeln auf uns. Einige erkannte ich wieder. Die hatten vorher versucht, Geld von uns zu erpressen. Erst als ich meinen Revolver zog, verschwanden sie.*«

Der englische Schauspieler Robert Henderson Bland sprach von den Schwierigkeiten, Jesus darzustellen: »*Unseren Heiland zu gestalten, ohne die heiligsten Gefühle* der Menschen zu verletzen, erforderte all meine seelische Hingabe. Mein Alltagssinnen wurde fremd und fern.«

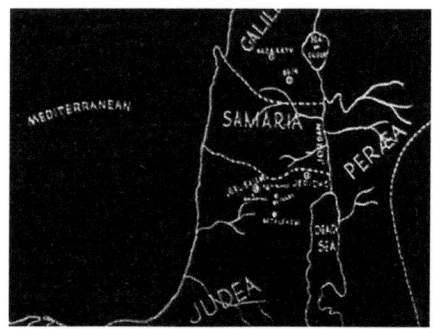 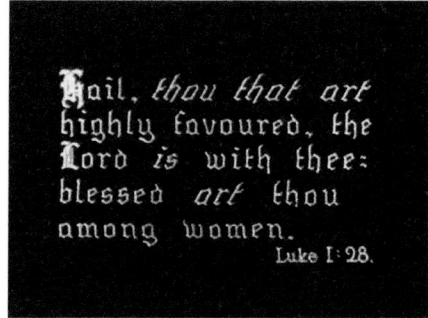

Abb. 65 u. 66: FROM THE MANGER TO THE CROSS. Damit sich der Zuschauer besser orientieren kann, wird am Anfang eine Landkarte gezeigt.
Als Belege für die »Echtheit« des Geschehens werden Bibeltexte mit Quellenangaben auf Schrifttafeln angeführt.

THE ILLUMINATION
US. 1912, R: Charles L. Gaskill, 12 Min.
Inhalt Der Film erzählt von zwei verheirateten Paaren in Jerusalem zur Zeit Jesu: ein römisches und ein jüdisches Paar. Jeweils ein Ehepartner ist angetan von der Lehre Jesu, während der andere Partner sich dieser Lehre gegenüber gleichgültig verhält. Diese Einstellung verändert sich sofort, als sie das Grab besuchen und Jesus auferstanden antreffen.
Bewertung Das Besonders des Films liegt darin, dass hier Jesus nur als Licht gezeigt wird, das sich auf den Gesichtern der Zuschauer bewegt.

THE SHADOW OF NAZARETH
US. 1913, P: J. Farrell MacDonald, R: Arthur Maude, 30 Min.
Kurzinhalt In Judith Iskariot (Konstanze Crawley), Schwester von Judas, ist nicht nur Barabbas (Arthur Maude) verliebt, sondern auch der Pharisäer Gabias und Kaiphas (Joe Harris). Es kommt zur feindschaftlichen Auseinandersetzung der drei Männer, bei der Gabias erstochen wird. Kaiphas lässt Barabbas wegen Mordes verhaften. 18 Jahre später will Kaiphas, dass Barabbas vorzeitig frei kommt. Kaiphas überredet Judith, ihren Bruder Judas dafür zu gewinnen, Jesus zu verraten. Jesus wird verurteilt.
Hintergrund Die Handlung des Films ist dem Roman »Barabbas: Ein Traum von der Tragödie der Welt« von Marie Correlli (1893) entnommen, der in 45 Sprachen übersetzt wurde.

Bewertung In diesem Film bleibt Jesus im Hintergrund, eher als Nebendarsteller.

LA VIE ET PASSION DE NOTRE SEIGNEUR JÉSUS-CHRIST
F 1913/1914, P: Pathé-Frères, R: Ferdinand Zecca
Die erste Verfilmung geschieht 1903, die zweite Verfilmung 1906–1907.

Pathé fertigt 1908 eine kürzere Version an, 990 Meter, davon 882 Meter in Farbe. Die Filmversionen sind ebenfalls in vier Teile unterteilt:

Naissance de Jésus, L'enfance de Jésus, Miracles et vie publique, Passion et mort de Jésus.

Diese vierte und letzte Neuverfilmung von 1913/1914 von DAS LEBEN UND DIE PASSION JESU CHRISTI von Pathé Freres beinhaltet einige Szenen, die vor Ort gedreht wurden. Eine Filmversion wird 1923 für das Heimkino, eine farbige Version unter dem Titel SON OF MAN 1923 veröffentlicht.

MARIA MAGDALENA
MARY MAGDALENE, US. 1914, P: Kennedy Films, R: Arthur Maude, 36 Min.
Die Filmhandlung basiert auf Maurice Maeterlincks Theaterstück (1910).

Inhalt Maria Magdalena (Constance Crawley) hat zwei Verehrer: Syrius Superbus (William Nigh) und Judas (Joe Harris). Sie trifft den Römer Canis Proculus (Arthur Maude), und die beiden verlieben sich. Während Canis Abwesenheit trifft Maria Jesus und fühlt sich von ihm angezogen. Maria wird gläubig und folgt Jesus nach Jerusalem. Judas und Syrius erfahren hiervon und schreiben einen Brief an Canis, in dem sie ihm mitteilen, dass Maria ihm untreu geworden sei. Judas schließt sich den Jüngern Jesu an, um in der Nähe von Maria zu sein. Als Canis in Jerusalem ankommt, gesteht Maria ihm, dass sie nicht eher seine Frau werden könne, bis auch er Jünger Jesu wird.

THE LAST SUPPER
US. 1914, P: American Film Manufacturing Company; R u. B: Lorimer Johnstone
Inhalt Jesus Christus (Sydney Ayres) ist als göttliche Kraft spürbar, die die Menschen dazu bewegt, sich von Ungerechtigkeiten abzuwenden und sich für Gerechtigkeit einzusetzen. Der Trinker lässt ab vom Alkohol, die Frau schickt ihren Geliebten fort und denkt an ihren abwesenden Mann.

THE BIRTH OF OUR SAVIOUR
US. 1914, P: Edison, R: Charles Brabin, 11 Min.
Inhalt Der Film beschränkt sich auf die Ereignisse der Geburt Jesu und der Flucht nach Ägypten. Der Film zeigt eine pflichttreue Maria (Gertrude McCoy).

Die Männer loben ihr tugendhaftes Leben und sprechen von ihrer Schönheit. Als sie am Brunnen ihren Wasserkrug füllen will, spricht sie ein Wanderer an. Eine Nelke wächst in seinem Munde, dass er kein Wort mehr sprechen kann. Männer versammeln sich im Tempel, jeder mit einem Stab in der Hand. Der für Maria würdigste unter ihnen sollte als Zeichen seinen Stab in eine Nelke erblühen. Eine Blume erblüht in Josephs (Carlton S. King) Stab. Er vermählt sich mit Maria. Der Engel Gabriel verkündet Maria, dass sie einen Sohn gebären wird, den Erretter zur Welt.

Bewertung Der Film zeigt viele fiktive Szenen, z. B. Als Maria und Joseph nach Ägypten fliehen, machen sie unter einer Platane Rast. Sie sind erschöpft und durstig. Ein Engel steht vor ihnen, und auf sein Wort hin sprudelt kühles Wasser aus dem Boden.

Für die englischen Jesus-Filme ist folgendes Datum wichtig:

Die britische Filmbehörde erließ bei ihrer Gründung **1913** zwei Verbote, die unbedingt einzuhalten waren: keine Szenen mit Nackten und keine Szenen mit Jesus.

Dieses Verbot besteht in England bis in die 30er Jahre, z. B. in dem Film BARABBAS (UK 1935, R: James B. Sloan) ist Jesus im Verhör mit Pilatus nicht zu sehen, nur zu hören.

Ab **1915** wird die Rolle Jesu weiter instrumentalisiert. Der Zuschauer soll z. B. in den sogenannten »Moralitäten-Stücken« zu moralischem, sittlichem und ehrenhaftem Verhalten erzogen werden, z. B. in BUSINESS IS BUSINESS (US. 1915, R: Otis Turner) verliert ein ruchloser Industrieller (Nathaniel Carl Goodwin) letztlich alles. Als er im Sterben liegt, erscheint ihm Jesus (Hobart Bosworth) beim letzten Abendmahl.

Hintergrund Die Filmhandlung basiert auf der satirisch-gesellschaftskritischen Komödie »Les affaires sont les affaires« des französischen Schriftstellers Octave Mirbeau (Comédie-Française, April 1903). Die Komödie, die in Frankreich, Deutschland und Russland einen großen Erfolg erlebt, prangert die Macht des Geldes und damit verbunden den Verlust an moralischen Werten in der Gesellschaft an.

LIGHT AT DUSK
US. 1916, P: Lubin Manufacturing Company, R: Edgar Lewis, 66 Min.
Inhalt In dem verlorenen Film soll der Zuschauer am Beispiel des Lebenslaufs eines russischen Bauern lernen: Bauer Vladimir Krestovsky (Orrin Johnson) lässt seine Frau Nataska (Maria Carr) und sein einjähriges Baby Olga zurück, macht die Reise und sichert sich Arbeit in den Stahlwerken von Pittsburgh.

Er erreicht einen sozialen Aufstieg. Er ändert seinen Namen und arbeitet nun als Herr Krest hart und rücksichtslos daran, an die Spitze zu gelangen. Bald wird er Millionär eines Stahlunternehmens und erwirbt dabei eine Trophäenfrau. Er steigt als amerikanischer Stahlkönig immer weiter auf, indem er die Arbeiter in seiner Firma brutal ausbeutet. Krest heiratet die Tochter (Sally Crute) eines der sozialen Führer des Landes. Als diese stirbt, beginnt Krest Halluzinationen zu erleben und stellt sich vor, dass Jesus Christus auf die Erde zurückgekehrt ist, um ihn für seine Selbstsucht zu ermahnen. Olga (Hedda Kuszewski) hat ihren Jugendfreund Nicholas (Robert Frazer) geheiratet. In Amerika angekommen, sichern sie sich Arbeit in einem von Krests Werken in Pittsburgh. Sie leben mit Nataska in einem elenden Mietshaus. Olga bringt ein Baby zur Welt, und sie kehrt in ihrem geschwächten Zustand zur Arbeit zurück. Der Fremde führt Krest in das Mietshaus, zeigt ihm die schlechten Lebensumstände der Menschen, die für ihn arbeiten. Der Fremde führt Krest in das Haus von Nicholas und zeigt ihm Olga und das Baby. Krest verbessert die Arbeitsbedingungen für seine unterdrückten Mitarbeiter und bittet dann um die Vergebung.

Gesellschaftspolitische Situationen nehmen bereits früh Einfluss auf Bibelfilme und bestimmen durch Zensur die Aussage.

CHRISTUS
I 1915/1917, R: Giulio Antamoro, 88 Min.
Inhalt Der Film beinhaltet eine szenische Umsetzung des Gedichts »Christus« von Fausto Salvadori (1916).
  Er hat drei Teile: »Verkündigung und Geburt Christi«, »Leben und Werk« und »Tod und Auferstehung Jesu Christi«.
  Die Zwischentitel greifen Inhalte aus allen vier Evangelien auf. In der Originalfassung wird italienisch für die narrativen Texte, lateinisch für die Zitate Jesu verwendet.
  Hintergrund Regisseur Giulio Antamoro verändert die biblischen Vorlagen, z. B. Jesus (Alberto Pasquali) kehrt als Erwachsener nach Ägypten zurück. Auch hält sich Giulio Antamoro nicht immer an die szenische biblische Abfolge, z. B. er lässt Jesu Versuchung in der Wüste bereits vor seiner Taufe geschehen. Die Auferstehungsszene wird optisch erweitert: das Licht des auferstandenen Christus erscheint in den Augen von Maria.
  Giulio Antamoro greift die Ikonographie bekannter Meister auf, z. B. vom Maler der italienischen Frührenaissance Fra Angelico »Die Verkündigung« (um 1450), von Correggio (Antonio Allegri) »Die Geburt Christi« (1512), von Phi-

lippe de Champaigne »Der gute Hirte« (ca 1650-60), von Leonardo da Vinci »Das letzte Abendmahl« (1494 bis 1497), von Enguerrand Quarton »Pietà von Villeneuve-lès-Avignon« (um 1455) und von Raffael (Raffaelo Santi) »Die Verklärung Christi« (1516-1520). Damit wird dem Film eine Art »Sakrileg« verliehen, die die Zuschauer bestaunen. Der Film soll »echt« wirken, da er eine bekannte ikonographische Tradition aufgreift.

Die Abendmahlsszene geschieht in einem Raum mit einem langen rechteckigen Tisch, der mit einem weißen Tuch und Utensilien bedeckt ist. Der Abendmahlsraum greift alle wesentlichen Einzelheiten aus der Vorlage des Freskos von Leonardo da Vinci auf, z. B. die Vorhänge an den Seitenwänden, die Türen im Hintergrund und eine Kassettendecke.

Der Zwischentitel zeigt an, dass der Tisch von Engeln gedeckt wird. Erstaunlicherweise sehen hier diese zwölf Engelgestalten wie junge Mädchen in langen weißen Gewändern aus, die dem Publikum bekannt sind als Ministranten in liturgischen Gewändern. Sie wandeln sehr feierlich auf den Tisch zu, halten Brot und einen Kelch in die Höhe und falten betend die Hände. In Kreuzform bilden die Engel eine Reihe vor dem Tisch, und eine Reihe hinter dem Tisch. Die Engel knien nieder. Jesus nimmt seinen Platz in der Mitte des Tisches ein. In liturgischer Weise und sehr feierlich gehen die Jünger zu ihren Plätzen. Einige von ihnen haben Stäbe in den Händen. Dies mag Bischöfen ähnlich. Wenn alle an ihrem Platz angelangt sind, erheben sich die Engel langsam von ihren Knien und verschwinden aus der Einstellung.[185]

Jesus bricht das Brot, reicht ein Stück seinem Jünger Petrus und legt seine Hand auf sein Haupt. Judas (Augusto Mastripietri) kommt von links dazu und steht hinter Jesus. Jesus bricht wieder ein Stück Brot ab und reicht es Judas. Judas lehnt das Brot ab, steckt es in seinen Mantel und duckt sich, um sich dem Segen Jesu zu verweigern. Jesus schaut ihm traurig zu.

Jesus gießt Wein aus einem großen Metallkrug in einen verzierten silbernen Kelch. Dies soll die Zuschauer an die Abendmahlstradition erinnern und die Gläubigen bestärken, dass die kirchliche Liturgie stimmt. Ein Zwischentitel bestätigt: »*Hic est sanguis meus. Questo é il mio sanguine. Das ist mein Blut*«. Als Jesus sich erhebt, schwebt fast unbeweglich eine große weiße Taube über dem Kelch als Zeichen des Heiligen Geistes. Während ein helles Licht Jesu Kopf erleuchtet, schleicht sich Judas im Dunkeln aus dem Raum.

---

185 Carol Anne Hebron weist zurecht darauf hin: »*females were not permitted to serve at Roman Catholic altars until 1994, early audiences would have accepted them as being angels*«. In: Judas Iscariot: Damned or Redeemed: A Critical Examination of the Portrayal of Judas in Jesus Films (1902-2014). London 2016 (Bloomsbury Academic & Professional).

Der Film wird hauptsächlich in Ägypten unter der Beratung von Kitchener gedreht. Der Film bietet zum ersten Mal Massenszenen: Es treten auf etwa zweitausend Komparsen in authentischen Kostümen, eine unbekannte Anzahl von Kamelen und zahlreiche Ziegen und Schafe.

Die italienische Zensur verbot damals im ausgebrochenen Ersten Weltkrieg **1915** den Zwischentitel mit dem Gruß Christi: »Der Friede sei mit euch.«

Abb. 67: Still aus INTOLERANCE (1916): Jesus (Howard Gaye) verwandelt Wasser in Wein (Die Hochzeit zu Kana).

Abb. 68: Still aus INTOLERANCE (1916): Die damalige Zensur wollte diese Szene verbieten, Griffith bestand aber auf der Darstellung. Rechts: Die Produzenten verfügten, dass Griffith eine Schrifttafel einfügen musste: Der Heiland sei gegen Alkohol.

Der Film INTOLERANCE (US. 1916, R: David Wark Griffith) besteht aus vier Episoden, die aber nicht in geschlossenen Kapiteln, sondern gleichsam parallel erzählt werden.
(Filmbeschreibung S. 94 f.)

THE BIRTH OF RACE
US. 1918, R: John W. Noble, 90 Min.
Inhalt Der Film will die Entwicklung der Idee der Demokratie aufzeigen:

(00:00–06:38) »Geburt der Menschheit«: Adam (Carter B. Harkness) und Eva (Doris Doscher) friedlich im Paradies,
(06:39–14:05) Noah (Charles Graham) und seine Söhne
(14:07–51:17) Mose vor dem Pharao, Plagen, Aaron, Auszug aus Ägypten
(51:20) Jesus vor Pilatus
(1:02:02) Simon von Kyrene
(1:04:10) Jesu Kreuzigung.
Im ersten Weltkrieg kämpfen zwei weiße Brüder an der Westfront: Georg Schmid für die Vereinigten Staaten, Oskar Schmid (John Reinhardt) für Deutschland.

(00:00–05:22) Aus den ersten Texttafeln:
In the beginning God created the world to be a place of Peace – such was His thought in Creation. God created heaven and earth and all that in them is ... and from the earth made He man in His own image ...
The first instinct of the first am was love and sympathy for all creatures.
And God saw that it was not good for man to be alone; and He caused a deep sleep to fall upon Adam. ... and Eve was flesh of his flesh ... and He sent them forth to have dominian over all things, and there was love in their hearts for they were of God a part.
And the sons of man multiplied and spread over the earth, and divided into groups and tribes. ...
(1:26:46) Die letzte Texttafel gilt als Mahnung, Liebe als die Essenz der Göttlichkeit zu sehen.
»*Let us hope that it means the dawn of a brighter day when the race shall be born a new, with love – not strife – for it's creed – as taught by Moses and the Man Who Died Upon the Cross.*
For Love is the essence of divinity, The world's white blossom still unspoiled and pure; The crown of human happiness and peace: The golden thread that strong as iron band Weaves in and out through all life's tangled skein; That reaches from the cradle though the grave, To end within the human heart of God From which it emanates.«

Hintergrund THE BIRTH OF RACE ist eine kritische Antwort auf THE BIRTH OF A NATION (US. 1915, R: DW Griffith): Griffiths Film als erster Blockbuster mit dem Rekordbudget von 100.000 Dollar vermittelt viele rassistische Inhalte, z. B. er porträtiert Afro-Amerikaner als Blackface, die sich dumm und sexuell aggressiv gegenüber weißen Frauen verhalten. Der Film glorifiziert den Ku-Klux-Klan und rechtfertigt Lynchmorde und andere Gewalttaten gegen Schwarze.

BLÄTTER AUS DEM BUCH SATANS
BLADE AF SATANS BOG; D 1921, P: Nordisk Films Kompagni, R: Carl Theodor Dreyer, 151 Min.
Die Filmhandlung basiert auf Marie Corellis Roman »The Sorrows of Satan« (1895).

Inhalt Gott verbannt den Satan (Helge Nissen) aus dem Himmel und schickt ihn zur Erde. Er soll Menschen in Versuchung führen, Böses zu tun. Im Jahr 30 hetzt er als Pharisäer in Jerusalem Judas (Jacob Texiere) gegen Jesus (Halvard Hoff) auf. Er tritt in dem Garten Gethesemane auf, wo er Jesus den Kuss des Verrates gibt.

Hintergrund Für die Kulissen lässt sich Dreyer inspirieren von Gemälden von Jacapo Bassano, Juan de Juanes und Andre del Sarto.

Kritik Antisemitische Tendenzen sind sichtbar, z. B. in der Abendmahlszene: Diese wird unterbrochen durch das Treffen zwischen Judas und Satan, der als Pharisäer verkleidet ist. Satan als verkleideter Pharisäer kann Judas und den Sanhedrin davon überzeugen, Jesus festzunehmen und ihn zu töten.

Ab **1920** versuchen die Filme, entweder möglichst die ganze Geschichte des Alten Testaments, eine Art »Filmbiographie« des Lebens Jesu (KÖNIG DER KÖNIGE) oder konzentriert Jesu Passion, Kreuzigung und Auferstehung (I.N.R.I) zu zeigen. Um die Attraktivität der Filme beim Zuschauer zu erhöhen, wird der Aufwand an Ausstattung erhöht.

Bei der Vielzahl der produzierten Jesus-Filme entsteht zunehmend der Eindruck, dass diese nun untereinander in Konkurrenz treten und sich gegenseitig übertrumphen wollen.

1920 erscheint in Italien die mehrteilige 123 Min. Reihe.
THE SACRED BIBLE (LA SACRA BIBBIA; I 1920; P: Vay-Film/Appia Nuova; R: Pier Antonio Gariazzo;
Der letzte Teil dieser Reihe: LA BIBBIA: THE STORY OF JOSEPH IN EGYPT (I 1920; R: Herbert M. Dawley; 9 Min.).

Bewertung Der 9-minütige Film beginnt mit Pharaos Träumen. Die Verführungsszene mit den Verleumdungen von Potifars Frau gegen Josef und Josefs Bestrafung mit Gefängnis sind ausgelassen.

Die Josefgeschichte ist so beliebt, dass sie in Italien im gleichen Jahr noch einmal verfilmt wird:
JOSEPH
I 1920, R: Romolo Bacchini
Ein Filmorchester oder eine Filmorgel spielte hierzu die Komposition von Pater Giocondo Fino.

Abb. 69–71: Still aus DER GALILÄER (D 1921). Jesus (Adolf Faßnacht) wird gefangengenommen, gegeißelt und gekreuzigt. Durch Viragierung des Filmmaterials wird die Farbe Blau für Szenen Außen und nachts, die Farbe Sepia für Innen und nachts eingesetzt. Die Kreuzigung Jesu ist eingetaucht in helles grelles Gelb.

DER GALILÄER
D 1921, R: Dimitri Bowetzki; 45 Min, auf 43 Min. durch Zensur.
Freilichtbühne von dem Exilrussen Dimitri Bowetzki (1885–1932) in Anlehnung an Oberammergau gedreht. Ca 3000 Komparsen wirkten mit. Die ursprünglich etwa fünfeinhalbstündige Bühnenfassung wurde auf ca. 60 Min. reduziert. Insofern handelt es sich nicht um die Abfilmung eines Passionsspiels.

Inhalt Der Film hat vier Teile:
(00:00) Vorspann
(00:51) Teil 1: Einzug in Jerusalem: Aufregung in Jerusalem über das Kommen Jesu, Der Markt im Tempel, Der Einzug, Der Tempelprotest Jesu, Der Abschied (von Bethanien)
(08.24) Teil 2: Das Abendmahl, Entlohnung des Judas im hohepriesterlichen Palast, Ansage des Verräters, Todesbeschluss durch den Hohepriester, Aufbruch des Verhaftungskommandos
(17:24) Teil 3: Im Garten Gethsemane: Prozessvorbereitungen im Hohen Rat, Judas irrt durchs Gebirge, Prozess Jesu vor dem Hohen Rat
(25:31) Teil 4: Jesus ist zum Tod verurteilt. Der Hohe Rat berät, Judas in den Straßen Jerusalems, Judas bittet vergeblich den Hohen Rat um die Freigabe Jesu, Der Hohe Rat mit Jesus bei Pilatus, Verspottung Jesu durch die Soldaten, Judas irrt im Gebirge umher, Abweisung von Maria und Magdalena vor dem Gefängnishof, Aufwiegelung des Volkes durch die Priester, Prozessbeginn vor Pilatus

Ecce Homo, Barabbas in seiner Zelle, Die Frauen und Johannes in Bethanien, Volksentscheid vor Pilatus, Verurteilung zum Tode, Der Kreuzweg nach Golgatha, Kreuzigung und Tod Jesu

Der Auferstandene (im Gegenlicht).

Interpretationsansätze Der Film wertet die Rolle des Judas zu einer fast gleichwertigen Handlung zu Jesus auf. Veränderungen zur biblischen Vorlage sind zu finden, z. B.: Judas hat sich bereits beim Einzug Jesu in Jerusalem von den Jüngern abgesetzt, bei der Einsetzung des Abendmahls ist Judas nicht anwesend. Jesus, mit schulterlangen, blonden, in der Mitte gescheitelte Locken und Vollbart, offenbart sich nicht in Wort, sondern in Wundern. Der Film greift die gängigen Klischeebilder der Jesusdarstellungen des 19. Jahrhunderts auf. Maria erscheint als Heilige, ganz in Weiß gekleidet.

THE QUEEN OF SHEBA
US. 1921, P: Fox; R: J. Gordon Edwards
In dem als verschollen geltenden exotischen Film spielt der damalige Leinwand-Star Betty Blythe leichtbekleidet die »Queen of Sheba«. Im Mai 2011 wurde nur ein 17-Sek.-Fragment gefunden.

SODOM UND GOMORRHA
SODOM; AT: SODOM UND GOMORRHA – DIE LEGENDE VON SÜNDE UND STRAFE, A 1922, R: Michael Kértèsz (Michael Curtiz), 180 Min./95 Min. (rekonstruierte Fassung); Kinostart 13.10.1922 (Wien).

Inhalt Die Geschichte vom Untergang der Stadt Sodom im Schwefel- und Feuerregen steht am Ende des Stummfilms.

Hintergrund Der Film ist die größte und teuerste Filmproduktion der österreichischen Filmgeschichte. Der Film musste am Wiener Laaer Berg gedreht werden, da die gigantischen Kulissen mit dem Tempelbau viel zu groß für die Filmstudios der Produktionsfirma Sascha-Film waren. Alle bisherigen Bibel-Monumentalfilme sollten überboten werden. Der Tempel, der von drei Architekten entworfen wurde, sollte am Ende der Filmhandlung zusammenfallen. Bei der Verfilmung wirkten zwischen 3.000 und 14.000 Darsteller, Komparsen und Mitarbeiter mit. Bei den Dreharbeiten gab es Tote und Verletzte.

Kritik Die Wiener Arbeiter-Zeitung schreibt nach der Aufführung:

> *In dem Vorspiel zu dem neuen Filmwerk der Sascha-Filmgesellschaft »Sodom und Gomorrha, die Legende von Sünde und Strafe« wird geschildert, wie ein kapitalistisches Konsortium ohne Rücksicht darauf, daß dabei schon Hunderte von Menschenleben zugrunde gegangen sind, Sprengungen fortsetzen läßt, um auf vermutete Erzadern zu stoßen. Dann wird gezeigt, wie dieser sich gegen den Geist des Christentums versündigende Uebermut des Kapitalismus den Krieg und den Bolschewismus als Strafe nach sich gezogen hat. (…) Die Strafe für die Sünde des kapitalistischen Übermuts erfolgt nämlich nur im Traum – Träume sind Schäume! (…) Arbeiter können daher an diesem Film keinen rechten Geschmack finden.*[186]

Weitere Stummfilme mit alttestamentlichen Themen, die in den 20er Jahren entstanden sind:
1922 wird gleich zweimal das Thema »Simson und Delila« verfilmt:
SAMSON AND DELILAH
England 1922; P: Master Films; R: H. B. Parkinson/Edwin J. Collins; D: Valia (Delila), W. D. Waxman (Simson), 15 Min.
Der Film, der 1927 erneuert wurde, zeigt Filmaufnahmen einer Opernaufführung.

SIMSON UND DELILA
SAMSON AND DELILAH; A 1922; P: Corda-Film/Vita-Film; R: Alexander Korda, 100 Min.
Inhalt Die Handlung spielt auf zwei Ebenen: Beginnend mit der aktuellen Zeit und hierin eingebettet die biblische Zeit, die Geschichte von Samson (Alfredo Boccolini) und Delila (María Corda).

---

186 Wiener Arbeiter-Zeitung Nr. 268 vom Samstag, 7. Oktober 1922, 7. Österreichische Nationalbibliothek. ANNO. Historische österreichische Zeitungen und Zeitschriften.

In Untertiteln wird Delila charakterisiert: »*Wollüstig und tot jeder Liebe, außer der gemeinen, schloss sie sich selbst aus, von allem, was gut war auf Erden.*« (0:07:02). »*Und ihre Seele war schwärzer als die Nacht Ägyptens.*« (0:7:23).
Der Film möchte die Aktualität der biblischen Legende herausstellen.
Weitere Verfilmungen folgen:
- SAMSON AND DELILAH (US. 1949; Regie: Cecil B. DeMille),
- SAMSON AND DELILAH (US. 1984; Regie: Lee Philips).

DIE SKLAVENKÖNIGIN
A 1924, P u. R: Michael Curtiz, 103 Min.
Inhalt Die Israeliten sind in ägyptischer Sklaverei. Das jüdische Sklavenmädchen Merapi (María Corda) verliebt sich in Prinz Seti (Adelqui Migliar), den Sohn des Pharao Menapta (Adolf Weisse). Mose (Hans Marr) kann die Israeliten aus Ägypten und ins Gelobte Land führen.
Hintergrund Gedreht wurde in Wien mit rund 5000 Statisten. Große Beachtung fand damals die Darstellung der Teilung des Roten Meeres, die durch Tricktechnik entstand.

I.N.R.I.
EIN FILM DER MENSCHLICHKEIT, D 1923/1924, P: Neumann; R: Robert Wiene, nach einem Roman von Peter Rosegger, 138 Min.
Inhalt Es geht um die Geschichte eines Attentäters, der durch die Betrachtung des Leidens Christi geläutert wird.
Bemerkung Der Stil des Films war deutlich angelegt auf das dekorative Arrangement, das sich an bekannten Darstellungen aus der bildenden Kunst orientierte, und auf diese Wirkung monumentaler Massenszenen, z. B. bei der Bergpredigt und beim Einzug in Jerusalem.

BEN HUR
US. 1924/1925 (als Fertigstellung wird auch 1926 angegeben), R: Fred Niblo, B: Carey Wilson, Bess Meredith, June Mathis, nach dem gleichnamigen Roman von Lewis Wallace;
Inhalt Durch Verrat gerät der jüdische Prinz Ben Hur als Sträfling auf eine Galeere. Als er einem römischen Tribun das Leben rettet, wird er von diesem adoptiert.
Messala (Francis X. Bushman), ein junger römischer Offizier, lässt seinen früheren Freund Ben Hur (Ramon Novarro) als Attentäter verhaften und zu lebenslangem Galeerendienst verurteilen. Doch Ben Hur ist unschuldig. Jahre später erhält er Gelegenheit zur Rache: in einem mörderischen Wagenrennen.

Zwischentitel aus den Anfangsszenen:

Das heidnische Rom stand im Zenit seiner Macht. Die Erde erbebte unter dem Marschtritt seiner grausamen Legionen, und die geknechteten Völker flehten zu Gott – um seinen Erlöser.
Israels einstiger Glanz lag zertreten in Judäas Staub. Und das Goldene Jerusalem, unterworfen und versklavt, weinte im Schatten seiner Mauern. Es war der vierundzwanzigste Tag im Dezember –
Ein unendlicher Strom von Reisenden bewegte sich durch das Große Joppe Tor. Syrer, Griechen, Ägypter, Juden – alle auf dem Weg in ihre Heimat. Denn Rom hatte bestimmt, dass alle Welt zu schätzen sei – und ein jeder musste sich einfinden in der Stadt seiner Geburt, damit er gezählt werde.
Werden die Frauen wohl jemals aufhören, sich die Gesichter anmalen?
Zwei erschöpfte Reisende, die noch vor Einbruch der Nacht Bethlehem erreichen wollen –
Bist Du nicht Joseph, aus Nazareth?
Das ist Maria.
Tief im Süden – drei weise Männer, unbeirrbar auf einer wundersamen frommen Suche.
Und als es Abend wurde, kamen Maria und Joseph nach Bethlehem – doch es fand sich kein Platz für sie in der Herberge.

Entstehung Die Dreharbeiten zu diesem ersten Monumentalfilm Hollywoods dauerten mehr als drei Jahre. Die damaligen hohen Kosten von 6,2 Mill. Dollar (15-mal mehr als sonst seinerzeit üblich) konnten zwar nicht eingespielt werden, doch der Prestige-Gewinn für die Produktionsfirma MGM war gewaltig. Bei fast 3-jähriger Drehzeit wurde dies zum teuersten Film aller Zeiten: 15-mal mehr als seinerzeit üblich. 800 Bühnenarbeiter, 12000 Statisten wirkten mit. Insgesamt wurden 125000 Mitwirkende für den Film benötigt. Das Wagenrennen wurde mit 42 Kameras gefilmt. Hierzu benötigte man 30 Regisseure, die die 12000 Statisten dirigierten.

Dieser Monumentalfilm, der in Italien und Kalifornien gedreht wurde, war einer der ersten der Filmgeschichte, der Farbsequenzen enthielt. Er betont Aktionsszenen, z. B. Seeschlacht und Wagenrennen.

Bemerkenswert Jesus ist nie ganz zu sehen, sondern hauptsächlich durch seine Hände repräsentiert. Der religiöse Hauptgehalt des Films liegt in dem Satz: »Selig, die Verfolgung leiden!«

Der gleichnamige Roman von Lewis Wallace war/ist beim Publikum so beliebt, dass er noch mehrfach verfilmt wurde: BEN HUR (US. 1959, R: William Wyler mit Charlton Heston), BEN HUR (US. 2016, R: Timur Bekmambetow).

THE TEN COMMANDMENTS
DIE ZEHN GEBOTE, US. 1925, R: Cecil DeMille, 136 Min.
Inhalt. Die Knechtschaft der Kinder Israels und ihr Auszug aus Ägypten. Als Mose (Theodore Roberts) das goldene Kalb zerstört, blendet der Film in die Gegenwart über. DeMille nennt sein Opus »ein zeitgenössischer Film mit einem Biblischen Prolog«. Der Prolog zeigt »gemäß dem Buch Exodus« die Befreiung der Hebräer aus Ägypten unter der Führung von Mose, ihren Zug durch die

Wüste zum Sinai und die Übergabe der Gebote. Die zeitgenössische Geschichte stellt das Leben zweier Brüder dar, von denen der eine die Gebote einhält, während der andere sie bricht und deshalb scheitert.

Hintergrund Der Film ist aufgrund eines Ideenwettbewerbs in der »Los Angeles Times« zustande gekommen Der Film kostete damals 1.475836 Dollar und brachte etwa das Vierfache ein. Er bietet raffinierte Trickfilmaufnahmen, z. B. vom Zug der Juden durchs Rote Meer, und einige Farbszenen. Es entstand ein insgesamt aufwendiges, sentimentales Spektakel.

1952 beginnt DeMille mit den Planungen der Neuverfilmung von DIE ZEHN GEBOTE.

(Filmbeschreibung S. 20, 200)

KÖNIG DER KÖNIGE
THE KING OF KINGS; US. 1926/1927, R: Cecil B. DeMille, 154 Min.
Inhalt Der Film beschränkt sich auf die drei Jahre des öffentlichen Wirkens Jesu. Gezeigt wird ein aufwendiger Bilderbogen mit Massenaufgebot von Komparsen. Die Gestalt der Maria Magdalena (Jacqueline Logan) wird aufgewertet. Ihr Salon wird drastisch dargestellt in Hollywood Manier: dort wimmelt es von Zebras und Reitern.

Hintergrund Cecil B. DeMille ließ das Filmteam am Morgen eines jeden Drehtages zur Messfeier bestellen und sein Filmwerk durch Einbeziehung von theologischen Beratern aus verschiedenen Religionsgemeinschaften absichern. Er wurde zum teuersten Stummfilm aller Zeiten ohne jeden historischen Anspruch.

Die Filmsequenz »Turmbau zu Babel« in METROPOLIS (D 1925; R: Fritz Lang) löst heftige Kritik aus: In der gigantischen Stadt Metropolis leben zwei voneinander klar getrennte Gesellschaften: Eine Oberschicht in absolutem Luxus – die Arbeiterklasse, die an riesigen Maschinen für den Gewinn der Reichen schuftet. Maria predigt vom Scheitern des Turmbaus zu Babel: Die Arbeiter hätten die Bedeutung des Projekts nicht verstanden, die Bauherren andererseits die Bedürfnisse der Arbeiter nicht erkannt, weil zwischen ihnen ein »Mittler« gefehlt habe. Die baldige Ankunft eines solchen Mittlers, der Hirn (die Führungsschicht) und Hände (die Arbeiterschaft) verbinde, stellt sie in Aussicht. Nach der Predigt offenbart Freder sich Maria, und sie erkennt ihn als den lang erwarteten Mittler. Die Parabel vom Turmbau zu Babel wird abgeändert: Im Film sprechen Planer und Arbeiter dieselbe Sprache, verstehen einander aber dennoch nicht. Deshalb kommt es zur Revolte der Arbeiter und das Projekt scheitert. Die Handlung übt Kritik an der Revolution, welche die Lebensgrundlage der unteren Klasse vernichtet.).

ARCHE NOAH
NOAH'S ARK, US. 1928/1958, R: Michael Curtiz; B: Anthony Coldeway; S/W, 69 Min.
Als Stummfilm begonnen, wurde dieser kuriose Versuch später zum Tonfilm frisiert. Die biblische Geschichte wird mit einer Spielhandlung aus der Zeit des Ersten Weltkriegs verzahnt, alle Schauspieler sind in Doppelrollen zu sehen. Die Aussage des Films: »*Zu Noahs Zeit sandte der Herr in seinem Zorn die Flut – uns schickte er zur Strafe den Ersten Weltkrieg.*«.

Immer hat die katholische Kirche versucht, die Rollengestaltung der Jesus-Filme mitzubestimmen. Sie sah sich im Besitz eines sogenannten Urheberrechts, das sie vehement vertrat. An diesem Punkt gab es in der Filmgeschichte immer wieder Streit mit den Filmleuten. Die Kirche meinte, nur sie habe die alleinigen Vermarktungsrechte Jesu. Bereits Stummfilme haben Legendenbildungen um biblische Personen aufgegriffen. Mehr als 100 Filme nach Motiven der Bibel sind aus der Zeit von 1897 bis 1929/1930 bekannt: 34 behandeln Themen aus dem Alten Testament, 66 aus dem Neuen Testament.

3.1.2 Die 30er Jahre und der Aufschwung des Tonfilms (1930–1952)

Anfang der 30er Jahre setzt sich der Tonfilm weiter durch. Die Realitätstreue kann intensiviert werden durch Geräusche und unterlegte Musik. Besonders die Kreuzigungsszenen werden ausführlicher und eindringlich-gefühlvoller gedreht: Das Leiden Jesu, das Annageln ans Kreuz, seine Schmerzen kann der Zuschauer miterleben.
In dieser Zeit trat die Bedeutung des »Jesus-Films« deutlich zurück.

DAS KREUZ VON GOLGATHA
GOLGATHA; AT: ECCE HOMO, BEHOLD THE MAN
US., F 1934/1935, R: Julien Duvivier; 90 Min. die deutsche Fassung; die ältere Fassung, das Original 100 Min.
Der erste Jesus-Film mit Ton ist ein Passionsfilm über das Leben Jesu, von Palmsonntag bis Himmelfahrt.
Julien Duvivier will die einzigartige Persönlichkeit Jesu (Robert Le Vigan) im Stil eines »poetischen Realismus« darstellen.
Für die Zitate Jesu bevorzugt Julien Duvivier die King-James-Bibel, für die anderen Zitate eine moderne Ausdruckweise.
Kritik Ansätze von Antisemitismus im Film sind zu erkennen: Pilatus (Jean Gabin) wird entlastet: Jesus sei unschuldig. Duvivier greift Inhalte aus dem apo-

kryphen Petrus-Evangelium auf, nach dem die Juden und Herodes (Harry Baur) allein schuld am Tode Jesu seien und nicht Pontius Pilatus. Jesus ist Außenseiter: An der »Eucharistiefeier« nimmt Judas (Lucas Gridoux) nicht teil, sondern er eilt zu Herodes.

Duvivier greift auch Inhalte aus dem apokryphen Nikodemus-Evangelium auf, nach dem Jesus am Kreuz keine Schmerzen erlitten habe.

Hintergrund Obwohl der Film, der 1935/1936 in *Frankreich* entstand, deutliche Ansätze von Antisemitismus beinhaltet, wurde er nicht in Deutschland gezeigt, da Produkte von ausländischen Künstlern untersagt waren. Der Film wurde 1954 in West-Deutschland veröffentlicht.

BARABBAS
England 1935, P: Rock-Studio England, R: James B. Sloan
Inhalt Auszug aus dem Verhör Pilatus – Jesus, bei dem Jesus selbst nicht zu sehen sondern nur seine Stimme zu hören ist:

Pilatus: *Bist du der König der Juden?*
Jesus: *Sagtest du dies selbst? Oder hörtest dus von anderen?*
Pilatus: *Bin ich Jude? Dein eigen Volk und die Hohen Priester haben dich mir ausgeliefert. Was hast du getan?*
Jesus: *Mein Reich ist nicht von dieser Welt. Wäre es das, kämpften meine Jünger auf dass ich den Juden nicht ausgeliefert werde. Aber mein Königreich ist nicht von hier.*
Pilatus: *So bist du also ein König?*
Jesus: *Du sagtest, ich sei König. Ich wurde in die Welt geboren, um Zeugnis abzulegen von der Wahrheit. Alle, die in der Wahrheit leben, hören meine Stimme.*
Pilatus: *Was ist die Wahrheit?*

Die Figur des Barabbas ist beim Publikum so sehr beliebt, dass sie mehrfach verfilmt wurde, z. B. BARABBAS (BARABBA, I 1961, R: Richard Fleischer mit Anthony Quinn als Barabbas); BARABBAS (I/US. 2012, R: Roger Young, mit Billy Zane als Barabbas).

THE GREAT COMMANDMENT
DIE ZEHN GEBOTE, US. 1939, R: Irving Pichel, 78 Min.
Inhalt Judäa ist von den Römern besetzt. Herodes herrscht über das Land und unterdrückt das jüdische Volk, indem er hohe Steuern verlangt. Strenggläubige Juden prophezeien, dass ein König kommen wird, der von David abstammt, und das jüdische Volk aus der römischen Knechtschaft befreit. Später wird von einem Mann namens Jesus berichtet, den einige Juden als den erwarteten Messias sehen. Dies wollen strenggläubige Juden nicht wahrhaben. Joel (John Beal), der älteste Sohn des Rabbiners Lamech (Maurice Moscovitch), soll nach dem Willen seines Vaters die religiösen Schriften studieren, um somit die jüdische Glaubenstradition zu bewahren.

(09:21) Dialog zwischen Joel und seinem Vater, dem Rabbiner Lamech:
Joel: *Was unser Volk braucht, ist ein König, der uns führt. – Steht nicht geschrieben, dass eines Tages der Messias kommt, um unser Volk zu befreien? – Eines Tages! Aber wir brauchen den Messias jetzt! – Wenn die Zeit da ist, dann wird der Messias kommen!*
Joel muss miterleben, wie die Römer unter dem Zenturio Longinus (Albert Dekker) in einem Dorf wüten. Sein Bruder Zadok (Warren McCollum) wird bei Ausschreitungen von dem römischen Soldaten getötet. Zenturio Longinus liegt schwer verletzt am Boden.
(1:09:08) Als Joel das Schwert ergreift, um Rache zu üben und den römischen Soldaten Zenturio Longinus töten will, hört er eine Stimme: *»Denke daran, was ich dir gesagt habe: »Du sollst deine Feinde lieben! Vergiss nicht, was ich dir gelehrt habe! Denke an meine Worte! Geh hin, geh hin und liebe deinen Nächsten!«* Joel spricht die Worte nach. Stimme: *So soll es sein!* Joel verschließt die Tür und hilft dem verletzten Zenturio, der am Boden liegt. Joel richtet ihn auf und gibt ihm einen Becher Wasser zu trinken. Als Rabbiner Lamech mit Männern gewaltsam in das Haus stürmt und dies sieht, ist er entsetzt und befiehlt seinem Sohn: *Joel! Töte ihn! Das ist unser Feind!* Andere Männer stimmen dem Befehl zu: *Er ist ein gottverdammter Römer! – Er muss sterben. – Wir müssen diesen Mistkerl töten!*

Bewertung Der Produzent Rev. James K. Friedrich nimmt Rücksicht auf religiöse Empfindsamkeiten: Obwohl Jesus Teil der Handlung ist, ist er nirgends zu sehen, sondern nur zu hören: In der Originalversion gesprochen von dem Regisseur Irving Pichel.

Ab **1940** wird kritisch nach Möglichkeiten und Zielsetzungen eines religiösen Films gefragt.

1941/1942 wird bezweifelt, dass der Film überhaupt direkte Verkündigung sein kann.

Harald Braun stellt bereits **1948** in seinem Salzdetfurther Referat die Frage nach dem »religiösen Film«: *»Ist es möglich, im filmischen Sinne, vom Menschen her Gott zu verstehen und ihn so zur Anwendung zu bringen?«*[187]

Weitere Fragen schließen sich an: Ist die Qualität des religiösen Films davon abhängig, wie viele Menschen er zum Glauben bringt? Offenbart sich Gott auch im Medium des Films?

Die »Schwalbacher Entschließung« fordert schon **1950** deutlich Zurückhaltung bei dem direkten Zugriff auf die Gestalt des Heiligen:

> »Wir wehren uns dagegen, dass Inhalt und Formen der christlichen Verkündigung in sogenannten ›religiösen Filmen‹ lediglich als Humanität oder Sentimentalität oder gar sadistische Sensation verfälscht werden. Wir müssen auch bitten, die filmische Darstellung der göttlichen Offenbarung (Christusleben, Vorgang des Wunders, Vollzug der Sakramente) zu vermeiden. Der Film kann die Wirklichkeit des Heiligen Geistes nur im Spiegel eines menschlichen Schicksals spürbar machen.«[188]

---

187 Zit. nach »epd-Film« 12/85.
188 Evangelischer Film-Beobachter, 1. Juli 1950, 90.

1952 Der Filmkritiker Tallenay vertritt die These:

> »Es ist auffallend, dass, je weiter man sich von den Anfangszeiten des Films entfernt, es anscheinend mehr und mehr unmöglich wird, die Person des Evangeliums auf die Leinwand zu bannen, ohne dabei der Lächerlichkeit zu verfallen. Das elementarste religiöse Gefühl ist rasch peinlich berührt; einesteils durch den Ruch der Verkleidung der immer den Gewändern der Antike anhaftet, zum anderen durch die Gegenwart bekannter Schauspieler in den Rollen der heiligen Personen.«[189]

MARIA MAGDALENA
Pecadora de Magdala, Mary Magdalene, Sinner of Magdala, MX 1946, P: Company: Hispano Continental Films, R: Miguel Contreras Torres, sch.-w., 114 Min.

Inhalt Maria Magdalena (Medea de Novara) lebt als wohlhabende und promiskuitive Kurtisane in einem reichen Palast und wird von Männern hofiert. Besonders der ägyptische Prinz Ra-Ho-Tep (Tito Novaro) will sie mit einem gestohlenen Juwel beeindrucken. Als sie jedoch Jesu Predigten hört, ist sie beeindruckt und ändert radikal ihre Lebensweise. Sie verteilt ihren Reichtum an arme Menschen und entlässt ihre Sklaven in Freiheit. Auch der ägyptische Prinz nimmt die Lehren Jesu begeistert an. Judas (Edmundo Espino) ist sehr angetan von Maria Magdalenas Schönheit und sucht sie in ihrem Haus auf. Sie weist ihn aber zurück, denn sie interessiert sich nur noch für Jesus und dessen Lehre. Maria Magdalena muss Jesu Verhaftung, Passion und Kreuzigung miterleben. Sie wird Zeugin seiner Auferstehung und Himmelfahrt. Als sie stirbt, fährt auch sie zum Himmel auf.

Hintergrund Die Rolle der Maria Magdalena wird gespielt von Medea de Novara, der Frau des Regisseurs Miguel Contreras Torres. Dieser hat für die Darstellung der Szenen (Wunder, Einzug in Jerusalem, Kreuzigung u. a.) Inhalte aus allen vier Evangelien verwendet. Die Anlehnung an Cecil B. DeMilles Film THE KING OF KINGS ist deutlich zu sehen. Miguel Contreras Torres bearbeitet 1948 die gleiche Thematik, indem er Material aus dem Film von 1948 verwendet: REINA DE REINAS: LA VIRGEN MARÍA.

MATTHÄUSPASSION
A 1949; P: Erma Film; R: Ernst Marischka, 85 Min.
Umstrittener Versuch, das Bachsche Oratorium (Wiener Philharmoniker unter Leitung von Herbert von Karajan) mit einer stilistisch unbekümmerten Abfolge der verschiedensten Schulen und Meister visuell zu begleiten.

Hintergrund Zuvor hatte die Internationale Bach-Gesellschaft gegen Marischkas Vorhaben Protest erhoben, da die Matthäus-Passion als eines der erhabensten

---

189 In: Radio-Ciéma-Television« vom 16.3.1952. Zit. nach Charles Ford, Der Film und der Glaube. Nürnberg 1955, 81.

Werke des Musikschaffens unantastbar sei und bleiben müsse. Trotz des Einspruchs wurde die erste Verfilmung der Matthäus-Passion produziert und lief pünktlich 1950 zum Bachjahr in den Kinos an.

WHICH WILL YE HAVE?
BARABBAS, AT: BARABBAS THE ROBBER, UK 1949, P: G. H. W. Productions; R: Donald Taylor, 36 Min.
Inhalt Der Film beinhaltet eine frei nacherzählte Passionsgeschichte vom Einzug Jesu in Jerusalem bis zur Kreuzigung, ohne dass Jesus im Bild erscheint. Der Film konzentriert sich auf Barabbas (Niall MacGinnis) als Anführer einer Widerstandsbewegung gegen Rom, der sich schließlich zur Christusnachfolge bekennt.

ES WAR EIN MENSCH
D 1949–50, P u. R: Curt Oertel; 62 Min.
Der Dokumentarfilm der evangelischen Kirche, der vom Gleichnis des barmherzigen Samariters (Lk 10,25–37) ausgeht, ist ein eindrucksvoller, katechetischer Film. Er versucht den Menschen Jesus, nicht sein Werk in den Mittelpunkt zu stellen.

Die amerikanischen Jesusfilme (1953–1963) greifen immer die gleichen Szenen als feste Standard-Fixpunkte heraus: die sogenannten »Drei Weisen« im Stall zu Bethlehem, die Lehren und das Wirken (Wunder) Jesu, das letzte Abendmahl und die Kreuzigung.

LE CHEMIN DE DAMAS
DER WEG NACH DAMASKUS, F 1952, R: Max Glass, 100 Min.
Inhalt Der römische Soldat Saulus (Jean-Marc Tennberg) sieht zu, wie die Jünger Jesu das Kreuz entfernen. Auf Geheiß des Hohenpriesters wird Saulus mit der Verfolgung der ersten Christen beauftragt, was er mit Strenge und Brutalität tut. Er wird auch verantwortlich für die Steinigung von Etienne. Auf dem Weg nach Damaskus wird er vorübergehend mit Blindheit geschlagen; sein »Damaskuserlebnis« lässt ihn zur Selbstbesinnung kommen und zum Glauben finden.
Bewertung In Gegensatz zu den synoptischen Erzählungen sind es im Film nicht die Frauen um Maria Magdalena, die das offene Grab vorfinden, sondern es sind Männer: die Apostel.

DAY OF TRIUMPH
US. 1952/1954, P: Century Films, R: Irving Pichel, John T. Coyle, 110 Min.
Inhalt Im Mittelpunkt der Story steht eine geheime Widerstandsgruppe, zu der auch Judas (James Griffith) gehört, die Jesus (Robert Wilson) für eine Revolte

gegen die Römer einspannen will. Der Film thematisiert das öffentliche Wirken und die Passion Jesu. Gewaltbereite Zeloten wagen immer wieder den Aufstand gegen die römische Besatzungsmacht. Unter diesen sind der Gewürzhändler Zadok (Lee J. Cobb) und sein Freund Judas. Judas erzählt ihm von dem Volksprediger Jesus, der Wunder vollbringt. Dieser habe großen Einfluss auf die jüdischen Volksmassen und Jesus könne die Befreiungsbewegung anführen und einen Angriff mobilisieren. Barabbas (Anthony Warde), der ebenfalls zu dieser Gruppe gehört, wird von den Römern in Jerusalem gefangen genommen. Zadok schickt Judas zu Jesus. Er soll Jesus bitten, eine Befreiungsaktion zu führen.

Hintergrund Der für den Einsatz in Kirchen produzierte Film war so erfolgreich, dass er auch für das Kino herausgebracht wurde.

DER JUDAS VON ESPARRAGUERA
EL JUDAS, ES 1952, P: IFI-Sociedad Anonima; R u. B: Ignacio F. Iquino; M: Augusto Alguero, Casas Auge; 93 Min.
Inhalt Ein maßlos ehrgeiziger und gewinnsüchtiger Kaufmann wird durch die Rolle Christi, die er sich bei einem dörflichen Passionsspiel anmaßt, innerlich ergriffen und umgeformt.

Bewertung Ein religiös-psychologisches Drama von schlicht gläubiger Gesinnung.

Neben dem Leben Jesu, neben einzelnen Figuren des Neuen Testaments galt schon früh das Interesse an der Darstellung der Christenverfolgungen in Rom.

QUO VADIS?
US. 1951, R: Mervyn LeRoy, 171 Min.
Inhalt Nach dem Brand Roms sollen viele Christen auf Neros Befehl in der Arena sterben. Unter Ihnen: die schöne Lydia (Deborah Kerr), in die sich Kommandant Marcus (Robert Taylor) verliebt hat. Marcus muss für seine Liebe zu einer Christin büßen: Die eifersüchtige Kaiserin Poppäa (Patricia Laffan) lässt ihn zusammen mit anderen Urchristen, denen die Schuld am Brand Roms vorgeworfen wird, den Löwen in der Arena zum Fraß vorwerfen.

Bewertung Einige historische Fakten werden im Film verdreht, z. B. Nero stirbt nicht am Ende der Filmhandlung, sondern erst vier Jahre nach den gezeigten historischen Ereignissen, mit dem Bau des Kolosseums wurde erst nach Neros Tod unter Kaiser Vespasian im Jahr 72 n. Chr. begonnen, römische Soldaten konnten nicht Schach spielen, da das Spiel erst im 7. Jahrhundert in Europa bekannt wurde.

Es ist die vierte und aufwendigste Version von Henryk Sienkiewicz' Roman: Die gigantischen Feuerszenen drehte Le Roy in 24 Nächten mit mehr als 2000 Statisten.

ANDROKLES UND DER LÖWE
ANDROCLES AND THE LION, US. 1952/1953, R: Chester Erskine, S/W, 98 Min.
Inhalt Der Film beinhaltet eine satirische Komödie mit einer Love-Story aus dem alten Rom zur Zeit der Christenverfolgung: Ein Löwe weigert sich, jenen entlaufenen Sklaven Androkles (Alan Young) zu verspeisen, der ihm einmal einen Dorn aus der Tatze gezogen hat.
Bewertung Die dialektische Komödie vermischt die Themen über christliche Legendenbildung und praktisches Christentum. Die Vorlage von George Bernard Shaw war beim Publikum dermaßen beliebt, dass sie mehrfach unter dem gleichen Titel verfilmt wurde, z. B. US. 1952, R: Chester Erskine; BR Deutschland 1958, R: Fritz Kortner; DEFA-Studio DDR 1969, R: Kurt Jung-Alsen.

Abb. 72: Still aus EL MÁRTIR DEL CALVARIO (IISOUS O NAZORAIOS, MX 1952): In dem mexikanischen Film werden die Rollen von Laienschauspielern übernommen: Enrique Rambal spielt Jesus Christus.

EL MÁRTIR DEL CALVARIO
IISOUS O NAZORAIOS, MX 1952, R: Miguel Morayta, 113 Min.
Kurzinhalt Der Film zeigt die wichtigen Stationen aus dem Leben Jesu, beginnt mit der Jüngerberufung, zeigt Jesu Krankenheilungen, Brotvermehrung, Sündenvergebung und Totenauferweckung. Jesu Einzug in Jerusalem und das Letzte Abendmahl leiten über zur Passion, zum Kreuzweg und Kreuzigung auf Golgatha, Tod, Begräbnis und Auferstehung.
Bewertung 1954 stand der Film bei den Internationalen Filmfestspielen von Cannes im Wettbewerb um die Goldene Palme.

I BEHELD HIS GLORY
US. 1952, P: Company: Cathedral Films, R: John T. Coyle, 53 Min.
Inhalt Die Passion Jesu (Robert Wilson) wird aus der Sicht eines römischen Hauptmanns (George Macready) erzählt, der hier den Namen Cornelius trägt. Jesus und seine Jünger feiern das Abendmahl: Sie sitzen auf Holzhockern um einen großen rechteckigen Holztisch. Teller, Tassen, ein Brotlaib und ein sil-

berner Kelch stehen auf dem Tisch. Die zwei brennenden Öllampen in Kerzenhaltern assoziieren christliche Altäre.

Hintergrund Der Film wurde ursprünglich für die religiöse Fernsehserie *Family Theatre* produziert.

3.1.3 Die Epoche der Monumentalfilme (1953–1969)

Die Uraufführung des Films DAS GEWAND (THE ROBE, US., R: Henry Koster) am 4.12.1953, nach dem Roman von Pastor Lloyd Douglas gedreht, läutet nun auch in Deutschland die Reihe der sog. »*Sandalenfilme*« (spöttische Bezeichnung für die Darstellung Jesu in Sandalen) ein.

Die Bibel als Drehbuchvorlage eignet sich offensichtlich gut für das Monumentalkino. Hier vernachlässigen die Filme narrative Elemente, bevorzugen dagegen Materialschlachten mit Massenszenen und aufwendigen Kulissen. Die meisten Kolossalgemälde und Historienspektakel dauern länger als 120 Minuten. Das erfundene Breitwandverfahren Cinemascope eröffnet auch dem Jesus-Film neue Möglichkeiten und Dimensionen, Massenszenen (oft mit mehr als 50000 Komparsen) und Monumentaleffekte zu produzieren und damit die Schaulust der Besucher zu befriedigen. Das Hollywood-Kino der 50er Jahre mit seinen Monumental- und Bibelfilmen stürzt sich auf antike Themen: biblische, ägyptische, römische, punische, griechische Motive werden ausgeschlachtet. Melodramatische Aspekte, Anspielungen auf populäre Motive, Intrigen und das Auskosten der Grausamkeiten sollen das Publikum befriedigen.

Auffallend groß ist die filmische Adaption alttestamentlicher Themen. Nach Gräuel der Nazi-Diktatur werden jüdisch-christliche Werte wiederentdeckt.

DAS GEWAND
THE ROBE, US. 1953, R: Henry Koster, 133 Min.
Inhalt Im Jahr 33 wird der junge römische Tribun Marcellus Gallio (Richard Burton) vom Kaiserneffen Caligula (Jay Robinson) in die Garnison Jerusalem verbannt. Dort nimmt er mit seinen Legionären die Kreuzigung von Jesus vor. Bei der Kreuzigung tobt ein Unwetter mit heftigem Sturm, Blitz und Donner. Bei einem Würfelspiel gewinnt Marcellus das Gewand Jesu. Von seinem Gewissen bedrängt, schließt er sich den Christen an. Hier hilft ihm Diana (Jean Simmons) mit ihrer uneingeschränkten Liebe. Marcellus wird von Caligula zum Tode verurteilt. Diana begleitet Marcellus und sie sterben als Märtyrer in der Nachfolge Jesu. Die Szenen enden im dichten Nebel, während ein Halleluja vom Himmel ertönt. Marcellus und Diana schreiten lächelnd in einen schönen blauen Himmel voller warmen Sonnenscheins.

Bewertung Dieser Monumentalfilm, er ist die erste Cinemascope-Produktion der Filmgeschichte, beschreibt naiv die legendenhaften Geschehnisse um das Gewand Christi nach der Kreuzigung mit imposanten Massenszenen und Spezialeffekten. Fortsetzung: »Die Gladiatoren«, US. 1954.

Bemerkenswert bleibt, dass in diesem Monumentalfilm Jesus nie in Großaufnahme mit Gesichtszügen, sondern nur seitlich zu sehen ist oder es werden Jesu Füße gezeigt.

Der Film folgt der Ideologie des Dualismus. Hier das Lager mit Christentum, Freiheit in USA, dagegen das Lager mit Diktatur, Tyrannei in UdSSR.

SALOME
US. 1953, R: William Dieterle, 103 Min.
Inhalt Der Spielfilm mit Rita Hayworth als Prinzessin Salome und Stewart Granger als Kommandant Claudius bezieht sich auf Oscar Wildes Drama »Salomé« (1891).

Hintergrund SALOME ist Hollywoods erste Bibelverfilmung, deren Außenaufnahmen an Originalschauplätzen in und um Jerusalem gedreht wurden. SALOME zählt zu den zehn erfolgreichsten Filmen im Jahr 1953.

IL FIGLIO DELL'UOMO
I 1954, R: Virgilio Sabel, 75 Min.
Inhalt Der Film beginnt mit der alttestamentlichen Schöpfungsgeschichte: Gott erschafft Adam nach seinem Bilde, dann die Tiere und gibt ihm Eva (Franca Parisi) zur Frau. Nach dem Sündenfall werden die beiden aus dem Paradies vertrieben. (Schöpfung und Sündenfall Gen 1–3)

Zur Zeit des römischen Kaisers Augustus wartet die römische Provinz Judäa auf ihren Erlöser. Es folgen die wichtigsten Stationen aus der »Biographie« Jesu (Eugenio Valenti): zuerst die Geburt in Bethlehem, dann die Taufe durch Johannes im Jordan, seine Wunder und Predigten, seine 12 Jünger, Einzug in Jerusalem, das letzte Abendmahl, Kreuzweg nach Golgatha, Tod und Auferstehung, Himmelfahrt.

Hintergrund Der expressionistische Film ist einer der wenigen Jesus-Filme Anfang der 50ziger Jahre. Der Vorspann weist darauf hin, dass im Film auch zahlreiche Bauern und Fischer mitwirken. Immer wieder werden gewöhnliche Alltagsmenschen gezeigt, die mit ihren Tieren auf den Feldern arbeiten.

Bewertung Virgilio Sabel zeigt einen schlichten Jesus-Film ohne Pathos. Er verzichtet auf den »Wundermann« Jesus und zeigt nur die Heilung des Gelähmten. Kritisch bleibt anzumerken: Virgilio Sabel stellt Kaiphas mit gehörntem Hut dar. Jesus wird in der jüdischen Haft drastisch geschlagen, gefoltert und angespuckt.

DER SILBERNE KELCH
THE SILVER CHALICE, US. 1954, R: Victor Saville, nach dem Roman von Thomas B. Costain, 115 Min.

Inhalt Der Film konzentriert sich auf Leben und Liebe eines freigelassenen griechischen Sklaven, der zur Zeit Christi den Kelch für das Heilige Abendmahl anfertigt. Der Kelch verschwindet, aber Petrus (Lorne Greene) prophezeit, dass der Kelch eines Tages wieder auftauchen wird, um die Menschen auf den wahren christlichen Weg zu führen. Der griechische Silberschmied Basilius (Paul Newman) soll jenen Kelch, aus dem Jesus beim letzten Abendmahl getrunken hat, kunstvoll fassen. Kein ungefährlicher Auftrag, denn der Magier Simon (Jack Palance) macht Jagd auf das Gefäß.

Bewertung Der Abenteuerfilm beinhaltet frei erfundenen religiösen Kitsch, der christliche Legenden langatmig inszeniert und ausschlachtet.

DAY OF TRIUMPH
US. 1954, R: Irving Pichel, 110 Min.

Inhalt Der Film thematisiert das öffentliche Wirken und die Passion Jesu. Gewaltbereite Zeloten wagen immer wieder den Aufstand gegen die römische Besatzungsmacht. Unter diesen sind der Gewürzhändler Zadok (Lee J. Cobb) und sein Freund Judas (James Griffith). Judas erzählt ihm von dem Volksprediger Jesus (Robert Wilson), der Wunder vollbringt. Dieser habe großen Einfluss auf die jüdischen Volksmassen und Jesus könne die Befreiungsbewegung anführen und einen Angriff mobilisieren. Barabbas (Anthony Warde), der ebenfalls zu dieser Gruppe gehört, wird von den Römern in Jerusalem gefangen genommen. Zadok schickt Judas zu Jesus. Er soll Jesus bitten, eine Befreiungsaktion zu führen.

Hintergrund Der US-amerikanische Historienfilm trägt keinen deutschen Titel. Er wurde in Deutschland in den Kinos nicht gezeigt.

WINE OF MORNING
US. 1955, R: Katherine Stenholm, 114 Min.

Inhalt Der Film greift den Roman »Wine of Morning« (1950) von Bob Jones Jr. auf und thematisiert die Figur Barabbas (Al Carter). Barabbas schreibt auf einer stürmischen Schiffsreise einen Brief an seinen Freund Stephanus (Jack Buttram). Dabei erinnert er sich an seine Zeit, die er in Nazareth erlebt hat. Barabbas lernt Irene (Katherine Helmond), die zukünftige Braut seines Freundes Stephanus, kennen. Er verliebt sich in sie. Als auf der Hochzeit von Stephanus und Irene in Kana der Wein ausgeht, bittet Maria (Elizabeth Edwards) Jesus um Hilfe. Jesus verwandelt Wasser in Wein.

Bewertung Der Film gewann als erster die vier wichtigsten Auszeichnungen der National Evangelical Film Foundation.

DIE ZEHN GEBOTE
THE TEN COMMANDMENTS, US. 1956, R: Cecil B. DeMille, 220 Min.
Kurzinhalt Das Leben Moses, Israels Befreiung aus ägyptischer Knechtschaft, der Zug durchs Rote Meer und Gottes Gesetzgebung auf dem Berg Sinai.

Ramses (Yul Brynner) zu Sethos: *Die Sklaven brauchen keinen Erlöser mehr. Sie haben Moses.*
Nefretiri (Anne Baxter): *Soll das ein Rätsel sein?*
Ramses: *Er verteilt an sie das Korn der Priester. Und jeder siebte Tag ist ein Ruhetag. Sie nennen ihn den Tag des Moses!*
Jannes: *Dieser Mann macht sich selbst zum Gott!*
Nefretiri: *Als Mann wäre er mir lieber.*
Ramses: *Und am liebsten als Pharao. (...)*
Ramses: *Du wurdest aus dem Nil gezogen, um mir zum Fluch zu werden. Dein Schatten stand zwischen mir und meinem Vater, zwischen mir und meinem Ruhm, zwischen mir und meiner Königin. Wohin dein Schatten nunmehr fällt, bringt er uns den Tod. Zieht fort von uns, du und dein Volk. Ich lasse euch frei.*
Moses (Charlton Heston): *Es ist nicht die Macht deines Willens, noch das Werk meiner Hände, dass unser Volk frei ist, Pharao. Die Macht Gottes hat uns befreit.*

Zur Entstehung des Films Bereits die Vorbereitungen waren schon gigantisch, kolossal wie die Bauten und Massenszenen später im Film: 10 Jahre dauerte die Planungsphase, 4 Jahre dauerte die Realisierung, 1900 Bücher in 30 internationalen Bibliotheken wurden konsultiert, mehr als 100 Wissenschaftler wurden befragt. Es wirkten rund 14.000 Statisten und 15.000 Tiere mit. Die Produktionskosten wurden anfänglich auf 8 Mill. Dollar geschätzt, tatsächlich stiegen sie auf 13 Mill. Dollar.

Der Schauspieler Yul Brynner wird mit seiner Rolle als Ramses berühmt.[190]

Vergleich mit der biblischen Vorlage Um die Melodramatik um Macht und Leidenschaft zu steigern, hat DeMille oft die biblische Erzählung verlassen und fiktive Szenen eingefügt, vor allem im ersten Teil bei der Darstellung von Moses Leben am Hof des Pharaos: Mose wächst als ein ägyptischer Prinz und Adoptivsohn der verwitweten Prinzessin Baket (Nina Foch) am Hofe des Pharao Sethos I. auf und steht in Konkurrenz zu seinem vermeintlichen Vetter, dem späteren Rames II. Prinzessin Nefretiri ist in Mose verliebt. Der Vetter verrät die hebräische Herkunft von Mose und erzwingt die Zuneigung von Nefretiri. Mose wird verstoßen.

Aus damaligen Reaktionen und Kritiken Als Dank wird DeMille in Rom von Papst Pius XII. empfangen und gesegnet, in Deutschland empfangen von dem

---

190 Siehe Doku YUL BRYNNER – HOLLYWOODS KAHLKOPF VON FORMAT (Les Mille et Une vies de Yul Brynner, F 2020, 51 Min.). Deutsche TV-Premiere 13.12.2020 arte.

Präsidenten Theodor Heuss, von Kanzler Konrad Adenauer und vom Bürgermeister Willy Brandt. Kritik gibt es u. a. in der »Time«:[191] Sie nennt DIE ZEHN GEBOTE den »*vulgärsten Film, der je gemacht worden ist*«, der »*Exodus sei hier zum Sexodus*« geworden.

DER WEG DES HERRN
EL REDENTOR, US. 1956/1957, P: Family Theatre/Peter Lawyer; R: Joseph Breen; 294 Min.
Inhalt Der amerikanische Bibelfilm hat drei Teile: »Er kam«, »Sein Leiden«, »Sein Sieg«. Der Film hat eine deutliche missionarische Absicht. Er wurde finanziert durch Spenden von Bischöfen und Gläubigen.
Bewertung Der Initiator und Herstellungsleiter des Films, Pater Patrick J. Peyton aus Albany/New York, sieht den Film als modernes Mittel der Glaubensverkündigung im Dienst des Weltkreuzzuges für das Rosenkranzgebet in der Familie. Seine Losung lautet: »*Eine Familie, die zusammen betet, hält auch zusammen.*« Die vierjährigen Dreharbeiten (150 Schauspieler, 10.000 Statisten) fanden in Spanien statt.

DER MANN, DER STERBEN MUSS
CELUI QUI DOIT MOURIR, F 1958, R: Jules Dassin, B: Ben Barzman, Jules Dassin, nach dem Roman »Griechische Passion« von Nikos Kazantzakis, 135 Min.
Inhalt Die Filmhandlung: 1921 in dem kleinen Dorf Lycovrissi im asiatischen Teil der Türkei. Die Bewohner sind orthodoxe Griechen. Einer religiösen Tradition zufolge wird alle sieben Jahre ein Passionsspiel aufgeführt. Der Dorfpope Grigoris (Fernand Ledoux) ernennt einzelne Dorfbewohner für ihre Rollen. Die junge Witwe Katerina (Melina Mercouri) soll die Rolle der Maria Magdalena übernehmen, der stotternde, tumb-weise Hirte Manolios (Pierre Vaneck) soll Jesus darstellen. Streit bricht aus, als die Überlebenden eines türkischen Massakers um Unterkunft und Hilfe ansuchen. Der Pope will sie nicht aufnehmen, weil sie angeblich Cholera mitbringen. So entsteht in dem Dorf eine der Passionsgeschichte ähnliche Situation, die Personen nehmen in der Realität »ihre Rolle« an. Manolios zieht aus der Passion Jesu die Konsequenz, aus Barmherzigkeit sich für die Vertriebenen einzusetzen. Er wird von dem Judas-Darsteller Pannagotaros (Roger Hanin) niedergestochen.
Bewertung Jules Dassin verzichtet auf fromme Erbaulichkeit und auf die Darstellung eines kitschigen klischeehaften Jesus, sondern er betont sozialkritisch die Verantwortung und Solidarität mit Ausgestoßenen.

---

191 »Time« 68, vom 12.11.1956.

POWER OF THE RESURRECTION
US. 1958, P: Family Films, R: Harold Schuster, 60 Min.
Inhalt Kurz vor der Hinrichtung erzählt Petrus (Richard Kiley) in einem römischen Gefängnis einem jungen Christen (Joe Sonessa) die Geschichte von Jesus Christus (Jon Shepodd): Von Jesu Einzug in Jerusalem, von Jesu Konflikt mit den Priestern, vom letzten Abendmahl, von der Kreuzigung und von der Auferstehung. Die Erzählungen geben dem jungen Christen Kraft und Mut, die bevorstehenden Folterungen und die mögliche Hinrichtung zu erdulden. Er wird im Glauben gestärkt.
Hintergrund Der Film, gedreht in Hollywoods Keywest Studio, war bestimmt für Kirchen und Fernsehsender.

In den beiden Jahren **1958/1959** überbieten sich gleich 8 amerikanische und französisch-italienische Filmproduktionen an farbprächtigem Bildaufwand.

Die neuen Filme übertreffen frühere Produktionen an immer mehr grausameren Massenszenen mit tausenden von Statisten. Das Bildspektakel als große Unterhaltungsschau wird auch immer länger: mehr als 3 Stunden (z. B. DER FISCHER VON GALILÄA, SALOMON UND DIE KÖNIGIN VON SABA, BEN HUR).

KREUZ UND SCHWERT
LA SPADA E LA CROCE, I 1958, R: Carlo Ludovico Bragaglia, 105 Min.
Angesprochene Themen Die Bekehrung der Maria Magdalena
Inhalt Als der römische Hauptmann Gaius Marcellus (Jorge Mistral) die hübsche Kurtisane Maria Magdalena (Yvonne De Carlo) aus den Fängen des Rebellen Barrabas und seinen Banditen befreien kann, verliebt er sich in sie. Maria Magdalena ist die Geliebte von Anan (Massimo Serrato), der über seinen Verbündeten Barabbas römische Steuergelder stehlen ließ und damit sein ausschweifendes Leben finanzieren konnte. Maria Magdalena bekennt sich zu Jesus und seinen Lehren: Er war ihr nach einem Schleiertanz erschienen und hatte ihren Bruder Lazarus (Mario Girotti/Terence Hill) zum Leben erweckt.
Bewertung Phantasiereiche Filmverzeichnung biblischer Gestalten.

BEN HUR
US. 1959, P: MGM, R: William Wyler, 213 Min.
Inhalt Der römische Statthalter verurteilt den jüdischen Aristokratensohn Ben Hur (Charlton Heston) wegen angeblichen Mordes zu lebenslanger Galeerenhaft. Bei einer Seeschlacht kann Ben Hur entkommen und schwört auf Rache.

Hintergrund Burt Lancaster lehnt die Rolle des Judah Ben-Hur ab, da er als bekennender Atheist »*die aufdringliche Moral der Story*« nicht vertreten und das Christentum nicht »*promoten*« wolle.[192]

Viele **amerikanische Western** greifen die Wünsche von individueller oder kollektiver Erlösung des Menschen auf.

Folgende religiöse Typologien prägen oft die Handlung: Religiöse Erlösungsvorstellungen (Himmel und Hölle), religiöses Figurenpersonal (Priester, Prediger, Reverend, Nonne u. a.), religiöse Zeichen (Kreuz) und Gebete (»Vater Unser«).[193]

In vielen Western sind einzelne religiöse Elemente zu finden, z. B. Das Exodus-Motiv (besonders bei den Wagentreckfilmen) und der Einzug in das gelobte Land, in eine moralisch und materiell bessere Welt sind weit verbreitet und beliebt: Ein einsamer Mann (deus ex machina), ein Fremder ohne Namen kommt von außen und befreit eine Gemeinschaft von bösen Elementen. Die Erlöserfigur trägt oft jesuanische Züge. Dabei sind Parallelen zur Verkündigung Jesu sichtbar. Der Westernheld in der amerikanischen Kultur, z. B. als Sheriff, als Marshall, als Cowboy o. ä., ist meist eine Erlösergestalt, um einzelne Menschen oder das Volk aus der Not zu retten. Das Bekehrungs-Motiv Einzelner oder einer Gruppe (individuell und kollektiv) führt zu einer Wandlung vom schlechten zum guten Leben. Viele Western bieten Sinnangebote für ein gelingendes Leben: Die Rückbesinnung auf alte, tradierte amerikanische Werte, z. B. den Kampf für die Gemeinschaft und gegen Korruption und Kriminalität der Gangster.

Die hier angesprochenen religiösen Motive finden sich teilweise in dem Film STAGECOACH (»Ringo«/»Höllenfahrt nach Santa Fé«, US. 1939) von John Ford. Wie Jesus tritt der Outlaw Ringo für die gesellschaftlichen Außenseiter ein (vgl. Gleichnis vom Pharisäer und Zöllner, Lk 18, 9–14).

Neun Personen sind um 1885 bei einer zweitägigen Postkutschenfahrt von Tonto (Arizona) nach Lordsburg (New Mexico) vereint: Unter ihnen sind der Kutscher Buck, der Sheriff (eigtl. Marschall) Curly Wilcox, die schwangere Offiziersgattin Mrs. Mallory, der Schnapsvertreter Peacock, die Prostituierte Dallas (Alice), Hatfield, der als Gentleman wirken will, der Arzt Dr. Josiah Boone, der Bankier Gatewood und der Held der Geschichte, der entflohene Sträfling Ringo, der die Mörder seiner Familie sucht.

---

192 Internet. https://www.imdb.com/title/tt0052618/trivia (Zugriff 1.4.2021).
193 Vgl. auch Seeßlen, Georg (1995): Geschichte und Mythologie des Western. Marburg: Schüren.

Der Western greift biblische Grundmotive auf, z. B.: das Exodusmotiv (Ex 12,1–18,27) als Befreiung von Sklaverei und Unterdrückung: Hier in der Fahrt von Tonto nach Lordsburg, in die »Stadt des Herrn«, in das gelobte Land Kanaan. Die biblische Zahl sieben gilt als heilige Zahl: Die Kutsche hält sieben Mal an. Die Geburt eines Kindes verdeutlicht den Anbruch einer neuen Zeit, in der ein Friedensreich und eine neue Gemeinschaft beginnen. Der Outlaw Ringo als Erlöser erinnert an Jesu Eintreten für die Ausgestoßenen der Gesellschaft: Jesu Einstellung zu Pharisäern und Zöllnern (vgl. Lk 18,9–14) und Prostituierten.

Der Western SHANE (US. 1953, R: George Stevens) nach dem gleichnamigen Roman von Jack Schaefer zeigt eine Erlöserfigur: Zu Beginn tritt – wie in vielen Western üblich – ein geheimnisvoller, einsamer Fremder auf. Dieser Fremde entpuppt sich als Erlöser, indem er sich für die Schwachen und Entrechteten einsetzt und sich für sie opfert.

Die Handlung spielt im Jahre 1889 und thematisiert die Weidekriege, die Auseinandersetzungen zwischen »alteingesessenen Viehbaronen« und neuen Kleinfarmern. Diesen hatte die Regierung Länder zugesagt.

Shane ist *»ein leidender Gott, dessen edles und bitteres Schicksal es ist, sich für andere hinzuopfern ... Er ist ein in Büffelleder gekleideter Engel mit der Pistole, ein mythologischer Boy Scout, immer bereit, die Hände der Gläubigen und der Gemeinschaft vom Blut sauberzuhalten«.*[194]

Die folgenden drei Western greifen die gleiche Geschichte von den drei Bankräubern Robert, Pedro und William auf:
MARKED MAN (US. 1919), HELL'S HEROS (US. 1936), 3 GODFATHERS (US. 1948).[195]

In dem Western SOMMER DER VERFLUCHTEN (THE SINGER NOT THE SONG, GB 1960, R: Roy Ward Baker) kommt der neue Priester Pater Keogh (John Mills) in das kleine abgelegene mexikanische Dorf Quantana, um die Menschen von dem Banditen Anacleto (Dirk Bogarde) mit seiner Bande zu befreien. Pater Keogh nimmt sogar den Banditen in sein Haus auf, in der Hoffnung, diesen bekehren zu können.

---

194 Schein, Harry: in: Joe Hembus, Western Lexikon. 1567 Filme von 1894 bis heute, München 1995, 430.
195 Vgl. Loew, Dirk C. (2005): Versuch über John Ford. Die Westernfilme 1939–1964. Norderstedt.

In dem amerikanischen Western EIN FREMDER OHNE NAMEN (HIGH PLAINS DRIFTER, US. 1973, R: Clint Eastwood) kommt ein namenloser Fremder in eine kleine Goldminenstadt, um Rache an den Mördern seines Bruders zu nehmen.

>>Kein Mensch mochte die drei, sie waren hier im Ort sehr unbeliebt. Mit Recht.<<
>>Das heißt also, es wird keine Anklage erhoben. Ist das richtig?<<
>>Wozu eine Anklage? Vergeben und vergessen, das ist unser Motto.<<

>>Der Fremde ohne Namen ist eigentlich Jesus Christus, gekreuzigt, begraben, aber unsterblich: wieder auferstanden, um ohne zu zögern, aber unter Einhaltung aller Rituale, das Jüngste Gericht abzuhalten.<<[196]

In den 60er Jahren wird teilweise, in Ansätzen Abstand genommen, alle Einzelheiten der Bibel effektvoll nachzuzeichnen.

Abb. 73: Still aus KÖNIG DER KÖNIGE (1960): Jeffrey Hunter als Jesus: >>I was a teenage Jesus<<.

KÖNIG DER KÖNIGE
KING OF KINGS; US. 1960, R: Nicholas Ray, Miklós Rózsa, 168 Min.
Inhalt Der amerikanische Versuch, das Leben Jesu zum Gegenstand eines dreistündigen Schau- und Erbauungsfilms zu machen, ist ein Remake von >>König der Könige<< im Zuge der biblischen Monumentalwelle der 50er und frühen 60er Jahre.

Jesus (Jeffrey Hunter): Seine Wunder werden nur indirekt angedeutet. Jesus wird nicht als heldenhafter >>Wundermann<<, sondern als sympathischer Mensch dargestellt. Nicht mehr die einzelne Handlung steht im Vordergrund.

Judas (Rip Torn) handelt aus politischen Motivationen: er sympathisiert mit der Aufstandsbewegung. Er will Jesus durch Todesgefahr zwingen, die Engelsmächte zum irdischen Beistand, zum Siege der Juden herabzurufen. Für ihn hat Jesus als Messias versagt.

Barabbas (Harry Guardino) ist Berufsrebell, militanter Nationalistenführer, der in der Wüste die Legionen überfällt. Er nutzt den Einzug Jesu in Jerusalem zu

---

196 Seeßlen, Georg (2011): Filmwissen Western. Grundlagen des populären Films. Marburg: Schüren, 185.

einem Massensturm auf die römische Festung und will die unterdrückten Juden mit Waffengewalt befreien. Die Figur wird aufgewertet zur Barabbasgeschichte mit viel Schwertergerassel. Barabbas betreibt eine geheime Waffenschmiede.

Bewertung Wegen der blauen Augen des knabenhaften Christusdarstellers Jeffrey Hunter wurde der Film belächelt: »I was a teenage Jesus«. Die Italienische katholische Filmkommission in Rom erklärte den Film als tragbar für alle Altersstufen bis zu den Kindern. Ein Schau- und Erbauungsfilm: Jesus als gewaltloser Freiheitskämpfer; ein um Schaueffekte bemühtes Spektakel.

Nicholas Ray sieht die Bibel als dokumentarisches Buch, verzichtet aber darauf, Jesus als heldenhaften Wundermann darzustellen. Er deutet die Wunder Jesu nur indirekt an. Ray geht es weniger um die Göttlichkeit Jesu, sondern vielmehr darum, Jesus als sympathischen Menschen dem Zuschauer näherzubringen. Jesus als gewaltloser Freiheitskämpfer steht im scharfen Gegensatz zu dem Berufsrebellen und militanten Nationalistenführer Barrabas.

Ray weicht öfters von der biblischen Vorlage ab, erfindet neue Szenen und Anekdoten hinzu, z. B. den Besuch Jesu im Gefängnis bei Johannes.

Aus drei Kritiken: Der Film als

> »eine konventionell-pompöse Mischung aus antikem Western und Oberammergauer Tränendrücker.«[197]
> »Ein Schau- und Erbauungsfilm: Jesus als gewaltloser Freiheitskämpfer; ein um Schaueffekte bemühtes Spektakel.«[198]
> »Die Heimat des Films »König der Könige« ist die Scheckbuch-Gesellschaft. Er steht im absoluten Gegensatz zur Forderung Christi: »Nimm dein Kreuz auf dich und folge mir nach.«[199]

PONTIUS PILATUS – STATTHALTER DES GRAUENS
PONZIO PILATO/PONCE PILATE, I/F 1961, R: Irving Rapper, 115 Min.
Inhalt Der Film führt in das Jahr 26 n. Chr., als Pontius Pilatus (Jean Marais) von den römischen Imperatoren zum Statthalter von Judäa eingesetzt wird. Wegen der großen Wassernot in Samaria ordnet er den Bau eines riesigen Aquädukts an, was zu heftigem Widerstand in der Bevölkerung führt. Pilatus lässt die Hälfte der Tempelabgaben beschlagnahmen und setzt den Adler als Wahrzeichen des römischen Reiches auf die jüdischen Heiligtümer. Pilatus lässt den Geldwechsler Aaron El Mesin (Roger Tréville) verhaften, da dieser die Menschen beim Geld-

---

197 Theodor Kotulla in: »Filmkritik«, 2/1962.
198 Dieser Film wurde mehrfach im Fernsehen ausgestrahlt: in 3 sat am 20. Dez. 1992, im Kabelkanal am Karfreitag, 9. April 1993.
199 Walsh, Moira: Religion des Kreuzes oder des Geldscheins. In: Orientierung 26/1962 (91–93), 93.

wechseln betrogen haben soll. Als die Soldaten in sein Haus eindringen, stellt sich seine Tochter Sarah (Letícia Román) den Soldaten mutig entgegen.

(0:18:44) Sarah zum römischen Soldaten: *Ich verfluche dich. Ich verfluche euch alle. Ich verfluche euren Kaiser und Rom! Ich spucke auf den Kaiser!*
Römischer Soldat: *Nehmt das Mädchen fest! (...) Führt sie ab!*
Pilatus und Sarah kommen sich näher. Als Pilatus Frau Claudia (Jeanne Crain) erfährt, dass ihr Mann eine Geliebte habe, kann sie ihm vergeben, denn sie hat Jesus getroffen. Claudia erzählt ihrem Mann von Jesus und seinen Lehren.
(0:48:06) Claudia: *Ich hörte ihn am See Tiberius. Ich glaubte, ich habe ihn verstanden. Liebe, die nicht verzeihen kann, ist keine wahre Liebe.*

Bewertung Der Film beinhaltet den auf den apokryphen Pilatusakten beruhenden Versuch einer Charakter- und Entwicklungsstudie des Pontius Pilatus im Stil der großen Bibelfilme. Der Film ist phantasiereich, z. B. Pontius Pilatus wird Christ.

Im Jahr **1961** wird die Figur Barabbas in Italien als Monumentalfilm und in USA als Fernsehfilm gedreht:
BARABBAS
BARABBA; I 1961, R: Dino de Laurentiis, B: Richard Fleischer nach dem Roman von Pär Lagerkvist; 143 Min.
Die aufwendige Neuverfilmung des bekannten Romans betont Gladiatorenkämpfe verurteilter Sklaven. Ein 150-min. gigantischer Monumentalfilm; Barabbas (Anthony Quinn), für Christus freigelassen, erträgt nunmehr – von Gott angerührt – in neuer Gesinnung sein Sklavendasein.

GIVE US BARABBAS!
US. 1961, R: George Schaefer, 76 Min.
Inhalt Als Revolutionsführer gegen die Römer erfährt Barabbas (James Daly) nach seiner Entlassung aus der Haft den Grund hierfür: das Volk soll von den Römern dafür bezahlt worden sein, seine Freilassung zu fordern.
Bewertung Der US-amerikanische Fernsehfilm erfindet eine »Biographie« von Barabbas.

In den beiden Jahren **1958/1959** überbieten sich gleich acht amerikanische und französisch-italienische Filmproduktionen an farbprächtigem Bildaufwand.
Die neuen Jesus-Filme übertreffen frühere Produktionen an immer mehr grausameren Massenszenen mit tausenden von Statisten. Das Bildspektakel als große Unterhaltungsschau wird auch immer länger: mehr als drei Stunden (z. B. DER FISCHER VON GALILÄA, BEN HUR).

In den 60er Jahren wird teilweise, in Ansätzen Abstand genommen, alle Einzelheiten der Jesusgeschichten der Evangelientexte effektvoll nachzuzeichnen.

Die Filme bemühen sich jetzt mehr darum, Jesus und seine Zeit sorgfältig zu charakterisieren, z. B. DIE GRÖSSTE GESCHICHTE ALLER ZEITEN (THE GREATEST STORY EVER TOLD, US. 1963, R: George Stevens), DAS ERSTE EVANGELIUM – MATTHÄUS (THE GOSPEL ACCORDING TO ST. MATTHEW, I 1964, R: Pier Paolo Pasolini).
Teilweise wird auch weiterhin noch auf den effektvollen Historienfilm gesetzt.

1962 mahnt Dietmar Schmidt kritisch an: »Bibelfilme – wie lange noch?«

> »Während innerhalb der Kirchenmauern diskutiert, während verdammt, verteidigt oder auch auf vordergründig-neutraler Linie argumentiert wird, nimmt das große Geschäft seinen Fortgang. Denn wer wollte im Ernst behaupten, dass es hier, auch und gerade bei den »Bibelfilmen«, um etwas anderes als eben das Geschäft, das nackte, brutale Geschäft gehe? Ein »Bibelschinken« (so dass bei den Kritikern der umstrittenen Gattung längst übliche »Gütezeichen«) nach dem anderen rollt an, jeder von ihnen breiter, bunter und damit »aufwendiger« als seine Vorgänger, jeder von ihnen, so hoffen wenigstens die Produzenten, eine gewonnene Schlacht im Existenzkampf gegen den großen, den gefürchteten Rivalen Fernsehen.«

Abb. 74: Still aus DIE GRÖSSTE GESCHICHTE ALLER ZEITEN (THE GREATEST STORY EVER TOLD, US. 1963, R: George Stevens) Max von Sydow (Jesus) soll bei der »Größten Geschichte aller Zeiten« Würde und Feierlichkeit beim Zuschauer erwecken.

DIE GRÖSSTE GESCHICHTE ALLER ZEITEN
THE GREATEST STORY EVER TOLD, US. 1963, R: George Stevens, 196 Min.
Angesprochene Themen Lebensgeschichte Jesu, Das Göttliche, Transzendente, volkstümliche Heiligenmalerei, Jesusfilm mit Missionscharakter.
  Aus dem Inhalt

(0:26:25) Die Taufe Jesu
Jesus: *Taufe mich, Johannes!*
Johannes: *Wie ist dein Name?*
Jesus: *Jesus.*
Johannes: *Wo bist du geboren?*
Jesus: *In Bethlehem.*
Johannes: *Ich sollte von dir getauft werden und du kommst zu mir?*

Jesus: *Warum fragst du mich das?*
Johannes: *In den Schriften steht: und du Bethlehem in Ephrata, aus dir soll hervorgehen, der Herrscher in Israel werden soll. Dein Ursprung reicht weit zurück in die Tage der Urzeit.*

Hintergrund In freien Ausweitungen und Kürzungen wird die Lebensgeschichte Jesu (Max von Sydow) erzählt; geprägt durch ein spezifisch amerikanisches Frömmigkeitsgefühl zielt der Film auf Schauwirkung und möchte Eindruck, Würde und Feierlichkeit beim Zuschauer erwecken.

Die Herstellungskosten für dieses Bibel-Epos summierten sich auf 20 Mill. Dollar. Das Werk wurde an den Kinokassen ein Reinfall und läutete das Ende der großen Film-Epen ein.

Bewertung Stevens versucht, sich von den damaligen gängigen Kolossalfilmen zu lösen, die die Bibel als wörtliche Drehbuchvorlage ansahen. Ihm geht es weniger um eine reine Biographie bzw. Verfilmung biblischer Texte, sondern um das Göttliche, Transzendente. Dennoch bleibt er dem Hollywoodstil und dem sentimental-religiösen Geschmack der Amerikaner treu.

Stevens benutzt eine eigens hergestellte »Hexapla«, in welcher jedes Wort, das Jesus gesprochen hat, entsprechend sechs englischen Übersetzungen in parallelen Spalten aufgeführt ist. Durch Lichteffekte möchte Stevens den Offenbarungscharakter der Leben-Jesu-Geschichte, den Herrlichkeitsanspruch Christi durchscheinen lassen. Diese verfilmte Frömmigkeit hat Missionscharakter: Religion gipfelt im (Schau-) Effekt. Die Passionsszenen nehmen im Film den größeren Raum ein (»filmisches Passionsspiel«). Veränderungen zur biblischen Vorlage sind zu finden, z. B. Jesus erwählt als ersten seiner Jünger Judas, dann erst Petrus, Johannes, Andreas; das Volk jubelt beim Einzug in Jerusalem Jesus zu: »Sohn Davids«, »Messias«; die Darstellung des Teufels als grauer, dunkler »Eremit« u. a. Einzelne Personen werden aufgewertet, z. B. der Gelähmte tritt nach seiner Heilung zu den Jüngern Jesu und die Rolle von Lazarus wird ausgeschmückt.

Brasilianische Filme übertragen die Gestalt und die Passion Jesu auf ihre gesellschaftspolitische Situation und üben Kritik an Religion, Kirche und Staat. Dabei zeigen sie polemisch die Verfilzung von Religion und politischer Macht in Lateinamerika auf, z. B.: FÜNFZIG STUFEN ZUR GERECHTIGKEIT (O PAGADOR DE PROMESSAS, BR 1961, R: Anselmo Duarte).

1962 hat sich der italienische Produzent Dino de Laurentiis (LA STRADA) vorgenommen, die Bibel in 30 Kino-Stunden zu verfilmen. De Laurentiis erklärt einem englischen Journalisten,

>»er habe gerade in einem Schlammbad gelegen, die Bibel in der Hand, als ihn der Gedanke durchzuckte, dass in der Bibel doch bereits ein vollständiges Film-Drehbuch vorhanden sei, bei dem

die einzelnen Episoden direkt auf die Leinwand übertragen werden könnten. Der Einfachheit halber habe er sich entschlossen, die ganze Bibel zu verfilmen.«[200]

De Laurentiis sei voller Zuversicht, er wolle und könne die Geschichte so echt wie nur möglich verfilmen. Er stehe in Verbindung mit einer ökumenischen wissenschaftlichen Gruppe, die in Jerusalem dauernd Untersuchungen vornimmt, und in der sich sowohl katholische wie protestantische und orthodoxe Wissenschaftler befinden.

DAS 1. EVANGELIUM MATTHÄUS
IL VANGELO SECONDO MATTEO, I/F 1964, s/w, 136 Min.
In Anlehnung an das Matthäus-Evangelium entwirft Pier Paolo Pasolini ein Jesusbild, das vor allem den sozialen Aspekt der Botschaft Jesu betont. Pasolini geht es um eine Re-Mythisierung als Wiedergewinnung der Perspektive des Volkes. Pasolinis Film unterscheidet sich von monumentalen amerikanischen Jesusfilmen durch seine karge, stilisierte Form.

Dem Matthäus-Evangelium folgend, entwirft Pasolini ein individuell getöntes Bild der Heilsgeschichte, in dem besonders der soziale Aspekt der Botschaft Christi herausgearbeitet wird.

Die Grundlage des Films ist das Matthäusevangelium: von der Engelerscheinung am Anfang bis zum Kreuzestod Christi. Bei der Verfilmung geht es darum, das Leiden und Sterben und die Auferstehung Christi zur Besinnung zu führen.

> *»Alle meine Werke sind im Grunde religiöse Werke. Ich stehe in der irrationalen Versuchung, an Gott zu glauben, aber bisher bin ich nicht so weit gekommen.«*[201]

Pier Paolo Pasolinis Film unterscheidet sich von monumentalen amerikanischen Jesusfilmen durch seine karge, stilisierte Form. Über die Wahl seines Hauptdarstellers, eines spanischen Studenten, sagte Pasolini:

> *»Ich wollte keinen Christus mit kränklichen Gesichtszügen und einem süßen Blick wie auf den Bildern der Renaissance. Ich wollte einen Christus, wie ihn auch das Mittelalter kannte, einen, der Kraft und Entscheidungswillen ausdrückt, ein Gesicht jedenfalls, das zu den trockenen und steinigen Orten passt, an denen er predigen wird.«*

---

200 Zit. nach fd Film-Dienst 49 vom 5. Dez. 1962.
201 Zit. nach: Mörchen, Roland: Marxisten und Christen ein Ärgernis. Der Regisseur Pier Paolo Pasolini und die Religion. In: Luth. Monatshefte 1987 (26. Jahrg.), 393.

Pasolini meint nicht die von der Kirche dogmatisierte und deshalb erstarrte bürgerliche Religion, sondern sieht in Religion eine Möglichkeit, in der der Mensch nach Erlösung sucht. Deshalb zeigt Pier Paolo Pasolini den Menschen Jesus, der einen »unstillbaren Hunger nach Wissen« verspürt. Pier Paolo Pasolini soll in Assisi seine Bibellesen mit dem ersten Evangelium begonnen haben. Bereits nach sechs Seiten Lektüre habe für ihn festgestanden, daraus einen Film zu machen.[202]

Pier Paolo Pasolini ist vom Matthäus-Evangelium fasziniert,

> »weil es ... das einzige war, das eine ›national-populäre epische‹ Qualität besaß. ›Das des Markus erschien zu roh (...), das des Johannes zu mystisch und das des Lukas sentimental und bürgerlich‹.«[203]

Pier Paolo Pasolini interessiert an Matthäus besonders die sozialen Bezüge und die zeitlos aktuelle Botschaft Jesu.

Pier Paolo Pasolini über sein Film-Vorhaben:

> »Meine Idee ist folgende: Das Evangelium nach Matthäus Punkt für Punkt verfolgen, ohne daraus ein Drehbuch oder eine Umarbeitung zu machen. Es getreu in Bilder umsetzen, indem man ohne Auslassung oder Hinzufügung der Erzählung folgt. Auch die Dialoge sollten streng die vom Apostel Matthäus sein, sogar ohne einen Satz der Erklärung oder Überleitung: Denn kein eingefügtes Bild könnte auf gleicher poetischer Höhe mit dem Text sein.«[204]

Pier Paolo Pasolini nennt seine Zielsetzung. Er möchte »*allen ein Leben vorführen, das ein – wenn auch unerreichbares – Vorbild für alle ist.*«[205]

Pier Paolo Pasolini will den Kontrast zwischen der Armut des einfachen Volkes, der Hochmut der Reichen und der Barmherzigkeit Jesu herausarbeiten. Deshalb zieht sich Jesus im Film mehr und mehr zurück, die Hauptrolle übernimmt das einfache Volk, das in Jesus den Erlöser sieht.

Pier Paolo Pasolini bekennt: »*Ich glaube, dass Christus göttlich ist. Das heißt, ... dass die Menschlichkeit in ihm eine so hohe und ideale Form angenommen hat, dass sie über die gewöhnlichen Begriffe von Menschlichkeit hinausgeht.*«[206]

Vom Jesus-Film zum Schauspiel: Das 1. Evangelium frei nach dem Matthäus-Evangelium Kay Voges setzt 2018 frei nach Matthäus und Pasolini die Passionsgeschichte als B-Movie in Szene. Die Theaterbesucher werden in Stuttgart

---

202 Vgl. Naldini, Nico (Hg.): Pier Paolo Pasolini, »Ich bin eine Kraft des Vergangenen ...«. Berlin 1991, 236.
203 Rusconi, Marisa: 4 Registri al magnetofono. In: Sipario, Okt. 1964 (zit. nach: Green, Naomi: Pier Paolo Pasolini, 72. Übersetzung von Reinhold Zwick. In: Ders., Evangelienrezeption im Jesusfilm. Würzburg 1997, 91.
204 Pier Paolo Pasolini, in: Siciliano, Enzo (1985): Pasolini. Frankfurt a. M., 346.
205 Pier Paolo Pasolini, in: Siciliano, Enzo, a. a. O., 346.
206 Pier Paolo Pasolini, in: Siciliano, Enzo, a. a. O., 346.

eingestimmt mit ringsherum rot strahlenden Lichtern. Die Feierlichkeit der »Kathedrale« wird mit Auszügen aus Bachs Matthäus-Passion unterstrichen. Gleichzeitig werden vier oder fünf Szenen gezeigt: die kreiselnde Drehbühne, eine Kammer als Andachtsraum für Heiligenskulpturen, vorne und hinten große Leinwände, Budenzauber, Sampling, Live-Kamera, Split Stage. Jesus tritt auf als Erlöser, Drogenrasender, Psychotiker, Superman, Regisseur, Liebender, Revoluzzer und Mensch.

Aus einem Gespräch mit Kai Voges:

> »*Ursprünglich wollte ich ja mal Prediger werden. (...) Ich frage mich: Wo beginnt die Passion Christi? Beim Abendmahl? Oder beginnt die Passion nicht schon bei der Geburt? Ist die Passion eine Form von Leben? Der Lebensweg eines Suchenden, eines Zweifelnden – von Jesus, der in der Wüste sitzt und 40 Tage zweifelt? Ist die Passion nicht auch der Weg eines Tobenden, eines Hassenden, der mit der Geißel durch den Tempel läuft? Und auch der Weg eines Liebenden, eines Verzweifelnden, eines Ängstlichen wie im Garten Gethsemane? All diese Stationen funktionieren wie ein archaisches Urbild, wie ein Archetypus von Menschsein. (...) Pasolini und Fred Holland Day sind die Paten für die Auseinandersetzung auf der Bühne. Wir erzählen die Passion Christi nicht einfach nach, sondern unternehmen den Versuch, die Passionsgeschichte immer wieder neu zu erzählen. (...) Ich möchte der Stimulierer sein, der die Zuschauer dazu bringt, ihre eigene Geschichte zu entwickeln.*«[207]

Bewertung Zuschauer fühlten sich bei einer Aufführung in Stuttgart überrannt von der Materialschlacht mit Bildern und Tönen: Etwa ein Drittel verlässt während der laufenden Aufführung oder in der Pause das Theater.[208]

In der Presse wurde die Aufführung mehrheitlich gelobt:

> »*Keine Heilsbotschaft, aber eine »Geschichte vom Glauben an die Kunst, vom Wahn, vom Zweifel«. Sehenswert!*«[209]
> »*Das Ergebnis ist streitbar und sehenswert: Es gibt keine Wahrheit, sondern nur Perspektiven. Kein Erklärtheater, sondern ein verwirrendes, animierendes Angebot an Sichtweisen.*«[210]

Die Bibel als Drehbuchvorlage eignet sich offensichtlich gut für das Monumentalkino. Hier vernachlässigen die Filme narrative Elemente, bevorzugen dagegen Materialschlachten mit Massenszenen und aufwendigen Kulissen. Die meisten Kolossalgemälde und Historienspektakel dauern länger als 120 Minuten.

Das erfundene Breitwandverfahren Cinemascope eröffnet auch dem Bibel-Film neue Möglichkeiten und Dimensionen, Massenszenen (oft mit mehr als 5000 Komparsen) und Monumentaleffekte zu produzieren und damit die Schaulust der Besucher zu befriedigen.

---

207 Zit. nach: Schauspiel Stuttgart: Programmheft Nr. 8. Spielzeit 2017/2018. Das 1. Evangelium – frei nach dem Matthäus-Evangelium, 6 ff.
208 So hat der Autor eine Aufführung in Stuttgart am 18.3.2018 erlebt.
209 Golombek, Nicole, in: Stuttgarter Nachrichten (20.1.2018).
210 Burkhard, Otto Paul, in: Südwest Presse (22.1.2018).

Das Hollywood-Kino der 50er Jahre mit seinen Monumental- und Bibelfilmen stürzt sich auf antike Themen: biblische, ägyptische, römische, punische, griechische Motive werden ausgeschlachtet.

Melodramatische Aspekte, Anspielungen auf populäre Motive, Intrigen und das Auskosten der Grausamkeiten sollen das Publikum befriedigen.

Bei der Tagung in Arnoldhain im November **1965**, zu der das Filmwerk der Evangelischen Kirche in Deutschland und die Evangelische Akademie von Hessen und Nassau einluden, ging man der umstrittenen Frage nach, ob es möglich und erlaubt sei, das Leben Christi auf die Leinwand zu bringen.

Theo Fürstenau, Leiter der Filmbewertungsstelle Wiesbaden, äußert sich kritisch:

> »*Bibelfilme sind ein altbekanntes Ärgernis. Das Leben Christi als kleinbürgerliches Genre, als leere Erbauung auf Öldruck, im 19. Jahrhundert in seiner negativsten Prägung: wer will das noch sehen?*«[211]

Bei den »Festwochen des religiösen Films«, die **1966** in Aachen stattfinden, stellt man folgende kritische Fragen: Was sind Kennzeichen des religiösen Films? Sind die Monstre-Filme zu Sujets aus der Bibel religiöse Filme? Soll ein religiöser Film Heilige und Priester als Helden vorstellen?

Muss der religiöse Film erbauen?

JESÚS, NUESTRO SEÑOR
JESUS, OUR LORD, MX 1971, P: Company: Panorama Films, R: Miquel Zacarías, 115 Min.
Inhalt Die Filmhandlung beginnt mit dem Wirken von Johannes (Narciso Busquets), seine Predigten und Taufen. Es folgen die bekannten Stationen aus Jesu Leben (Claudio Brook): Taufe durch Johannes, Wunder (Hochzeit zu Kana, Blindenheilung, Brotvermehrung, Totenauferweckung u. a.), das letzte Abendmahl, Verrat durch Judas (Juan Gallardo), Passion, Kreuzigung, Auferstehung und Himmelfahrt.

Hintergrund Miquel Zacarías verwendet bekannte Gemälde: Filippo Lippis »Anbetung des Kindes« und El Grecos »Entkleidung Christi«. Teile des Films erinnern an DeMille's THE KING OF KINGS, z. B. die Szene, als Maria Magdalena unbedingt Jesus sehen will und ihm in einem Wagen nach eilt, hier gezogen aber nur von einem Pferd. Miquel Zacarías schenkt Frauen eine größere Bedeutung: Maria führt ein längeres Gespräch mit Jesus, ferner die Rol-

---

211 Zit. nach Gerber, Hermann: Christliche Superlative. Gedanken zur Problematik der »Bibelfilme«. In: epd Kirche und Film, Nr. 11 vom November 1965.

len von Maria Magdalena, Herodias und ihrer Tochter, der Witwe von Nain, der unbekannten Frau, die beim Ehebruch ertappt wurde, Jairus, der Frau von Pontius Pilatus.

Miguel Zacarías dreht die Filme JESÚS, EL NIÑO DIOS (MX 1971, Thema: die Geburt Jesu), und JESÚS, MARÍA Y JOSÉ (MX 1972, Thema: die Kindheit Jesu).

Bemerkung Miquel Zacarías will den religiösen Gehalt seines Filmes unterstreichen, z. B. bei Jesu Taufe durch Johannes verwandelt sich die Gestalt Jesu in eine weiße Taube, die auf die Spitze eines Berges fliegt und dann wieder menschliche Gestalt annimmt. Nach seiner Auferstehung hat Jesus immer noch die blutigen Spuren der Geißelung im Gesicht.

DER MESSIAS
IL MESSIA/LE MESSIE, F/I 1975, R: Roberto Rossellini, 145 Min.
Angesprochene Themen Neues Testament, Bibel- und Historienfilm.
Aus dem Inhalt

(0:00:00) Alttestamentlicher Vorspann
Erzähler: *Elfhundert Jahre vor Christus, nach ihrer Flucht aus der Sklaverei Ägyptens, irrten die Stämme der Kinder Israels 40 Jahre umher ...*
Episode: Die Salbung Sauls zum König.
Erzähler: *Doch während der tausend Jahre haben die Propheten immer wieder die Hoffnung in dem demütigen Volk Israel genährt: auf einen gerechten König, auf einen Messias, der ganz bestimmt kommen wird.*
(0:13:40) Die drei Weisen informieren Herodes (Vittorio Caprioli) über die Geburt vom neugeborenen Retter.
Herodes: *Ein neuer König in meinem Land?*
(0:15:58) Die Warnung: *Fürchte dich vor Herodes!*
(0:17:40) Der Kindermord
(0:18:00) Der Tod des Herodes
(0:22:20) Jesus, Maria und Josef beim Passahfest in Jerusalem
Maria zu Jesus: *Heute ist ein wichtiger Tag für dich.*
(0:24:50) Der zwölfjährige Jesus im Tempel.
Eltern: *Warum hast du das getan? Wir haben dich überall gesucht.*
Jesus: *Wusstet ihr nicht, dass ich im Hause meines Vaters sein muss?*

Vergleich zur Bibel Roberto Rosselini erweitert die verwendeten biblischen Texte der synoptischen Tradition: Da in den Evangelien über Jesu Kindheit kaum berichtet wird, »erfindet« Rosselini Szenen, z. B. Maria wird nicht nur als Mutter, sondern als Jesu Lehrerin dargestellt. Vor dem Zelt der Familie, das auf dem Tempelgelände aufgestellt ist, zieht Maria den Knaben Jesus an. Dabei erläutert sie ihm die Bedeutung der jüdischen Tradition von diesem Tag: Jesus wird zum ersten Mal den »tallit« (Gebetsschal) tragen und damit den rituellen Übergang vom Kind zum Mann vollziehen. Der Vater Josef sucht gemeinsam mit seinem Sohn ein Lamm für das Pessachopfer aus, um das rituelle Opfer durchzuführen. Rosselini lässt Jesus biblische Originaltexte sprechen und die anderen Figuren freier und erweiterte Dialogtexte wechseln. Er lässt Jesus die Aussage über die Ehescheidung in der Bergpredigt hinzufügen »*außer in Sonderfällen.*« (Vgl. die Biographie von Rosselini: Aus der Beziehung zwischen ihm und der Schauspielerin Ingrid Bergmann wurde 1950 ihr erstes gemeinsames Kind geboren, obwohl Bergmann zur Zeit der Geburt noch verheiratet und nicht geschieden war.) Die vier Evangelien werden als Drehbuchvorlagen unkritisch verwendet, eine besondere Rolle wird dem Täufer Johannes eingeräumt. Die Evangelien werden unterschiedlich aufgegriffen: das Markus-Evangelium wird sparsam zu Rahmenszenen verwendet, das Matthäusevangelium liefert mit dem »Redegut« einzelne Vorlagen, das Lukas- und Johannesevangelium bilden die wichtigsten Quellen. Rosselini wertet die Person des Täufers auf: Er ist nicht nur der Vorläufer Jesu, sondern eigenständiger Kämpfer für Freiheit und Gleichheit:

> »*Mir das Leben nehmen? Ich habe keine Angst! Denn wisse: Mich erwartet das Himmelreich. Mich gefangen halten? Was macht es mir denn aus, Ketten zu tragen, wenn mein Geist frei ist? Nein, Tetrarch, ich bin frei und du nicht! Deine Krone gibt dir Befehle und du musst gehorchen.*«

Erst der Tod des Täufers motiviert Jesus, in der Öffentlichkeit zu wirken.

Roberto Rossellini zeigt, wie die Jäger aus ihrer passiven Tätigkeit des Zuhörens und Lernens aktiv im Sendungsbewusstsein die Worte Jesu weitergeben oder mit den Pharisäern mutig streiten.

Roberto Rossellini wertet die Frauen von der reinen Zuschauerrolle zu aktiv handelnden Personen auf, z. B. am Grabe des Auferstandenen. Maria aus Magdala kommt am ersten Tag der Woche, als es noch dunkel war, zur Gruft und sieht den Stein weggenommen. Aufgeregt läuft sie zu Simon Petrus und zu den anderen Jüngern und klagt: »Sie haben den Herrn weggenommen.« (vgl. Joh 20, 1 ff.)

Nach biblischer Überlieferung laufen Petrus und Johannes (vgl. Joh 20, 4) zum Grab.

Roberto Rosselini lässt die Frauen zum Grab eilen. Als sie das Grab leer vorfinden, glauben sie an die Auferstehung Jesu und sprechen Dankgebete. Maria folgt ihrem Sohn nach, als er aus der Synagoge vertrieben wird (vgl. Lk 3, 16–18). Die gehört zum Kreis seiner Anhänger.

Im Film verkündet und lebt Jesus vorbildlich Freiheit und Geschwisterlichkeit, steht in Konflikt seiner Sendung als Messias und der damaligen Politik der Herrschenden, versteht sich von Anfang an als Messias. (vgl. Joh 2. 13 16; Joh 4. 4–29). Jesus versteht seine Sendung universal, unterstützt die Frauen in ihrer aktiven Rolle, wendet sich besonders den Sündern zu und gewährt Barmherzigkeit.

Im gleichen Jahr 1975 kommt das italienische Bibel-Epos heraus:
MOSES: DIE ZEHN GEBOTE
MOSES THE LAWGIVER, R: Gianfranco De Bosio, 360 Min.
Deutsche Erstausstrahlung 12.03.1979 ARD
Kurzinhalt Der Film greift bekannte Stationen aus dem Leben von Mose heraus: Pharao Ramses II. (Mario Ferrari) lässt Frauen versklaven und Männer töten. Nur Jochebel hat ihr Kind in einem Weidenkörbchen ausgesetzt. Die ägyptische Prinzessin Bithia (Mariangela Melato) findet den kleinen Moses (Burt Lancaster; als Kind: William Lancaster).

Bewertung Der Film ist in erster Linie an der Darstellung von bunten Abenteuern interessiert.

Abb. 75: Still aus JESUS VON NAZARETH (I/GB 1976/1977) Zeffirellis Film über das Leben Jesu Christi (Robert Powell) entstand nach einem Drehbuch von Anthony Burgess.

JESUS VON NAZARETH
GESU DI NAZARETH/JESUS OF NAZARETH, I/GB 1976/1977
R: Franco Zeffirelli, 270 Min./135 Min. Kinofassung
Kurzinhalt Die Fernsehproduktion ist in vier Teile gegliedert:
Teil 1: Geburt und Jugend, Teil 2: Wunder und Zeichen, Teil 3: Einzug in Jerusalem, Teil 4: Tod und Auferstehung.

Die Verfilmung folgt im Wesentlichen nach dem Johannes-Evangelium, enthält aber auch erfundene Szenen und Dialoge. Zeffirellis Film über das Leben Jesu Christi entstand nach einem Drehbuch von Anthony Burgess.

Besondere Merkmale Franco Zeffirelli verwendet das Drehbuch von Anthony Burgess, eine harmonisierende Fassung der Evangelienrezeption und Texte aus der Apokryphe »Protevangelium des Jakobus« (ca. 150 n. Chr.). Das ursprünglich sechsstündige Werk beginnt mit Marias Verlobung und endet mit der Auferstehung Jesu. Zeffirelli zeigt einen jüdischen Jesus: Seine jüdische Herkunft, Besuch der Synagoge, Jesu jüdische Rituale (Beschneidung, Bar Mitzwa). Judas wird Opfer einer Intrige. Zeffirelli erreicht die Überhöhung Christi durch supranaturalistisches Licht. Er zeichnet Jesu Äußeres in der Tradition der populären Christusdarstellung der Nazarener Ikonografie und greift für seine Kreuzigungsszene auf Maler zurück: Franco Zeffirelli erwarb das Gemälde »Die Kreuzigung« von Antonello da Messina (1475). Hier wird Jesus in der Mitte auf ein perfektes Kreuz genagelt. Neben ihm werden zwei Diebe an Bäumen aufgehängt.

Zeffirelli lässt seinen Film enden mit Jesu Worten: »*Ich bin mit euch – jeden Tag bis ans Ende der Zeit.*«

Das Werk wurde mit 240 Schauspielern und vielen Komparsen in Marokko inszeniert.

In seinem Filmtagebuch vermerkt Franco Zeffirelli:

> »*In dem Maße wie das Unternehmen voranschritt ..., wurde uns allen klar, dass etwas wie ein Wunder im Entstehen war. Plötzlich bildete sich um diesen Mann herum ein Bild (Image), für das er das Medium war. Ein fremdartiges Licht kam auf ihn herab.*«[212]

3.1.4 Drei neue Akzente in den 70er Jahren: Musicals – Transfigurationen – Christus inkognito

In den 70er Jahren wird Abstand genommen von der Bibelverfilmung als Monumentalmachwerk. Die Frage nach der Übertragbarkeit biblischer Inhalte wird bezweifelt.

Die große Zeit der Bibel-Verfilmungen, der Verfilmungen des Lebens und Sterbens Christi, scheint seit etwa 1970 vorbei zu sein. Oft werden jetzt nur einzelne religiöse Motive eingearbeitet. Es handelt sich nicht um Bibelfilme im engeren Sinne, um Darstellungen des Lebens Jesu, sondern es geht um »Jesus-Transfigurationen«, um Umsetzungen und Neuinterpretationen der Gestalt Jesu. Oft werden nur einzelne religiöse Motive eingearbeitet, z. B. der Leidensweg Jesu ist Vorbild für zahlreiche Gefangenenfilme: Stuart Rosenbergs DER UNBEUGSAME (COOL HAND LUKE, US. 1966). Der Film nach einem Roman von Donn Pearce macht den amerikanischen Song Plastic Jesus von Ed Rush und George Cromarty bekannt. Luke Jackson (Paul Newman) singt den Song als Klagelied auf seine verstorbene Mutter Arletta (Jo Van Fleet): »*I don't care

---

212 Zit. nach: »Papst Paul VI. half mit: Franco Zeffirelli über seinen Film »Jesus von Nazareth«. Vorlesung an der Päpstlichen Lateranuniversität in Rom. In. ZENIT. Die Welt von Rom aus gesehen. 9. November 2007 (auch Internet: http://www.zenit.org/de/articles/papst-paul-vi-half-mit-franco-zeffirelli-uber-seinen-film-jesus-von-nazareth (Zugriff 10.10.2013).

if it rains or freezes, 'long as I got my Plastic Jesus, sitting on the dashboard of my car. Comes in colors, pink and pleasant Glows in the dark, it's iridescent Take it with ya' when you travel far.«

Transfigurationen lassen sich zeigen an christusähnlichen Filmfiguren, die den Glauben an Jesus als den Christus implizit bestätigen.

Musicals

In den **70er Jahren** gewinnt das Jesus-Musical an Bedeutung: die Hippie-Bewegung nimmt Einfluss bei der Suche nach neuen Sinngebungen. Die Jugendkultur (ebenfalls die Jesus-People-Bewegung) in den USA entdeckte Jesus als neue Hoffnungsgestalt. Die Jesus-Renaissance der »Flower-Power« Bewegung wird deutlich in Filmen als Show-Ereignis wie

- JESUS CHRIST SUPERSTAR (US. 1972, R: Norman Jewison),
- GODSPELL (US. 1973, R: David Greene),
- THE GOSPEL ROAD (US. 1973, R: David Greene),
- HAIR (US. 1976, R: Milos Forman; TV: ARTE 30.12.1993; RTL 2 Karfreitag 1994 u. Heiligabend 1994),
- JOSEPH AND THE AMAZING TECHNICOLOR DREAMCOAT (US. 1999, R: Andrew Lloyd Webber/Tim Rice).

Inhalt Die im Frühjahr 1967 uraufgeführte »Rock Opera«: »Joseph and the Amazing Technicolor Dreamcoat« von Andrew Lloyd Webber (M) und Tim Rice (Text) versucht, den bekannten Josephstoff in einer modernen Instrumentierung mit einer Mischung von Soft-Beat, Schlager und Folklore den Zuhörern näherzubringen. Dabei tragen Traumdeutung am Hof des Pharao und Becherszene besonderes Gewicht. Ursprünglich haben Andrew Lloyd Webber und Tim Rice »Joseph« 1968 als kurze, nur 15-minütige »Pop-Kantate« für Kinder geschrieben. Sie wollten damit junge Schüler an einer Schule in England zur Musik heranführen und sie dafür begeistern.

Im ersten Lied »Jakob and Sons/Joseph's Coat« (Akt I) wird Jakob als Beispiel für einen vorbildlichen Familienvater gelobt: *»Jacob lived in the land of Canaan, a fine example of a family man.«*

Im zweiten Teil des ersten Liedes werden Josefs Besonderheit und sein schöner Mantel beschrieben. Josef wird als Jakobs Lieblingssohn vorgestellt:

»Joseph's mother, she was quite my favourite wife.
I never really loved another all my life.
Joseph was my joy because he reminded me of her.
Through young Joseph, Jacob lived his youth again
Loved him, praised him, gave him all he could,
But then it made the rest feel second best and even if they were.
Joseph, he was Jacob's favourite son.

> *Of all the familiy, Joseph was the special one.*
> *So Jacob was his sign of coat ... a multi-coloured coat to wear.*
> *Joseph's coat was elegance ...«*

Im fünften Lied wird zunächst der Gegensatz zwischen Potifar und seiner Frau besungen: Potifar als korrekter tüchtiger Geschäftsmann: »*He was one of Egypt's millionaires*« – seine Frau dagegen »*beautiful but evil*«.

In der Verführungsszene bedrängt die Frau Josef jeden Morgen:

> *»Joseph's looks and handsome figure had attracted her attention*
> *Ev'ry morning she would beckon: Come and lie with me, love.*
> *Joseph wanted to resist her, till one day she proved too eager.*
> *Joseph cried in his household, maximum promotion:*
> *Please stop! I don't believe in free love!«*

Potifar beklagt sein Schicksal. Ihm wird klar, dass Geld ihn nicht glücklich macht.

> *»Potiphar was counting shekels. In his den below the bedroom*
> *When he heard a mighty rumpus clattering above him.*
> *Suddenly he knew his riches. Couldn't buy him what he wanted.*
> *Gold would never make him happy*
> *If she didn't love him.«*

Die biblische Aussage wird verlassen. Der »Dreamcoat« wird zum amerikanischen Traum und zum universellen Traum des Erwachsen-Werdens. Auf diesem Weg sind oft Probleme zu lösen, die es in manchen Familien gibt: z. B. Neid, Hass, Bevorzugungen u. a. Der Film fordert auf: Nimm dein Leben selbst in die Hand!

Die »Rock Opera« beinhaltet eine Anzahl von Parodien: z. B. Benjamin auf Harry Belafonte und Pharao auf Elvis Presley.

JESUS CHRIST SUPERSTAR
US. 1972, R: Norman Jewison; nach dem Musical von Andrew Lloyd Webber, 107 Min.
Eine Gruppe junger Leute spielt in der Negev-Wüste, in den Ruinen antiker Bauten, Stationen der Passion Jesu nach. Dieser nach der gleichnamigen Rock-Oper gedrehte Film entmythologisiert Jesu Passion und betont den Menschen Jesus.
   (Filmbeschreibung S. 318 f.)

JESUS CHRIST SUPERSTAR
England 2000, R: Gale Edwards, Simon Lee (musikalische Leitung).
Im Gegensatz zu der Filmfassung von 1972, gedreht in der Negev-Wüste, erscheint Jesus in der Bühnenfassung (England 2000) nicht mehr als Student.
   (Filmbeschreibung S. 319)

JESUS CHRIST SUPERSTAR – LIVE IN CONCERT
US. 2019, R: David Leveaux, Alex Rudzinski, D: Alice Cooper (Herodes Antipas), John Legend (Jesus Christus), Sara Bareilles (Maria Magdalena), Bran-

don Victor Dixon (Judas Iskariot), Ben Daniels (Pontius Pilatus), Norm Lewis (Kajaphas), Jason Tam (Simon Petrus), Jin Ha (Hannas)

Inhalt Gespielt wird vor der Kulisse eines Off-Theaters in Brooklyn. Hier sollen drei Welten in einem Gesamtkunstwerk oder auch Spektakel vereinigt sein: Musical, Fernsehshow und Rockkonzert. Die TV-Version der Aufführung war 13-mal für den Emmy Award nominiert und gewann fünf Emmys. Seit fünfzig Jahren gibt es zahlreiche Bühnenadaptionen: »Jesus Christ Superstar« wurde in rund 20 Ländern aufgeführt und in 18 Sprachen übersetzt.

1976 weist Eckhard Bieger eindrücklich darauf hin, warum Bibelfilme oft als »Fehlschlag« bewertet werden und mahnt an:

> *»Die Produzenten und Regisseure haben auf Grund eines fundamentalen Irrtums die Sache verfehlt. Sie wollen ein lebendiges, anschauliches Bild der Geschehnisse auf die Leinwand bringen. Der Versuch, es so darzustellen, wie es war, scheitert an der Struktur der biblischen Überlieferung. Diese ist jeweils eine Neuerzählung für den Zuhörer, …Verfilmungen biblischer Stoffe können nur gelingen, wenn sie das Alte neu erzählen, nicht eine Geschichte des »damals«, sondern für das »Heute« erzählen. Erst dann werden sie die Aussageabsicht der biblischen Texte erfassen. Es ist dann durchaus möglich, die Geschichte Jesu filmisch zu erzählen. …*
>
> *Ein Film über Jesus oder einen Christen bedient sich im Übrigen derselben Mittel wie ein Evangelist. Das wichtigste Gestaltungsmittel auch der Evangelisten ist die Montage. … Eine Theologie des Films … kann es nicht im erwünschten Sinne geben; wohl aber einen von der Bibelwissenschaft belehrten Zugang zum einzelnen Film.«*[213]

Der Neutestamentler Ferdinand Hahn nennt **1978** bei einer Tagung der Katholischen Akademie in Bayern zum Thema »Jesus im Film« die Probleme:

> *»Mit der filmischen Wiedergabe biblischer Texte verbindet sich zudem noch eine ganz besondere Gefahr: die der unsachgemäßen Verobjektivierung. Denn die Filmgestaltung wird sich bemühen, in gewisser Hinsicht möglichst eng am neutestamentlichen Text zu bleiben. Dabei wird dann aber sehr leicht das, was Glaubensaussage ist, in konkrete Wirklichkeit umgesetzt, so dass dies im Extremfall sogar zu einer Mythisierung der Wirklichkeit führen kann, die der wahren Menschlichkeit Jesu gar nicht mehr gerecht wird.«*[214]

Transfigurationen

Bereits Stummfilme haben versucht, das Leben und die Passion Jesu auf historische Personen zu übertragen bzw. zu aktualisieren, z. B.:

---

213 Bieger, Eckhard: Gibt es eine Theologie des Films? In: film-dienst vom 7. Dez. 1976, 2 ff.
214 Hahn, Ferdinand, in: zur debatte, Nr. 5, 1978, 16.

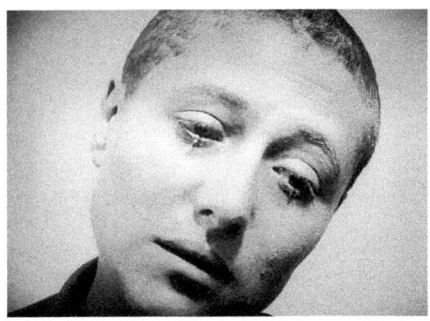

Abb. 76: Still aus LA PASSION DE JEANNE D'ARC (F 1927/1928, R: Carl Theodor Dreyer). Jeanne (Maria Flaconetti) muss wie Jesus eine Passion erleiden.

LA PASSION DE JEANNE D'ARC

F 1927/1928, P: Société Générale de Films, R: Carl Theodor Dreyer, 110 Min.
Der Film schildert die Gerichtsverhandlung, die Aburteilung und die Hinrichtung auf dem Scheiterhaufen der Jeanne d'Arc (etwa 1410/1412–1431).

Angesprochene Themen Christus incognito, Legendenbildungen, Heiligenverehrung.

Carl Theodor Dreyer über seine Filme:

> »*Es ist das Leiden, das das Hauptthema in vielen meiner Filme ist. Leiden bedeutet immer Veredelung.*«[215]

Der Film schildert die Gerichtsverhandlung, die Aburteilung und die Hinrichtung auf dem Scheiterhaufen der Jeanne d'Arc (etwa 1410/12–1431).
Die Zwischentexte sind den Prozessakten entnommen.
Es lassen sich deutliche Parallelen zur Passionsgeschichte Jesu aufzeigen:[216]
Johannas Kindheit im lothringischen Dorf Donremy. Im Stall hat die junge Johanna ihren ersten geistlichen Auftritt. Johanna findet zunächst begeisterte Folgschaft.
Immer mehr Menschen glauben an ihre Worte. Johanna ist voll der Gnade, voll des Heiligen Geistes. »*Vertraut mir, schlaft!*« Sie muss wieder die schlafenden Jünger wecken, als es in den Kampf geht. Johanna steht den Männern in der Inquisition gegenüber.
Über die Engländer (die bösen Mächte) ruft sie deutlich ihr »*Weh!*«
Johanna bei der Huldigung des neuen Königs: »*Es ist vollbracht!*«

---

215 Drum & Drum, Jean und Dale D.: My only great Passion – The life and Films of Carl Th. Dreyer, The Scarecrow Press, Lanham, Maryland, London, 2000, 139 f.
216 Die Zwischentexte sind dem Film entnommen. Gekürzt aus Tiemann, Manfred (2002), 169 ff.

Priester: *Ich hole die Sakramente. Sage mir bitte, wie Du noch immer glauben kannst, dass Gott Dich zu uns sandte?*
Johanna: *Seine Wege sind nicht unsere Wege und ich bin sein Kind. Und der große Sieg mein Martyrium!*
Priester: *Und deine Befreiung? Der Tod? Möchtest du beichten? Corpus Domini nostri Jesu Christi custodiat animan tuam in vitam aeternam. Amen. Jeanne, Du musst jetzt tapfer sein! – deine letzte Stunde ist gekommen!*
Johanna: *Jesus, lieber Jesus für Dich sterbe ich gern, aber lass mich bitte nicht so lange leiden ... werde ich heute Abend bei Dir im Paradiese sein?*

Auch formal lassen sich Parallelen zur Passion Jesu erkennen:

Das Verhör der Priester in der Kerkerzelle. Die Wärter verspotten sie am Marterpfahl mit einer Strohkrone als »fille de dieu«. Carl Theodor Dreyer verwendet Stilmittel des filmischen Existenzialismus und des Realismus. Die Großaufnahmen, die Gesichtszüge und der Blick von Johanna lassen den Zuschauer mitleiden. Durch die vielen »Close-Ups« erfährt der Zuschauer die Brutalität der Scene, der er nicht ausweichen kann.

Seine Symbolsprache ist deutlich zu erkennen, z. B.: Vor ihrer Verbrennung klammert sich Johanna an dem Kreuz fest, das ihr kurz zuvor gereicht wurde. Es ist ein Kolben-, Knospen- oder Apfelkreuz mit drei knollenartigen Auswüchsen (Kugeln) an seinen Enden. Es steht als Bild für den »Baum des Lebens« und als Zeichen des Lebens gegen den Tod.

Nach den Dreharbeiten zu LA PASSION DE JEANNE D'ARC hatte Carl Theodor Dreyer einen Jesusfilm geplant: JESUS OF NAZARETH. Zu seinem fast fertigen Drehbuch nennt er seine Ziele:

> »Der Zweck dieses Films muss sein, das Jesusbild aus dem Kirchendüster in die Natur zu holen, in der Jesus selbst gerne unterwegs war, und diesen Jesus zu zeigen, der nicht in den Wolken schwebte, sondern als Mensch auf der Erde wandelte, in dem sich die schöpferische Fähigkeit, die jeder menschlichen Seele innewohnt, in Formen entfaltete, wie sie nie zuvor oder seitdem in der Geschichte gesehen wurden.«[217]

Jesus als das Lamm Gottes findet Entsprechungen in
ZUM BEISPIEL BALTHASAR (AU HASARD BALTHAZAR, F/SE 1965, R: Robert Bresson).
Angesprochene Themen Opferbereitschaft – Ausgeliefertsein, Verlust von Individualität und sozialer Verantwortung, Abwesenheit eines gerechten Gottes, Egoismus: Leben auf Kosten der Gemeinschaft, Lebenshoffnungen, Ausweglosigkeit: Leben ohne Hoffnung und Aussicht auf Besserung.

---

217 Zit. nach Nannestad Jørgensens, Lisbeth: »Jesus på film – en balancegang mellem afmagt og overmod«, in: Kosmorama, No. 35, Frühjahr 1989.

Inhalt Um das Schicksal eines meist verachteten und geschundenen Esels (Bathasar) ranken sich episodisch die Schicksale des jungen Mädchens Marie (Anne Wiazemsky, der Tochter des Dorflehrers, des Nachbarjungen, deren Eltern und anderer.

Aus einzelnen Dialogen:

Marie zum Vater: *Schenk ihn mir! Wir müssen ihn haben!*
Vater: *Nein, Kinder, das geht nicht!*

Dennoch bleibt der Esel bei den Kindern. Die Kinder spielen mit ihm. Es erfolgen sogar Namensgebung und Taufe.
Marie: *Balthasar, ich taufe dich im Namen des Vaters und des Sohnes und des Heiligen Geistes. Amen. ... Nimm das Salz der Weisheit entgegen!*

Die Jahre vergehen. Als Maries Lebenshoffnungen immer mehr zerbrechen, als sie die Not unerfüllter, missverständlicher Liebe kennenlernt, beginnt parallel erzählt auch der Leidensweg des Esels. In der Parabel wird die Analogie zur Passion Jesu deutlich: Der Esel ist verurteilt, schwere Karren zu ziehen. Als sich ein Rad im herabfallenden Stroh verfängt, kippt der Karren um. Der Schuldige wird gleich ausgemacht. *Das ist er!* Der Esel wird gejagt. Die Jugendlichen der Bande verspotten den Lehrer: *Hübsch, so ein Esel! Und schnell! So modern!* Sie beobachten Marie bei ihrem Esel im Stall: *Sie liebt ihn bestimmt. – Wie er auch! – Meinst du das ernst? – Sicher! – Einen Esel.*
Der Esel wird getreten, geschlagen und gequält: Gérard (François Lafarge) bindet eine Zeitung an den Schwanz des Esels und zündet diese an. Der Esel darf bei einer Prozession den Tabernakel durch das Dorf tragen.
Der Priester (Jean-Joel Barbier) liest dem Lehrer Arnold (Jean-Claude Guilbert) aus der Bibel vor: *Denn der Herr verwirft niemanden. Wenn er Leid auferlegt, zeigt er auch Erbarmen, denn er demütigt und grämt seine Kinder nicht gern.*

Regisseure adaptieren in ihren Filmen Jesu Passion und benutzen dafür bekannte Darstellungen:

Claudia Garde lässt den Priester Benz (Uwe Bohm) in dem Tatort BOROWSKI IN DER UNTERWELT (D 2005) unschuldig in den Armen des eigentlichen Täters sterben. Die Szene ist deutlich an Michelangelos Pietà angelehnt: Der Leichnam Jesu in den Armen Marias. Der Zuschauer möge erkennen, dass der Priester ein stellvertretendes Opfer in der Nachfolge Christi gab.

John Michael McDonagh zeigt in CALVARY (AM SONNTAG BIST DU TOT, IR 2014) das Gemälde von Hans Holbein dem Jüngeren »Die Gesandten« (London 1533): Im Bild ist links oben ein matt silbrig glänzendes Kruzifix zu sehen. Der Originaltitel des Films CALVARY (lat. calva: Schädel) weist auf den Ort der Kreuzigung Jesu hin: »Schädelstätte«. Als Christus-Figur erleidet der Priester Father James (Brendan Gleeson) eine Passionsgeschichte.

In seinem Stationen-Drama KREUZWEG (D 2014) verwendet Dietrich Brüggemann 14 Zwischentitel aus der Passion Jesu, um den Passionsweg der 14-jährigen Maria (Lea van Acken) aufzuzeigen.

(Filmbeschreibung S. 157 f.)

GEGRÜSSET SEIST DU, MARIA
AT: MARIA UND JOSEPH, JE VOUS SALUE, MARIE, F/CH/GB 1983, 70 Min. (mit Vorfilm 107 Min.)

Nach Motiven des Neuen Testaments wird die Botschaft von der Menschwerdung Jesu mit Lebenszusammenhängen der modernen Welt konfrontiert.

Inhalt Zum Vorfilm (»Prolog«)

Anne-Marie Miéville, Mitarbeiterin und Gefährtin von Jean-Luc Godard, hat zu »Maria und Joseph« den 27-minütigen Kurzfilm »Das Buch der Maria« (Le livre de Marie) gedreht.

Die Eltern der elfjährigen Marie zanken sich ständig. Der Vater soll aus dem Haus ausziehen. Marie weigert sich trotzig, das zu akzeptieren. Sie flüchtet sich ins Rezitieren der Lyrik von Charles-Pierre Baudelaire und Hören der Musik von Frédéric Chopin und Gustav Mahler.

Regisseur Jean-Luc Godard verlegt die biblische Mariengeschichte und die Menschwerdung Jesu in unsere Zeit:

Die Verkäuferin Maria (Myriem Roussel), Tochter eines Tankstellenpächters und Spielerin in einer Korbballmannschaft, bekommt ein Kind, obwohl sie noch Jungfrau ist. Ihr Verlobter Josef (Thierry Rode), der die Schule abgebrochen hat und jetzt als Taxifahrer arbeitet, ist misstrauisch und befürchtet, dass sie ihn mit einem anderen Mann betrogen haben könnte.

Es dauert eine Weile, bis er sein Misstrauen überwindet und zu seiner neuen Rolle und Aufgabe steht. Das Kind wird geboren.

Kollageartig in diese Handlung verwoben ist eine kürzere Parallelhandlung:

Ein Dozent diskutiert mit Studenten Fragen der Entstehung des Lebens. Von einer Studentin wird er in eine intime Beziehung verwickelt, wobei sie ihm eine Szene macht, als er wieder zurückkehrt zu seiner Familie nach Prag.

Schlussteil des Films: Der Junge Jesus sagt selbstbewusst:

»*Ich muss mich um die Geschäfte meines Vaters kümmern!*«

Er verlässt seine Eltern. Gabriel gibt Marie ein Zeichen, dass ihre Mission nun beendet ist. Marie zündet sich im Auto eine Zigarette an. Sie trägt knall-roten Lippenstift auf:

»*Ich bin im Zeichen der Jungfrau geboren. Ich hab das Zeichen nicht gewollt. Ich habe die Seele geprägt, die mir geholfen hat. Das ist alles.*«

Die Aussage des Arztes, nachdem er sich von der Jungfräulichkeit bei Anne-Marie überzeugt hat:

»*Ich habe mich schon immer gefragt, was wir eigentlich über die Frau wissen. Und ich habe herausgefunden, dass wir nicht mehr wissen können als das, was ein Mann schon gewusst hat: Da liegt ein Geheimnis …*«

Der fragmentarische Charakter des Films soll den fragmentarischen Charakter von Religion verdeutlichen: Der Mensch ist selbst ein Mythos, er bleibt unerklärbar und bleibt ein Rätsel trotz aller Theorien (z. B. Evolution). Der Professor (Johann Leysen) kann eine ausschließlich naturwissenschaftliche Erklärung der Herkunft des Lebens nicht akzeptieren:

»*Das Leben ist von einer dazu entschlossenen Intelligenz gewollt, gewünscht, geplant, und programmiert worden.*«

Das Transzendente ist nicht definierbar, es bleibt immer ein Rätsel, Fragment. Der Mensch kann sich Gott nur bruchstückhaft nähern.
Diese Gedanken finden eine biblische Parallele in 1 Kor 13, 1 ff.
Der Film möchte keine absolute Gewissheit über Herkunft und Wesen des Menschen vermitteln, sondern aufzeigen, dass die Wirklichkeitserfahrung immer Fragment bleibt.
Die Aussage/Botschaft des Films liegt u. a. nicht in der Darstellung der biblischen Jungfrauengeburt, der biblischen sogenannten »Heiligen Familie«: Maria, Joseph, Jesus.
Die Aussage/Botschaft des Films liegt u. a. in der Darstellung von Maria und Joseph als Alltagsmenschen und in der Einstellungsänderung von Joseph: anfangs fordernd, dann zurückziehend, aber Maria verstehend. Der Film zeigt das Geheimnis der Liebe und das Geheimnis des Transzendenten (Gott): vgl. 1 Joh 4,16: »*Gott ist die Liebe; und wer in der Liebe bleibt, der bleibt in Gott*«. Er verdeutlicht das Wunder als Wunder der Leben hervorbringenden Liebe, und betont die Spiritualisierung der Liebe: der Einheit von Körper und Geist.
Der Film stellt die Jungfrauengeburt dar als Bild für die menschlich-männliche Vorstellungswelt bei weitem übersteigende Transzendenz: Wunder. Der Film will eine kritische Rückbesinnung von Vorstellungen der sogen. »Heiligen Familie«: Kann die traditionelle, teilweise süßlich-romantisch-kitschige Krippendarstellung in der Volksfrömmigkeit eine Art Flucht vor einer wirklichen Menschwerdung bedeuten? (Vgl. Krippenspiele, Legenden usw.). Jean-Luc Godard möchte die biblische Erzählung der Jungfrauengeburt entmythologisieren.
In mehreren Ländern kommt es zu Demonstrationen, Strafanzeigen und Verboten.
Teile der katholischen Kirche protestieren gegen den Film: Der Ständige Rat der Deutschen Bischofskonferenz gibt eine missbilligende Erklärung ab. Auf protestantischer Seite dagegen wird der Film durch die Internationale Evangelische Film Jury mit dem Otto Dibelius Filmpreis ausgezeichnet.

JOAN LUI – EINES TAGES WERDE ICH KOMMEN UND ES WIRD MONTAG SEIN
MA UN GIORNO NEL PAESEO IO DI LUNEDI, D/I 1986, R: Adriano Celentano
Angesprochene Themen Bergpredigt Jesu, moderne Heilsverkünder und Erlösergestalt.

Inhalt Der Sänger Joan Lui (Adriano Celentano) kommt in nazarenerhafter Gestalt zu den Menschen mit der Botschaft: »*Ihr sollt nicht töten!*« Als Prophet und als Jesus predigt Joan Lui in einer entweihten Kirche gegen die Sündhaftigkeit der teuflischen Welt. Er singt in einer unbekannten Sprache. Er heilt Kranke, auch Yarak, der Vorsteher eines internationalen Verbrechersyndikats ist und der mit Drogen, Waffenhandel und Prostitution viel Geld verdient. Yarak will Joan für seine Arbeit gewinnen. Trotz einer vierzigtägigen Entführung bleibt Joan standhaft. Joan gewinnt eine große Schar Anhänger um sich. Er lebt mit ihnen in einer Art Kommune in einer zum Fernsehstudio und Theater umgebauten Fabrik. Als Joan weitere Skandale von Yarak (Haruiko Yamanouchi) aufdeckt, will er den singenden Prediger während einer Fernseh-Live-Sendung ermorden lassen. Joan Lui steht zwischen zwei Frauen als Repräsentanten des Kapitalismus und Kommunismus: Managerin Judy Johnson (Marthe Keller) und Journalistin vom ›Kurier des Osten‹ Tina Foster (Celentano-Gattin Claudia Mori). Beide wollen Joan Lui beeinflussen, doch er kann sich entziehen.

Bewertung Im Film werden biblische Motive vage aufgegriffen: Die entweihte Kirche spielt auf Jesu Tempelaustreibung an: Jesus säubert den Tempel von Händlern und Geldverleihern, die vierzigtägige Versuchung durch Yarak auf Jesu Aufenthalt in der Wüste und auf die Versuchung durch den Teufel.

JESUS VON MONTREAL
CA 1989, R u. B: Denys Arcand, 119 Min.
Zahlreiche Auszeichnungen, z. B.: Preis der ökumenischen Jury in Cannes 1989, Toronto International Film Festival 1989 den International Critics' Award, Nominierung für einen Oscar als bester fremdsprachiger Film 1990, Genie Awards in 13 Kategorien, darunter den Golden Reel Award. (1990)

Inhalt Arcand (geb. 1941) versucht, die Leidensgeschichte Jesu in die heutige Zeit des Schauspiels, der Werbung und der Medien zu übertragen:

Aus dem Storyboard[218]

Prolog: Die Frage nach der Auferstehung
In einer Theaterinszenierung von Dostojewskis »Die Brüder Karamasoff« wird in der Schlussszene die Frage nach dem Sinn in einem Leben ohne Gott aufgeworfen: »*Man muss die Idee Gottes im menschlichen Geist zerstören!*« – »*Soll nur ein jeder wissen, dass er sterblich ist, ohne die Hoffnung einer Auferstehung! Sich in den Tod schicken mit stolzer Furchtlosigkeit ... Der Mensch wird dann aufhören, zu murren gegen dieses kurze Leben, ja, und er wird seine Brüder lieben mit interesseloser Zuneigung*«.
Der Verzweifelte erhängt sich.
Szene: Die Berufung. Während der Probe zu einem Kirchenkonzert (Pergolesis »Stabat Mater«) trifft der Schauspieler Daniel Coulombe in der Kirche Pater Leclerc, der ihn beauftragt, das von ihm verfasste, jetzt etwas »angestaubte« Passionsspiel zu modernisieren.
Daniel sieht sich die alte, pathetische Aufführung des Spiels in einer Video Aufzeichnung an, bevor er geeignete Schauspielerinnen und Schauspieler für die Neubearbeitung sucht. Auf der Videoaufzeichnung erkennt Daniel eine ehemalige Mitstudentin.
Szene »Berufungen«. Daniel gewinnt die Schauspielerin Constance, die in einer Armenküche der Kirche arbeitet, für seine Inszenierung: »*Ich komme, dich zu holen.*« Daniel kann bei ihr wohnen.
Daniel lässt sich von einem Bibelwissenschaftler über die neuesten Erkenntnisse der historisch kritischen Jesusforschung informieren.
(0:11) Der Theologe »*Wir sind hier nicht in Deutschland oder Holland. Wir haben nicht die Freiheit, zu sagen, was wir wollen ...*«
Der Theologe zu Daniel »*Sie sind Schauspieler. Sie können sagen, was Sie wollen ...*«
Er studiert die historischen Fakten in der Uni-Bibliothek. Eine Bibliotheksangestellte bekennt sich ihm gegenüber zu Jesus: »*Er ist es, der Sie finden wird!*«
Szene: Abendessen. Daniel erzählt beim Abendessen von seinen Jesus-Studien, René bietet seine Mitarbeit unter der Bedingung an, dass der Monolog Hamlets in das Passionsspiel eingearbeitet wird. Mireill kommt zur Gruppe dazu. In den Worten von Reneé findet der Zuschauer eine wichtige Vorausdeutung auf den Schluss des Films: »*Wenn man eine Tragödie spielt, passiert oft ein Unglück!*«
(0:28) Szene: Beginn der Proben
Die Schauspielerinnen und Schauspieler haben zunächst Schwierigkeiten, sich in ihre Rolle hineinzufinden.
»*Wir wollen euch eine Geschichte erzählen. Die größte Geschichte der Welt. Ich sage, ihr glaubt, sie zu kennen. Doch dieses Märchen des Orients ist voller Rätsel und Mysterien. Es ist die Geschichte des jüdischen Propheten Jeschua Ben Pantera.*«
Daniel kann ihnen Selbstvertrauen vermitteln. Alle Schauspieler übernehmen mehrere Rollen.
Constance: *Die Historiker jener Zeit, Tacitus, Sueton, Plinius, Flavius Josephus widmen ihm lediglich einen Nebensatz.*
René: *Das Wenige, was wir von ihm wissen, überlieferten seine Jünger. Ihre Aussagen wurden gesammelt, 100 Jahre nach seinem Tod.*
Martin: *Es ist bekannt, dass Bewunderer lügen, sie beschönigen.*
Constance: *Man kennt weder seinen Geburtsort, noch weiß man, wie alt er war, als er starb. Einige sagen 24, andere 50.*
Mireille: *Aber es ist relativ sicher, dass er am 7. April des Jahres 30 oder am 27. April des Jahres 33 vor den 5. Prokurator des Landes Judäa geladen wurde. ...*

---

218 Eine ausführlichere Inhaltsbeschreibung ist zu finden in: Mack, Rudolf/Ramsperger, Claus/Volpert, Dieter: »Jesus von Montreal«. Ein Film von Denys Arcand. Ökumenische Reihe der Horizonte. Heft 7. Karlsruhe/Stuttgart 1995, 6 ff.

(0:30) Szene: Premiere des neuen Passionsspiels
Das neue Passionsspiel hat Premiere auf dem »Mont Royal« über der nächtlich erleuchteten Skyline von Montreal.
1. Station: Verhör vor Pilatus
Pilatus: *Dieser Mann ist unschuldig. ... Ich kann nicht sämtliche Schwärmer des mittleren Ostens hinrichten lassen. Da würde die Hälfte der Bevölkerung draufgehen.*
Jüdischer Priester: *Dieser Mann gefährdet die öffentliche Ordnung.*
Aber dieser Mann hat es auch gewagt, die Priesterschaft anzugreifen.
Aber die Priester stehen auf Seiten Roms ...
Ihr müsst ein Exempel statuieren. Dieser Mann zieht die Massen an. Er hat zu viele Anhänger! Er vollbringt Wunder. Er hat sogar Unruhe im Tempel gestiftet. Kreuzigt ihn! Von Zeit zu Zeit muss man Opfer bringen – das lohnt!
Pilatus gibt sich stoisch. Zu Jesus: *Es fällt mir schwer zu verstehen, weshalb eure Feinde so hartnäckig sind und warum eure Familie euren Namen nicht mehr kennt. Auch in Nazareth will man euch offenbar nicht mehr haben, und hier in Jerusalem ist die gesamte Priesterschaft gegen euch. Warum erfahrt ihr so viel Ablehnung? Nennt mir die Gründe!*
Jesus: *Es gibt nur einen einzigen Grund: Sie hassen mich, weil ich die Wahrheit gesagt habe.*

Interpretationsansätze Im Film lassen sich vier Ebenen unterscheiden, auf denen die Filmhandlung spielt:

Die Lebensebene: Der junge talentierte Schauspieler Daniel Coulombe erhält den Auftrag, ein traditionelles Passionsspiel zu modernisieren, das Jahr um Jahr aufgeführt wurde und immer weniger Zuschauer anlockt.

Die Passionsspielebene: Hier sind wiederum zwei Ebenen zu unterscheiden, die in Kontrast stehen: ein versachlichender, distanzierender Kommentar: Der Tod Jesu sei »nichts Besonderes« gewesen und die emotionalen Publikumsreaktionen, die Betroffenheit zeigen: z. B. eine Farbige verwechselt das Spiel mit der Wirklichkeit und mischt sich handgreiflich ein.

Die Ebene des Rollenwechsels: die Schauspieler wechseln mehrmals ihre Rollen. Sie übernehmen verschiedene Rollen und zusätzlich noch die des kommentierenden Sprechers.

Die Symbolebene: z. B. das Lebensopfer; der Sühnetod; die Organspende als mögliche Auferweckung.

Daniel hat sich aus allen familiären Bindungen gelöst und führt mit bescheidensten Mitteln ein Wanderleben. Er begegnet seinen Mitmenschen sanftmütig, offen, vorurteilsfrei, kann aber auch sehr entschieden reagieren (Fernseh-Studio). Daniel verteidigt sich nicht gegen die erhobenen Vorwürfe der Richter. Daniel liegt auf dem Operationstisch in Kreuzeshaltung.

Bibl.- theologisches Vorverständnis Arcand versucht eine Synthese zwischen dem traditionellen historisierenden Passionsspiel und dem modernen realistischen Spiel im Geist des »Evangeliums von unten«. Arcand stellt die Jesus-Geschichte auf zwei deutlich voneinander getrennten, parallel laufenden Ebenen dar: als Inszenierung der Markuspassion und als individuelle Geschichte des Jesus-Darstellers Daniel.

Das Jesus Bild im Film Denys Arcand reduziert Jesus auf sein Menschsein, entmythologisiert die Bibel und leugnet Jesu Göttlichkeit und Jesu übernatürliche Geburt. Dagegen bezeichnet Arcand Jesus als jüdischen Propheten Jeschua Ben Pantera. Arcand greift auf die bei Origenes schriftlich fixierte Tradition des westlichen Diaspora-Judentums zurück. Jesus verdanke seine Geburt einem Fehltritt Marias mit einem römischen Soldaten namens Pantera. Arcand betont die Wunder gegenüber der Predigt Jesu: »*Seine Wunder waren wahrscheinlich populärer als seine Botschaft.*«

Das Brotwunder wird nicht als Brotvermehrung inszeniert, sondern als Akt des solidarischen Teilens des Vorhandenen.

Denys Arcand transformiert das von ihm entworfene Jesus-Bild und Jesu Botschaft zur Kirchenkritik, besonders an der Katholischen Kirche: Er betont die besondere Zuwendung Jesu zu den Frauen. Jesu Kritik an Reichtum und Ausbeutung wird aktualisiert und konkretisiert als Kritik an der westlichen Konsumgesellschaft und Kulturindustrie.

Jesu kontroverse Haltung zu religiösen Gruppierungen seiner Zeit: Kritik an christlichen Kirchen, die die Lehre Jesu verraten haben (Doppelmoral von Leclerc).

Arcand betont das Menschsein Jesu, entmythologisiert die biblischen Glaubensurkunden und vertritt somit »Eine Theologie von unten« (vgl. R. Bultmann, H. Braun, D. Sölle), »Die Sache Jesu« (vgl. W. Marxsen) und »Theologie der Hoffnung« (vgl. J. Moltmann).

Aus der Reihe der neueren Jesus-Transfigurationen bzw. Aktualisierungen sind besonders zu nennen:

Abb. 77: Still aus ERNST UND DAS LICHT (DK 1995. Vertreter Ernst (Jens Jørn Spottag, rechts) nimmt einen Anhalter (Søren Østergaard) mit, der behauptet, der Sohn Gottes zu sein.

ERNST UND DAS LICHT
ERNST OG LYSET, DK 1995, R: Anders Thomas Jensen
Angesprochene Themen Wiederkunft Christi/Parusie, Messiaserwartung, Glaube und Wundergläubigkeit

Inhalt Der 12-minütige Kurzfilm stellt die Begegnung zwischen dem Vertreter Ernst und einem Anhalter dar, der behauptet, der Sohn Gottes zu sein:

(0:05:12) Anhalter: *Ich bin der Sohn Gottes. ... Die Menschheit wartet seit beinahe 2000 Jahren auf meine Rückkehr. Nun werde ich sie erlösen.*
Aus den Anfangsszenen
(0:01:19) Conny, seine Frau, am Telefon: *Hast du letzte Nacht dieses Licht gesehen? Es war richtig un ...*
Ernst: *Ja, ich hab' was darüber gelesen.*
Radio: *... letzte Nacht wurde der Erdball etwa 14 Sekunden lang von einem hellen Licht erleuchtet ... Noch gibt es keine logische Erklärung für das gestrige Phänomen. ... ein Sprecher der Sekte meinte, das Licht sei eindeutig ein Zeichen für die Auferstehung Jesu Christi.*
(0:02:48) Jesus: *Nimmst du mich mit?*
Ernst: *Ja! Worauf wartest du noch? Steig ein! – Ich fürchte, der Wagen springt nicht an!*
Jesus: *Verzage nicht!*
Ernst versucht den Anlasser: *Na sowas! Er läuft wieder! Wohin willst du?*
Jesus: *Es liegt ein weiter Weg vor mir.*
Ernst: *Ähnlich geht es mir auch, Kumpel!*
Jesus: *Ich muss dir was sagen, Ernst. Du bist auserwählt.*
Ernst: *Was?*
Jesus: *Du bist dazu auserwählt worden, mir zu folgen an der Schwelle an einem neuen Zeitalter. Ich werde dich dorthin führen.*
Ernst: *Gehörst du zufällig zu einer Sekte oder so?*
Jesus: *Nein, du liegst völlig falsch. Ich bin zurückgekehrt. ... Ich bin der Sohn Gottes. ...*
Ernst: *Dann lasse den Motor wieder an!*
Jesus: *Na los, fahr weiter!*
Ernst: *Okay. Mal angenommen. du sagst die Wahrheit ... Was willst du bei uns?*
Jesus: *Die Menschheit wartet seit beinahe 2000 Jahren auf meine Rückkehr. Nun werde ich sie erlösen.*
Ernst bezweifelt die Mission:
Ernst: *Ich möchte dich nicht enttäuschen, aber daraus wird nichts werden. Klar, in den ersten Wochen wirst du wie 'ne Bombe einschlagen. Boulevardzeitungen und so ... Die Welt hat sich verändert.*
Jesus: *Ja.*
Ernst: *Aber daran seid ihr selbst Schuld da oben ... 2000 Jahre ist 'ne lange Zeit. Eins kann ich dir sagen ...*
Jesus: *Ja?*
Ernst: *Wenn ich meine Aufträge nicht innerhalb ,ner Woche erledige, gehen die Kunden zur Konkurrenz. Verstehst du?*
Jesus: *Naja ... Vielleicht.*
Ernst: *Die Menschen vergessen dich, wenn du keinen Dampf machst. Hättet ihr wenigstens gesagt ›In 50 Jahren ist er wieder da‹. Aber so?*
Bewertung Preise: Nominierung »Bester Kurzspielfilm« (Academy Award 1997).

DIE CHRONIKEN VON NARNIA: DER KÖNIG VON NARNIA
THE CHRONICLES OF NARNIA: THE LION, THE WITCH AND THE WARDROBE; US. 2005; R: Andrew Adamson, 137–144 Min.[219]

---

219 Entnommen aus: Tiemann, Manfred (2019): Bibelfilm und Blockbuster: Bibelarbeit mit Jugendlichen jenseits des Lesens. In: Bibel und Kirche. Stuttgart: Katholisches Bibelwerk e. V. Jahr: 2019, Band: 74, Heft: 1, 43–53.

Inhalt Das Königreich Narnia, das von einer kalten, weißen Hexe beherrscht wird, ist kalt, eisig und verschneit. Dagegen wird das Gute von Aslan, einem Löwen verkörpert: Er opfert sich für das Gute, er wird getötet und feiert Auferstehung.

Die Opferung des Löwen Aslan wird besonders von evangelikal-fundamentalistisch eingestellten Christen als Anspielung für den Stellvertreter-Tod Jesu am Kreuz interpretiert.

Suse möchte Aslan auf seinen Opfergang begleiten: »*Willst du uns nicht erlauben, mit dir zu gehen, wohin du auch gehen magst?*«
Aslan: »*Ich wäre froh, diese Nacht nicht allein zu sein.*«
»*Es ist vollbracht!*«, sagt Aslan, als er die Hexe besiegt. Der Altar, auf dem er stellvertretend für den »sündigen« Edmund hingerichtet wird, zerbricht nach seinem Tod in zwei Stücke. Die beiden Mädchen Lucy und Susan (Maria und Magdala) kommen im Morgengrauen als erste zum Leichnam Aslans. Der Steintisch zerbricht: Aslan ersteht auf wundersame Weise. »*Wenn sich einer, der nichts verbrochen hat, freiwillig für einen Schuldigen opfert, dann bricht der Steintisch entzwei, und der Tod weicht zurück.*«
Im letzten Kapitel »Die Jagd auf den weißen Hirsch« steht die Verheißung: »*Er wird kommen und gehen. Ihr werdet ihn an einem Tag sehn und am anderen nicht mehr. Niemals lässt er sich halten. Natürlich, es gibt noch andere Länder, die auf ihn warten ... Er wird wiederkommen, aber ihr dürft nicht drängeln.*«

Aslan, der Erlöser, befreit die Menschen vom Bösen durch sein Opfer.

DAS BRANDNEUE TESTAMENT
LE TOUT NOUVEAU TESTAMENT, BE, F/LU 2015, R: Jaco Van Dormael, 113 Min.
Inhalt Hier lebt Gott (Benoît Poelvoorde) mit seiner Frau (Yolande Moreau) und seiner zehnjährigen Tochter Éa (Pili Groynein) in einer tristen schmucklosen Hochhauswohnung in Brüssel. Gott tyrannisiert seine Familie, und wenn seine Tochter seine Verbote nicht befolgt, wird sie verprügelt. Sie beschließt, gegen ihren Vater zu rebellieren. Sie holt sich Rat bei ihrem Bruder Jesus, der als Jesus-Statuette auf der Anrichte steht. Für kurze Zeit wird Jesus lebendig. Éa gründet einen Zwölfjüngerkreis, sie kann über Wasser gehen und schafft es, ihre Mutter zu bewegen, die Apokalypse zu verschieben.

Bewertung Das brandneue Testament ist ein surreales Märchen, das die Existenz eines gütigen Gottes bezweifelt. Der Mensch solle sich besser auf Liebe und Freundschaften konzentrieren.

Die folgenden vier Filme behandeln die Frage:
»Was geschieht, wenn Jesus heute in deiner Umgebung auftaucht?«

THE BOOK OF LIFE
MANOLO UND DAS BUCH DES LEBENS, US. 1998, R: Jorge Gutiérrez, 95 Min.
Angesprochene Themen Apokalypse: das Jüngste Gericht, Gottesbilder: Liebender oder strafender Gott, Verhältnis von Jesus zum Vater: Gehorsam zum Vater

oder Opposition zum zornigen Gott, Verhältnis von Jesus zum Satan, Jesu bedingungslose Liebe für alle Menschen, Panikmache von religiösen Sondergemeinschaften und Sekten.

Menschen bedürfen der Vergebung.

Inhalt Die Bewohner von New York warten am Silvestertag des Jahres 1999 auf das Jüngste Gericht. Jesus zieht durch die Stadt, um sich einen Eindruck vom Wert der Menschen zu machen. Jesus ist und bleibt ein Menschenfreund. »Ich veränderte mich. Schnell. Vielleicht war ich den Menschen schon verfallen.« Im Gegensatz zum Teufel und zu manchen Sektenanhängern zweifelt Jesus an seiner Mission, verweigert das Ewige Gericht und opfert sich erneut für die Menschen. Der Film greift Fragestellungen nach dem endzeitlichen Weltgericht, nach christlicher Rechtfertigungslehre und Verantwortung und Schuld auf.

Vier der sieben Siegel vom Buch des Lebens sind bereits gebrochen.

An dem letzten Tag des Jahres 1999 landet Jesus (Martin Donavan) mit Assistentin Magdalena (P. J. Harvey) in New York, um die restlichen drei zu öffnen und den Jüngsten Tag anbrechen zu lassen.

Jesus wird am Airport von einem Mann angesprochen: *Vergib mir Jesus, denn ich habe gesündigt. Erbarme dich unser jetzt und in der Stunde unseres Todes.*

(01:25) Jesus und seine Assistentin Magdalena steigen in ein Taxi.

> Jesus: *An diese Seite meines Jobs konnte ich mich einfach nicht gewöhnen, an die Macht und den Ruhm, an die Drohung der göttlichen Vergeltung. Aber ich habe durchgehalten. Ich habe immer für meinen Vater gearbeitet. Ich war der gute Sohn. ... Am Morgen des 31. Dezember 1999 kam ich wieder – endlich – zu richten die Lebenden und die Toten. Obwohl ich doch, wie vielleicht immer schon, meine Zweifel hatte.*

Es folgt die Taxifahrt zum Hotel.

> *Ich fürchtete den Zorn meines Vaters. Seine Liebe war eine Last. Er wusste auch darum um meine Ambivalenz. Aber wir teilten uns die Verantwortung. Er hat mich zu einem Menschen gemacht wie auch zu einem Gott. Ich fühlte mich gesegnet. ... Dies ist die Stunde des Gerichts, Magdalena. Ich frag mich auch: Was wird nun? Ich liebe diese Stadt.«*

Die Bewohner warten auf das Jüngste Gericht.

Jesu Mission lautet: Das Jüngste Gericht steht bevor. Einen Tag gibt sich der moderne Messias Zeit, um zu prüfen, ob der letzte Tag vor dem Jahr 2000 auch der letzte Tag der Menschheit sein soll. Jesus zieht durch die Stadt, um sich einen Eindruck vom Wert der Menschen zu machen. Während die Menschen das Jüngste Gericht vorbereiten, zieht der Satan durch die Bars des *big apple*, um seine Seelensammlung zu vervollständigen.

> Der Satan zitiert aus Offb 12,12: *Darum freut euch, ihr Himmel und die darin wohnen! Weh aber der Erde und dem Meer! Denn der Teufel kommt zu euch hinab und hat einen großen Zorn und weiß, dass er wenig Zeit hat.*

Jesus: *Mein Vater ist ein sehr zorniger Gott. Es ist sein Wunsch, dass allen vergeben wird, ganz und gar.*
(0:42:28) In der Bar kommt es zur Auseinandersetzung zwischen Jesus und Satan:
Jesus zum Satan: *Ich mach es nicht, ich lehn es einfach ab!*
Satan: *Ich versteh nicht, was du meinst.*
Jesus: *Die Apokalypse.*
Satan: *Komm schon, reiß dich zusammen. Das geht nicht!*
Jesus: *Wieso nicht?*
Satan: *Weil es so prophezeit ist.*
Jesus: *Ach, hör doch auf mit den Propheten! Ich hab von den Kerlen noch nie viel gehalten. Was war die Grundidee? Die Welt verändern durch Liebe, Mitgefühl und Vergebung. Ist doch völliger Quatsch über göttliche Rache.*
Satan: *Ist das wirklich dein Ernst, was du da sagst?*
Jesus: *»Ich soll richten über die Lebenden und die Toten. Ich hasse diese Ausschlusspolitik der Christen. Was denken diese Leute eigentlich, wer sie sind?*
Satan: *Mein Freund, aus deinem Mund Ketzerei?*
Jesus: *Vielleicht war ich schon den Menschen verfallen.*
Jesus beginnt, an der Gerechtigkeit des Vaters und an seiner Mission zu zweifeln und opfert sich für die Geschöpfe der Erde.

Bewertung Der Film spricht u.a. folgende Themenbereiche an: Lässt sich der Entscheidungskampf beim endzeitlichen Weltgericht (Harmagedon Offb 16,16) berechnen? Wer wird beim Weltgericht gerettet, wer wird vernichtet? Predigen Christen einen zornigen, strafenden oder einen liebenden, vergebenden Gott? Welches Jesus-Bild verkündigen wir? (Im Film: Jesus vergibt bedingungslos im Gegensatz zum zornigen Vater und feiert mit allen Menschen und mit dem Satan den Beginn des Neuen Jahres 2000.) Alle Menschen – Schuldige und Unschuldige – sind hilflos und verloren und alle Menschen bedürfen der Vergebung. Die Menschen sollen die Welt gestalten und verändern durch Liebe und Mitgefühl. Die Menschen sollen die Zukunft in Verantwortung vor der Heiligkeit des Lebens gestalten.

Abb. 78: Still aus MENSCH JESUS (D 1999; R: Cornelius Meckseper): Jesus sieht sich am Kreuz und möchte es entfernen

MENSCH JESUS
D 1999; R: Cornelius Meckseper (Diplomfilm); 23 Min.
Angesprochene Themen 1999: Jesus in einer deutschen Stadt, Auslegungsmöglichkeiten der Wunder Jesu, Apokalypse, Der Kampf von Gut und Böse

Inhalt »In dem 1999 gedrehten Diplomfilm schickt Gott seinen Sohn zurück in die Welt der Menschen, um nachzusehen, wie sich die Menschheit entwickelt hat. Jesus (Julian Weigend) landet 1999 am Rande einer deutschen Stadt (Stuttgart). Er überwindet seine Moralvorstellungen und empfindet Zuneigung zu Christa (Jeanette Hain) und ihrer kleinen Tochter Erika, die ohne Vater aufwächst. Als Beispiel für Aktualisierungen sei hier die Szene der »Brotvermehrung« angeführt: Jesus steht am Tisch einer Imbissbude. Die »Brotvermehrung« erreicht er dadurch, dass er Fischfrikadelle und Brötchen trennt, beide beschnuppert, hinter seinen Rücken hält und diese verdoppelten Portionen dann isst. Als er seinen Finger in den Pappbecher eintaucht, verwandelt sich das Mineralwasser in Rotwein. Der Teufel (Gustav Peter Wöhler), der ihn heimlich beobachtet hat, beschimpft ihn:

(05:58) Teufel: *Wasser in Wein verwandeln! Zaubertricks ... mehr hattest Du nie zu bieten, oder?*
Jesus antwortet: *Und Hohn und Spott sind immer noch deine hohe Kunst.*
Teufel: *Ich bin bloß ehrlich. Einer der Gründe, warum mich dein Vater gefeuert hat. So was ist nicht gut fürs Betriebsklima. Und seitdem hocke ich hier unten, am bösesten Ort dieser Stadt, und warte darauf, dich endlich in die Finger zu kriegen.«*
Jesus: *Ich habe mit Freuden festgestellt, dass die Menschen meine Gesetze immer noch kennen.*
Teufel: *Aber sie befolgen sie nicht! Heute ist Freitag, oder? Und trotzdem essen alle hier Fleisch! Alte Männer, die vorgeben, blind zu sein, lügen wie gedruckt! Man beschimpft dich für eine Kleinigkeit aufs Übelste. Deine eigenen Priester verleugnen dich. Kein Mensch betet und manche stehlen sogar Kleingeld.*[220]

JOSHUA
US. 2002, R: Jon Purdy; DB: Brad Mirman und Keith Giglio, nach dem Roman von Pater Joseph Girzone, 90 Min.
Der Filmtitel »Joshua« zielt auf »Jesus«, auf die griechische Übersetzung für den jüdischen Namen »Yeshua«.

Inhalt Eines Morgens kommt ein Fremder namens Joshua (Tony Goldwyn) in die Stadt Auburn. Niemand kennt seinen Namen und keiner weiß, woher er kommt. Der Fremde hilft jedem in der Stadt, den er antrifft: Joshua hilft einem Teenager beim Erlernen des Gitarrenspiels für eine christliche Rockband, hilft einem streitenden Ehepaar und rettet es aus einer Krise, tröstet einen kürzlich verwitweten Fernsehreporter, gibt seiner unglücklich verheirateten Vermieterin (Colleen Camp) Kochtipps oder lehrt den unbeholfenen Pater Pat (Kurt Fuller) über den Glauben zu predigen.

Die Leute mögen ihn wirklich.

Mit der Hilfe des stotternden Theo (Eddie Bo Smith Jr.), der eigentlich Prediger werden wollte, will Joshua die alte vom Feuer zerstörte Baptistenkirche wiederaufbauen und restaurieren. Mit diesem Projekt schafft Joshua es, die Bürger der Stadt

---

220 Entnommen aus Tiemann, Manfred: wibilex, Bibelfilme (NT).

zu einer Solidargemeinschaft zu vereinen. Nur der streng orthodoxe Pater Tordone (F. Murray Abraham) ist nicht begeistert. Als Joshua eine blinde Frau heilt, glaubt Pater Tordone, dass dieser ein falscher Prophet sei, der die Menschen betrügen wolle. Als Joshua den Arbeiter Theo, der vom Dach der neu fertiggestellten Kirche gefallen ist, aus dem Tod wiederbelebt, will Pater Tordone, dass der Vatikan Joshua offiziell verurteilt. Joshua schafft es, den abweisenden Tardone in einen freundlichen und menschlichen Priester zu verwandeln. Joshua trifft den Papst (Giancarlo Giannini), offenbart sich als Jesus und gibt spirituelle Aufmunterung.

Papst: *Wer bist du?*
Joshua: *Peter, kennst du mich nicht? Die Welt ist so ein furchterregender Ort geworden. Es gibt so viel Wut und nicht genug Liebe. Tief in den Herzen so vieler Menschen gibt es eine Leere, die nichts auf dieser Welt füllen kann. Und diese Leere macht es ihnen unmöglich zu lieben.*
Papst: *Es ist so überwältigend. Was sollte ich tun?*
Joshua: *Erinnere sie daran, dass ich sie liebe, dass ich für sie gestorben bin. Sag ihnen, dass meine Liebe echt ist. Wenn sie ihr Herz dafür öffnen, werde ich diese Leere füllen und sie können einander lieben. Das ist die Botschaft. Hat sich nicht geändert. Erzähl es ihnen. Erzähl es ihnen.*

Bewertung Der Film kann als modellhafte Anti-Billy-Graham Inszenierung verstanden werden, da Regisseur Jon Pury auf missionarisch geprägte Evangelisationspredigten verzichtet und in seinem Film auf Taten der Nächstenliebe setzt.

DER UNBEKANNTE
L'INCONNU, F/D 2004, R: Juliette Soubrier, 9 Min.
Angesprochene Themen Glaube, Jesus Christus, Weihnachten, Kommunitäten, Gott, Orden
Inhalt An einem Weihnachtsabend taucht Jesus in einem Kloster auf, was die Mönche so verunsichert. Sie bitten ihn, das Kloster wieder zu verlassen, nur der blinde Mönch protestiert.

(00:00–00:46) Weihnachtsabend
Im Refectorium eines Klosters liest ein Mönch am Lesepult das Weihnachtsevangelium (Lk 2, 15b-21) in monotoner Rezitation: Gab man ihm den Namen Jesus, wie er genannt war von dem Engel, bevor er empfangen war.
(00:46–02:32) Ankunft des Gastes. Es klopft an der Tür. Ein Mönch öffnet die Tür und ein Mann tritt ein, der vom Regen völlig durchnässt ist.
Guten Abend, kommen sie herein. Wir sind bei Tisch. Wollen sie mit uns das Fest verbringen?
Der Gast nimmt rechts neben einem blinden Mönch Platz. Als dieser fragt: *Wie heißen Sie?* erhält er keine Antwort.
(02:32–04:12) Stigmata. Als ein Mönch dem Gast Brot und Wein reicht, bricht dieser das Brot. Die Mönche sehen den blutverschmierten Wundlappen um seine Hand. Als ein Mönch seine Hand neu verbinden will, erkennt er Stigmata.
(04:12–05:11) Freudiges Erkennen. Der blinde Mönch ertastet das Gesicht des Gastes und erkennt in ihm Jesus.
05:11–06:03) Worte Jesu. Dem Gast werden die Wunden weiter versorgt. Mönche beraten, was nun zu tun sei.

Der Bibelvers an der Wand ist zu lesen: *Selig sind, die nicht sehen und doch glauben?* (Joh 20,29)
(06:03–08:31) Fürchtet euch nicht. Der Abt zum Unbekannten: *Es ist spät. Wir werden uns für das Offizium zurückziehen. Würden sie uns nun bitte verlassen?*
Als er ihn bittet, zu gehen, setzt der Strom wieder ein und das Licht erstrahlt. Der blinde Mönch ruft entsetzt: *Sie sind verrückt! Was geht hier vor! Was tut ihr! Antwortet mir!*
Der Unbekannte verlässt den Raum. Der Mönch will weiter aus der Bibel vorlesen, fällt aber auf frühere Verse zurück: *Und sie fürchteten sich sehr ...* (Lk 2,9b)
Der Abt: *Entschuldigt mich, ich kann dieses Essen nicht mit euch beenden.*
Nachdem der Abt den Raum verlassen hat, liest der Mönch weiter: *Und sie fürchteten sich sehr. Der Engel sprach: Fürchtet euch nicht! Ich verkündige euch große Freude die allem Volke widerfahren wird; euch ist heute der Heiland geboren, welcher ist Christus, der Herr. Und das habt zum Zeichen ...* (Lk 2,9b-12)

Deutung Der Mönch, der die Kompressen holen soll, heißt Vincent. Der Mönch ist hier ein Namensbruder von Vincenz von Paul, dem Begründer der Caritas. Der Unbekannte schweigt und verlässt den Raum. Diese Szene erinnert an die Legende *Der Großinquisitor* im Roman »Die Brüder Karamasoff« des russischen Schriftstellers Fjodor Michailowitsch von Dostojewski: Jesus schweigt im Verhör und wird vom Großinquisitor in die Dunkelheit hinausgeschickt:

> Er geht zur Tür, öffnet sie und spricht zu Ihm: »*Gehe hinaus und kehre nicht wieder – kehre nie wieder – nie, nie!*« Er läßt Ihn hinaus auf die ›dunklen schweigenden Plätze‹ der Stadt. Der Gefangene geht hinaus.[221]

In dem Film DAS GEHEIMNIS (EINE HIMMLISCHE AFFÄRE, D 1994, R: Rudolf Thome) behauptet ein rätselhafter Fremder, Jesus Christus zu sein.

Kurzinhalt Nach einer Party auf einem Bauernhof bleibt die Berliner Journalistin Lydia (Aldriana Altaras) allein zurück. Sie will in dieser Idylle wohnen bleiben. Nachts besucht sie ein rätselhafter Fremder (Marquard Bohm), der ein großes Holzkreuz mit sich herumschleppt und der behauptet, Jesus zu sein. Lydia glaubt, dass dieser ein Freund von Anita sei. Der Fremde erzählt ihr vom Geheimnis des Universums.

Aus dem Kapitel 8: »Das Geheimnis des Universums«
(46:44) Lydia in der Küche beim Kochen.
Es klopft an der Tür. Lydia öffnet.
Lydia: *Ja?*
Vor ihr steht ein fremder Mann mit einem großen Holzkreuz.
Lydia: *Anita ist heute Morgen nach Berlin gefahren. Sie kommt erst in drei Monaten wieder. Wollten Sie etwas für sie abgeben?*
Der Mann wendet das schwere Kreuz.
Lydia: *Haben sie es bis hierher geschleppt? Was will sie bloß mit so'm riesen Ding? ... Wollen Sie reinkommen? Ich habe mir gerade Spaghetti gemacht.*
Der Mann tritt ein.

---

221 F. M. Dostojewski, Der Großinquisitor. (Übersetzung: Rudolf Kassner). 2011 (Insel-Bücherei 149).

Lydia: *Sie können gerne mitessen. Es ist genug da. Bitte, Sie sind herzlich eingeladen. Nur im Weg dürfen Sie mir nicht stehen ... Das ist mir mit einem Mann noch nie passiert. Wer sind Sie?*
Mann: *Ich bin Jesus Christus.*
Lydia: *Jesus? Ich glaube nicht an Sie, ich bin Jüdin. Was wollen Sie von mir? Ach, das ist eine Verwechselung. Sie wollen sicher zu Anita. Sie betet jeden Morgen, dass sie zu ihr kommen. Ich gebe Ihnen die Adresse und dann fahren Sie einfach hin.*
Mann: *Schick mich nicht fort! Sonst erfährst Du es nie.*
Lydia: *Was erfahre ich nie*
Mann: *Das Geheimnis des Universums.*
Lydia: *Das will ich auch gar nicht wissen! Ich komm auch ganz gut ohne Geheimnis zurecht. Und dieses Kreuz da draußen?*
Mann: *Damit du mich erkennst.*
Lydia lacht: *Ach. Ach! Also wenn das eine originelle Verführungsszene werden soll, finde ich cool, Sie können gerne nach oben gehen ...*
Mann: *Lass uns essen. Ich bin hungrig!*
Lydia: *Ja, möchten Sie etwas Wein?*
Mann: *Gern!*
Lydia reicht ihm eine Flasche Rotwein: *Der ist sehr gut ...*
Lydia geht in die Küche. Der Mann öffnet die Weinflasche.
Mann: *Lass mich Dir einschenken, Lydia!*
Lydia erstaunt: *Woher wissen Sie meinen Namen?*
Mann: *Die Spaghetti sind gar.*
Lydia läuft in die Küche: *Stimmt!*
Mann bestimmend: *Setz dich! Ich werde Dir zu Essen geben.*
Er bedient sie.
Mann: *Lass es dir schmecken, Lydia!*
Lydia: *Spaghetti mit Butter und Käse*
Beim Essen Lydia: *Auf ›Komm Herr Jesu sei unser Gast‹ können wir heute wohl verzichten, oder?*
Mann: *Ja!*
Lydia: *Auf Ihr Wohl, Mister wer auch immer.*
Sie stößt mit ihm an.
Mann: *Auf Dein Wohl, Lydia!*
Lydia fühlt sich zu dem Fremden hingezogen. Nach dem Essen zeigt Lydia ihm sein Zimmer.
Lydia: *Kommen Sie. Sie können sich hinlegen!*
Lydia entkleidet sich, legt sich zu ihm ins Bett und küsst ihn.
Lydia: *Du riechst gut! ... Du bist ein richtiger Mann! Tut mir leid, aber Jesus kann ich nicht sagen! Ich werde dich Mann nennen. Mein Mann! Als ob wir schon ewig zusammen wären.*
Mann: *Das Geheimnis des Universums besteht in Liebe. Ich liebe Dich!*
Lydia verbringt die Nacht mit ihm.

Aus einem Gespräch mit Regisseur Rudolf Thome zu seinem Film:[222]

> »Ich mache mich nicht lustig über den christlichen Glauben. Das Problem liegt eher darin, dass Leute, die von sich sagen, sie seien Christen, das gar nicht so ernst nehmen. Wenn man die Bibel ernst nimmt, wäre eine solche Geschichte ohne Problem denkbar und möglich. ... Da kommt ein Mensch mit unserem Körper und mit menschlichen Eigenschaften. Der sagt, er sei Gottes Sohn. Ein Mensch, der Gott ist, ist für unseren naturwissenschaftlich geschulten Verstand ein Ding der Unmöglichkeit.«

---

222 Aus einem Gespräch mit Rudolf Thome: »Spaghetti mit Butter und Käse«. Presseheft zum Film. Filmverlag der Autoren. München.

Christus inkognito

Aus den vielen Beispielen in der Filmgeschichte sind hier acht Beispiele kurz angeführt.

Abb. 79: Still aus NAZARIN (MX 1958/1959; R: Luis Buñuel)

NAZARIN

MX 1958/1959, R: Luis Buñuel, 94 Min.

Angesprochene Themen Explizite Christusfigur, Nachfolge Jesu, Soziale Gerechtigkeit, Legendenbildung

Inhalt In einem Elendsviertel im Mexiko-City der Jahrhundertwende lebt der Priester Don Nazarino (Francisco Rabal) unter Dirnen und Dieben und versucht hier, das Gebot der Nächstenliebe zu erfüllen. Die Frauen halten den Priester Don Nazario für Jesus und erbitten von ihm ein Wunder.

(0:43:17) Don Nazarino: *Gut, ihr Trost zusprechen und um Gottes Hilfe bitten, das kann ich tun. Dass mir aber niemand etwas anderes verlangt!*
Frau: *Gott hat Sie in dieses Haus gesandt. Sie sind ein Heiliger.*
Don Nazarino: *Befolgt die Anweisungen des Arztes und vertraut auf Gott.*
Frau: *Nur ein Wunder kann sie retten! Und Gott hat es durch Sie schon eingeleitet. Barfuß sind Sie wie Jesus Christus.*

Nararin erkennt, dass helfender Samariterdienst nicht ausreicht. Es müssen radikale strukturverändernde Maßnahmen eingeleitet werden, um soziale Gerechtigkeit herzustellen.[223]

Bewertung Der Film erhielt unterschiedliche Bewertungen: »Katholisch und apostolisch«[224], »wie vom Vatikan bezahlt«[225], »antireligiöser Kampffilm«[226]. Spä-

---

223 Entnommen aus Tiemann, Manfred: wibilex, Bibelfilme (NT).
224 vgl. Aub, Max/Buñuel, Luis (1986): Die Erotik und andere Gespenster. Berlin, 112.
225 Buñuel, Luis, Mein letzter Seufzer. Königstein/Taunus 1987, 237.
226 Ebda.

ter wurde der Film von der katholischen Seite gelobt, von evangelischer Seite mit einem Preis ausgezeichnet.[227]

In dem folgenden Film bewirkt der Erlöser nicht durch Worte und Taten die Befreiung, sondern nur durch seine Anwesenheit.
THE GREEN MILE
US. 1999, R: Frank Darabont, 189 Min.
Angesprochene Themen Moderne Passionsgeschichte, Moderne Erlöserfiguren, Menschen mit übernatürlichen Gaben

Inhalt Ein riesenhafter Schwarzer ist rechtskräftig verurteilt für den Mord an zwei neunjährigen Schwestern, die man tot in seinen Armen fand. Der aufrichtige Paul Edgecomb (Tom Hanks) erlebt, dass Coffey (Michael Clarke Duncaneine) übernatürliche Gaben zu besitzen scheint. Er beginnt sich zu fragen, ob der Mann, zu dem er eine immer engere Bindung aufbaut, wirklich der wahre Schuldige am Tod der Kinder ist.

Deutung Religiöse Symbole eines Erlösers lassen sich zwischen der Hauptfigur John Coffey und Jesus vergleichen, z. B. die Wunderheilungen: Coffey heilt eine Blasenentzündung durch Handauflegen, eine Tumorerkrankung (Zitat: »*Eine Wunderheilung wie in der Bibel*«). Als John, gefolgt von Wärtern, das Zimmer der kranken besessenen Mélinda, Frau des Gefängnisdirektors Moores, betritt und diese heilen will, wird er heftig von ihr beschimpft (vgl. der Besessene beschimpft Jesus, Mk 5, 5 f.). Zwei Verbrecher werden vor Coffy zum Tode verurteilt und getötet (gekreuzigt). Vor der Hinrichtung die Bitte: »Gott möge deiner Seele gnädig sein!« Ein Lichtstrahl erleuchtet wie ein Nimbus um John Coffey. Vor der Kreuzigung stimmt John Coffey das Lied an »I'm in Heaven«. Als John Coffey stirbt, brennen Glühbirnen und ein leuchtender Funkenregen erstrahlt (vgl. Und es war um die sechste Stunde, und es ward eine Finsternis über das ganze Land bis an die neunte Stunde und die Sonne verlor ihren Schein, und der Vorhang des Tempels zerriss mitten entzwei. Lk 23, 44–45; Und die Erde erbebte, und die Felsen zerrissen, die Gräber taten sich auf, und standen auf viele Leiber der Heiligen, die da schliefen. Matth 27,51).

MATRIX
THE MATRIX, US. 1999/2003, R: Die Wachowskis
Die Trilogie zeigt deutliche Anlehnungen aus Philosophie und Religion, z. B. Neo als Christus-Figur, Cypher als Judas-Figur; Neo heißt mit bürgerlichem

---

227 Vgl. Aub, Max/Buñuel, Luis, a.a.O., 168.

Namen ›Thomas Anderson‹: ›Anders‹ abgeleitet vom griechischen ἀνδρός/ andros (Mann); Anderson, das bedeutet Son of Man; Trinity (Trinität) verkörpert eine moderne Maria Magdalena.
(Filmbeschreibung S. 284 f.)

BABETTES FEST
BABETTES GAESTEBUD, DK 1986/1987, R: Gabriel Axel, 99 Min.
Angesprochene Themen Religiöser Fanatismus (Puritanismus), Glaube als Zwangsneurose, Mahlgemeinschaft kann die Herzen von Menschen öffnen, Teilen, Solidarität und Gerechtigkeit, Lebensfreude/Lebensglück.
Inhalt Die Handlung spielt in Dänemark im 19. Jahrhundert. Die Französin Babette hat ihren Mann und ihren Sohn verloren und sucht in dem Dorf Zuflucht wegen der politischen Unruhen in Paris. Babette wird zum weiblichen Heiland: Sie befreit pietistische Bewohner von ihrem neurotischen Glauben.
Aus dem Anfang des Films: »*Es ist lange her, da lebten in dieser einsamen Gegend Dänemarks zwei Schwestern, die beide nicht mehr ganz jung waren. Sie waren auf den Namen Martine und Philippa getauft, nach Martin Luther und seinem Freund Melanchton. Die beiden Damen opferten ihre ganze Zeit und ihr geringes Einkommen den Werken der Nächstenliebe.*« »*Als junge Mädchen waren Martine und Philippa außerordentlich hübsch gewesen, von der Schönheit blühender Obstbäume.*« »*Die beiden Mädchen griffen in das Schicksal zweier Herren ein, die aus der großen Welt da draußen gekommen waren und deren Herzen sie tief beunruhigt hatten.*« Die Einwohner des kleinen Fischerdorfes »Berlevaag« an der Küste Jütlands bekommen nur selten Besuch. Der strenge Puritanismus bestimmt das Leben der Menschen. Die zwei Schwestern Philippa und Martine, die Töchter des Probstes, schenken den Armen, Alten und Kranken Brotsuppe und Wollsocken. Der Propst hat eine konservativ streng religiöse Glaubensgemeinschaft lutherianischer Strömung gegründet. Die Französin Babette hat ihren Mann und ihren Sohn verloren und sucht in dem Dorf Zuflucht wegen der politischen Unruhen in Paris. Als Babette nach Jahren in der Lotterie 10000 Franc gewinnt, möchte sie sich für die Gastfreundschaft bedanken und die Dorfgemeinschaft zu einem Festmahl einladen. Sie kocht für alle ein französisches Mahl. Dies bedeutet für die pietistischen Bewohner, die selten etwas anderes essen als Dörrfisch und Brotsuppe, eine schwere Prüfung. Sie haben bis jetzt jeglichen Genuss verachtet. »*Die Damen hatten nie beabsichtigt, überhaupt ein Essen zu geben. Ein karger kalter Imbiss mit einer Tasse Kaffee war die aufwendigste Mahlzeit, zu der sie jemals einen Gast gebeten hatten.*« Sie befürchten, dass das Festmahl ungewöhnliche und unheimliche magische Kräfte auslösen kann. Sie zeigt und eröffnet ihnen ein neues Leben

in Freude: Mitglieder der Gemeinschaft tanzen Hand in Hand im Kreis und singen fröhlich.«[228]

Deutung Der Name »Babette« ist die französische Koseform von »Barbara«; der Name geht zurück auf ein bis ins Indoeuropäische zurückreichendes Wort, das das »Fremde« umschreibt. Der Name ist verbreitet durch die Verehrung der heiligen Barbara aus Nikomedien (3./4. Jahrhundert). In der Filmhandlung ist Babette zunächst eine Fremde, die zum Schluss wie eine Heilige verehrt wird. Die Namen der Mädchen erinnern an die Reformatoren: »Martine« an Martin Luther und »Philippa« an Luthers Freund und Ratgeber Philipp Melanchton. Die Erziehung der Mädchen im Pfarrhaus ist von lutherischer Strenge geprägt. Der Schnee steht als Symbol für Reinheit und Keuschheit. Babette wird zum weiblichen Heiland: Sie befreit pietistische Bewohner von ihrem neurotischen Glauben.

Abb. 80: Still aus CHOCOLAT (US. 2000, R: Lasse Hallström): In der Kirche bittet Bürgermeister Comte Paul de Reynaud (Alfred Molina) Jesus um Hilfe, während der Fastenzeit Versuchungen zu widerstehen.

CHOCOLAT
US. 2000, P: David Brown, Kit Golden, Leslie Holleran, R: Lasse Hallström, 110 Min.
Angesprochene Themen Moderne Erlösergestalt, streng orthodox-dogmatische Glaubenspraxis, Formen von heuchlerisch christlichen Traditionen (z. B. fanatisches Fasten), Toleranz und Würde des Menschen, Katholische Kirche als Machtinstrument, Gesetzesgehorsam und Werkgerechtigkeit.
Inhalt Die Hauptfigur des Ende der Fünfzigerjahre angesiedelten Märchens ist die philanthropische Nomadin Vianne Rocher (Juliette Binoche), die mit ihrer kleinen Tochter Anouk (Victoire Thivisol) von Ort zu Ort zieht, um die Menschen mit liebevoll zubereiteten Schokoladespezialitäten emotional zu befreien und Vergnügen zu säen, wo Verbitterung und moralische Rigidität herrschen. Als die beiden in der Fastenzeit in das Städtchen Lansquenet-sous-Tannes kommen und als Vianne Rocher einen Laden gegenüber der Kirche eröffnet, spü-

---

228 Entnommen aus Tiemann, Manfred: wibilex, Bibelfilme (NT).

ren Mutter und Tochter den Widerstand des jungen Kaplans und des Bürgermeisters Comte Paul de Reynaud (Alfred Molina).

Aus der Anfangsszene – Gottesdienst in der Kirche

Frauenstimme aus dem Off: *Jeder, der in diesem Ort lebte, wusste, was von ihm erwartet wurde. Jeder wusste, was er zu tun und was er zu unterlassen hatte. Und vergaß er es einmal, gab es jemanden, der ihn daran erinnerte.*
Pfarrer besteigt die Kanzel: *Die Zeit des Fastens ist herangekommen. Dies ist selbstverständlich eine Zeit der Enthaltsamkeit. Hoffentlich auch eine Zeit des Nachdenkens. Aber zu allererst möge es für uns eine Zeit, eine Zeit aufrichtiger Reue sein. Es ist eine Zeit, in der man sich erheben und Stellung beziehen soll.*
Stimme aus dem Off: *Wenn man etwas sah, was man nicht sehen sollte, so lernte man wegzusehen.*
Pfarrer: *Es ist eine Zeit, die Jesus Christus gehört. Wenn ihr über etwas nachdenkt, so kennt er eure Gedanken.*
Stimme aus dem Off: *Und wurden Hoffnungen einmal enttäuscht, lernte man, sich niemals zu beklagen. In guten wie in schlechten Zeiten, in mageren wie in fetten Jahren hielt sich die Gemeinschaft streng an ihre Gewohnheiten. Bis eines Wintertages ein eisiger Wind aus dem Norden wehte.*
Pfarrer: *Wo werden wir Wahrhaftigkeit finden? Wo sollen wir anfangen zu suchen? Wo werden wir Wahrhaftigkeit finden. Wir finden sie ...*
Ein Sturmwind bläst die Kirchentür auf. Der Bürgermeister eilt zur Tür und will diese wieder verschließen.

Interpretation Ist Vianne ein weiblicher Heiland, eine moderne Jesus-Gestalt? Es lassen sich im Film einige Parallelen zu Jesus aufdecken:

Die Fremde bricht wie ein »deus ex machina« von außen in eine abgeschlossene Gemeinschaft, in ein Dorf ein: hier herrschen feste Kommunikationsstrukturen, Sprachlosigkeit und lebensfeindliche Praktiken, Vianne Rocher durchbricht diese Schranken mittels süßer Schokolade und hinterfragt wie Jesus die unmenschlich, heuchlerisch christliche (jüdische) Tradition des fanatischen Fastens im Ort, stellt wie Jesus Menschenliebe über die Kasuistik des Gesetzes (vgl. Mt 12,1–8; Lk 6,1–5) und hat ein feines Gespür für die individuellen Wünsche ihrer Kunden, indem sie für jeden einzelnen eine Spezialität kreiert, die seiner Persönlichkeit entspricht. Vianne Rocher stärkt Josephine im Bewusstsein, sich von ihrem gewalttätigen Mann Serge, der sie erniedrigt und misshandelt, zu befreien und sich zu trennen; sie wertet dadurch die Rolle der Frauen auf, setzt sich – selbst Außenseiterin wegen unehelicher Tochter – für andere Außenseiter ein, die von der Gesellschaft geächtet werden (vgl. Jesus und die Zöllner), bietet ihr Ladenlokal für heimliche Treffen der Verwandten an: Eine Großmutter kann hier ihren geliebten Enkel Luc treffen und verändert das Verhalten einzelner Menschen (»Umkehr«, vgl. Matth 4,17), z. B. die Wirtin ändert ihr krankhaftes diebisches Verhalten, der Kaplan spricht in seiner frei formulierten und kurzen Osterpredigt prägnant von der Liebe Gottes. Vianne Rocher führt Generationen (Oma und Enkelkind), Familien und entfremdete

Ehepartner wieder zusammen, befreit den Bürgermeister (Comte) von seiner strengen orthodox-dogmatischen Glaubenspraxis, die von Gesetzesgehorsam und Werkgerechtigkeit geprägt ist (vgl. Pharisäer: Leistungsreligion), erlöst die Menschen von Unheil, indem sie ihnen Hoffnung und Lebensfreude zurückgibt und gewinnt Freundinnen und Nachfolgerinnen: Frauen des Dorfes bereiten an ihrer Stelle (stellvertretend) in der Küche der Chocolaterie die Schokolade für das Osterfest vor (vgl. Jesus: Berufung der Jüngerinnen und Jünger). Vianne Rocher hält Mahlgemeinschaft mit ihrer Vermieterin Armand (vgl. Jesus hält Abendmahl mit seinen Jüngern) und kann nach ihrer erfüllten Mission das Dorf wieder verlassen.

K-PAX – ALLES IST MÖGLICH
K-PAX, US. 2001, R: Iain Softley, 115 Min.
Angesprochene Themen Licht und Lichtgestalten (Leitmotiv des Films), »Andersartigkeit«, des »Anders-Seins«.

Inhalt Ein verwirrt wirkender Mann (Kevin Spacey), der sich Prot nennt und behauptet, vom Planeten K-PAX zu kommen. wird in die Obhut des Psychologen Dr. Mark Powell (Jeff Bridges) übergeben. Als der ungewöhnliche Patient ankündigt, bald wieder nach Hause reisen zu wollen, versucht Powell in das Universum des seltsamen Mannes einzutauchen. Prot wird zum Messias.

Deutung Parallelen zu Jesus lassen sich finden, z. B.: Wie der zwölfjährige Jesus im Tempel lehrt Prot die ungläubigen Wissenschaftler. Wie Jesus heilt Prot seine Mitpatienten, die der Arzt Powel schon aufgegeben hat. Prot deckt heuchlerisches routiniertes Handeln und die Entfremdung des Arztes zu seinen Patienten auf und wird ihm zum Bruder. Prot zeigt, dass Liebe Menschen gesund machen kann, die als krank ausgegrenzt und bereits aufgegeben sind. Prot setzt seine »Weisheiten« nur zum Zwecke der Nächstenliebe ein. Als Dr. Powell erfährt, dass ihm ein neuer Patient zugewiesen worden ist, fragt er: »*Wer ist es diesmal: Jesus oder die heilige Johanna?*«

WIE IM HIMMEL
SÅ SOM I HIMMELEN, SE 2004, R: Kay Pollak, 133 Min.
Auszeichnungen Nominierung: Oscarverleihung 2005 als bester fremdsprachiger Film
  6. Filmkunstmesse Leipzig: Gilde-Filmpreis für den besten ausländischen Film
Angesprochene Themen Moderne Erlösergestalt, Traditionelle religiöse Normen, Orthodoxe Glaubensinhalte.
Kurzinhalt Der Film erzählt von dem weltberühmten Dirigenten Daniel Dar-

éus (Michael Nyqvist), der nach einem schweren Kollaps in sein schwedisches Heimatdorf zurückkehrt, das alte Schulhaus kauft und mit Hilfe der Musik die Herzen der Menschen erobert.

Interpretation Daniel ist ein »Musikalischer Messias«, ein Christus inkognito, der die Menschen des Dorfes von ihren Ängsten befreit, sie von ihren Zwängen und Qualen erlöst, sie therapiert und heilt. Dabei ist es gleichgültig, ob es sich bei den Dorfbewohnern um Behinderung, Gewalt in der Ehe oder sexuelle Probleme handelt. Als Antiheld zeigt sich der Pfarrer Stig Berggren (Niklas Falk).

Seine Doppelmoral wird aufgedeckt. Er predigt gegen unmoralischen Lebenswandel und fordert Demut, hat aber gleichzeitig Pornozeitschriften hinter den Büchern im Wohnzimmerschrank versteckt. Der Pfarrer verkörpert alte, konservative religiöse Werte und ist auf die strikte Ausübung der Riten und Formen bedacht. Er hat religiöse Traditionen und Dogmen verinnerlicht. Der Pastor beobachtet die Chorarbeit und die neuen Singmethoden mit Argwohn, zumal er eifersüchtig wird und sich durch Daniel zurückgedrängt fühlt.

> Nachdem Stig und Inger nach langer Zeit miteinander geschlafen haben, erwischt Inger am Morgen ihren Mann beim Gebet: *Jesus Christus, vergib mir meine Sünden. Nimm diese schwere Schuld von mir ... Was heute Nacht geschehen ist ...*
> Inger ist entsetzt.
> Inger: *Ich habe solange darauf gewartet.*
> Stig: *Was da war heute Nacht ist nie geschehen.*

Später kommt es zu einer Auseinandersetzung im Pfarrhaus: Inger beginnt, selbstbewusst ihren Mann und seine Predigten zu kritisieren. Er reagiert rigoros und setzt im Gemeinderat Daniels Kündigung des Kantorenamtes durch.

Inger erkennt die Heuchelei ihres Mannes. Sie findet Lebensfreude beim Tanzen und zeigt menschliches Miteinander in der Chorgemeinschaft. Sie erkennt soziale Probleme ihrer Mitsängerinnen und greift mutig ein. Mit der Trennung von ihrem Mann wählt sie bewusst einen Neuanfang: Sie will leben. Sie verlässt ihren Mann und zieht in das alte Schulhaus ein.

Der Pfarrer zeigt Einsicht – zu spät. Er bereut sein falsches Leben und kämpft um die Liebe seiner Frau. Dies zeigt er bei der Abfahrt des Busses zum Chorwettbewerb, als er sich liebevoll von ihr verabschiedet.

CHILDREN OF MEN

US./GB 2006, P: Universal Pictures, Strike Entertainment und Hit & Run Productions, R: Alfonso Cuarón, 106 Min.

Angesprochene (aktuelle) Themen Moderne Erlösergestalt, Moderne Interpretation der Weihnachtsgeschichte und Botschaft, christlich-theologische Symbole, dystopische Endzeitvision.

Inhalt Die Stadt London scheint im Jahr 2027 die einzige Zuflucht für eine von Krieg und Terror vertriebene Menschheit zu sein. Großbritannien ist von Gewalt und Chaos, Umweltzerstörung, Terrorismus, Hysterie und staatlicher Unterdrückung geprägt. Da seit 18 Jahren kein Kind mehr geboren wurde, droht die Menschheit auszusterben. Der Polizeistaat lässt ausländische Flüchtlinge brutal verfolgen und sie in ghettoartige Aufnahmelager einsperren. Der 18-jährige Baby Diego, der jüngste Bürger, wurde von einem Fanatiker erschossen. In dieser hoffnungslosen Zeit enthüllt die junge, illegale Immigrantin Kee (Claire-Hope Ashitey) in einem Stall, dass sie schwanger ist.

Der Regierungsangestellte Theo Faron (Clive Owen) kämpfte einst zusammen mit seiner damaligen Frau Julian (Julianne Moore) für eine bessere Welt. Als aber ihr Sohn Dillen 2008 bei einer Grippe-Pandemie stirbt, sieht er keinen Sinn mehr zu kämpfen und verfällt in Depressionen.

(0:37:00) Kee will Theo in einem Kuhstall zeigen, dass sie schwanger ist. Sie will sich entkleiden.
Theo: *Lass das!*
Kee zeigt ihm ihren Bauch: *Ich habe Angst. Bitte hilf mir!*
Theo: *Ich fasse es nicht ... Sie ist schwanger ... es ist ein Wunder oder?*

Ein Fahrer soll Theo, Kee, Julian und Kees Betreuerin Miriam (Pam Ferris) zu einem Stützpunkt der Fishes auf der Farm des englisch-polnischen Paares Emily und Tomasz (Denise Mack, Jacek Koman) bringen. In einem Wald greifen Terroristen sie an und töten Julian.

Deutung Der Film hat viele religiöse Anspielungen, z. B. Theo kann als moderne Christusfigur gesehen werden: Sein Name bezeichnet gr. »Verbindung mit dem Göttlichen«. Theo ist der messianische Menschensohn, der dazu bestimmt ist, die Menschheit zu retten. Theo verteidigt und beschützt Kee ohne Einsatz von Waffen. Am Ende des Films (1:36:30) blutet Theo aus seiner Seite. Als Kee Blut auf dem Boden des Bootes bemerkt und als sie glaubt, dass sie es ist, die blutet, entgegnet Theo, dass es sein Blut ist und dass er bald sterben wird. Kee versichert, dass sie ihre Tochter Dylan nach Theos verstorbenen Sohn nennen wird.

Der Filmtitel »Children of Men« bezieht sich auf Psalm 90, 3: »der du die Menschen lässest sterben und sprichst: Kommt wieder, Menschenkinder!« Er verwendet den Plural: die Heilstat gilt dem Kollektiv, nicht einzelnen Menschen. Tiere können als christliche Symbole des Friedens interpretiert werden: Eine Schafherde passiert das Flüchtlingslager in Bexhill (Jesus als Lamm und der gute Hirte). Die Gruppe nennt sich »Fische« als Symbol der Flüchtlingsrechte (christliches Fisch-Symbol). Das Boot am Ende des Films trägt den Namen »Tomorrow«: Es trägt die Hoffnung auf eine humane Zukunft, in der es keine sozialen und institutionellen Barrieren mehr gibt. Als Theo stirbt, hat Kee mit ihrem Baby zunächst Angst und sie ist verzweifelt, Als Kee aber das Schiff in der Ferne sieht, sagt sie zu ihrem Baby: »Es ist okay. Wir sind jetzt sicher. Wir sind sicher.«

Abb. 81: Still aus TORE TANZT (Nothing Bad Can Happen; D 2013): Zwei Mitglieder einer charismatischen Gruppe taufen Tore (Julius Feldmeier) in der Elbe.

TORE TANZT
Nothing Bad Can Happen; D 2013, R u. DB: Katrin Gebbe, 110 Min.
»Der Film mit seinen drei Kapiteln »Glaube, Liebe, Hoffnung« zeichnet nach einer wahren Begebenheit auf, wie ein junger Christ als »Jesus Freak« unbedingt dem Vorbild Jesus nacheifern und wie Jesus leben will, alle Beschimpfungen, Demütigungen, Missbrauch und sadistische Quälereien über sich ergehen lässt, da er diese als göttliche Prüfungen versteht. Auszug aus Filmdialogen: »*Wer das Schild des Glaubens trägt, den kann nichts Böses treffen. Was können mir die Menschen schon tun?*« Tore ist obdachlos und leidet an Epilepsie. Der Film beginnt mit Tores Taufe (Julius Feldmeier). Die Mitglieder einer charismatischen Gruppe taufen Tore in der Elbe.«[229]

Es gibt nur eine Art, wie du errettet werden kannst. Du musst die Angst überwinden, Gott vertrauen.
Tore betet: *Jesus, zeig mir den Weg ... Ich glaub' an Dich. Was können mir die Menschen schon tun?«*
Der Prediger: *Ich war voller Hass, sah keinen Sinn mehr im Leben, aber Jesus ... Ihr kennt die Einsamkeit, aber jetzt habt ihr mehr als die anderen. Ihr habt Jesus gefunden!*
Die Zuhörer rufen begeistert: *Ja!*
Der Prediger fährt fort: *Mach dir keine Sorgen, ob du genug zu fressen hast. Ob ihr Marken-Klamotten tragt, spielt keine Rolle. Das ist nur von kurzer Dauer ... Jesus sagt, liebe deine Feinde und bete für sie. Dann wartet das ewige Leben an der Seite von Jesus. Wer von euch hat Bock, sein Leben für Jesus zu geben?*
Eine junge Frau schreit: *Lasst euch von der Liebe Jesu die Welt in Brand setzen.*
Die anderen rufen: *Jesus! Jesus! Jesus!*
Der Prediger: *Lasst uns zusammen beten. Danke, dass Du dafür gesorgt hast, dass wieder so viele hier sind. ... Mach, dass das Böse nicht in unsere Kreise kommt. Hey Gott, mach auch, dass wir hier genug Kohle zusammen bekommen, dass wir hier weiter viel Gutes tun können. Amen!*
Tore lebt von Hartz IV. Er findet bei »Jesus Freaks« eine Ersatzfamilie. Hier wird er zum törichten Tor, wenn er sich nicht gegen die sadistischen Quälereien wehrt.[230]

---

229 Entnommen aus Tiemann, Manfred: Leben nach Luther, 45.
230 Tiemann, Manfred: Leben nach Luther, 45 f.

Bewertung Der Film erhielt zahlreiche Auszeichnungen, Preis der deutschen Filmkritik 2013, Bayerischer Filmpreis 2013, Deutscher Regiepreis Metropolis 2013, Filmfest Hamburg 2013 für bestes Drehbuch u. a.

3.1.5 Der Pluralismus der 80er Jahre: Von Pietät im Evangelisationsfilm bis Blasphemie im Skandalfilm

Zu Beginn der 80er Jahre sind zwei unterschiedliche Tendenzen erkennbar:

Zum einen der Rückgriff auf die Verfilmung der Bibel, auf die sogenannte »Filmbibel«, z. B. »Das Genesis-Projekt«,

zum anderen kritische religiöse Filme, die Grundfragen menschlicher Existenz aufgreifen, den Zuschauer – teilweise provokativ – auffordern, über aufgezeigte Probleme nachzudenken und dementsprechend zu handeln.

Biblische Themen werden oft als Satire verfremdet oder als kritische Herausforderung gedreht, z. B.

- MONTY PYTHON'S DAS LEBEN DES BRIAN (MONTY PYTHON'S LIFE OF BRIAN, GB 1979, R: Terry Jones),
- DAS GESPENST (BRD 1982, R: Herbert Achternbusch),
- JESUS – DER FILM (AT: JESUSFILM, D 1986, R: Michael Brynntrup),
- DIE LETZTE VERSUCHUNG, DIE (THE LAST TEMPTATION OF CHRIST, US. 1988, R: Martin Scorsese),
- THE RETURN (AT: JESUS VENDER TILBAGE, R: Jens Jørgen Thorsen 1992) u. a.

Sie werden teilweise als Blasphemie, als Skandalfilm abgelehnt.

In Filmen werden auch provokativ Grundfragen menschlicher Existenz aufgegriffen, z. B. in

- JESUS CHRISTUS IN SEOUL (SOUL JÉSU, KR 1985/86, R: Son-U Wan, Chang Son-U),
- JESUS VON MONTREAL (JÉSUS DE MONTRÉAL, CA/F 1989, R: Denys Arcand).

Bereits in den 70er Jahren gibt es einzelne Filme in USA, die als Blashemie und Pornograhie verurteilt werden, z. B.

- MULTIPLE MANIACS (US. 1970, R: John Waters),
- HIM (US. 1974, R: Ed D. Louie, der Film war bis 1979 weitgehend unbekannt),
- THE LOST YEARS (US. 1977, R: Richard Bock).

1993: Josef Müller[231] geht der Frage nach, welche Impulse der neue Film der Theologie geben kann. Er weist auf Gemeinsamkeiten hin und kommt u. a. zu folgenden Thesen:

> »*Filme tragen dazu bei, dass für den Theologen (noch) nicht wahrgenommene Möglichkeiten der Alltagswelt, der Wirklichkeit bewusst werden. Filme können Theologen dazu bringen, dass*

---

231 Müller, Josef: Aus gleicher Leidenschaft zum Leben – »Leben« als Thema von Theologie und Film. In: Zeno Cavigelli u. a. (Hg.), Aus Leidenschaft zum Leben. Zürich 1993, 11–24.

sie betroffen sind bzw. zumindest getroffen werden durch das, was ein Filmemacher durch seine »Geschichte(n)« bewirken will. Im Sinne eines offenen Kunstwerks provozieren Filme zur Auseinandersetzung mit Fragen der Lebenswirklichkeit.

Vor allem eine »dialogische« Theologie, eine Theologie der Begegnung, die sich einlässt auf die gesamte Lebenswirklichkeit der Menschen, die nicht von vornherein weiß, was für Menschen gut ist, sondern im Dialog nach dem fragt, was lebensfördernd ist.«

DER MESSIAS

IL MESSIA/LE MESSIE, I, F 1975, P: Procinex/FR 3/Télé Films/Orizzonte 2000, R: Roberto Rossellini, 140 Min.

Angesprochene Themen Neues Testament, Bibel- und Historienfilm.

Am Anfang steht die Salbung Sauls zum König. Es folgt ein Streifzug durch die Geschichte Israels bis zu Herodes dem Großen.

Storyboard Aus dem Anfangsteil[232]

(Filmbesprechung S. 21 f.)

EINES TAGES IN GALILÄA

THE NATIVITY, US. 1978, R: Bernard L. Kowalski; 95 Min.

Inhalt Maria (Madeleine Stowe) und der Zimmermann Josef (John Shea) führen in Galiläa ein karges, aber glückliches Leben. Ein Engel verkündet Maria, dass sie dazu auserwählt sei, den Heiland der Menschen zu gebären.

Hintergrund Die damals erst 20-jährige Madeleine Stowe gab hier ihr Spielfilmdebüt.

KARUNAMAYUDU

Übersetzt: Ocean of Mercy; 1978; R: A. Bhimsingh und Fr. Christopher Coelho, 160 Min.

Kurzinhalt Der Film stellt eine »Biographie« Jesu (Vijayachander) dar: Von seiner Geburt bis zu seinem Einzug in Jerusalem.

Hintergrund Der Film, ausschließlich mit indischen Schauspielern gedreht, wurde von vielen Missionaren für die christliche Mission in Indien eingesetzt. Der Film legt Wert darauf, Jesus im indischen Kontext (z. B. Einheimische, Dörfer, Kleidung u. a.) zu zeigen.

Darsteller Aus einem Interview mit dem Jesus-Darsteller Vijayachander:[233]

»Die Person war trotz vieler Stürme ruhig wie ein Ozean und litt unter vielen Vulkanen auf ihrem Bett. Er war ein so gutherziger Mensch, dass er nicht einmal böse war, wenn man ihn mit Dornen krönte oder Nägel durch seinen Körper getrieben wurden. Das so aus seinem Kör-

---

232 Siehe auch Tiemann, Manfred: Jesus comes from Hollywood, 163.
233 Vijaychander, born to perform Jesus. Internet: http://ilovehyd.com/interviews/interviews-vijaychander-born-to-perform-jesus.html (Zugriff 1.4.2021, Übersetzung durch den Autor).

per gesprengte Blut stieg in den Himmel und veränderte die Farbe der Natur selbst. Von nun an werden die Sonnenaufgänge und Sonnenuntergänge mit seinen Schattierungen seines zu dieser Zeit vergossenen Blutes gesehen.«

Bewertung Bronze: Nandi Award für den besten Spielfilm.

JESUS
ET: Der Mann, der in kein Schema passt; UT: Keiner hat die Menschen bewegt wie er
US. 1979; P: Inspirational Film/Arrowhead Springs; R: John Heymann, Peter Sykes, John Kirsh, 123 Min.

Inhalt Szenen/Dialogtexte

(0:00:00) Erzähler *Denn Gott hat die Welt so sehr geliebt, dass er seinen einzigen Sohn hingab, damit jeder, der an ihm glaubt, nicht zugrunde geht, sondern das ewige Leben hat. Denn Gott hat seinen Sohn nicht in die Welt gesandt, damit der die Welt richtet, sondern damit die Welt durch ihn gerettet wird.*
(0:00:20) Schafherde an einer Weide
Stimme: *Ich hab mich entschlossen, allem von Grund auf nachzugehen, um es für dich, verehrter Theophilus, der Reihe nach aufzuschreiben. So kannst du dich von der Zuverlässigkeit der Lehre überzeugen.*
Frauen am Brunnen, die die Wäsche waschen.
Schwenk: Frauen tragen Wassergefäße
Erzähler *Zur Zeit des römischen Kaisers Caesar Augustus und des Herodes, König von Judäa, wurde der Engel Gabriel von Gott in eine Stadt namens Nazareth zu einer Jungfrau gesandt. Der Name der Jungfrau war Maria.*
Maria geht in das Haus und stellt den schweren Wassertrog ab.
Eine weiße Erscheinung (in Überblende): *Fürchte dich nicht, Maria! Denn du hast bei Gott Gnade gefunden Du wirst ein Kind empfangen, einen Sohn. Dem sollst du den Namen Jesus geben.*
Maria: *Ich bin eine Jungfrau. Wie soll das geschehen?*
Der Engel *Der heilige Geist wird über dich kommen. Deshalb wird auch das Kind »heilig« genannt werden. Und der Sohn Gottes, seine Herrschaft wird kein Ende haben.*

Der Regisseur Heyman

»wollte die Botschaft von Jesus wirklichkeitsnah darstellen, um ihre Wirkung zu unterstreichen, und er wollte dem historischen Rahmen Palästinas im ersten Jahrhundert treu bleiben. Nach gründlichen Überlegungen beschloss er, dass der Text des Lukasevangeliums ein gutes, vollständiges und zuverlässiges Drehbuch sei. Lukas hatte seiner Meinung nach viele Vorzüge: Er nahm es genau mit den Einzelheiten; er war historisch zuverlässig, hatte viel soziale und kulturelle Einsicht und, was am wichtigsten war, er gab einen ausgezeichneten Bericht über den Dienst und die Botschaft Jesu ...«[234]

Bewertung Eine bunt bebilderte Schilderung des Lebens Jesu nach dem Lukas-Evangelium. Eine aufwendige, fundamentalistische Bibelinterpretation, die

---
234 Campus für Christus (Hg.): Der Mann, der in kein Schema passt. Stuttgart ²1982, 8.

versucht, durch detailgetreue Wiedergabe der historischen Umstände eine vermeintliche Authentizität der Darstellung zu erreichen.

Der Film trägt missionarische Absichten: Die Zuschauer sollen an einen persönlichen Jesus glauben, ihm vertrauen und zu ihm beten. Diese Intention wird vor allem im Nachspann des Filmes deutlich.

Zitate aus dem Film und aus dem Begleitbuch »*Der Mann, der in kein Schema passt*«[235]:

> »*Jesus Christus ist Gottes Weg aus der Sünde des Menschen. Allein durch ihn kann der Mensch wieder eine persönliche Beziehung zu Gott finden.*«
> »*Jesus Christus im Mittelpunkt des Lebens*«
> »*Sie können jetzt Ihr Leben bewusst Jesus Christus anvertrauen ...*«
> »*Praktische Hinweise für ein Leben mit Christus: ... Ihre Beziehung zu Christus vertieft sich, wenn Sie ihm in den Einzelheiten Ihres Lebens immer mehr vertrauen lernen ...*«

DER TAG, AN DEM CHRISTUS STARB
THE DAY CHRIST DIED, US. 1980, P: CBS-TV/20th Century – Fox, Martin Manulis; R: James Cellan Jones, 142 Min.

Der Fernsehfilm, der in Tunesien gedreht wurde, zeigt die letzten Tage im Leben Jesu (Chris Sarandon).

Hintergrund Der US-amerikanische Fernsehfilm basiert auf Jim Bishops Buch THE DAY CHRIST DIED (1957). Bishop missbilligt die Filmfassung, lässt im Abspann seinen Namen entfernen und strengt vergeblich eine Filmtiteländerung an.

EIN KIND MIT NAMEN JESUS
UN BAMBINO DI NOME GESU; I/D 1988; Fernsehfilm in 6 Teilen; P: Leone Film/Mediacrom; R: Franco Rossi, 360 Min./200 Min. (Kurzfassung).
Ursprünglich vierteilig, dann Fassungen als Miniserie in 6 Teilen und in 12 Teilen.

Der Film gestaltet die Kindheit Jesu als Geschichte ständiger Flucht und Angst, aber auch Erfahrung des Beschütztwerdens.

UND SIE ERKANNTEN IHN NICHT
Fernsehtitel; Alternativer (DVD)Titel: DIE UNTERSUCHUNG; I 1986; R: Damiano Damiani; 102 Min.
Wie DAS LEBEN DES BRIAN benutzt auch dieser Film die Kulissen von Franco Zeffirellis Film JESUS VON NAZARETH (1977).

Mit einer Mischung aus Kostümfilm und Polit-Krimi kann Damiano Damiani dem populären Bibel-Kino der 50er Jahre neue Akzente setzen.

---

235 Der Mann, der in kein Schema passt. Der Jesus-Bericht von Lukas. (Campus für Christus) Stuttgart ²1983.

THE LIFE OF JESUS THE REVOLUTIONRY

AT: THE REVOLUTIONARY (I u. II); Spielfilm in zwei Teilen: I/US. 1995, II US. 1996; Alternative Titel: A Vida de Jesus; DVD-Titel: The revolutionary – epic version; R: Robert Marcarelli; 100 Min.).

Teil 1 hat u. a. die Filmsequenzen: Celebration [6:20], Exorcism [6:20], Parables [6:20], Fisherman [6:20], Palms [6:20], On The Cross [6:21], Resurrection [6:18];

Teil 2 hat u. a. die Filmsequenzen: From the Mountain [6:28], Touch of His Robe [6:26], Blind Can See [6:30], Accusations [6:26], Last Supper [6:26], Trial [6:27], Resurrection [6:28].

Die BIBEL: JESUS

D/I/US. 1999, 180 Min.

Angesprochene Themen Lebensgeschichte Jesu, Fragen nach dem historischen Jesus, Jesu Botschaft für heute

Hintergrund Mit einem Budget von 20 Mill. Dollar inszenierte US-Regisseur Roger Young in Quarzazate, östlich von Marrakesch eine Version des Lebens- und Leidensweg Jesu, mit dem sich der Zuschauer identifizieren kann.

Inhalt Aus dem Anfang: Akt I

(0:00:00) *Im Namen von Jesus!*
Joseph ruft (im Schlaf): *Jesus!*
Joseph (erwacht): *War das ein Traum?*
Jesus: *Ja.*
Joseph: *Ich habe vom Brot deiner Mutter geträumt. Noch warm aus dem Ofen.*
Jesus: *Träum weiter, wenn du heute was essen willst.*
Joseph: *Nichts zu essen und auf Steinen schlafen. Ich werde zu alt für so was. Wir müssen Arbeit suchen. Steh auf!*
Jesus: *Ja, komm! Gab es sonst noch was zu essen in deinem Traum?*
Joseph: *Maria hatte gerade sechs Laibe gebacken. Jesus, heute ist ein guter Tag!*
Jesus: *Natürlich!*

Teil 2 *Inhalt* Aus dem Akt II

Am leeren Grab sagt Johannes: *Er ist auferstanden.*
Petrus: *Der Leichnam ist gestohlen!*
(2:47:10) Johannes: »*Er sagte: Nach drei Tagen werde ich auferstehen ... Er lebt!*«
(2:48:20) Jesus erscheint Maria Magdalena: *Maria, du musst mich jetzt loslassen. Ich bin noch nicht zu meinem Vater aufgefahren.*

Am Schluss der Handlung steht ein mehrfaches Glaubensbekenntnis: Andreas bekennt dem zweifelnden Thomas: »*Er ist der Sohn Gottes!*« (2:49:47). Thomas bekennt, als er Jesus vor sich stehen sieht: »*Mein Herr und mein Gott!*«

Bewertung Young stellt einen langhaarigen Jesus als lebensbejahenden Typ dar, der Liebe und Hilfsbereitschaft zeigt. Dieser Jesus beweist seine Göttlichkeit durch Wunder und weiß bereits im Voraus, dass Gott alles gut ausgehen lassen wird. So meistert er souverän den Leidensweg. Der Film möchte zum Glauben an Jesus aufrufen. Am Schluss der Handlung steht ein mehrfaches Glaubensbekenntnis: Andreas bekennt dem zweifelnden Thomas: »Er ist der Sohn Gottes!« Young verfällt dem Kitsch der früheren Hollywood-Inszenierungen, z. B. die Frauen sind nonnenhaft verhüllt, die Männer sind im biblischen Rembrandt-Look gezeichnet. Im Abspann des Films wird eine Pseudo-Aktualität aufgezeigt: Kinder laufen dem Jesus-Darsteller entgegen und rufen ihn. Er nimmt liebevoll ein Mädchen auf dem Arm: »*Wisst ihr, was wir machen? Wir gehen auf die Mole und schauen uns die Fischer an ...*« Eine *person of color* bekennt: »*Sie lieben dich, als wärst du ihr großer Bruder.*«

Der Film will dem Zuschauer zeigen, dass Jesus wahrhaftig leiblich auferstanden ist.

Im gleichen Jahr erscheint in Frankreich der gleichnamige Filmtitel, jetzt als TV-Spielfilm Version:
JÉSUS
F 1999, P: TF1, Images et Compagnie und Ego Productions, R: Serge Moati, 106 Min.

Der französische Fernsehfilm wurde in Marokko gedreht. Er zeigt unterschiedliche Erzählebenen:
- Baruch (Faudel) erlebt Jesu (Arnaud Giovaninetti) Kreuzigung und Tod und wird später verfolgt und gefangen genommen.
- Aus dem Leben und Wirken Jesu: Seine Taufe im Jordan, Berufung der Jünger, Heilung, Verurteilung.

Die Szene des letzten Mahls ist eine deutliche Anlehnung an Leonardo da Vinci.

Acht Filme wollen sich der Person Maria annähern.

Abb. 82: Still aus AVA UND GABRIEL (AVA Y GABRIEL, Curacao/NL 1992): Der farbige Kirchenmaler Gabriel Goedbloed (Cliff San-A-Jong) verleiht der Madonna Züge seiner geliebten Mulattin Ava.

AVA UND GABRIEL

AVA Y GABRIEL, CW/NL 1992, R: Felix de Rooy, 90 Min.

Inhalt Der Film geht der Frage nach, ob Maria eine Farbige sein kann. Er spielt in Curacao in den 40er-Jahren: Der farbige Kirchenmaler Gabriel Goedbloed (Cliff San-A-Jong) soll im Auftrag der Kirche ein Madonnenfresko malen. Er verleiht der Madonna Züge seiner geliebten Mulattin Ava. Er will einen Altar mit einer farbigen Madonna schmücken – damals eine ungeheure Provokation. Schwelende Rassenkonflikte brechen über diese Frage auf.

Aus dem Inhalt/Dialogen des Films:

(0:00:00) Der Film beginnt mit dem Einzug der Eucharistie-Kinder in die Kirche. Die Mütter geben an:
Sie findet sich so schön!
Aber ich habe auch ein prächtiges Kind, nicht wahr?
Die Hautfarbe des Vaters macht viel aus, nicht?
Yuyas Schneider hat das Satinkleid völlig vermurkst.
Ein Vater: *Sie sieht aus wie ein gerupftes Huhn. – Hauptsache, sie hat den Stoff bei uns gekauft.*
Vor dem Kirchplatz kommt es beinah zu einem Verkehrsunfall.
Polizist zum Maler Gabriel Goedbloed: *Haben Sie überhaupt einen Führerschein? ... Ich hoffe, Sie malen besser, als Sie Autofahren. ... Wir sind im Grunde freundlich, aber wir können auch anders. Doch die hohen Herren erwarten dich, also geh!«*
Priester kommt hinzugerannt: *Toller Auftritt, bravo! Jetzt komm. Sie wollten schon gehen. ... Komm schon!*
(0:03:55) Szenenwechsel. In der Kirche: Gabriel Goedbloed präsentiert dem Monseigneur Hildebrand, dem Pastor Fidelius, dem Gouverneur und seiner Frau die Skizze seines geplanten Gemäldes.
Die Frau des Gouverneurs, Frau van Hansschot, kniet vor der Skizze nieder und verweilt andächtig.
Frau van Hansschot *Das ist wirklich etwas Besonderes, Herr Goedbloed. Eigenwillig. Elemente der Antillen, aber westliche Technik.*
Zu ihrem Mann: *Schatz, was hältst du davon?*
Ihr Mann: *Technisch zeigt er sehr viel Talent, nur eine Madonna mit den Antillen als Hintergrund ist historisch nicht ganz richtig.*
Seine Frau: *Stimmt.*
Monseigneur: *Ein Diskussionspunkt.*
Zum Priester gewandt: *Fidelius! Wusstest du davon?*
Die Frau erhebt sich: *Ein engherziger Standpunkt, Monseigneur. Ich dachte, die Kirche respektiere die künstlerische Freiheit. Kunst ist frei.*
Monseigneur: *Ich meine, Frau van Hansschot, dass ich in kirchlichen Dingen wohl eine Autorität bin.*
Pastor Fidelius: *Monseigneur, die Heilige Jungfrau ist doch von Zeit und Ort unabhängig. Ich finde ...*
Monseigneur fällt ihm ins Wort: *Und ich finde, dass ich dir zu viel Freiraum gelassen habe.*
Zum Maler: *Herr Goedbloed, es ist gute Arbeit. Keine Frage. Wir reden noch darüber.*
Goedbloed nickt.
Der Gouverneur: *Ja, Louise, sollen wir gehen? Monseigneur, Herr Goedbloed ...*
Monseigneur: *Exzellenz, ich komme mit.*
Zum Pastor: *Fidelius! Wir sprechen uns noch!*
Frau van Hansschot zum Maler: *Herr Goedbloed: Ich finde, Ihre Arbeit ist von verblüffender Qualität. So unholländisch. Sie haben in Den Haag studiert?*
Goedbloed: *»Ja, Exzellenz, Frau Hansschot, ja. Meine Privatsammlung wird sie sicher interessieren.«*

(06:55) Szenenwechsel: Auf dem Pausenhof des kirchlichen Internats
Die Mädchen stürmen auf den Hof, begleitet von Nonnen und ihrer Erzieherin Ava.
Der Polizist Carlos Zarius zu Ava: *Wie geht's dir, Schatz?*
Er begrüßt sie mit einem Kuss. *Wie war der Tag?*
Sie ziert sich: *Was sollen die Schwestern denken?*
Polizist: *Die sollen einfach beten, Schatz.* Er umarmt sie.
(0:12:10) Szenenwechsel. Gespräch mit Monseigneur
Monseigneur: *Die weiße Maria ist aber Tradition.*
Goedbloed: *Aber die Zeit bestimmt doch, was Tradition ist und was nicht. – Was meinen Sie, Mutter Oberin?*
Oberin: *Eine Maria der Antillen? Sie war doch nicht braun, oder? Ich weiß es nicht.*
Monseigneur: *Das ist alles so politisch geworden, dass ich ernsthaft zweifle. Auch der Gouverneur ist unzufrieden.*
Pastor Fidelius: *Aber seine Frau ...*
(0:45:19) Szenenwechsel. In der Kirche
Frauen streiten über das Marienbild: *Mir gefällt das Bild.- Du mit deiner Bildung bist besser still!*
Pfarrer: *Ihr seid unmöglich. Lasst eure Herzen sprechen. Die Hautfarbe mindert doch nicht den Wert des heiligen Symbols. Der Maler gab Maria ein heimisches Gesicht. Ein roter Schein fällt auf das Gesicht Marias.*
Frauen: *Ein Zeichen. Gott hat uns ein Zeichen gegeben. – Gegrüßet seist du, Maria, voll der Gnade.*

Hintergrund Die Unabhängigkeitsbewegungen: Felix de Rooy ergreift Partei für die unterdrückte Bevölkerung der Antillen-Inseln.

Interpretation Wenn es sich hierbei auch nicht explizit um einen Jesus-Film handelt, können die meisten Aussagen über Maria leicht auf Jesus übertragen werden.

Überlegungen Der Film wirft Fragen auf: Kann Maria eine Farbige bzw. kann Jesus ein Farbiger sein? (Vgl. Lateinamerikanische Theologie der Befreiung: »Jesus ist schwarz«.). Die Problematik, Religion (z. B. Maria, Jesus u. a.) für politische Ziele zu missbrauchen (vgl. die NS-Ideologie: Jesus war kein Jude, sondern Arier). Im Film sagen Besucher beim Ballfest: »*Unsere Partei wäre mit einer farbigen Maria sehr glücklich.*«

Fragen nach der Volksfrömmigkeit: Die Bedeutung und Verehrung von Heiligen.

»*Die weiße Maria ist aber Tradition.*« beharrt Monseigneur. Wieviel Tradition braucht eine Kirche, wie viele Erneuerungen kann sie zulassen, ohne ihre eigene Identität zu verlieren?

Frau Arlina sagt: »*Eine gute Katholikin muss ihre Pflicht tun.*« Inwieweit müssen Mitglieder inhaltlich die Aussagen ihrer Kirche bzw. Religionsgemeinschaft vertreten, wann müssen bzw. können sie abweichen oder ihr widersprechen?

MARIA VON NAZARETH
MARIE DE NAZARET, F 1995, R: Jean Delannoy, 105 Min.
Inhalt Jean Delannoy will das Leben Jesu aus der Perspektive von Maria (Myriam Muller) erzählen: Wie sie es erlebte: Geburt, Leben und Tod ihres geliebten Sohnes Jesus Christus (Didier Bienaimé).

Erzähler: *Zu der Zeit, als sich das römische Reich bis in die Länder des Mittleren Ostens erstreckte, mussten die Juden die römische Besatzung ertragen und Tribut zollen. König Herodes, der Große, der über Judäa herrschte, beugte sich Rom. Die Juden lebten gedemütigt, aber voller Hoffnung. Alle erwarteten die Ankunft des Messias. In Galiläa gab es ein Dorf namens Nazareth.*
Esther: *Guten Morgen, Maria!*
Maria: *Guten Morgen, Esther!*
Esther: *Sieh her, Maria. Ich habe frischen Karpfen, heute Morgen gefangen.*
Maria: *Vielen Dank! Ich werde es meinen Eltern sagen.*
(0:08:14) *Und jetzt wirst du empfangen und einen Sohn gebären. Und du sollst ihn Jesus nennen. Er wird groß sein und man wird ihn den Sohn des Allerhöchsten nennen. ... Er wird auf Ewig über das Haus Jakob herrschen. Sein Königreich wird nicht enden.*
Maria: *Wie kann so etwas geschehen, da ich noch nicht einen Mann gekannt habe.*
Stimme: *Der heilige Geist wird über dich kommen. ... Deshalb wird das Kind, das geboren wird, heilig sein. Es wird Gottes Sohn genannt werden.*
Maria: *Ich bin die Magd unseres Herren. Es geschehe mir, wie du gesagt hast.*
Erzähler: *In jenen Tagen machte sich Maria eilig auf den Weg zu einer judäischen Stadt im Bergland, wo Elisabeth lebte.*

Bewertung Der Film zeigt Maria nicht als Heilige, sondern Maria in ihrer Menschlichkeit: Als einfaches junges Mädchen läuft sie fröhlich durch die Straßen, wird von den Mitbewohnern geachtet. Sie akzeptiert die Botschaft des Engels. Sie hat eine innige Beziehung zu ihrem Sohn Jesus.

MARY, MOTHER OF JESUS
MARIA, DIE HEILIGE MUTTER GOTTES
US. 1999, R: Kevin Ellis, 90 Min.
Inhalt.

(0:00:00) Text: *Obwohl wir uns dichterische Freiheiten erlaubt haben, glauben wir, dass dieser Film dem Geist und der historischen Bedeutung der biblischen Geschichte von Maria und Jesus gerecht wird. Im ersten Jahrhundert gehörte Palästina – die Heimat der Juden, zum römischen Reich. Rom hatte Herodes, einen Marionettenkönig, eingesetzt. Dieser wurde jedoch von der Prophezeiung verfolgt, dass der Messias kommen sollte. Viele Juden rebellierten gegen die Besetzung, aber die römische Armee schlug jeden Widerstand brutal nieder.*
Maria, ein Schäfchen auf dem Arm, kommt von einer Anhöhe und gibt dem Knaben das entwichene Schaf zurück: *Da ist sie.*
(0:00:30) Knabe: *Danke, Maria!*
Ankunft von römischen Reitersoldaten.
Knabe ruft erschrocken: *Pass auf, die Römer kommen!*
Die Juden verstecken sich verängstigt in ihren Wohnungen.

Juden: *Wieso können sie uns nicht in Ruhe lassen!*
Maria zu Joseph: *Ihr dürft sie nicht gegen uns aufhetzen!*
Joseph: *Keine Sorge, das machen wir nicht!*
Maria zeigt sich hilfsbereit. Sie schützt eine ältere Frau vor den Angriffen der Römer. *Ich bringe sie nach hause.*
Ein verletztes Mädchen zu Maria: *Maria, wieso tun sie so etwas?*
Ein Mann: *Dafür bringe ich sie um!*
Maria: *Ist die ganze Welt verrückt? Wo ist Gott?*
Joseph: *Gott hat das nicht getan!*
Maria: *Aber wieso?*
Joseph: *Weil sie es können!*
Römischer Soldat: *Juden von Nazareth! Euer Kaiser in Rom hat befohlen, dass all seine Untertanen gezählt werden sollen. Und deshalb in genau neun Monaten soll jedermann in die Stadt seiner Herkunft ziehen und seinen Namen in die Steuerlisten eintragen lassen. Jedermann wird seine Frau und seine Kinder mitführen und sie ebenfalls eintragen lassen!*
Micha will gegen den Soldaten vorgehen: *Römischer Abschaum!*
Er wird von Soldaten geschlagen.
Maria mutig: *Hauptmann. Er hat Mut bewiesen. Ein Soldat wie er kann die Tapferkeit eines anderen Mannes würdigen ohne selbst an Würde zu verlieren!*
Hauptmann beeindruckt zu Maria: *Auch du bist mutig!*
Hauptmann zu den Soldaten: *Lasst ihn los! Wir rücken ab!*

Bewertung Es soll die Lebens- und Leidensgeschichte Jesu von Nazareth (Christian Bale) aus der Sicht seiner Mutter Maria (Melinda Kinnaman) erzählt werden. Der Film verwendet viele Klischeebilder, z. B. in den Charakterisierungen der Hauptfiguren. Jesus wird als Idealtyp in Superlativen dargestellt. Er ist bereits bei seiner Geburt nach dem Urteil von Maria, Joseph und der Wirtin das schönste Kind, zeigt früh seine Friedfertigkeit und Sanftmut, fragt bereits als Kind:
»*Wieso erkenne ich diese Dinge und niemand sonst?*« Jesus ist anders als die anderen Kinder: Er weigert sich, mit Kameraden zu kämpfen. Als Zwölfjähriger geht er in den Tempel, weil Gott es ihm gesagt hat. Als Achtzehnjähriger leistet er als Zimmermann gute Arbeit und erfährt großes Lob.

Kritik Der langhaarige Jesus wird dargestellt als lebensbejahender Typ, der Liebe und Hilfsbereitschaft zeigt. Der Mensch Jesus steht im Vordergrund: »*Joseph war mein Vater. … Ich war sein eigener Sohn.*« (0:21:25 und 0:23:19). Nach Josephs Tod erkennt Jesus: »*Es ist Zeit, meinen Weg zu finden. Mein Leben gehört nicht mir.*« (0:25:40) Jesus beweist seine Göttlichkeit durch Wunder: z. B. die Frau am Brunnen: *Das ist Jesus von Nazareth, er hat Wasser in Wein verwandelt.* (1:01:14) Jesus weiß bereits im Voraus, dass Gott alles gut ausgehen lassen wird. Jesus meistert souverän den Leidensweg. Szenen sind frei erfunden, z. B. Jesus zieht mit seinem Vater durch das Land, um Arbeit zu suchen. Jesus flirtet mit der in ihn verliebten Maria von Bethanien. Der 12-jährige Jesus betet mit Johannes im Tempel. In der Wüste will eine hübsche Frau im roten Kleid Jesus überreden: *Verzichte auf deine Göttlichkeit!* (0:39:34). Der Rebell Barabbas ohrfeigt Jesus

(1:08:35). Jesus: *Noch einmal! Schlag zu! ... Ihr werdet frei sein, wenn ihr lernt zu lieben!* Am Schluss der Handlung steht ein mehrfaches Glaubensbekenntnis: Andreas bekennt dem zweifelnden Thomas: *Er ist der Sohn Gottes!* (2:49:47). Thomas bekennt, als er Jesus vor sich stehen sieht: Mein Herr und mein Gott!

MARIA, FIGLIA DEL SUO FIGLIO
MARIA, TOCHTER IHRES SOHNES, I 2000, R: Fabrizio Costa, 125 Min.
Inhalt Der Film beginnt mit Jesu Kreuzigung.
(0:00:32) Römische Soldaten: *Sei gegrüßt, König der Juden.*
Maria (Angela Molina) ist geprägt durch einen starken Willen und Glauben an Gott. Maria lebt ganz für Jesus (Nicholas Rogers). Sie hat Sorge um sein Schicksal. Dagegen vernachlässigt sie ihren Mann, zu dem sie nur eine freundschaftliche Beziehung hat. Der Film stellt die Mutter-Sohn-Beziehung in den Vordergrund.

(1:58:42) Jesus erscheint der sterbenden Maria: *Wie hätte ich dich verlassen können?*
Maria: *Ich bin doch nur eine kleine Mutter.*
Jesus: *Heute werden deine Augen das Paradies schauen.*
Maria: *Dessen bin ich nicht würdig, denn ich habe diesen Sohn mehr als Gott geliebt.*
Jesus: *Das ist ein und dasselbe. (...) Du bist die Mutter meiner Kirche. Wer dich anblickt, wird zu mir kommen.*

Bewertung Der Film beinhaltet viele kitschige Szenen, vor allem am Ende, als Jesus ganz in Weiß gekleidet seiner Mutter am Totenbett erscheint.

THE NATIVITY STORY
ES BEGAB SICH ABER ZU DER ZEIT, US. 2006, P: New Line Cinema, R: Catherine Hardwicke, 101 Min.
Angesprochene Themen Weihnachtsgeschichte, Geburt Jesu, Maria und Josef, Engelgestalten, Bibelverständnis.
Inhalt König Herodes (Ciarán Hinds) befürchtet, seine Macht und seinen Reichtum zu verlieren. Eine Prophezeiung aus dem Alten Testament beunruhigt ihn sehr. Die Ankunft des Messias solle seine Regentschaft beenden. Er befiehlt seinen Soldaten, alle männlichen Nachkommen aus der Stadt Bethlehem, die jünger als zwei Jahre sind, zu töten. Gott prophezeit dem Priester Zacharias (Stanley Townsend) im Tempel von Jerusalem, dass seine Frau Elisabeth (Shohreh Aghdashloo) einen Jungen gebären wird. In der kleinen Stadt Nazareth wächst die junge Maria bei ihren Eltern Joachim (Shaun Toub) und Anna (Hiam Abbass) auf. Ihr Vater will sie mit dem ehrbaren Zimmermann Joseph (Oscar Isaac) verheiraten – mit einem Mann, den sie kaum kennt und nicht liebt. In ihrer Verzweiflung begibt sie sich in einen alten Olivenhain. Dort erscheint ihr

der Erzengel Gabriel (Alexander Siddig) und verkündet, dass sie von Gott auserwählt sei, Gottes Sohn Jesus das Leben zu schenken.

Der Film möchte die Lebensumstände und die Gefühle Marias einfangen. Drehbuchautor Mike Rich und Regisseurin Catherine Hardwicke nehmen Texte aus dem Matthäus- und Lukasevangelium als Drehbuchvorlage und möchten Echtheit erreichen: So war es.

Kritik Erzählt wird die gewohnte Mixtur aus lukanischer und matthäischer Weihnachtsgeschichte, verbrämt mit romanhaften Elementen. Im Film werden Vorbilder für gutes Handeln aufgezeigt. An der aufopferungswilligen Haltung von Joseph soll der Zuschauer erkennen, worin sich gute Menschen auszeichnen: Obwohl Joseph Hunger hat, verzichtet er und gibt das Essen dem Esel. Der Film suggeriert dem Zuschauer, die Geschichte Jesu authentisch aus Sicht der Maria zu erzählen. Er zeigt ein fundamentalistisches Bibelverständnis und ist ein Rückgriff in den »Sandalen-Kitsch« der früheren Jahre.

Der Film hatte sowohl in den USA als auch in Deutschland eine gute Zuschauerresonanz.

Hintergrund Die damals erst 16-jährige Keisha Castle-Hughes war während der Dreharbeiten schwanger.

MAGDALENA: RELEASED FROM SHAME
MARIA AUS MAGDALA – VON DER LIEBE BERÜHRT, US. 2007, P: John Heyman u. a.
Inhalt Aus dem Anfang des Films:

Text: *Die folgende Geschichte beruht auf Augenzeugenberichten aus den Evangelien nach Matthäus, Markus, Lukas und Johannes. Maria aus Magdala wird in der Bibel als Jüngerin von Jesus dargestellt. Sie erzählt hier seine Geschichte. Ihre Darstellung gibt dramatisch und sehr genau wieder, was vor 2000 Jahren geschah. Jesus wird von einem Schauspieler dargestellt, obwohl kein Mensch dieser Rolle würdig ist. Dieser Film wird uns jedoch helfen, Jesu Leben besser zu verstehen und davon zu profitieren.*
Maria Magdalena (Rebecca Ritz) geht in Rikvas (Shira Lane) Haus.
(0:01:18) Maria schaut zum Himmel: *Oh! Schau! Was für ein prächtiges Kunstwerk Gott Abend für Abend malt. Er zeigt seine unglaubliche Liebe für mich. Für dich.*
Rivka: *Der Gott, der das alles erschaffen hat? Ich zweifle daran, dass er mich sieht oder gar kennt. Dieser allmächtige Gott kennt möglicherweise einige heilige oder vorbildlich lebende Leute – aber bestimmt nicht jemanden wie mich.*

Bewertung Der Film beinhaltet eine naive Bibelgläubigkeit und verwendet biblische Glaubensurkunden als Drehbuchvorlagen. Die Produktwerbung weist darauf hin, dass der Film den Anspruch erhebt, einerseits das Leben der »faszinierenden Frau« Maria aus Magdala darzustellen, andererseits »das Leben und Wirken von Jesus Christus aus ihrer Perspektive« aufzuzeigen. Der Film enthält sehr viele Szenen und Elemente aus JESUS (US. 1979, P: John B. Heyman, R: Peter Sykes). Wenig neu gedrehte Szenen sind hinzugefügt.

John Heyman möchte auch mit diesem Film dem Zuschauer »sehr genau« aufzeigen: »So war es.«

MARY

AT: MARY – THIS IS MY BLOOD, I/F/US. 2005, R: Abel Ferrara, 83 Min. Zahlreiche Auszeichnungen

Angesprochene Themen Frauengestalten der Bibel: Maria, Maria Madgalena, Apokryphen: »Evangelium der Maria« (2. Jahrh. n. Chr.), Jesus im Film: Möglichkeiten und Grenzen, Kritik an Mel Gibson

Kurzinhalt Der Film unterscheidet zwei Handlungsebenen:

Die erste Ebene geht der biblischen Figur Maria Magdalena »This is my blood« nach.

(01:40–04:26) Kapitel 1: Nur ein Traum. Die Frauen am leeren Grab
Engel: *Frau, was weinst du?*
Sie haben meinen Herrn weggetragen. Ich weiß nicht, wo sie ihn hingelegt haben.
Engel: *Warum suchst du den Lebenden bei den Toten.*
Jesus erscheint der Maria.
Mein Herr!
Jesus: *Nein! Rühre mich nicht an. Noch bin ich nicht aufgefahren zu meinem Vater. Aber geht zu meinen Brüdern und sage ihnen, ich fahre auf zu meinem Vater. Und zu eurem Vater. Zu meinem Gott und zu eurem Gott.*
Maria Magdalena: *Maria! – Jesus!*

Die zweite Ebene, die Gegenwartsebene, stellt die Schauspielerin Marie Palesi (Juliette Binoche) vor, die Maria Magdalena darstellt:

(04:28–08:08) Kapitel 2. Weise Männer
Tony: *Halt bitte an. Ich bin gleich wieder da! – Marie! Marie, habt ihr Marie gesehen? Ja da bist du ja. Los beeil dich. Sonst verpassen wir den Flieger! Komm endlich!*
Marie: *Wo willst du denn hin?*
Tony: *Was soll die blöde Frage?*
Marie: *Ich komm nicht mit!*
Was soll das heißen, ich nicht? Komm schon! Du bist total überdreht. Wir müssen in zehn Minuten am Flughafen sein! Sonst verpassen wir den Flieger.
Marie: *Welchen Flieger?*
Tony: *Na gut, dann falle ich eben auf meine Knie und flehe dich an. Bitte, steige in den Wagen, wir müssen los!*
Marie: *Ich bin noch nicht soweit.*
Tony: *Mary!*
Marie: *Ich kann nicht gehen! Ich kann hier nicht weg! Ich bin noch nicht soweit. Ich kann nicht!*
Tony: *Es ist vorbei! Es ist vorbei! Hast du verstanden. Der Film ist abgedreht. Wir fliegen nach Hause und der Film wird geschnitten. Wo willst du hin?*
Marie: *Ich will nach Jerusalem!*

Tony: *Los in den Wagen!*
Marie läuft weg.
Tony: *Wie du willst!*

In dieser Ebene werden Maries Identifikation mit der Rolle, die Auswirkungen und ihre persönlichen Probleme deutlich.

(08:10) New York, ein Jahr später. Fernsehstudio
Dazu gibt es zweierlei zu sagen: Für die Römer war Jesus ein gefährlicher Aufwiegler.

Der Fernsehmoderator Ted Younger, der Sendungen zum historischen Jesus gestaltet, hat den Filmstar und Regisseur Tony Childress (Matthew Modine) zu einem Gespräch eingeladen: Dieser solle sein neues umstrittenes Filmprojekt »This is my blood« vorstellen.

Telefonisch will Ted auch Marie einladen.

(0:34:07) Kapitel 7:
Jesus: *Marie. Hier ist Ted. Ted Younger. ... Ich war heute in einer Vorführung von Tonys Film. Herzlichen Glückwunsch! Sie waren umwerfend. Sie haben toll gespielt.*
Marie: *Was wollen Sie von mir?*
Ted: *Ich wollte nur wissen, wie es ihnen geht.*
Marie: *Sonst noch etwas?*
Ted: *Einmal das und ... ich bin der Moderator einer Talk-Show über das Leben von Jesus, und Tony kommt am Donnerstag in meine Show. Ich hätte Sie auch gerne dabei.*
Marie: *Warum?*
Ted: *Warum was?*
Marie: *Warum machen sie eine Show, eine Talk-Show über Jesus?*
Ted: *Ich versteh nicht ganz. Wieso fragen sie?*
Marie: *Glauben sie an Jesus?*
Ted: *Ich – na ja, ich denke, dass er tatsächlich existiert hat.*
Marie: *Nein! Was glauben sie?*
Ted: *Weiß ich nicht.*
Marie: *Man braucht Mut, um sich der Wahrheit zu stellen und man braucht Mut, um ganz Mensch zu werden. Jesus half Maria Magdalena dabei. Jetzt hilft sie mir.*

Die Premiere des Films muss wegen Protesten und Bombendrohung von religiösen Fanatikern abgebrochen werden.

Abel Ferrara: *»Ich wurde katholisch erzogen, und wenn man in dieser Religion aufwächst, lernt man nicht, selbstständig zu denken und die Evangelien zu hinterfragen. Wenn man sonntags zur Kirche geht, wird einem die Bibel vorgelesen. Man lernt nicht, über die Dinge nachzudenken.«*[236]

Bewertung Der Film ist ein gelungener Kontrast zu den kitschigen Kostümfilmen, z. B. MARIA MAGDALENA (I/D 2000), MARIA AUS MAGDALA – VON DER LIEBE BERÜHRT (US. 2007). Gleich zu Beginn des Films setzt sich

---

236 Volk, Stefan: Filmkritik zu Mary. »film-dienst«, Nr. 25/2006.

Abel Ferrara von den traditionellen Engeldarstellungen ab: Hier sind es ältere Männer, teilweise glatzköpfig. Der Film vernetzt geschickt Film im Film, die einzelnen Erzählfäden und Schauplätze.

Der Titel »This is my blood« richtet sich kritisch an Mel Gibsons DIE PASSION CHRISTI: »Blutoper« (so Franco Zeffirelli).

MARIA DI NAZARET
IHR NAME WAR MARIA, I/D/ES 2012, TV-Zweiteiler; KoProd. der Tellux-Film GmbH München mit Lux Vide S.p.A. Rom im Auftrag von BR und RAI. R u. B: Juri Köster; 180 Min.

Angesprochene Themen Legendenbildung: Sinn und Grenzen von fiktiven Filmsequenzen, Zeit und Umwelt Jesu, die Rolle von Maria in der biblischen Überlieferung und in der kirchlichen Tradition.

Alissa Jung, die Maria spielt, sagte in einem Interview auf die Frage, ob sie selbst ein religiöser Mensch sei:

> »Ich bin christlich erzogen worden, und ich glaube daran, dass es einen Gott gibt. Aber ich denke, man muss nicht katholisch sein, um die Maria darzustellen. Ich bin Schauspielerin. Wenn ich eine Mörderin spielen soll, muss ich das ja vorher auch nicht ausprobieren.«

Hintergrund Vom Alter der Schauspielerinnen und Schauspieler her eine unglückliche Auswahl: Andreas Pietschmann (Jesus) ist 12 Jahre älter als Alissa Jung (Maria, Mutter Jesu), Luca Marinelli (Josef, Vater Jesu) ist 15 Jahre jünger als Pietschmann.

Bewertung Der Film zeigt eine enge Anlehnung an den Stil Zeffirellis und hat viele fiktive Passagen.

Papst Benedikt XVI. schaute sich den Film im Vatikan an:

> »Maria von Nazareth (...) die Mutter des menschgewordenen Sohnes Gottes (...) ist die Frau, die ein absolutes »Ich-bin-da« gegenüber dem Willen Gottes lebt. In diesem wiederholten »Ja«, auch im Augenblick des Verlustes Ihres Sohnes, findet sie ihre ganze Seeligkeit. Ich danke allen für diesen schönen Abend!«[237]

MARY MOTHER OF CHRIST
MARY, US. 2014, R: Alister Grierson, 88 Min.
Benedict Fitzgerald hat am Drehbuch zu Mel Gibsons »Die Passion Christi« mitgeschrieben. Die 15-jährige Israelin Odeya Rush stellt Maria als 8-, 15-, und 19-Jährige dar. Der Film wird mit Hilfe des umstrittenen Fernsehpredigers Joel Osteen, Pfarrer der Lakewood-Kirche in Houston, vermarktet.

---

237 Adventszeit 2012. Zeitschrift für das Erzbistum Köln.

Blasphemie im Skandalfilm
Bei diesen Filmen wird generell die Göttlichkeit Jesu infrage gestellt. Blasphemische Sexualisierungen von Jesus und seiner Mutter rufen Proteste hervor.

HIM
HIM: THE SEX LIFE OF CHRIST, US. 1974, P: Hand in Hand Films, R: Edward D. Louie
Der Film wurde für ein homosexuelles Publikum gedreht. Der Film behauptet, Jesus (Gustav Von Will) und seine Jünger seien alle homosexuell veranlagt gewesen: ein junger Mann sei erotisch auf Jesus zugegangen. Der Film gilt als verloren.

Das Skandalprojekt des Dänen Jens Jörgen Thorsen mit dem Arbeitstitel »Die Liebesaffären des Jesus Christus«, für dessen Projekt Förderpremien des Dänischen Staates zugesagt waren, musste 1976 wegen massiver Proteste eingestellt werden.

DAS GESPENST
BRD 1982, R u B: Herbert Achternbusch, 84 Min.
Angesprochene Themen Blasphemie, Inhalte des Glaubens, Heiligenverehrung, Kirche und Dogmen
Inhalt Eine lebensgroße Christusfigur (»Der 42. Jesus«) steigt in einem bayerischen Kloster auf die Klage einer enttäuschten Oberin (Annamirl Bierbichler) vom Kreuz, um als »Ober« (Herbert Achternbusch) mit Münchner Passanten, mit der Polizei und mit einem Bischof in Konflikt zu geraten. Den unbedeutenden 42. Herrgott zieht es ins Bett der Oberin. Um ihren gemeinsamen Lebensunterhalt zu versorgen, bewirtet er die Gäste der Klosterschänke. »*Denkst du dir nichts, wenn du Rotwein trinkst?*«, fragt die Oberin. – »*Nein, wieso?*« – »*Es ist dein Blut!*« – »*Wie kommst du darauf?*«
Hintergrund Nach zwei Jahren juristischer und journalistischer Auseinandersetzung wird der Film in der Schweiz freigegeben. Das Bundesgericht in Lausanne verfügt die Aufhebung der Beschlagnahme des Films durch die Züricher Bezirksanwaltschaft.

MONTY PYTHON'S DAS LEBEN DES BRIAN
MONTY PYTHON'S LIFE OF BRIAN, GB 1979, R: Terry Jones; 94 Min.
Hintergrund/Entstehung: Bei einer Reise durch Nordafrika stoßen die Pythons in Monastir (Tunesien) auf die zurückgelassenen Kulissen aus Franco Zeffirellis Film »Jesus von Nazareth« (1978). Ad hoc beschließt die Truppe, die Jesusgeschichte in einer Parodie auf Zeffirelli unter Verwendung der bestehenden Kulissen zu drehen (»Anti-Zeffirelli-Film«).

Gleichzeitig soll der Film »Ben Hur« parodiert werden, indem die bekannte Wagenkampfszene verfremdet wird.

Die EMI findet das Drehbuch zu anstößig und tritt von der Finanzierung des Projekts zurück.

Ex-Beatle George Harrison springt ein und finanziert das Projekt mit eigenen Mitteln.

Zum Verständnis Der Film behandelt nicht das Leben Jesu, sondern die tragisch-komische »Parallelbiographie« von Brian Cohen (Graham Chapman): Dieser wird am gleichen Tag wie Jesus geboren und stirbt wie Jesus am Kreuz.

Inhalt Monty Python, eine sechsköpfige englische Komikergruppe, stellt die Passionsgeschichte Jesu in beißender Ironie als Bibel-Parodie zu den pathetischen Jesusfilmen dar, wobei der Film zwischen Blasphemie, Geschmacklosigkeit und typisch englischem schärfsten Witz pendelt. Jesus' Nachbarjunge Brian wird von hysterischen Anhängern zum Märtyrer gemacht.

Zur selben Zeit wie Jesus wird Brian als dessen Stallnachbar in Bethlehem geboren. 33 Jahre später wollen ungebildete Bauern und religiöse Fanatiker in Brian den Messias sehen.

Der Revolutionär Brian wird von Pontius Pilatus verfolgt und zusammen mit zahlreichen Leidensgenossen als Nr. 140 mit der Kreuzigung bestraft. Vor der Kreuzigung muss in einer Schlange angestanden und geduldig gewartet werden, bis man endlich dran ist. Manche drängen sich stürmisch vor, die das Annageln kaum erwarten können.

Nisus: *Der Nächste? Kreuzigung?*
Erster Gefangener: *Ja.*
Nisus: *Schön ... rechts.*
Er hakt ihn ab. Der Kerkermeister nimmt ihm die Handschellen ab.
Nisus: *Zur Tür hinaus, links anstehen, ein Kreuz pro Nase ... Der Nächste ...*
Ein weiterer Gefangener tritt vor.
Nisus: *Kreuzigung?*
Zweiter Gefangener: *Ja.*
Nisus: *Schön ... Zur Tür hinaus, links anstehen, ein Kreuz pro Nase.*
Ein weiterer Gefangener tritt vor.
Nisus: *Kreuzigung?*
Herr Dreist: *Äh ... nein ... Freilassung ...*
Ein Gnadenakt kommt für Brian zu spät. Alle Mitgekreuzigten nennen sich Brian von Nazareth.

Bezug zu den Evangelientexten: Im Film werden Inhalte der Evangelien aufgegriffen und teilweise verfremdet:

Auszüge aus Jesu Bergpredigt werden fast wörtlich zitiert:

> JESUS CHRISTUS Selig sind, die da geistlich arm sind, denn das Himmelreich ist ihr. Selig sind, die da Leid tragen, denn sie sollen getröstet werden. Selig sind, die da hungert und dürstet nach der Gerechtigkeit, denn sie sollen satt werden ...

Die Widerstandskämpfer hauen verärgert ab, da ihrer Meinung nach Jesus zu friedfertig ist:

»*Selig sind offenbar so ziemlich alle, die ein persönliches Interesse an der Aufrechterhaltung des Status quo haben.*«

Brian zitiert Worte Jesu: »*Lilien auf dem Felde*« – »*Richtet nicht über andere, auf dass ihr nicht gerichtet werdet.*«

Brian fällt von einem Turm. Er wird von Außerirdischen gerettet (vgl. Mt 4,5–6),

die Menge fordert ein Zeichen (vgl. Mk 8,12; Mt 12,38; Lk 21,7).

Als die Menge verlangt, in der Wüste gespeist zu werden (vgl. Mk 6,35–44; 8,1–9), zeigt Brian auf einen Wacholderbaum.

Dies wird als Naturwunder gefeiert. Pontius Pilatus – hier als Witzfigur – erlässt zum Fest eine Amnestie (Mk 15,6).

Ein Freiwilliger will helfen und bietet sich an, das Kreuz zu tragen (Mk 15,21 par.).

Bibl.-theol. Vorverständnis Darsteller Terry Gilliam über die 1979 entstandene Geschichtsverdrehung: »*Niemand von uns wollte Jesus ernsthaft an die Karre fahren. Aber wir hatten halt Spaß daran, den Herrn ein bisschen zu verarschen.*«[238]

Die Kreuzigungsszene führte zum Verbot des Films in England. Der Film wurde ebenfalls in einigen Bundesstaaten der USA und in Norwegen wegen dieser Szene verboten.

Diese Szene ist gespickt mit schwarzem englischem Humor: Man muss Schlange stehen und auf die Hinrichtung geduldig warten, bis man endlich an die Reihe kommt. Einzelne Kandidaten drängeln sich ungeduldig vor.

Der Film relativiert die Heilsbedeutung der Kreuzigung Jesu dadurch, dass er die Kreuzigung als eine ganz gewöhnliche Hinrichtungsart der Römer darstellt.

Die anderen ebenfalls grausamen Hinrichtungsarten der Steinigung und der Tötung in der Arena werden ebenfalls ins Lächerliche gezogen.

Die Autoren versuchen, die biblische Geschichte zu entmythologisieren, indem sie diese ins Lächerliche ziehen. Wer ist Brian? Alle Akteure im Film und alle Zuschauer sind Brian.

Aus zwei unterschiedlichen Kritiken

Der Evangelische Filmbeobachter: »*Gotteslästerlich, blasphemisch? Ach nein! … Eine witzige Parodie auf alle Leben-Jesu-Filme, eine komische Entlarvung des falschen frommen Leinwandpathos, gelegentlich die Grenzen des*

---

238 Zit. nach Heidenheimer Neue Presse vom 25.5.1992.

guten Geschmacks überschreitend, aber gewiss keine Gotteslästerung. Zum schnellen Lachen und zum raschen Vergessen.«[239]

Der Katholische Filmdienst: »*Wer ... von Blasphemie und Gotteslästerung redet, hat die formal gewiss fragwürdige Satire ... mit allzu verkürztem Blickwinkel gesehen ... Geschmacklos, zum Schluss zynisch und in manchen Szenen für Christen beleidigend. – Wir raten ab.*«[240]

DIE LETZTE VERSUCHUNG CHRISTI
THE LAST TEMPTATION OF CHRIST, US. 1988, P: Universal, R: Martin Scorsese, B: Paul Schrader nach dem Roman von Nikos Kazantzakis, 164 Min.
Die Verfilmung des Romans von Kazantzakis ist als Versuch zu verstehen, sich mit der Person Jesus von Nazareth, seiner Verkündigung und seinem Kampf bis zur Kreuzigung auseinanderzusetzen. Jesus wird in seiner Menschlichkeit dargestellt.
Aus einzelnen Szenen

(0:02:34) Jesus: *Mit einem Gefühl, ganz zart, ganz sanft fängt es an. Und dann kommt der Schmerz, als ob ein unsichtbar Raubvogel die Klauen in meinen Schädel schlägt, die Krallen graben sich ein. Kurz bevor sie meine Augen erreichen, lockern und lösen sie sich allmählich. Und dann erinnere ich mich. Zuerst habe ich drei Monate lang gefastet und habe mich sogar ausgepeitscht, bevor ich schlafen ging. Zunächst klappte es. Dann kam der Schmerz wieder und die Stimmen. Sie rufen mich beim Namen »Jesus«. Wer ist da? Wer bist du? Warum verfolgst du mich?*
Judas: *Bist du bereit? Bist du bereit? Nein, kein Kreuz! Wir werden den Zeloten befreien. Wo sind deine Gedanken? Hast du gehört, was ich gesagt habe?*
Jesus: *Auf solche Art kommt der Messias nicht.*
Judas: *Was meinst du damit? Woher weißt du das? Wer hat dir das gesagt? Du benimmst dich schändlich. Schämst du dich nicht? Niemand macht mehr Kreuze für die Römer. Nur du, du bist der einzige. Du bist schlimmer als jene. Ein Jude, der Juden tötet. Feigling! Wie willst du jemals für deine Sünden bezahlen?*
Jesus: *Mit meinem Leben, Judas! Ich besitze nichts anderes.*
Judas: *Wende dich nicht ab! Sieh mich an! Sieh mir in die Augen. Mit deinem Leben, was meinst du damit?*
Jesus: *Bitte, lass mich Judas! Ich weiß nicht. Ich weiß es nicht.*
Judas: *Du wirst das Kreuz tragen?*
Jesus: *Ja, hab ich vor.*
Judas schlägt Jesus: *Ich werde das nicht zulassen.*
Jesus: *Ich bitte dich, Judas, steh mir nicht im Weg!*

---

239 Ohly, Hans: Monty Pythons Das Leben des Brian. In: Evangelischer Filmbeobachter, 1980.
240 Katholisches Institut für Medieninformation e. V. (Hg.): Das Leben des Brian. In: Film Dienst, 1980, Nr. 22602.

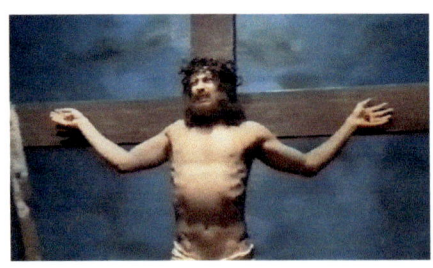

Abb. 83: Still aus THE FAVOUR, THE WATCH AND THE VERY BIG FISH (Der Gefallen, die Uhr und der sehr große Fisch, US. 1991): Jesus-Darsteller am Kreuz: »Mein Gott, ich bin ja so hungrig!«

THE FAVOUR, THE WATCH AND THE VERY BIG FISH
DER GEFALLEN, DIE UHR UND DER SEHR GROSSE FISCH, US. 1991, R: Ben Lewin; nach der Vorlage der Kurzgeschichte 1934 von Marcel Aymé, 94 Min.
Angesprochene Themen Moderne Jesusgestalt, Wunderheilungen, z. B. Heilung eines blinden Jungen, Religiöser Fanatismus, Vermarktung des Glaubens, z. B. durch kitschige Heiligenbilder u. a.

Inhalt Der leicht versponnene Fotograf Louis Aubinard (Bob Hoskins), der hingebungsvoll kitschige Heiligenbildchen arrangiert und ablichtet, hat Schwierigkeiten, einen geeigneten Jesus-Darsteller zu finden. Als er einem erkrankten Freund einen Gefallen erweisen will und sich gänzlich ahnungslos als Synchron-Sprecher eines Pornofilms wiederfindet, verliebt er sich in seine »Partnerin« Sybil (Natasha Richardson). Sie erzählt ihm von ihrer einstigen Liebe zu einem Pianisten (Jeff Goldblum), der unmittelbar vor ihrer ersten gemeinsamen Liebesnacht ins Gefängnis musste: da sie unerwartet einem Geiger zu verfallen drohte, wurde der Pianist zum gewalttätigen »Rächer«. Nun steht seine Haftentlassung an, und Louis müsse ihr helfen, diese Situation zu meistern.

Missverständnisse und Zufälle mischen diese Ausgangssituation neu: Louis verliert Sybil und gerät auf der Suche nach einem geeigneten Jesus-Darsteller an den skurrilen Pianisten und Ex-Häftling. Als langhaariger und leidenschaftlich-leidender Jesus-Darsteller macht dieser Karriere. Die Bilderbibel mit seinen Aufnahmen findet reißenden Absatz. Er wähnt sich als leibhaftiger Wundertäter und hält sich bald selbst für den Gottessohn. Der Versuch, wie Jesus über das Wasser gehen zu können, endet tödlich.

Aus einzelnen Filmszenen

(0:39:30–0:41:30) Die Anwerbung und die ersten »Jesus-Aufnahmen«
Der Fotograf Louis Aubinard entdeckt einen geeigneten Jesus-Darsteller: Er sieht durch das Fenster einen Mann draußen im Regen stehen, dessen Gesicht seinen kitschigen Heiligenbildchen nahe kommt.
Sogleich stürzt er hinaus.

Aubinard: *Nun kommen Sie schon. Kommen Sie! Kommen Sie rein!*
»Jesus« am Kreuz: *Hunger! Hunger!*
Aubinard: *Ich weiß, dass Sie hungrig sind.*
Er setzt ihm die Dornenkrone auf.
»Jesus«: *Durst! O bitte!*
Aubinard: *Ich weiß! Haben Sie nur Geduld! Es tut mir so schrecklich leid! Gut so.*
Aubinard liest aus der Bibel: *Und Jesus schrie laut. Mit lauter Stimme*
»Jesus«: *Mein Gott, ich bin ja so hungrig!*
»Jesus« begutachtet das Foto: *Er ist nicht übel, nicht?*
Aubinard: *Es ist wirklich sehr gut!*
(0:55:00–0:57:30) Heilung durch Golfball im Park
Frauen, schwarz gekleidet, führen einen blinden Jungen im Wagen durch den Park.
Sie begegnen »Jesus«, zeigen sich überrascht und vergleichen ihn mit dem »Heiligenbild«:
Frauen: *Er ist es wirklich!*
Sie knien vor ihm nieder und beten ihn an.
Frauen: *Bitte! Helfen Sie uns!*
»Jesus«: *Bitte, lassen sie das! Hören Sie auf, mich herum zu schubsen!*
Frauen auf den Jungen zeigend: *Sehen Sie sich das an! Berühren Sie ihn!*
Die Frauen zerren an seinem Arm.
»Jesus«: *Lassen Sie meine Hand los!*
»Jesus« gibt auf: *Ja, schon gut! Ich bin einverstanden!*
»Jesus« legt die linke Hand auf den Kopf des Kindes und erhebt seine Rechte ...
Ein Golfspieler trifft versehentlich den Kopf des Kindes.
Der Junge setzt seine Brille ab, betrachtet staunend seine Umgebung, strahlt, erhebt sich und steigt aus dem Wagen aus.
Die Frauen umarmen sich, stürzen auf Jesus und rufen: *Ein Wunder!*
»Jesus«: *Lassen Sie mich in Ruhe!*
»Jesus« flieht, zwei Frauen wollen ihn verfolgen.
Jesus: *Auf Wiedersehen!*

Interpretation Der in Polen geborene, in Australien aufgewachsene Regisseur und Drehbuchautor Ben Levin stellt Jesus drastisch provokant und für gläubige Christen teilweise verletzend dar. Die literarische Vorlage von Marcel Aymé kritisierte den *»Ausverkauf menschlicher, sozialer und vor allem religiöser Werte«*[241] in Abtei Saint-Germain-des-Prés.

JESUS CHRISTUS ERLÖSER
D 2008, Dokumentation des Auftritts von Klaus Kinski in der Berliner Deutschlandhalle am 20.11.1971, R: Peter Geyer, 84 Min.
Angesprochene Themen Blasphemie, Person Jesu, Jesus als Revolutionär
   Inhalt Kinski präsentiert einen aufrührerischen, antiinstitutionellen Jesus, der sich mit Randgruppen oder Minderheiten solidarisiert und auf dem Weg zur Weltrevolution ist.

---

241 Koll, Horst Peter: Der Gefallen, die Uhr und der sehr große Fisch. Film-Dienst 29513.

Hintergrund Am 20. November 1971 will Klaus Kinski die »erregendste Geschichte der Menschheit« aufführen. Er wird durch Zwischenrufe und Beschimpfungen daran gehindert, laufend unterbrochen, so dass die Aufführung abgebrochen wird.

Kinski: »*Das ist ja wie vor 2000 Jahren. Dieses Gesindel ist noch beschissener als die Pharisäer. Die haben Jesus wenigstens ausreden lassen, bevor sie ihn angenagelt haben.*«

3.1.6 Teilweise Rückschritte in den »Sandalen-Kitsch« der 60er und 70er Jahre (ab 1999)

Ab 1994 wird unter dem Titel »Die Bibel« in einer Serie von 13 Fernsehfilmen versucht, wichtige Personen und Ereignisse der Bibel für das Fernsehen zu drehen: Heinrich Krauss (1990) erläutert das Projekt (Leo Kirch, »Beta Film«, mit seinem italienischen Partner Ettore Bernabel, »Lux«) der sukzessiven Verfilmung der gesamten Bibel: Zunächst soll es in 50 (!) Stunden um Nacherzählungen der biblischen Geschichten aus dem Alten Testament gehen, später Geschichten aus dem Neuen Testament. Die 20-teilige Mammut-Serie zu je 94 Minuten sowie ein Prolog von einhundert Minuten über die Schöpfungsgeschichte sollen 120 Mill. Dollar kosten.

DIE PASSION CHRISTI
THE PASSION OF THE CHRIST, US. 2003, R: Mel Gibson, 127 Min.
Abgesehen vom evangelikal-fundamentalistischen Lager wird der Film durchweg sowohl wegen seiner theologischen Konzeption als auch wegen der dargestellten Verbindung von Religion, Gewalt und Filmästhetik abgelehnt: Jesus wird auf seine Körperlichkeit reduziert, Ein Exzess an Gewalt überbietet alle bisherigen Jesusfilme, z. B. die Darstellung der Folterung Jesu mit minutenlangen grausamen Schlägen, die Blutlache, Judas Tod am Baum u. a. Gibson bedient sich des Blockbuster-Kinos, der Effektmaschinerie Hollywoods, der emotionalen Manipulation und der Gewaltdarstellung in den sogenannten Splatter-Filmen: Jesus hält die Schmerzen der minutenlangen Auspeitschungen aus, obwohl er physisch dazu nicht mehr in der Lage sein kann. Gibson vermittelt durch die verwendeten »Originalsprachen« (Juden sprechen aramäisch und die Römer lateinisch) eine Scheinhistorizität: Gibson möchte dem Zuschauer die wahre, die »echte« Passion Jesu vermitteln. Sein fundamentalistischer Ansatz vergisst aber, dass die Evangelien nicht als Drehbuchvorlage dienen, sondern dass diese Evangelien Glaubenszeugnisse sind, die aus der Ostererfahrung des kerygmatischen Chris-

tus (nicht Jesus) und aus der Begegnung mit dem Auferstandenen verfasst sind.[242]

COLOR OF CROSS
COLOR OF THE CROSS, US. 2006, R: Jean-Claude LaMarre, 108 Min.
Angesprochene Themen/Fragen Wer war Jesus? Hat Jesus eine afrikanische Abstammung?
   Inhalt Der Film beschränkt sich auf die letzten 48 Stunden im Leben Jesu. Jesus (Jean-Claude LaMarre) wird als Farbiger dargestellt.
   Die Eröffnungsszene des Films zeigt die Unterdrückung der Juden durch die römischen Soldaten: Arimathea 33A.D.

(01:28) Jüdischer Händler über einen römischen Soldaten: *A dog in golden amor is still a dog.*
Römischer Soldat: *What did you say?*
Anderer Jude: *He said* »*Caesar is great.*« *There's a curfew.*
Römischer Soldat: *Do not be seen on the street again, Jewe.*
Jude: *But we must buy food for Passover.*
Römer: *Buy it then, and got off the street!*
Jude: *Yes. Yes.*
Jude zum anderen Juden: *If I were a younger man –*
Jude: *You surely would have taught him a lesson. ...*
(40:00–43:36) Jesus: *This is the cup of my blood – the blood of the everlasting life. It will be given for you and for all men. Do this in memory of me. I shall not drink again until is fulfilled in my Father's kingdom. This bread is not just bread. It is my body which shall be given up for you. Share in my flesh.*

Bewertung Christus wird als Farbiger dargestellt. Diese Darstellung verleiht der herkömmlichen biblischen Geschichte eine neue Dimension. Zweifellos wird sie eine Herausforderung für die Verfechter der traditionellen christlichen Glaubenslehre sein und der Debatte und religiösen Bewegung, mit denen die Medien augenblicklich das Land überschwemmen, weiteren Zündstoff geben.) Der Film beschränkt sich auf die letzten 48 Stunden im Leben Jesu. Die Eröffnungsszene des Films zeigt die Unterdrückung der Juden durch die römischen Soldaten.

COLOR OF THE CROSS 2: THE RESURRECTION
US. 2008, R: Jean-Claude LaMarre, 85 Min.
Inhalt Nach der Kreuzigung Jesu verstecken sich seine Jünger aus Angst vor Verfolgungen. Die Hoffnung, Jesus komme bald wieder, haben sie aufgegeben. Drei Tage nach seinem Tod eilen Maria Magdalena (Racquel Blackwood), Maria, die Mutter Jesu (Alicia Mallory), und andere Frauen zum Grab, um den Leichnam

---

242   Entnommen aus Tiemann, Manfred: wibilex, Bibelfilme (NT).

zu salben. Sie sind schockiert, als sie das Grab leer finden. Aus Furcht wollen sie fliehen, doch zwei Engel beruhigen sie: Jesus sei Christus und er sei auferstanden. Die Frauen verbreiten die Nachricht an die Jünger.

Ein sozialkritischer Film kommt 2006 heraus:
SON OF MAN
South Africa 2006, P: DDK, Nandos Arts, Spier Films, Film & Music Entertainment; R: Mark Dornford-May, 86 Min.
Inhalt Der Film aktualisiert das Leben und Wirken Jesu und vermittelt die Friedensbotschaft: Verzicht auf Gewalt und Krieg. Jesus wächst in der südafrikanischen Stadt Judea auf und begeistert mit seinen Reden und Lehren die Menschen.[243]
Der Film beginnt mit der Auseinandersetzung zwischen Jesus und dem Teufel in der Wüste.

Jesus: *Das ist meine Welt!*
Teufel: *Nein, das ist meine Welt!*

L'INCHIESTA
DAS ENDE DER GÖTTER, ET, Corpus Dei – Der blutige Weg Gottes; I/ES/US./BG 2006, 108 Min.
Inhalt (1:20:50) Szene: Begegnung Taurus mit Maria

Taurus: *Sei gegrüßt Maria, Ich bin Titus Valerius Taurus. Ich bin Römer. Ich habe eine lange Reise gemacht, um deinen Sohn zu treffen. Ich wurde vom Imperator hergeschickt, um Jesus zu suchen. Herauszufinden, ob er ein Betrüger war. Das ist mir inzwischen gleichgültig, weil ich einen anderen Grund habe. Die Frau, die ich liebe, stirbt. Sie glaubt an deinen Sohn und sie hat nach ihm verlangt.*
Taurus kniet vor ihr nieder: *Bitte. Ich bitte dich. Ich flehe dich an, mir zu helfen.*
Maria reicht ihm ihre Hand und sie gehen zu den Fischern am Ufer.
Taurus fragt einen Mann auf dem Boot: *Wer bist du?*
Simon: *Mein Name ist Simon, aber man nennt mich Petrus.*
Taurus: *Warum hast du die Leiche von Jesus gestohlen?*
Simon: *Jesus ist wieder auferstanden. Er lebt!*
Taurus: *Wenn er lebt. wo ist er dann jetzt?*
Simon: *Er ist zurückgekehrt zu seinem Vater im Himmel.*
Taurus spottet: *Er lebt also. Im Himmel! Klug ausgedacht! Die Frau, die ich liebe, geht zugrunde, weil sie euren wirren Ideen anhängt. Deshalb bin ich jetzt hier. Du sollst zu ihr kommen nach Jerusalem ... Jesus hat dir vertrauensvoll die Führung seiner Jünger übertragen. Du musst kommen. Du musst ihr erzählen, das von seinem Reich und von ihm. Erzähl ihr die Märchen, die du den Armen predigst. Geh und lass sie in der Illusion sterben, dass sie eine neue Welt erwartet ...*

---

243 Vgl. Baugh, Lloyd: »The African Face of Jesus in Film. Part Two: Mark Dornford-May's Son of Man« (in: Gregorianum, 2011, 317–345); Zwick, Reinhold: »Between Chester and Capetown: Transformations of the Gospel in Son of Man by Mark Dornford-May« (in: Journal of Religion and Film 15,1, April 2011, S. 1–10); Kozlovic, Anton Karl: »Son of Man: An African Jesus Film« (in: Journal of the Bible and Its Reception 1,1, 2014, 181–185).

Hintergrund Regisseur Giulio Base, der Literaturwissenschaft und Theologie studiert hat, besetzt die Rollen mit Schauspielrinnen und Schauspielern, die einerseits vielen Zuschauern bereits von der »Taurus-Bibel-Film-Reihe« bekannt sind, die andererseits viele Erfahrungen mit Bibelfilmen haben: Murray Abraham (Die Bibel – Esther), Ornella Muti (Die Bibel – Esther), Enrico Lo Verso (Die Bibel – Moses), Max von Sydow (Die größte Geschichte aller Zeiten, Die Bibel – Salomon).
Inhalt (1:20:50) Szene: Begegnung Taurus mit Maria.

BARABBAS
I/US. 2012, R: Roger Young, 200 Min.
Die bekannte Romanhandlung von Pär Lagerkvist wird hier viel drastischer als Spektakel dargestellt: In Judäa leidet die Bevölkerung unter der Gewaltherrschaft und Steuerlast der Römer. Während Jesus von Nazareth (Marco Foschi) Frieden predigt, will der Räuber Barabbas (Billy Zane) mit seiner Bande römische Steuereintreiber ermorden. Barabbas wird gefasst. Soll er oder Jesus hingerichtet werden?

APOSTEL PETRUS UND DAS LETZTE ABENDMAHL
APOSTLE PETER AND THE LAST SUPPER, US. 2012, R: Gabriel Sabloff, 88 Min.
Inhalt Petrus (Robert Logia) wird in einem römischen Kerker gefangengehalten. Er erzählt dem Kerkermeister Martinian (Laurence Fuller) von der gemeinsamen Zeit und von Ereignissen, die er mit Jesus (Bruce Marchiano) erlebt hat. Der Gefängniswärter und seine Ehefrau interessieren sich immer mehr für die neue Religion. Ihre Begeisterung wird von ihren Freunden abgelehnt. Der intolerante Wärter Processus (David Kallaway) bekämpft sie.
Aus den Dialogen zwischen Petrus und dem Kerkermeister Martinian:

Martinian: *Habt ihr ihn wirklich gekannt, den man König der Juden nennt?*
Petrus: *Die Geschichte beginnt: Ich bin der Weg, die Wahrheit und das Leben.*
Martinian: *Also wart ihr befreundet mit Jesus, ein Prophet?*
Petrus: *Ihr glaubt doch wohl wirklich nicht, ihr könntet mich bei einem Leben der Verfolgung konvertieren?*
Nein, zu einem Leben in Hoffnung.
Würdet ihr wagen, darauf zu wetten?
Martinian: *Wenn ihr nicht konvertieren könnt, lasse ich euch frei!*
Petrus: *Ich bin bereits frei*
Martinian: *Ihr seid in Ketten!*
Petrus: *Ihr seid derjenige in Ketten, nicht ich!*
Martinian: *Jetzt reicht es aber! Euer Gott, ist der mächtiger als alle anderen?*

Bewertung Der Film hat eine unglaubwürdige Rahmenhandlung: Durch die Erzählungen von Petrus wird der Gefängniswärter vom neuen Glauben stark begeistert. Auch seine Frau vertraut dem neuen Glauben und möchte gesegnet werden. Sie will ihrem Mann »ein Kind schenken«. Der Film zeigt brutale Szenen, z. B. bei der Gefangennahme Jesu, und ist theologisch bedenklich: Er unterscheidet nicht zwischen den einzelnen Evangelientexten. Die biblischen Texte werden als Drehbuchvorlage verwendet. Der Film trägt eine missionarische Botschaft: »Sündenvergebung«, »Errettung aller Menschen«, »Entscheidung«.

THE SAVIOR
IL/BG 2013, R: Robert Savo, 136 Min.
Inhalt Im Gegensatz zu früheren Monumentalfilmen werden die Szenen der Ehebrecherin und der Bergpredigt nicht thematisiert, dagegen werden die Geschichten um die Heilung eines Mannes in der Synagoge, der von einem unreinen Geist besessen war, die Heilung der Witwe von Nains Sohn und das Gespräch am Brunnen mit der Frau aus Samarien gezeigt.
   Bewertung Das Filmposter verspricht im Untertitel: »*For the very first time in cinematic history Jesus comes home.*« Der bulgarisch-jordanische Film möchte eine authentische Annäherung an das Leben Jesu (Shredy Jabarin) erreichen. Der Film, vollständig in Arabisch erzählt, will eine Art Biografie Jesu darstellen und dem Zuschauer vermitteln: So war es. Er erzählt von der übernatürlichen Empfängnis bis zum qualvollen Tod, der Auferstehung und der Himmelfahrt Jesu. Zugleich will der Film evangelisieren: Jesus kam als Retter der Menschen in die Provinz des römischen Palästina, in eine politisch düstere Welt, in der Krieg und Unterdrückung herrschten.
   TV: Bibel-TV 21.2.2020, 30.5.2021, 19.3.2022:

> »*Von der übernatürlichen Empfängnis bis zum qualvollen Tod, der Auferstehung und der Himmelfahrt – das Leben Jesu wurde schon oft erzählt und verfilmt. Doch diese Verfilmung seiner Geschichte ist etwas Besonderes. Produziert und gespielt wurde sie von den Menschen, die dort leben, wo auch Jesus zu Hause war. So ermöglicht der Film einen neuen, sehr realistischen Blick auf das Leben des Messias.*«[244]

JESUS CRIES
D 2015, R: Brigitte Maria Mayer, 71 Min.
Mayer möchte eine »*zeitgenössische Verfilmung der Geschichte von Jesus von Nazareth*« schaffen und »*in dem Film die Spannungen, die Abgründe und Dialoge zeigen, die biblische Figuren zu Charakteren machen.*«[245] Das Drehbuch

---

244   Aus der Ankündigung von Bibel-TV. Internet: https://www.bibeltv.de/mediathek/videos/300645-the-savior (Zugriff 15.2.2022).
245   JESUS CRIES. Internet: https://www.startnext.com/jesus-cries?inc_id=34411. Zugriff: 1.4.2020.

hat Brigitte Maria Mayer mit der Schriftstellerin Andrea Hanna Hünniger geschrieben.

Brigitte Maria Mayer über ihr Jesus-Filmprojekt: »*JESUS CRIES ist eine moderne Adaption der Geschichte von Jesus von Nazareth, in einer nahen Zukunft, in einer fiktiven Metropole. Es herrschen seitens der Mächtigen Heuchelei, Gier und Machtmissbrauch, denen sich Jesus und seine Jünger entgegen stellen. Der Film JESUS CRIES will zeigen, dass das Ende einer ungerechten Welt möglich ist. Jesus erinnert uns daran, dass wir immerzu Fragen an uns und unsere Zeit richten müssen.*«

KILLING JESUS
US. 2015, R: Christopher Menaul, 132 Min.
US-amerikanisch-marokkanische dreiteilige Miniserie aus dem Jahr 2015.
Hintergrund Mit 93 Sprechrollen und mehr als 4500 Statisten ausgestattet wurde Killing Jesus 2014 in Marokko gedreht. Die Serie wurde an 171 Länder verkauft und in 45 Sprachen übersetzt. Der libanesische Schauspieler und Moslem Haaz Sleiman spielt Jesus. Dies hat evangelikal-fundamentalistisch eingestellte Christen empört.

Inhalt Herodes der Große (Kelsey Grammer) und Pontius Pilatus (Stephen Moyer) erzählen eher nüchtern aus ihrer Sicht den Leidensweg von Jesus von Nazaret (Haaz Sleiman) nach.

Weil König Herodes Angst um seine Macht hat, lässt er alle Knaben in Jerusalem, die jünger als zwei Jahre sind, töten. Jesus kann dem Tod nur deshalb entkommen, da seine Eltern Jerusalem verlassen haben. Jesus kann 26 Jahre später Jünger und eine große Anhängerschaft gewinnen. Dies beunruhigt Herodes' Sohn Antipas (Eoin Macken), Pontius Pilatus und jüdische Geistliche. Sie wollen Jesus ausschalten.

Veränderungen zur biblischen Textvorlage: Der Verfasser der Romanvorlage Bill O'Reilly, populärer Redner des Talksenders Fox News, und sein Mitautor Martin Dugard, betonen ihre Zugehörigkeit zur katholischen Kirche. Sie werten die Wunder Jesu als Gerüchte ab. So wird aus dem römischen Soldaten Malchus (vgl. Lk 22,49–51)[246], dem einer der Jünger Jesu sein Ohr abschlägt und Jesus dieses heilt, ein namenloser Soldat mit einer Kopfwunde.

---

246 Bibelstellen: Mt 26,51–54; Mk 14,46–47; LK 22,49–51; Joh 18,10–11 Alle vier Evangelien: einer der Jünger Jesu habe dem Knecht des Hohenpriesters ein Ohr im Garten Gethsemane abgeschlagen. Nur Lukas weiß von der Heilung des Ohrs durch Jesus.

RABBUNI ODER DIE ERBEN DES KÖNIGS
CH 2015, 100 Min.

Luke Gasser zeigt in seinem sonst vielbeachteten kreativen Dokudrama leider antisemitische Tendenzen, wenn Gasser den Hauptmann an die Kreuzigung Jesu erinnern lässt:

(06:13) *Entsetzlich sah er aus. Sie hatten sich am Messias vergriffen. Viele Juden glaubten, dass der Nazarener der erwartete Erlöser sei, den ihr Gott ihnen schicken würde.*
Die Mehrheit der Priester sah das anders. Ihr Gräuel war verständlich.
Es heißt, der Nazarener habe den Hohepriestern kräftig in die Suppe gespuckt.
Und so ließ Pilatus ihn kreuzigen, weil es die führenden Priester von ihm verlangten.
Sie drohten ihm, ihn beim Kaiser anzuschwärzen. »Kreuzige ihn oder du wirst verlieren!«
Die Menschen strömten noch immer herbei.
»Sie kamen also zum Richtplatz und bellten mich an, als seien sie die Herren im Land. ›Verflucht ist, was am Holze hängt!‹, zischte einer der Priester. ›Nimm die Gekreuzigten herunter, damit der Tag des Herrn nicht entehrt wird.‹ Die seien aber noch nicht tot, erwiderte einer meiner Männer. ›Dann schlagt sie eben tot!‹, kläffte einer der Priester.«

AUFERSTANDEN
RISEN, US. 2016, R: Kevin Reynolds, 107 Min.

Inhalt Pontius Pilatus (Peter Firth) beauftragt den römischen Zenturio Clavius (Joseph Fiennes), die Kreuzigung von Jeschua und zwei weiteren Männern zu überwachen. Er soll dafür sorgen, dass der Leichnam Jeschuas nicht gestohlen wird. Trotz Versiegelung und Bewachung ist das Grab am dritten Tag leer. Als Clavius bei einer Razzia im Haus der Apostel Jesus (Cliff Curtis) findet, ist er bekehrt. Er schließt sich dem Kreis der Jünger an und erlebt den Auferstandenen und seine Wundertaten.

Auszug aus Filmdialogen:[247]

Wenn der Messias kommt, wird Rom nicht mehr sein.
Der Nazarener hatte gesagt, er werde nach drei Tagen wieder auferstehen. Wenn das stimmt, wird das gewaltige Unruhen schaffen.
Wird das jemand glauben?
Die Schwachen schon.
Es wird keine anderen Götter geben. Töte ihn!
Das Grab ist versiegelt.
Pilatus zu Zenturio Clavius: *Die Leiche ist verschwunden!*
Und schon behaupten sie, er sei vom Tode auferstanden.
Caesar darf hier nicht auf Unruhen stoßen! Wir müssen die Leiche finden!
Maria Magdalena: *Du suchst etwas, das du nie finden wirst! Öffne dein Herz und sieh!*
Clavius: *Ich habe zwei Dinge gesehen, die ich mir nicht erklären kann. Einen Mann, der ohne Frage tot ist. Und denselben Mann, der wieder lebendig ist.*

---

247 Transscription durch den Autor.

Hintergrund Ursprünglich war der Film als inoffizielle Fortsetzung zu Mel Gibsons »Die Passion Christi« gedacht. Er trug den Arbeitstitel »Resurrection« (Auferstehung). Die Produktionskosten betrugen ca. 20 Mill. Dollar.

Bewertung Kevin Reynolds gestaltet die biblische Erzählung von der Auferstehung Jesu als Detektivgeschichte, um den Unterhaltungswert zu steigern.

BEN HUR
US. 2016, 3D-Neuverfilmung, R: Timur Bekmambetov, 124 Min.
Inhalt Der Film stellt die bekannte Handlung dar: Judah Ben-Hur (Jack Huston), ein jüdischer Prinz, und Messala (Toby Kebbell), Sohn eines römischen Steuereintreibers, wachsen zu jener Zeit gemeinsam auf, zu der auch Jesus Christus (Rodrigo Santoro) lebt. Sie sind beste Freunde, bis Messala eines Tages nach Rom geht, um sich dort weiterzubilden.

Bewertung Neue Akzente: Im Gegensatz zu seinen Vorlagen aus den Jahren 1907, 1925, 1959 und 2010 will sich dieser Film wieder mehr an den Roman »Ben-Hur: A Tale of the Christ« von General Lew Wallace (1880) anlehnen und andere Akzente setzen, z. B. er will die Geschichte Jesu parallel erzählen und dabei ausführlicher die Verurteilung Jesu durch Pontius Pilatus darstellen.

DER JUNGE MESSIAS
THE YOUNG MESSIAH, AT: CHRIST THE LORD: OUT OF EGYPT, JESUS CHRISTUS, US. 2016, R: Cyrus Nowrasteh, 111 Min.). Nach dem Roman »Jesus Christus. Rückkehr ins Heilige Land« der Bestsellerautorin Anne Rice.
Kurzinhalt Der siebenjährige Jesus (Adam Greaves-Neal) lebt mit seinen Eltern Maria (Sara Lazzaro) und Josef (Vincent Walsh) in Alexandria. Sie sind vor König Herodes geflüchtet. Jesus erweckt einen toten Jungen wieder zum Leben.

Hintergrund Schon 2007 hatte der Produzent David Kirkpatrick versucht, »Jesus Christus – Der junge Messias« in Israel zu verfilmen. Das Projekt wurde jedoch wegen kreativer Differenzen aufgegeben.

40 TAGE IN DER WÜSTE
LAST DAYS IN THE DESERT, US. 2015, R: Rodrigo García, 98 Min.
Angesprochene Themen Film als apokryphes Evangelium; Zwei Dimensionen der Versuchung: Yeshuas Beziehung zu Gott, Yeshuas Begegnung mit der Familie.

Inhalt Der Versucher will die Beziehung Yeshuas (Ewan McGregor) zu Gott auf die Probe stellen: Yeshua begegnet einer Familie, und wenn er den Konflikt dieser Familie lösen kann, wird er ihn in Ruhe lassen.

Der Versucher beschwert sich darüber, dass Gott sich in den letzten Jahrzehnten nicht mehr hat blicken lassen. Gott sei an seiner Schöpfung nicht mehr interessiert.

Bewertung Der Film zeigt deutliche Spuren von Nikos Kazantzakis Roman »Die letzte Versuchung«, wenn am Kreuzestod Jeshuas ein Kolibri direkt vor seinen Augen erscheint. Der Versucher hatte zugesichert, er werde in Jeshuas Todesstunde da sein.

Regisseur Rodrigo García lässt die Rolle von Jesus und Versucher von dem Schauspieler Ewan McGregor interpretieren.

JOSEPH VON NAZARETH
GLI AMICI DI GESÙ – GIUSEPPE DI NAZARETH, I/D 1999, R: Raffaele Mertes, 96 Min.

Angesprochene Themen Legendenbildung, Politische Situation zur Zeit Jesu, Religiöse Gruppen zur Zeit Jesu: Zeloten und Pharisäer, Die Figur des Joseph in den Evangelien.

Inhalt Es wird ausgemalt, wie Joseph (Tobias Moretti) die junge Maria (Stefania Rivi) kennen lernt. Er schützt sie und ihre Eltern vor einem Racheakt der Römer.

(0:10:00) *Szenenausschnitte* Joseph geht in das römische Lager.

(0:10:38) Centurio: *Es gehört Mut dazu, hierher zu kommen. Was willst du?*
Joseph: *Wir haben Vorräte in unserem Dorf. Wir sind friedliebende, gesetzestreue Menschen. Wir geben euch alles, was ihr braucht.*
(0:11:02) Juden rufen: *Schnell, die Römer kommen.* Ein römischer Soldat entehrt Martha.
(0:12:28) Joseph zu Judas: *Sie hat dich jetzt nötig, Judas! Du liebst sie doch noch. Du musst sie jetzt heiraten!*
Judas: *Und was ist, wenn sie jetzt schwanger ist? Ich kann nicht zu meinen Freunden gehen!*
Joseph: *Auf solche Freunde kannst du verzichten. Jedes Kind ist ein Kind Gottes.*
Judas: *Wir sind aus dem Geschlecht Davids (…) Wir sind zum Kampf geboren! Kommt mit, Brüder. Zu einem Volk von Feiglingen kommt der Messias nicht!*
Im Sterben prophezeit Joachim dem Joseph: *Maria wird dir, Joseph, einen Propheten schenken.*
Nach der Verlobung mit Joseph schaut Maria zum Himmel.
Sie sagt: *Ich fürchte mich nicht! Ich? Gesegnet? Ich bin die Magd des Herrn. Es geschehe, wie du sagst.*
Joseph wird von den Römern ein paar Tage gefangengehalten.
Nach der Entlassung erkennt er, dass Maria schwanger ist und vermutet eine Vergewaltigung durch römische Soldaten. *Haben sie dir Gewalt angetan?*
Joseph holt sich Rat beim Rabbi: *Wenn sie des Ehebruchs schuldig ist, muss sie bestraft werden!*
Maria erträgt das Mitleid von Joseph nicht mehr und bittet ihn: *Bitte schick mich fort!*
Joseph erfährt eine Erscheinung: *Joseph, du Sohn Davids, fürchte dich nicht, Maria als deine Frau zu nehmen! Sie spricht die Wahrheit. Sie wird dir einen Sohn schenken und du wirst ihn Jesus nennen lassen. Das heißt: Gott rettet. Er soll sein Volk aus seinen Sünden erretten.*

Bewertung Raffaele Mertes hat als Kameramann oder als Regisseur bereits viele Filme mit biblischen Themen gemacht, z. B. Die Bibel: David (1996), Die Bibel: Jeremia (1998), Die Bibel: Esther (1999).

Alle vier Folgen der Fernsehreihe »Jesus-Legenden« zeigen die gleichen Strickmuster des Regisseurs Raffaele Mertes. Damit sich der Zuschauer schneller zurechtfindet, bedient sich Mertes immer aus dem gleichen Arsenal an Requisiten, Kostümen und Handlungsabläufen. Jeder biblischen Gestalt wird in Legendenbildung eine private, oft bekannte Story hinzugefügt, z. B. der Vorwurf einer Vergewaltigung Marias durch einen römischen Soldaten in »Joseph«, eine Liebesgeschichte in »Judas«, die damaligen politischen Verhältnisse werden teilweise unhistorisch ausgemalt. Es wird in zwei Lager eingeteilt: Hier die Römer als unmenschliche Barbaren und Unterdrücker, dort das friedliche Volk der Juden. Grenzgänger und Überläufer erhöhen jeweils Spannung und Unterhaltungswert.

JUDAS
GIUDA, GLI AMICI DI GESÙ – GIUDA, D/I 2000, 91 Min.
Kurzinhalt In der Jesus-Legende zieht Jesus (Danny Quinn) kurz vor dem Passahfest mit seinen Jüngern in Jerusalem ein. Judas (Enrico Lo Verso), Sohn eines wohlhabenden Kaufmanns, hat sich unter großen Opfern Jesus angeschlossen, weil er davon überzeugt ist, dass dieser Jesus die unterdrückten Juden von den römischen Besatzern befreit.

MARIA MAGDALENA
I/D 2000, R: Raffaele Mertes, 90 Min.
Inhalt In der Jesus-Legende »Maria Magdalena« wird in freier Fiktion über ihren Ruf als Dirne spekuliert. Amos (Imanol Arias) verlangt die Scheidung von seiner Frau Maria (Maria Grazia Cucinolta), da diese unfruchtbar sei. Amos verstößt sie und sie muss Magdala verlassen.

Maria: *Er raubt mir mein Zuhause, um wieder zu heiraten.*
Amos: *Welche ehrbare Frau wünscht sich nicht einen Erben für ihren Mann?*
Maria: *Wenn ich sein Haus verlassen soll, wo soll ich hingehen?*
Aus Wut und Enttäuschung über ihren Mann lässt Maria sich mit Silvanus, dem Präfekten Roms, ein. Johanna ist entsetzt über das Verhaltens Marias und sagt zu ihr am nächsten Morgen: *Schrecklich, wie tief du gefallen bist!*
Maria und Silvanus ziehen am Jordan vorbei, wo Johannes zur Bußtaufe aufruft. Maria warnt Johannes: *Du bist in Gefahr!* Johannes verdächtigt Silvano als Revolutionär.
Als Maria Silvanus berichtet, dass sie vom ihm schwanger ist, reagiert dieser entsetzt: *Wie kannst du das wissen? ... Mir ist das egal, was du mit einem solchen Bastard machst.«*
Aus Enttäuschung will Maria sich das Leben nehmen. Jesus und seine Jünger finden sie ohnmächtig am Wasser.
Jesus: *Wir sind hier, um dir zu helfen!*
Erst nach und nach begreift Maria die Einzigartigkeit Jesu: *Alle Männer lügen, was ist anders an ihm?*
Maria reicht Jesus eine Schale mit Wasser: *Du musst durstig sein.*
Jesus: *Nicht so wie du. Wie lange kannst du dich noch selbst belügen?*

Maria: *Was weißt du von mir?*
Jesus: *Eine gefallene Frau. Geschieden. Du weißt, was Schmerz ist.*

Bewertung Raffaele Mertes will mit Legenden erklären, warum Maria Magdalena den Ruf einer Dirne erhielt.

THOMAS
GLI AMICI DI GESÙ – THOMMASO, I/D 2001, DB: Gianmario Pagano, Gareth Jones, 90 Min.
Inhalt In der Jesus-Legende kommt Thomas (Ricky Tognazzi) in Golgatha an, als das Kreuz Jesu entfernt wird … Auch er hatte, wie die anderen Jünger, nach Jesu Verhaftung Schutz bei Freunden gesucht. Nach der Grablegung entscheiden sich die Jünger, Jerusalem zu verlassen, was Thomas jedoch ablehnt. Als Maria Magdalena (Maria Grazia Cucinotta) den Jüngern erzählt, dass Jesus (Danny Quinn) ihr erschienen sei, sind alle – bis auf Thomas – hoch erfreut. Thomas will Beweise. Er hat Zweifel und möchte den Leichnam Jesu suchen. Ein Soldat täuscht ihm vor, zu wissen, wo der Leichnam Jesu sei. Er führt Thomas zu der Grabstätte und zeigt ihm den Leichnam irgendeiner fremden Person, damit Thomas verkünden solle, er habe den Leichnam Jesu gesehen und dieser sei nicht auferstanden. Am Schluss der Filmhandlung erscheint Jesus allen und überzeugt somit auch Thomas. Dieser kann nun hocherfreut den christlichen Glauben verbreiten.

SON OF GOD
US. 2014, R: Christopher Spencer, 135 Min.
Inhalt The Bible-Spin-off: Der Film ist ein Zusammenschnitt von »The Bible«, der zehnteiligen TV-Miniserie des The History-Channels: Jesu Geburt, Kreuzigung und Auferstehung. Der junge Zimmermann Jesus (Diogo Morgado) scheint ein ganz normaler Mensch zu sein, doch seine übermenschlichen Taten lassen die Leute glauben, dass er der Messias ist. Er spricht mit den Bewohnern über Gott, heilt Kranke und erweckt Tote zum Leben. Dem jüdischen Rat ist er mit seinen Wohltaten ein Dorn im Auge, denn sie sehen sich in ihrer Machtposition bedroht. Doch Judas, der einer von Jesu Jüngern ist, verrät dem Rat für ein paar Silberlinge, wo sich Jesus aufhält. Jesus wird eingesperrt und wegen Blasphemie zum Tode verurteilt. Er wird auf einen Berg in Golgatha gebracht und dort an ein Holzkreuz genagelt. Die tagelange Folter, der er in Gefangenschaft standhalten musste, lässt Jesus am Kreuz sterben. Jesus wird daraufhin von seiner Mutter Maria (Roma Downey) in einer Höhle begraben. Nach einigen Tagen findet Maria das Grab ihres Sohnes leer auf, doch die Jünger möchten ihr keinen Glauben schenken. Erst als Jesus vielen anderen Bewohnern erscheint, ist ihnen klar, dass der Messias von den Toten auferstanden ist.

Bewertung Die Passionsszenen, in denen Jesus (Diogo Morgado) brutal misshandelt wird, werden drastisch dargestellt.

Von den 120 Filmen, die direkt oder indirekt Judas als tragischen Held, als Prototyp des Sünders und der Juden, als Opfer oder Märtyrer, als anthropologische oder psychologische Chiffre darstellen, sind hier nur fünf Beispiele erläutert.
JUDAS UND JESUS
UT: Der äußerste Verrat, JUDAS, US. 2004, R: Charles Robert Carner, 87 Min.
Angesprochene Themen Legendenbildung – Bibelauslegung, Die Rolle Judas aus Sicht der Evangelien, Wunderheilungen Jesu.

Inhalt

Judas muss als Kind miterleben, wie sein Vater grausam von den Römern gekreuzigt wird: »*Vater! Vater! Nein!*« – »*Judas, mein Sohn!*«. Diese Bilder prägen sich bei Judas ein und steigern seinen Hass auf die Römer. »*Ein Römer im Tempel!*«
Er kämpft für die Befreiung von der Unterdrückung. Als Erwachsener wird Judas Weinhändler. Aus dem Dialog zwischen Judas (Johnathon Schaech) und seiner Mutter:
Mutter: *Wein verkaufen, das ist deiner nicht würdig!*
Judas: *Was sollte aus mir werden, solange uns die Römer unter ihr Joch zwingen!«*
Mutter: *Dein Vater war ein Visionär! ... Deine Zeit wird kommen!*
Judas: *Wie viele Generationen sollen Juden noch leiden? Wie viele junge Menschen sollen noch ihr Leben verschwenden und alt werden, ohne ein Stück Freiheit zu bekommen?*
Johannes der Täufer am Jordan: *Seid bereit! Richtet dem Herrn den Weg! Begradigt ihm die gewundenen Straßen, denn das neue Königreich ist nah! Die Erlösung steht uns unmittelbar bevor! Ich bin gekommen, um euch die gute Nachricht zu bringen. Bereut eure Sünden und sie werden euch vergeben werden.*
Judas fragt ihn: *Bist du der Messias? – Nein!*
Judas: *Aber ich muss ihn finden!*
Judas lernt Jesus bei der Tempelaustreibung kennen und lädt ihn zu sich zum Essen ein.
Judas zu Jesus: *Ich war sehr beeindruckt, was du heute im Tempel gemacht hast!«* – »*Lieber nicht! Ich wollte etwas mitteilen und habe die Beherrschung verloren.*« – »*Wieso umstimmen? Wir wollen die Unterdrücker loswerden!*« – »*Es gibt weder Sklaven noch Herren in einem vollkommenen Königreich. Wir sehen Gott in jedem Einzelnen.*« – »*Das gesamte römische Verwaltungssystem basiert auf Unterdrückung! Die Römer werden nicht eines Tages packen und weggehen. Man muss sie dazu zwingen! Wir müssen sie ins Meer jagen!*«
Judas schließt sich der Jesus-Bewegung an: *Jesus! Es heißt, du machst hier unglaubliche Dinge! ... Sie werden dich zum König ausrufen und zusammen können wir endlich die Römer besiegen und werden frei sein! Lass mich deinen Zauber sehn!*
Jesus: *Es gibt keinen! Das ist Gott in mir! Er tut seine Werke durch mich! – »Gut! Lass doch mal sehn! Lass Funken sprühen! ... Schon dein ganzes Leben lang suchst du jemanden, an den zu glauben kannst, jemanden, der an dich glaubt. Ich bin dieser Jemand. Folge mir! Und das Leid, das du erfahren hast, wird ersetzt durch das, was viel größer ist: Es wird sein, als wärst du neu geboren! Glaube an die Macht Gottes und du wirst im neuen Königreich an meiner Seite sitzen! ... Vertrau mir! ... Willst du das ewige Leben verbringen bei meinem Vater. Sag mir! Es ist nie zu spät«* Judas: *Ich vertraue dir!*
Judas erhofft sich von Jesus Unterstützung im Kampf gegen die Unterdrücker.
Judas zu Maria: *Gemeinsam könnten er und ich große Dinge für unser Land tun. Jesus spricht andauernd von seinem Vater, als ob er noch leben würde, Dein Mann ist doch schon lange tot?*

Judas schlägt den Jüngern vor, Geld für die vollzogenen Wunder Jesu zu nehmen. Die Jünger lehnen den Vorschlag ab:
Das würde Jesus niemals erlauben! ... Wir wollen von Jesus lernen und nicht ihn manipulieren!
Er ist von Jesu pazifistischer Einstellung enttäuscht und verrät ihn deshalb.

Bewertung Die Version »Judas und Jesus« hat viele inhaltliche Parallelen zu früheren bekannten Filmen, z. B.

- TAG DES TRIUMPHES (DAY OF TRIUMPH, US. 1952/1954): Judas ist Anführer einer geheimen Widerstandsgruppe.
- JUDAS (GIUDA, D/I 2000): die Motive der anfänglichen Begeisterung für Jesus, die Enttäuschung, »Berufsrebell«.

Das beliebte Thema »Anführer einer Widerstandsbewegung gegen Rom« wird hier auf Judas übertragen.

Bewertung Der Film JUDAS UND JESUS möchte zwar die damaligen politisch-gesellschaftlichen Verhältnisse aus der Sicht Judas aufzeigen, beinhaltet aber eine fundamentalistische Bibelauslegung: Die Evangelientexte werden als Drehbuchvorlage verwendet: Jesus spricht wörtlich Auszüge aus den Evangelientexten, z. B. Bergpredigt. Der Film zeigt antisemitische Tendenzen (siehe S. 102 f.).

JUDAS & JESUS
UT: Zum erstenmal seit 2000 Jahren: die Story von Judas und Jesus – aus der Sicht von Judas. D 2009, P: Distant Dreams Film-Produktion GmbH, R: Olaf Encke u. Claudia Romero, 15 Min.
Inhalt Der Animationsfilm thematisiert den Kampf zwischen dem Bösen (hier: Judas als aggressiver schwarzer Stier) und dem Guten (hier: Jesus als ohnmächtiges weißes Schaf).

Es ist das Jahr Anno Domini 0000.
Der Film beginnt mit der Geburt Jesu in einer Holzhütte. An der Tür ist zu lesen:
Hier wohnt Familie Maria, Josef und Jesus Christus.
Ein weiterer Hinweis: *Welcome. Haxen abkratzen!*
»Und sie träumen vom Christkind mit goldenem Haar:«
Die drei Heiligen Könige schenken dem Kind auch einen geschmückten Weihnachtsbaum.
Die Idylle wird aufgeschreckt durch drei bewaffnete Soldaten, die zu einem dunklen Palast (»Church of Satan«) eilen, in dem Judas als schwarzer Satansbraten geboren wird.
Zeit und Ortswechsel: Anno Domini 0007 – Schule
In einer Schulklasse trifft Judas auf den Musterschüler Jesus. Jesus meldet sich fleißig, Judas zerreißt seinen Aufschrieb. Judas verliebt sich in Maria Magdalena und hetzt die Mitschüler dermaßen gegen Jesus auf, dass diese Jesus hassen und ihn am Kartenständer aufhängen. Maria will Jesus helfen.
Zeit und Ortswechsel: Anno Domini 0016 – Bordell
Maria Magdalena ist Domina und will Judas zu sexuellen Handlungen verführen. Sie schauen sich pornographische Fotos an, die Judas von Maria Magdalena gemacht hat.

Bewertung Filmbewertungsstelle Wiesbaden: Prädikat besonders wertvoll. Nach Protesten, vor allem aus Kreisen der evangelischen und katholischen Kirche und aus dem Islam, gegen die Bewertung widerruft eine zweite Jury der Filmbewertungsstelle Wiesbaden am 10.3.2009 das Prädikat mit der Begründung, der Film sollte wegen Blasphemie von einer Bewertung grundsätzlich ausgeschlossen sein.

DER FALL JUDAS
HISTOIRE DE JUDAS, AT: STORY OF JUDAS, F/DZ 2015, R: Rabah Ameur-Zaïmeche, 96 Min.
Kurzinhalt Nach einer langen Askese rufen Jesus (Nabil Djedouani) und sein treuester Jünger Judas (Rabah Ameur-Zaïmeche) seine Anhänger in Judäa zusammen. Jesus und Judas brechen gemeinsam nach Jerusalem auf. Viele Menschen sind begeistert von Jesus und jubeln ihm zu. Judas weiß, dass die römischen Besatzer Jesus feindlich begegnen, weil dieser als Aufständischer gilt. Judas wird zu einem treuen Kämpfer für die Worte Jesu. Jesus und Judas werden zum Opfer von Machtspielen der Römer.
Bewertung Der Film wurde bei der Berlinale 2015 mit dem Preis der Ökumenischen Jury ausgezeichnet.
Kritik »Eine lohnenswerte Perspektive auf die biblischen Erzählungen, die durch feine Anspielungen auf aktuelle weltpolitische Ereignisse überzeugt. – Sehenswert ab 16.«[248]

Ganz anders gestalten Serdar Dogan und Ben Becker die Figur Judas:
ICH, JUDAS – DER FILM
EINER UNTER EUCH WIRD MICH VERRATEN, D 2017, 92 Min.
Aufzeichnung aus dem Berliner Dom vom 18.3.2017.
Kurzinhalt Ben Becker liest im Berliner Dom die Rede, die Judas abgibt, nachdem er Jesus Christus verraten hat. Es ist die Verteidigungsrede, die Walter Jens dem Judas in den Mund legte, weil dieser vielleicht zu Unrecht zur verhassten Figur wurde.
Bewertung Inszenierung mit dem provokativen Text von Walter Jens sorgten für ausverkaufte Vorführungen mit stehenden Ovationen.

---

248 Filmdienst. Internet: https://www.filmdienst.de/person/details/233160/rabah-ameur-zaimeche (Zugriff 1.4.2020).

DAS KLAGELIED DES JUDAS
F/NL 2019/2020, R: Boris Gerrets, 95 Min.
Inhalt 1993 wird die Truppe 32-Bataljon aufgelöst und nur einige angolanische Veteranen bleiben in Südafrika, leben seit 30 Jahren in ärmlichen Verhältnissen am Rande der Kalahari-Wüste. Sie wurden zu Opfern der Racheaktionen von ANC-Abspaltern und mehreren internationalen Komplotten. Ihr Schicksal kann mit der biblischen Figur des Judas verglichen werden.

(00:02:20–00:03:30)
»Die Mitglieder der Einheit werden bekannt als die »Schrecklichen«.
1989, kurz vor der Unabhängigkeit Namibias, zieht sich das Bataljon nach Südafrika zurück. Die Soldaten werden per Fallschirm in der entlegenen Stadt Pomfret abgesetzt. In den Wirren des Übergangs von Südafrika hin zur Demokratie führen sie Einsätze in den Townships durch. Ihr Vorgehen ist umstritten, so dass die Einheit im Jahr 1993 schließlich aufgelöst wird.
Zahlreiche angolanische Veteranen leben noch heute in Pomfret.
In diesem Film über die geplagte Seele von Judas Iskariot werden sie in Szene gesetzt.«
(0:04:04) Es folgt ein Zitat aus Lk 11, 34–35:
Die Lampe des Körpers ist dein Auge. Wenn dein Auge klar ist, ist dein ganzer Körper hell.
Ist es aber trübe, ist auch dein Körper voller Dunkelheit.
Achte deshalb darauf, dass das Licht in dir nicht Dunkelheit ist.
(0:04:43) Dorfbewohner singen: *Da ist eine Quelle gefüllt mit Blut. Aus den Adern Immanuels. Und die Sünder, die in diese Fluten eintauchen, verlieren all ihre Laster.*
Soldat: *Halt! Wollt ihr?*
Männer: *Wir suchen Jesus von Nazareth.*
Ein Mann läuft hinzu: *Das bin ich.*
Männer zu den Soldaten: *Hört auf! Legt die Waffen ab!* Soldaten führen Jesus ab.
Ein Dorfbewohner: *An diesem Punkt habe ich alles zurückgelassen, um mich einer großen Leere hinzugeben.*
Zuerst musste ich mich reinigen, meine Seele von belanglosen Begierden befreien, von Hochmut und anderen quälenden Empfindungen. Doch nichts ist jemals wirklich leer. Und nichts jemals rein.

Im Gegensatz zu vielen Monumentalfilmen ist auf den besonderen Film hinzuweisen:
MARIA MAGDALENA
MARY MAGDALENE, US./GB/AU 2018, R: Garth Davis, 120 Min.
Im Film werden die Römer für die Kreuzigung Jesu verantwortlich gemacht. Dadurch werden mögliche traditionelle Anschuldigungen gegenüber jüdischen Autoritäten weggenommen.

3.1.7 Mystery-Thriller und Mainstreamkino (ab 2000)

Charakteristische Merkmale für einen Mystery-Thriller (englisch mystery: »Geheimnis«, »Rätsel«) sind Aspekte des Übernatürlichen, Geheimnisvollen und des Unerklärlichen.

Zwei Beispiele sind dafür angeführt, wie die Jesus-Gestalt in Mystery-Thriller umfunktioniert wird.

THE BODY
AT: Das geheimnisvolle Grab, US./IL 2000, R: Jonas McCord, 105 Min.
Angesprochene Themen Biblische Archäologie, Auferstehung Jesu, Gegensätze und Konfliktpotentiale von Glaube, Politik und Religion, palästinensischen Freiheitskämpfer.

Inhalt Bauarbeiter finden auf dem Grundstück des palästinensischen Kaufmanns Hamid (Makram Khoury) in der Jerusalemer Altstadt in einer historischen Grabstätte Gebeine eines Gekreuzigten aus dem ersten Jahrhundert. Die Archäologin Sharon Golban (Olivia Williams) glaubt anhand von Indizien, es könnte sich um das Grab Jesu handeln. In Jerusalem herrschen große Unruhen zwischen Palästinensern und Juden. Der Vatikan ist an Aufklärung des Fundes nicht interessiert. Pater Matt Gutierrez (Antonio Banderas) sucht gemeinsam mit Sharon Golban nach Beweisen für die Identität der Leiche. Ein Rechtsmediziner findet bei der Obduktion der Leiche eindeutige Hinweise auf Jesus Christus. Nach seiner Analyse handelt es sich um einen Mann im Alter von etwa 30 Jahren, der als Zimmermann arbeitete und gekreuzigt wurde.

Hintergrund Der spanische Schauspieler Antonio Banderas (Pater Matt Gutierrez) erhielt zwölf Mio. Dollar Gage.

Kritik Die Handlung geht von vielen abwegigen Hypothesen und Spekulationen aus, z. B. der Leichenfund zeige Spuren einer Kreuzigung, eine Münze mit dem Abbild des Pontius Pilatus habe im selben Grab gelegen u. a.

DAS JESUS VIDEO
D 2002, R: Sebastian Niemann, 182 Min.
Das Drehbuch basiert auf dem gleichnamigen Roman von Andreas Eschbach.

Inhalt Bei archäologischen Ausgrabungen wird in Israel ein 2000 Jahre altes Skelett entdeckt, zusammen mit der Bedienungsanleitung für eine Videokamera. Der deutsche Archäologiestudent Steffen Vogt (Matthias Koeberlin) fragt sich, ob der Tote ein Zeitreisender war, der Jesus Christus gefilmt hat. Der Vatikan hat wenig Interesse an dem Fund, denn er fürchtet die Veröffentlichung des Videos. Damit könnten die Grundlagen der katholischen Kirche zerstört werden.

Dan Browns Bestseller »The Da Vinci Code« (US. 2000) wird 2006 verfilmt: THE DA VINCI CODE (US. 2006, R: Ron Howard) und erreicht ein Millionenpublikum. Dan Browns Vorstellungen vom »göttlich Weiblichen« reproduzieren alte Stereotypen (MARIA MAGDALENA als Gralsgefäß zur Aufnahme des göttlichen Samens; »das Geheimnisvolle, das Weibliche«).[249]

Dan Browns Hypothesen, Jesus sei verheiratet gewesen und habe Kinder gehabt, kommen beim Publikum offensichtlich gut an.

Im gleichen Jahr opfert ein Löwenkönig, ähnlich wie Jesus, sein Leben, um die Macht des Bösen zu besiegen: THE CHRONICLES OF NARNIA: THE LION, THE WITCH AND THE WARDROBE (US. 2005, R: Andrew Adamson).

Dieser Film wird vom fundamentalistisch-evangelikal orientierten Publikum begeistert aufgenommen und in Gottesdiensten eingesetzt.

Nicht nur Jugendliche sind vom Mainstreamkino begeistert.

»Spider-Man«, »Der Herr der Ringe« oder »The Matrix«: Blockbuster sind ein wichtiger Bestandteil der Jugendkultur.

MATRIX
THE MATRIX, US. 1999/2003, R: Andy Wachowski, Larry Wachowski
Angesprochene Themen Moderne Erlösergestalt, Frage nach der Wirklichkeit und der Wahrheit (Scheinwirklichkeit), Platons Höhlengleichnis, religiös-traditionelle Werte von Glaube, Liebe, Hoffnung, Bedrohung von menschlichen Maßstäben durch Technik.

Inhalt Aus den Anfangsszenen:

Die von der Polizei gesuchte Hackerin Trinity warnt Computerhacker Neo nachts vor bevorstehenden Gefahren. Neo führt tagsüber als Angestellter ein ganz bürgerliches Leben, nachts jedoch verkauft er illegal Dateien. Am nächsten Morgen wird Neo vom geheimnisvollen Morpheus angerufen, der eine Untergrundgruppe von Personen leitet, die die Menschheit von einem Computersystem befreien wollen, das eine falsche Realität vortäuscht. Morpheues will die versklavten Massen aus ihrer traumgleichen Realität aufwecken. Neo wird verhaftet. Der Agent Mr. Smith wirft Neo zahlreiche Cyberverbrechen vor.

Interpretation Die Trilogie zeigt deutliche Anlehnungen aus Philosophie und Religion, z. B. Neo als Christus-Figur, Cypher als Judas-Figur. Die Namen: Neo heißt mit bürgerlichem Namen Thomas Anderson: Son of Man. Trinity (Trinität) verkörpert eine moderne Maria Magdalena. Neo wird aus dem Brutkasten, in dem er sein ganzes Leben gelebt hat, in die Welt hineingeboren.

---

249 Vgl. Schramm, Michael: Die leise Sehnsucht nach einem »Dahinter«. Zur Wiederkehr des Religiösen auf dem Markt der Unterhaltungsfilme. Hohenheimer Working Papers zur Theologie und zur Christlichen Sozialethik No. 2. Stuttgart-Hohenheim: Institut für Kulturwissenschaften. 13.

Symbolik Die Zahlensymbolik, z. B. Neos Herz beginnt nach genau 72 Sekunden wieder an zu schlagen: Nach 72 Stunden wird Jesus vom Tode auferweckt.

Biblische Bezüge Biblische Anklänge sind zu sehen, z. B. Morpheus als Figur Johannes der Täufer: Das Orakel weissagt Morpheus, dass er den Erlöser finden wird. Morpheus: »*Ich habe Dich gesucht, Neo. ... Du bist auserwählt, Neo.*«– »*Du bist hier, weil du etwas weißt. ... Du fühlst es schon dein ganzes Leben lang ... es ist wie ein Splitter in deinem Kopf.*« Der Softwarekäufer vor Neos Tür sagt: »*Du bist mein Erlöser*«. Neo hat Macht über die Welt: »*Mir ist gegeben alle Macht*« ..., vgl. Mk 28,18). »*Es ist vollbracht*« (Zum Tod Neos im 3. Teil)

Wirklichkeit: Die Frage nach der Wirklichkeit und der Wahrheit als zentrale Überlegung im Film: Morpheus: »*Hattest du schon einmal einen Traum, Neo, der dir vollkommen real schien? Was wäre, wenn du aus diesem Traum nicht mehr aufwachst? Woher würdest du wissen, was Traum ist und was Realität?*« – »*Du siehst aus wie ein Mensch, der das, was er sieht, hinnimmt, weil er damit rechnet, dass er wieder aufwacht. Ironischerweise ist das nah an der Wahrheit.*«

Die Charaktere der Figuren haben biblische Bezüge:

Neo als Erlöserfigur und Held verkörpert das Gute. Cypher als Schurke und Luzifergestalt verkörpert das Böse. Der Film stellt u. a. die Frage: Kann bzw. will der einzelne Mensch die Scheinwirklichkeit wirklich zerstören oder will er nur die Kontrolle über die Technik erhalten, um Entscheidungen treffen zu können?

Platons Höhlengleichnis Inhaltliche Anleihen an das Höhlengleichnis sind zu finden: Die Situation der Menschen. Im Höhlengleichnis verharren die Menschen Seite an Seite mit dem Rücken zum Eingang der Höhle. Sie sind mit Ketten an ihre Stühle gefesselt. Sie können nur ein Abbild der Realität, nur Schatten sehen und halten dies für die Wirklichkeit. Im Film sind die Menschen in der Matrix gefangen und sehen selektiv nur die Ausschnitte, die die Maschinen ihnen zeigen wollen.

Der Seher – Der befreite Mensch: Ein Mensch kann sich befreien, verlässt die Höhle, sieht schmerzvoll das helle und wahre Licht und muss sich erst einmal gewöhnen. Er kehrt zurück, um die anderen vom Irrtum zu lösen. Als Neo aus der virtuellen Realität der Matrix befreit wird, ist auch er gezwungen die schmerzvolle Wahrheit zu sehen. Bei seinem Aufwachen rebelliert Neo gegen die Wirklichkeit. Seine Augen brennen heftig, da er diese vorher nie benutzt hat.

Die Menschen in der Höhle widersetzen und weigern sich, die Höhle zu verlassen. Sie haben kein Interesse an neue Erkenntnisse. Cypher weigert sich, neues Wissen zu erlangen: »*Unwissenheit ist ein Segen.*« Als der »Seher« in die Höhle zurückkehrt und die Zurückgebliebenen von der neuen Wirklichkeit und Wahrheit überzeugen will, wird er totgeschlagen. Cypher versucht, die übrigen Besatzungsmitglieder der Nebukadnezar zu töten.

Die Höhlenbewohner können die Puppenspieler nicht sehen: Diese können gedeutet werden als die Herrschenden und Mächtigen der Gesellschaft. Im Film sind es die Maschinen, die unsichtbar die Menschen ausbeuten und manipulieren.

In der Höhle können die Menschen nur verzerrte und verschwommene Schattenbilder (Abbilder der Realität in schwarz-weiß) sehen. Im Film halten Codes die Menschen unter Kontrolle.

Im dritten Teil MATRIX REVOLUTION muss Neo erkennen, dass Programme in der Matrix sogar menschliche Gedanken und Gefühle entwickelt haben. Morpheus muss erkennen, dass auch er getäuscht wurde. Neo, den er für den Auserwählten und Erretter gehalten hat, ist auch nur ein weiterer Kontrollmechanismus. Die Macher der Matrix haben sich ihn ausgedacht.

Bewertung Der Film zeigt Klischees: Filmheld Neo erfüllt die gängigen Hollywood-Klischees vieler Science-Fiction-Filme, z. B. der Film zielt auf die Identifikation des Zuschauers mit dem Filmhelden: »Du schaffst es, wenn du glaubst!«, der Film vermittelt die einfache Botschaft: das Gute, z. B. »Die Liebe schlägt das Böse und siegt!«, der Film betont religiös-traditionelle Werte von Glaube, Liebe, Hoffnung: Mit diesen Werten vermag der Mensch die Bedrohung durch die Technik bestehen, der Film macht das Gewehr zum choreographischen Lustobjekt.

Positive Impulse Der Film stellt gezielt kritische Anfragen, die heute hoch aktuell sind, z. B. Möglichkeiten oder Verlust von Autonomie und Freiheit des Menschen:

Die unterschiedlichen Kontrollmechanismen in unserer Gesellschaft, die zunehmende Macht der Technik (z. B. Internet) und Bedrohung von menschlichen Maßstäben, die Frage nach der Wirklichkeit und der Wahrheit.

Ist Jesus Christus, den Christen für den Auserwählten und Erretter halten, nur als ein weiterer Kontrollmechanismus, den sich die Architekten der Matrix/des Kapitals ausgedacht haben (»Opium für das Volk«)?

Der Film JESUS LIEBT MICH nach dem Roman von David Safier kommt Weihnachten 2012 in die Kinos.

Inhalt Marie (Jessica Schwarz) verleibt sich in Gottes Sohn Jeshua (Florian David Fitz). Jeshua ist auf die Erde gekommen, um die bevorstehende Apokalypse einzuleiten.

Der Film greift zahlreiche biblische Szenen aus der neutestamentlichen Überlieferung auf oder spielt auf Jesu Leben und Wirken an, z. B.

(0:23:20) Szene: Marie und Jeshua in einer Pizzeria.
Marie: *Schmeckt's?*
Jeshua: *Ich hab' schon lange keinen Wein getrunken.*
Bevor Jeshua anfängt zu essen, ergreift er Maries Hand und stimmt ein hebräisches Lied an.

Marie: *Was ist das für ein seltsamer Mann ... Irgendwoher kenne ich dich.*
Jeshua: *Ich kenne dich aus einem anderen Leben.*
(0:24:55) Marie und Jeshua entdecken einen Bettler draußen an der Fensterscheibe stehend.
Jeshua bittet ihn in das Lokal, lässt ihn Platz auf seinem Stuhl nehmen, zieht ihm die Schuhe aus und wäscht ihm die Füße.
Der Ober: *Was wird das, wenn es fertig ist?*
Marie: *Er zieht dem Mann die Schuhe wieder an.*
(Vgl. Jesu Fußwaschung beim letzten Abendmahl: Joh 13,1–11)
Jeshua fordert die übrigen Besucher auf, ihre Speisen mit ihm zu teilen:
Jeshua: *Warum sollten wir nicht mit ihm teilen? Die Tische sind übervoll.*
Jeshua zu den anderen Besuchern: *Warum wollt ihr nicht teilen?*
(Vgl. Jesu Mahlgemeinschaft mit Ausgestoßenen: Mk 2,15–17 par),
Er geht von Tisch zu Tisch: *Der Tag wird kommen, da zählt nicht das Geld in euren Taschen und das Brot auf euren Tellern. An jenem Tag richtet man euch nicht nach euren Gütern, sondern nach dem, was in euren Herzen zu finden ist.*
(Vgl. Jesu Hinweis, sich nicht auf Materielles zu verlassen: Mt 6,19 ff.)
(0:43:20) Szene: Marie am See
Marie liegt in einem Ruderboot am Ufer des Sees. Sie ist eingeschlafen. Als das Boot, das sich vom Ufer losgerissen hat, bei einem aufkommenden Gewitter zu kentern droht, hat sie Angst. *»Das ist gar nicht gut!«* Sie wird in die Fluten geschleudert. Jeshua ergreift ihre Hand und rettet sie. Er beruhigt den Sturm.
(Vgl. Jesu Sturmstillung: Mk 4,35–41; Mt 8,23–27; Lk 8,22–25).

Reaktion Massive Kritik am Film richten konservativ-evangelikal orientierte kirchliche Kreise, z. B.:

> »Betrifft: Gotteslästerlicher Film »Jesus liebt mich«. Ein Brief an alle Kinos: Jesus Christus, der heilige, vollkommene und sündlose Sohn Gottes, wird in diesem Film als lächerliche Figur und »Frauenheld« verspottet. (...) Bei dem Film »Jesus liebt mich« nach dem Roman von David Safier handelt es sich eindeutig um Gotteslästerung (Blasphemie). (...) Wir Christen sind friedliebende Menschen. Wir bitten Sie, auf die religiösen Gefühle und den Glauben von uns Christen Rücksicht zu nehmen und diesen Film NICHT zu zeigen.«[250]

3.1.8 Hollywood und Bollywood (ab 2012)

Das Kofferwort Bollywood beinhaltet eine Kreuzung aus den Wörtern »Bombay« (Zentrum indischer Filmstudios) und »Hollywood« als Synonym für die Traumfabrik.

Diese mehrstündigen Filme halten genau die strengen moralischen Regeln für Länder Asiens, Afrikas und des Nahen Ostens ein, z. B. vermeiden sie offene sexuelle Handlungen oder Küsse auf den Mund.[251]

---

250 http://christlicher-gemeinde-dienst.de/ (abgerufen am 5.3.2013).
251 Vgl. auch: Mazumdaru Srinivas: Kann Bollywood in Deutschland Erfolg haben? Ein neuer indischer Fernsehkanal will Bollywood-Filme in deutsche Wohnzimmer bringen. In: DW vom 28.07.2016.

CHRISTAAYAN
DAS LEBEN JESU IN INDIEN; THE LIFE OF JESUS IN INDIA, IN 2013
R: P. George Kannanayil, D: Ankit Sharma (Jesus), Jeslin John (Maria),
Hintergrund Der sechsstündige »Bollywood« -Film, der von Pater George Kannanayil, dem Missionar von Divine Word, produziert wurde, kommt 2012 ins indische Fernsehen. Der Dialog ist in Hindi mit englischen Untertiteln. Etwa 25 % der 17 Mill. Katholiken in Indien sprechen Hindi, die dominierende Sprache in Nord- und Zentralindien.

Der Film präsentiert Jesus (Ankit Sharma) als Hindu, er trägt traditionelle indische Kleidung.

MUPPATHU VELLIKKASU
THIRTY PIECES OF SILVER, CA 2014, R: Kurian Varnasala, 9 Min.
Der Kurzfilm erzählt die Geschichte Jesu Christi mit Unterstützung modernster dreidimensionaler Technologien.

Hintergrund Der Film wurde mit 5000 Statisten und 300 Schauspielern in Jerusalem, Ägypten, Palästina, Jordanien und in einigen Teilen Indiens gedreht. Er wird in 9 indischen Sprachen veröffentlicht: Tamil, Hindi, Telugu, Kannada, Bhojpuri, Marathi, Bengali, Oriya und Malayalam.

DAS NEUE EVANGELIUM
D/CH/I 2020, R: Milo Rau, 107 Min.
Inhalt Hier geht es weniger um Religion als um soziale Verwerfungen. Jesus (Yvan Sagnet) ist schwarz und organisiert auf einer italienischen Tomatenplantage einen Streik. Seine Jünger sind meist muslimisch. Jesus kämpft auch für die Rechte der Flüchtlinge.

Hintergrund Jesus wird hier gespielt von dem einst eingewanderten Schwarzen Yvan Sagnet aus Kamerun, der in Italien bekannt wurde als Menschenrechtsaktivist.

Der Regisseur Milo Rau erläutert in Interviews seine Intention:

> »Wir haben den ersten schwarzen Jesus, einen kamerunischen Aktivisten, Yvan Sagnet, der vor zwölf Jahren den ersten Streik gegen die Mafia gemacht hat. (...) Es gibt im Grunde eher eine Transposition ins Heute, Christus wird gelesen als Sozialrevolutionär. (...) Das war eine Transposition des Einzugs in Jerusalem, also die Szene, wo Jesus einreitet auf dem Esel, das erste Mal nach Jerusalem kommt und dann mit den Pharisäern und mit der römischen Besatzungsmacht konfrontiert wird. Bei uns war das eine Demo, wir haben in den letzten sechs Wochen sehr viele Demonstrationen gemacht, auch Besetzungen in den Lagern, versucht, Lagerschließungen zu verhindern, und das war gewissermaßen einer der Höhepunkt, diese Reihe von Demonstrationen – das war ein Demonstrationszug von 200, 300 Leuten.«[252]

---

252   Milo Rau: In: Deutschlandfunk Kultur, Beitrag vom 30.9.2019.

>Wenn bei uns Jesus gefoltert wird, dann wird ein schwarzer Jesus gefoltert. »Das einzige, was bei dieser Art von zivilgesellschaftlicher Sache entscheidend ist, dass Leute auf einen aufmerksam werden, sich solidarisieren, dass ein Bewusstsein stattfindet, dass immer mehr Leute sagen: ›Es geht nicht, dass die Leute auf Plantagen arbeiten, die Lidl beispielsweise beliefern, wo die Leute keine Verträge haben.‹ Das Gesetz gibt es ja. Aber das Gesetz muss umgesetzt werden.«[253]

Der Jesus-Darsteller Yvan Sagnet interpretiert das Symbol der Tomate:

>»Die Tomate ist ein Symbol der Ausbeutung. Das ist ein Produkt, das oft von Flüchtlingen geerntet wird, die wie Sklaven arbeiten. Die Tomaten sind aber auch ein Symbol für den Kapitalismus. Da wird Profit auf Kosten der Menschen gemacht.«[254]

3.1.9 Ausblick: Geplante Filmprojekte

Jesusfilme finden kein Ende

Reza Aslans Bestseller »Zealot: The Life And Times Of Jesus Of Nazareth« (2013) soll in USA verfilmt werden. Lionsgate Entertainment habe bereits die Rechte erworben. Als Produzent und Autor konnte James Schamus gewonnen werden.

3.2 Biblische Figuren aus jüdischer Sicht

Eine Auslegung biblischer Texte findet bereits in der Bibel statt: Im Pentateuch kann man das Buch Deuteronomium als Auslegung der in den vorangehenden Büchern ausgeführten Begriffe des Gesetzes verstehen. In der jüdischen Tradition werden zwei Formen des Midrasch, der Auslegung biblischer Texte, unterschieden:
- Halachische Midraschim: Auslegung gesetzlicher Vorschriften,
- Aggadische Midraschim: Nichtgesetzliche Auslegungen, Erzählungen der Bibel.

Seit Abraham Geiger (1810–1874) wird in jüdischen Reformkreisen auch die historisch-kritische Forschung betrieben.

Samuel Goldstein behandelt in seinem 80-min. Film YOYSEF IN MITSRAIM (JOSEPH IN THE LAND OF EGYPT, US. 1932, R: George Roland, D: Joseph Green (Joseph), Ben Adler (Jacob) Elemente der biblischen Josefnovelle (80 Min).

---

253 Rau, Milo: In: Deutschlandfunk Kultur, Beitrag vom 06.10.2019.
254 Sagnet, Yvan, Jesus-Darsteller. In: Deutschlandfunk Kultur, Beitrag vom 06.10.2019.

> »Der Film, gedreht in jüdischer Sprache mit englischen Untertiteln, ist ein Kompilationsfilm unter Verwendung von Ausschnitten vermutlich aus JOSEPH IN THE LAND OF EGYPT (US 1914; R: Eugene Moore). Zunächst haben sich in USA viele Kinobesitzer aus Angst vor antisemitischen Reaktionen geweigert, den Film zu zeigen. Der Film wird nach und nach in USA und Europa besonders vom jüdischen Publikum (z. B. in Polen) erfolgreich aufgenommen.«[255]

Der Film BA'AL HAHALOMOT (IL 1962, Joseph the dreamer; R: Alina Gross u. Yoram Gross, 90 Min.) ist der erste vollständige Marionettenfilm aus Israel.

Der Film gewinnt mehrere internationale Filmpreise: Beste Animationsgeschichte, Quatrièmes Journèes Internationales Du Cinema D'Animation, F 1963, Beste Animationsgeschichte, Internationale Presse-Festival der La Presse Cinèmatographique, Wien 1963.

Der Film wird 2002 in Australien in Englisch synchronisiert.

Der jüdische Regisseur Amos Gitai, geb. 1950 in Haifa, aktualisiert in seinem Film ESTHER (IL/F/GB/A/NL 1985) die biblische Erzählung, indem er jüdisch-arabische Geschichte im Jahr 1985 in Wadi Salib, einem Stadtteil von Haifa, aufgreift, Probleme von Vertreibung und Integration in Israel zeigt und sich gegen Hass und Gewalt wendet.

Seit 1983 greift die Tanzkompanie Keshet Chaim mit ihrem künstlerischen Leiter Eytan Avisar zeitlose Themen der jüdischen Kultur auf, um Israels Geschichte und Traditionen mit ihren Geschichten und ihren Farben zu bewahren und diese auf internationalen Bühnen zu zeigen, z. B.:
QUEEN OF SHEBA
Choreographie: Eytan Avisar u. Oded Mansura, Musik: Uri Ophir, 14:37 Min.

> »A time of mystery, beauty, palace intrigue and a love story that transcends distance and time; the romance of the Queen of Sheba and of wise King Solomon.«

3.3 Biblische Figuren aus islamischer Sicht

Sowohl alttestamentliche Figuren (z. B. Abraham, Josef, Mose, Salomon u. a.) als auch neutestamentliche Figuren (z. B. Jesus, Maria) sind im Koran aufgenommen und wurden aus islamischer Sicht verfilmt.

Der iranische Regisseur Shahriar Bahrani (geb. 1951), der in der Tradition von Koran und islamischer Tradition steht, dreht den Film:

---

255 Tiemann, Manfred (2020): Josef, 316.

MARYAM AL-MUQADDASAH
SAINT MARY, IR 2010, P: Mohsen Aliakbari, R: Shahriar Bahrani, 114 Min.
Inhalt Als Maryam (Shabnam Golikhani) in einer Hütte betet, hört sie eine Stimme: »*O Maryam! Gott hat dich auserwählt und rein gemacht! Er hat dich vor den Frauen der Menschen in aller Welt auserwählt. O Maryam! Sei deinem Herrn demütig ergeben, wirf dich nieder ...*« (Koran, Sure 3, 42 f.).

Der Film beinhaltet die Botschaft, dass Jesus ein Prophet und nicht der Sohn Gottes ist. Maryam leidet unter dem Patriarchat, öffnet sich jüdischen Frauen und wird als selbstbewusste »emanzipierte« Frau gezeichnet.

Maria steht in Konfrontation zu den jüdischen Autoritäten, die der Film abwertend antijüdisch zeichnet. Als Maria mit dem neugeborenen Jesus (kaum sichtbar in ihrem Arm) erscheint, wird sie der Unzucht angeklagt. Maria kommt der Aufforderung des wütenden Hohenpriesters nicht nach, sich zu ihrer Verteidigung zu äußern. Maria schlägt vor, die Priester sollten sich direkt an das Kind wenden.

Neben dieser Fassung existiert eine zehnstündige Fernsehfassung im Stil westlicher Historisierungen.

Der iranische Regisseur Nader Talebzadeh Ordubadi (geb. 1953) wird bekannt mit seinem Film:
AL-MASIH (JESUS THE SPIRIT OF GOD; THE MESSIAH, IR 2007 P: Abdollah Saeedi; R: Nader Talebzadeh Ordubadi; 81 Min.). Der Film orientiert sich inhaltlich an Überlieferungen des Koran (Sure 4, 156–158; 5, 112–115 und 61,6) und an Überlieferungen aus dem Barnabas-Evangelium.

Weitere Filme:
- ABRAHAM: THE FRIEND OF GOD (IR 2008, R: Mohammad Reza Varzi),
- YUSUF ILE ZÜLEYHA (TR/IR 1968/1969, R: Türker Inanoglu, Esmail Kushan),
- YOUSUF E PAYAMBAR (PROPHET YUSUF; 45 Episoden; IR 2008, R: Farajollah Salahshoor),
- MUSA (Biopic-TV-Serie über den Propheten Mose, 2008),
- MOLKE SOLEIMAN (THE KINGDOM Of SOLOMON THE PROPHET; IR 2010, R: Shahriar Bahrani),
- MARYAM AL-MUQADDASAH (SAINT MARY; IR 2010, R: Shahriar Bahrani).

3.4 Biblische Figuren aus feministischer Sicht
Fernsehspiele: »Biblische Frauen« – Dokureihe »Frauen der Bibel«

Mit der Feministischen Theologie haben die Kirchen in den letzten 50 Jahren insofern eine Bereicherung erfahren, da diese eintritt gegen androzentrische Einstellungen, traditionelle Abwertung der Frau in Kirche, Religion und Gesellschaft und sich einsetzt für Frieden, Gerechtigkeit und Ökumene, für gleichberechtigte Teilhabe von Frauen am kirchlich-religiösen Leben (Emanzipation) und für Veränderungen kyriarchaler Strukturen und androzentrischen Denkens.

Feministische Exegese kritisiert alle Formen von Androzentrik in der Bibel, z. B.: einseitig männliche Gottesvorstellungen, die ihre patriarchale Entstehungszeit spiegeln und Menschen ein tiefes Umweltbewusstsein vermitteln.[256] Feministische Exegese erforscht die Frauengeschichte, die in der Bibel sichtbar gemacht werden kann, deckt frauenfeindliche Tendenzen der Bibel und ihre christlichen Auslegungsgeschichte auf und macht frauenbefreiende biblische Tendenzen sichtbar.[257]

Feministische Exegese bedient sich historisch-kritischer Exegese, ergänzt durch soziologische Analyse damaliger und heutiger Wirklichkeit.[258]

Aus Erhebungen in den Jahren 2009–2013 stimmt weiterhin nachdenklich:
> »nur jeder fünfte Film (22 %) der Jahre 2009–2013 wurde von einer Frau inszeniert. Diese Filme bestechen offensichtlich durch eine hohe Qualität, denn Filme von Frauen erhalten häufiger Filmpreise und laufen viel erfolgreicher auf Festivals.«[259]

Drei Thesen:
- Frauen lesen literarische und damit auch biblische Texte anders.
- Drehbuchautorinnen verarbeiten literarische Vorlagen geschlechtsspezifisch.
- Regisseurinnen setzen aus weiblicher Perspektive neue Themenschwerpunkte, z. B.: Emanzipation, Religion, Toleranz, Gleichberechtigung, Tier- und Umweltschutz.

Abb. 84: Still aus LA VIE DU CHRIST (F 1906): Die Regisseurin Alice Guy-Blaché lässt viele Frauen und Kinder am Geschehen aktiv teilnehmen, hier bei der Geburtsszene.

---

256 Verkürzt entnommen aus: Tiemann, Manfred (1993): Bibel Kontrovers. SchH 13 u. Lhb 40.
257 Vgl. Schottroff, Luise/Schroer, Silvia/Wacker, Marie-Theres (1995): Feministische Exegese. Forschungserträge zur Bibel aus der Perspektive von Frauen. Darmstadt (WB).
258 Vgl. Weißphal, Frederike: Die Bibel als patriarchalisches Buch. In: Zimmermann, Mirjam/Zimmermann, Ruben (Hgg.): Handbuch Bibeldidaktik (UTB 3996), Tübingen ²2018, 750–753.
259 Prommer & Loist (2015): Gender-Report Deutscher Kinofilm 2009–2013. In: Wer dreht deutsche Kinofilme? Gender Report: 2009–2013. Eine Studie des Instituts für Medienforschung der Universität Rostock. Februar 2015. 4 u. 13.

LA VIE DU CHRIST
THE BIRTH, THE LIFE AND THE DEATH OF CHRIST, AT: LA NAISSANCE,
LA VIE ET LA MORT DE NOTRE-SEIGNEUR JÉSUS-CHRIST, F 1906
Inhalt Die einzelnen Szenen (aus den Titelkarten der US.-Version)
1. Arrival in Bethlehem – 2. Nativity and arrival of the Magi
3. The sleep of Jesus – 4. The Samaritan
5. The miracle of Jairus's daughter – 6. Mary Magdalene washes the feet of Jesus
7. Palm Sunday – 8. The Last Supper – 9.-11. The olive garden
19. Saint Veronica – 20. Climbing the Golgotha – 21. The crucifixion
22. The agony – 23. Descending form the cross – 24. The tomb 25. Resurrection

Die Regisseurin Alice Guy-Blaché[260] stellt in ihrem Film das Leben Jesu aus »feministischer« Perspektive dar. Im Gegensatz zu den Vorgänger-Jesusfilmversionen setzt Alice Guy-Blaché auf die Wirkung der vielen Frauen und Kinder, die als aktive Teilnehmer mitspielen. Frauen stehen als zentrale Figuren im Mittelpunkt. Sie lässt die Frauen und Jesus oft ungeschminkt menschlich auftreten, um Natürlichkeit und Alltäglichkeit zu zeigen. Auch bei der Geburtsszene (Abb. 84) und bei der Kreuzigung Jesu sind Frauen und Kinder anwesend. Ebenfalls sind bei Jesu Auferstehung mehrere junge Mädchen dabei. Es haben etwa 300 Personen als Statisten mitgewirkt.

Bemerkenswert ist zu sehen, dass die Titelkarte eines Tableaus von drei als Engel verkleideten Mädchen gehalten wird. Soll damit angedeutet werden, dass hier das Leben Christi nicht nur aus der Sicht dieser Engel, sondern aus der Sicht von Frauen und Kindern erzählt und gespielt wird? In der Geburtsszene »Le Sommeil de Jesus« ist Jesus umgeben von nur einem erwachsenen Mann (Joseph), aber von einer Frau (Maria) und acht Mädchen in Engelgestalt. Jesus wird menschlich in seiner Körperlichkeit und zugleich erhaben gezeigt. In der Szene »Au Jardin des Oliviers« deutet ein junges Mädchen als Engel verkleidet das Leben Christi. Die Bühnenbilder und Kostüme basieren auf Tissots Aqua-

---

260 Zu ihrer Biographie siehe Doku: ALICE GUY, DIE VERGESSENE FILMPIONIERIN (F 2021, R: Valérie Urréa/Nathalie Masduraud, 53 Min., TV: arte 5.1.2022). Siehe auch: ALICE GUY BLACHÉ (D: 2021, Hg.: Filmmuseum München, R: Katja Raganelli. Die Doppel-DVD mit 20-seitigem Booklet präsentiert rare Filmdokumente und Interviews mit Zeitzeugen.). Der Film EIN NARR UND SEIN GELD (A FOOL AND HIS MONEY, 1912) von Alice Guy gilt als erster Film, in dem ausschließlich afroamerikanische Darsteller spielen. Die weißen Schauspielkollegen wollten nicht mit ihnen zusammenarbeiten.

rellen, die in der sogenannten Tissot-Bibel[261] veröffentlicht sind. Alice Guy Blaché erwarb eine Kopie in Paris. Sie hat ihrem Film den gleichen Buchtitel von Tissot gegeben: La Vie de notre Seigneur Jesus-Christ.

Alice Guy Blaché ist von Tissots Bibel begeistert:

>»I had long wanted to make a film about the fine drama of the Passion. At the 1900 Exposition [Universelle in Paris], Tissot had published a very beautiful Bible illustrated after the sketches he had made in the Holy Land. It was ideal documentation, for decors, costumes and even local customs.«[262]

Der Film von Alice Guy Blaché mit Tissots Aquarellen kommt beim Publikum so gut an, dass bereits wenige Jahre später 1911/1912 die Produktion Kalem unter der Regie von Sidney Olcott für ihren Film FROM THE MANGER TO THE CROSS ebenfalls Tissots Vorlagen verwendet. Frank J. Marion (Kalem) soll der Filmtruppe eine Kopie der Tissot-Bibel zur Orientierung mitgegeben haben, als diese in den Nahen Osten aufbrechen.

In ihrem Artikel »A Woman's Place in Photoplay Production« schreibt Alice Guy:

>»A woman's magic touch is immediately recognized in a real home. Is it not just as recognizable in the home of the characters of a photoplay?«[263]

Aufgrund des Erfolgs von LA VIE DU CHRIST übernimmt Alice Guy bis 1906 die Leitung aller Gaumont Filmproduktionen.

Die Regisseurin Alice Guy muss lang um ihre Autorenanerkennung kämpfen.

>»In der sogenannten klassischen oder traditionellen Filmgeschichte wurden Alice Guy wie generell Frauen meist übergangen. Ihr Schaffen fand kaum Beachtung, ihre Namen tauchten, wenn überhaupt, nur als nebensächlich anklingende Erwähnung auf, ihre Werke, die Aufmerksamkeit erzielten, wurden häufig männlichen Filmemachern zugeordnet.«[264]

---

261 Tissot, J. James – La vie de Notre Seigneur Jésus Christ. (Das Leben unseres Erlösers Jesus Christus) (1896–1897).

262 Guy 1986: 42; zitiert nach: Foster, Gwendolyn Audrey: Alice Guy's La Vie du Christ: A Feminist Vision of the Christ Tale. Internet: http://la-vie-du-christ-1906.blogspot.com/2018/08/la-vie-du-christ-alice-guy-1906.html (Zugriff 1.4.2021). Vgl ferner: Bean, Jennifer M. (2002): »Introduction: Toward a Feminist Historiography of Early Cinema«. In: Bean, Jennifer M./Negra, Diane (Hg.): A Feminist Reader in Early Cinema. London: Duke University Press, 1–26.

263 Guy 1986: 128; zitiert nach: Foster, Gwendolyn Audrey: Alice Guy's La Vie du Christ: A Feminist Vision of the Christ Tale. Internet: http://la-vie-du-christ-1906.blogspot.com/2018/08/la-vie-du-christ-alice-guy-1906.html (Zugriff 1.4.2021).

264 Fleig, Michael: Alice Guy und ihre Erbinnen. Dokumentation des 32. Film- und Fernsehwissenschaftlichen Kolloquiums Nr. 5 (2020), 112.

Victorin Jasset, der frühere Veranstalter der Riesenpantomimen des Hippodrome, will mit LA VIE DE NOTRE-SEIGNEUR JÉSUS-CHRIST, den er fälschlich als sein Werk herausgibt, Pathés »Passion« Konkurrenz machen. Victorin Jasset war zwar an der Produktion des Filmes LA VIE DU CHRIST beteiligt, aber »nur« als Assistent von Regisseurin Alice Guy.

Noch Jahrzehnte lang wird der Film LA VIE DU CHRIST in publizierten Film-Geschichten Victorin Jasset zugeschrieben: So macht es noch 1955 Georges Sadoul (1904–1967), französischer Journalist, Drehbuchautor und Autor von Enzyklopädien über Film und Filmemacher (l'Histoire générale du cinéma u. a.).

Georges Sadoul ignoriert Alice Guys leitende Funktion bei Gaumon, bezeichnet sie als Sekretärin von Léon Gaumon und lobt Jassets Film als »*ein prunkvolles Werk ohne Naivität*«.[265]

Erst nach Gaumonts Tod wird die vergessene Regisseurin 1954 schrittweise wiederentdeckt, 1955 und 1956 für ihre Leistungen mit der Ehrenlegion ausgezeichnet und von der Cinémathèque Française geehrt.[266]

Die Regisseurin Lois Weber gilt neben DW Griffith und Cecil B. DeMille als großes Talent in Hollywood und wird **1916** als erste und einzige Frau in die Filmregisseure-Vereinigung gewählt.

In ihrem sozialen Melodrama HYPOCRITES (US. 1914/1915) kritisiert sie protestantisch-puritanische Ideale. Trotz mehrerer Nacktszenen wird der Film nicht überall zensiert. Er wird am 20. Januar 1915 im Longacre Theater in New York uraufgeführt, dagegen wird eine Vorführung in Ohio verboten und in Boston müssen die Nacktszenen retuschiert werden.[267]

In den 90er Jahren versuchen Frauen mit ihren Fernsehspielen, biblische Inhalte auf die heutige Alltagswelt zu übertragen und deren Aktualität aufzuzeigen. Geschichten aus dem Alten Testament in neuem Gewand – Grundidee einer Reihe, mit der das ZDF biblische Motive aktualisiert wiedergeben will. Die Spiele sind keine Verfilmung der Bibel, sondern rücken sympathische Frauen in den Mittelpunkt, die sich zeitlosen Konflikten stellen und ihr Leben in die Hand nehmen. Hauptpersonen der Gegenwartshandlung, die immer wieder Parallelen zu der biblischen Vorlage ahnen lassen, sind Alltagsmenschen.

---

265 Sadoul, Georges (1982): Geschichte der Filmkunst. Frankfurt a. M.: Fischer. Deutsche Übersetzung der französischen Originalausgabe: Sadoul Georges (1955): Histoire de l'art du Cinéma des Origines a nos Jours. 4e édition. Flammarion: Paris. Zit. nach: Fleig, Michael, a. a. O, 112 f.
266 Angaben nach Fleig, Michael, a. a. O, 117.
267 Ausführlicher in Tiemann, Manfred: Leben nach Luther, 27.

> »Die Geschichte starker Frauen, die in der Überlieferung einer eher patriarchalisch orientierten Tradition fast vergessen sind: Judit, die schöne Witwe, die ihr Volk rettet, Sara und Hagar, die Mütter der Söhne Abrahams, Anna, die Mutter der Maria wird in der Sendereihe Biblische Frauen neu erzählt, modern und mit neuen Akzenten.«[268]

Es sind fünf Filme gedreht und ausgestrahlt worden: JUDITH, DIE WÜSTE ODER ABRAHAMS FRAUEN, MIRJAMS MUTTER, DIE FREMDE und LENA zur Thematik der Magdalena.

Es ist bedauerlich, dass die fünf Filme mit der interessanten Idee des ZDF, biblische Motive in Gegenwartshandlungen zu aktualisieren, so wenig Resonanz fanden. Hier wird eine lobenswerte Alternative zu vielen Monumental-Bibelverfilmungen aus Hollywood angeboten.

JUDITH
BRD 1992, R: Konrad Sabrautzky
Fernsehspiel in der Reihe: Biblische Frauen, P: Tellux Film München, R: Konrad Sabrautzky
Die biblische Erzählung der Israelitin Judith, die ihr Volk rettete, indem sie Holofernes, dem Feldherrn Nebukadnezzars, nach einer Liebesnacht den Kopf abschlug, wird in das Ceaucescu Regime in Rumänien 1989 verlegt.

> »Wir haben uns gefragt, was heute bei so einem Mord passieren würde«, erzählt Michaela Pilters von der ZDF Redaktion. Aus Holofernes wird der Chef des verbrecherischen Geheimdienstes Securitate. Ihn ereilt das Schicksal in Gestalt einer schönen Deutsch-Rumänin, deren Mann dem Diktator zum Opfer fiel. »Die Tat Judiths darf man nicht als Racheakt sehen. Sie wollte ein Zeichen setzen und zeigen, dass man sich nicht unterdrücken lassen darf.«

Judith (Barbara Auer) arbeitet auf einer Ausstellung in Hamburg als Dolmetscherin und Hostess am rumänischen Messestand. Die schöne Deutsch-Rumänin will sich nach der Ermordung ihres Mannes durch den rumänischen Geheimdienst in Deutschland ein neues Leben aufbauen. Als sie den Leiter der Handelsdelegation aus Rumänien sieht, erleidet sie einen Schock. Es ist Aurel Rosalescu (Viorel Iliesca), Chef des Ceaucescu Geheimdienstes Securitate.

DIE WÜSTE ODER ABRAHAMS FRAUEN
BRD 1992
Fernsehspiel in der Reihe: Biblische Frauen, P: Tellux Film München, R: Juliana Weiss
Inhalt Der Ingenieur Jochen Täubner (Mark Kuhn) und seine Frau Sybille (Stefanie Mühle) leben gut situiert im gehobenen Lebensstandard. Ihren Kinder-

---
268 ZDF-Monatsjournal 10/1992, 76.

wunsch haben sie aus materiellen Gründen immer wieder verschoben. Als Jochen mit Xandra (Susannne Evers) eine Beziehung eingeht und diese schwanger wird, muss er sich entscheiden. Sybille nimmt inzwischen ahnungslos in Tunesien die Aufgabe des lebenswichtigen Projektes für die Firma wahr. Sie erfährt von Xandras Schwangerschaft und will ihren Mann verlassen. Die Dolmetscherin Hagar (Dalila Meftati) kann vermitteln. Sie führt Sybille in die Wüste – ob im Traum oder in Wirklichkeit, bleibt in der Schwebe –, wo sie Hagars Sohn Ismael (Nabil) begegnet, in Saras Zelt die Geburt Isaaks erlebt und mitleidet, als Abraham Hagar mit ihrem Kind verstößt. Die Konfrontation mit alter Kultur und Religion gibt Sybille den Anstoß, ihr Verhältnis zu ihrem Mann Jochen zu überdenken und ihr Leben zu ändern.[269]

Jochen überrascht Xandra in seinem Büro.[270]

Jochen: *Xandra, was machen Sie denn hier, am Wochenende?*
Xanadra: *Ich wollte unsere Behaltung mal nach Reserven durchschauen.*
Jochen: *Das ist lieb von Ihnen, aber da sind keine mehr. Das Telefon ist auch kaputt. Jetzt ist dann bald alles hin.*
Xandra: *Vielleicht war das ein Fingerzeig Gottes. (…) Darf ich noch was sagen? Und wenn wir einfach sagen, das war's. Sollen die doch sehen, wie sie's machen. Wir werfen uns auf ein neues Projekt.*
Jochen: *Und wovon soll ich ihr Gehalt zahlen und das der zehn anderen. Ganz zu schweigen von dem Haus, das noch nicht abbezahlt ist, dem Büro hier … und meine Frau.*
Xandra: *Also – Sybille liebt Sie doch. Wenn Sie ihr die Wahrheit erzählen, wird sie sich sicher solidarisch verhalten.*
Jochen: *Wir sind seit zehn Jahren verheiratet, Da liebt man sich nicht mehr so, um alles nochmal von vorne anzufangen. Das hat man hinter sich.*
Xandra: *Also ich bin sicher, sie würde Ihre Situation verstehen. Manchmal braucht man eben auch etwas Mut.*

MIRJAMS MUTTER
BRD 1993
Fernsehspiel in der Reihe: Biblische Frauen; P: Tellux-Film München; Redaktion: Juliana Weiss, Michaela Pilters; B: Irene Rodrian nach Erika Wisselincks Roman »Anna im Goldenen Tor – Gegenlegende über die Mutter der Maria«; R: Vera Loebner; 88 Min.

Inhalt Handlungsebene ist der Karfreitag des Jahres 33, der Tag der Kreuzigung Jesu. Nach der Kreuzigung ihres Sohnes Jesus flüchtet sich Mirjam (Despina Pajanou) in das Haus ihrer Mutter Anna (Heidy Forster). Die beiden Frauen, die im Streit auseinandergegangen sind, haben sich seit Jahren nicht gesehen. In dieser Nacht der Trauer können die beiden Frauen ohne Scheu über ihre Probleme reden. In der Erinnerung tauchen nochmals die Konflikte

---

269 In Anlehnung an Inhaltsangabe nach ZDF Monatsjournal 10/1992, 76.
270 Die Dialogtexte sind vom Autor transkribiert.

ihres Lebens auf: Unverständnis, religiöser Streit, mangelnde Liebe. In dieser Nacht der Trauer gibt es kein Tabu. In langen Gesprächen findet Mirjams Mutter zurück zu ihrer Tochter.

Auszug aus dem Anfangsdialog:[271]

Anna: *Vollmond! Sei still. Da ist niemand. Wer sollte da schon sein!? Bei mir gibt's nichts zu holen. Und das wenige, das ich habe, das teile ich gerne. Nun? Herein! Herein! Nur immer herein, die Tür ist offen!*
Mirjam: *Bitte ... bitte ...*
Anna: *Komm doch, komm herein ... Mirjam.*
Mirjam: *Mutter.*
Anna: *Mirjam. Du bist gekommen. Endlich.*
Mirjam: *Wohin hätte ich denn sonst gehen sollen!?*
Anna: *Setz dich Kind. Lass mich nur machen, was haben sie dir angetan? Was haben sie dir nur angetan?*
Mirjam: *Mir?*
Anna: *Hier etwas gewürzter Wein. Trink, ruh dich aus ...*
Mirjam: *Ausruhen. Ist das alles, was dir dazu einfällt?*
Anna: *Wozu? Wovon sprichst du?*
Mirjam: *Du ... du willst doch wohl nicht etwa sagen, dass du es nicht weißt! Das ist unmöglich! Du weißt es wirklich nicht. Er ist tot und du weißt es nicht.*
Anna: *Tot? Wer ist tot?*
Mirjam: *Jesus. Mein Sohn. Sie haben ihn getötet.*
Anna: *Jesus. Mein kleiner Jesus. Tot? Ich war seit Tagen nicht draußen, ich war krank.*
Mirjam: *Aber jemand war doch hier. Du hast Wasser, Wein, ein Feuer brennt ...*
Anna: *Ein kleines Mädchen hilft mir manchmal. Jiri. Sie ist taubstumm. Aber du doch nicht, oder?! Sprich endlich! Was ist geschehen?!*
Mirjam: *Eingefangen haben sie ihn. Eingefangen wie ein Tier. Gemartert und dann ans Kreuz geschlagen. Wie einen Mörder. Sie haben ihn erniedrigt, bespuckt, verhöhnt und gegeißelt ... sie haben ihm alles genommen. Auch sein Gewand. Ich hatte es für ihn gewebt, es ... es hatte nicht eine Naht ... ans Kreuz geschlagen und dort qualvoll sterben lassen!*
Anna: *Die Priester.*
Mirjam: *Sie hatten es alle eilig. Auch die Römer. Wollten es noch schnell vor dem Pessachfest hinter sich bringen. Einer von ihnen hat ihm ganz plötzlich eine Lanze in die Brust gestoßen ...*
Anna: *Und?*
Mirjam: *Was und?*
Anna: *Hat es geblutet? Haben sie ihm die Schienbeine gebrochen?*
Mirjam: *Mutter, was soll das, er ist tot. Sie haben ihn zu Grabe getragen und den Stein davorgerollt.*
Anna: *Warst du dabei?*
Mirjam: *Ich musste mich ja verstecken.*

»*Frauen, die eine große Rolle in der Bibel spielen.*« Dies möchte die sechsteilige inszenierte Dokureihe »Frauen der Bibel« aufzeigen und dass es gerade die Frauen sind, die die Geschehnisse der Bibel maßgeblich beeinflussen.[272]

Die einzelnen Folgen:

---

271   Die Dialogtexte sind vom Autor abgehört.
272   Die Reihe »Frauen der Bibel« wurde im Bibel TV Programm ab 5.1.2017 ausgestrahlt.

SARAH UND HAGAR (2016), RAHEL UND LEA (2017), DEBORA (2015), RUT UND NAOMI, MARIA VON NAZARET und MARIA MAGDALENA.

Ein besonderes kreatives Kunstfilmprojekt ist hervorzuheben:
SARAH UND HAGAR – ZWEI FRAUEN UND IHR ERBE
SARA AND HAGAR – TWO WOMEN AND THEIR INHERITANCE, D 2009
Die Regisseurin Jeanette Riesch-Seitler vermeidet die Gegenüberstellung von der Herrin Sara und der unfreien Ägypterin Hagar, indem sie die beiden Figuren von der Schauspielerin Yvonne Werner-Mees darstellen lässt.

> »Am Ende weist der Film auf die Verwandtschaft der beiden Religionen Judentum und Islam hin. Die berührende Klaviermusik von Sasha Pushkin unterstreicht die beeindruckenden Bilder.«[273]

3.5 Trickfilme

Auf die frühe Animation von Lotte Reiniger ist hinzuweisen:

DER STERN VON BETHLEHEM
THE STAR OF BETHLEHEM, D 1921, Animation: Karl Koch u. Lotte Reiniger, 12 Min.
Inhalt Lotte Reiniger gestaltet mit ihrem Mann Carl Koch diesen Kurzfilm über die Geschichte Jesu in der Scherenschnitt-Technik. Der Film wird 1956 unter der Regie von Vivian Milroy teilweise koloriert und mit Ton herausgegeben.

Lotte Reiniger hat ihre Silhouetten-Technik durch farbige Azetat-Folien bereichert. Sie erinnern an farbige Kirchenfenster. Lotte Reiniger hat weitere biblische Themen aufgegriffen:
DER VERLORENE SOHN
THE LOST SON, D 1974, R: Lotte Reiniger, 10 Min.
Ein abgefilmtes Schattentheater mit schwarzen Silhouetten vor farbigen Hintergründen. Der vorgetragene Text des biblischen Gleichnisses (Lk 15, 11–32) wird anschaulich illustriert.

STVORENI SVETA
DIE ERSCHAFFUNG DER WELT, CSSR 1957, R: Eduard Hofmann, François Lejeune, 83 Min.
Inhalt Im Mittelpunkt des Zeichentrickfilms steht ein liebenswürdiger alter Gott, der sich plötzlich entschließt, aus dem absoluten Nichts innerhalb von sechs

---
273 verkürzt entnommen aus Tiemann, Manfred: Loccumer Pelikan (2/2021), M1.

Tagen mit himmlischer Inspiration und unterstützt von drei Engeln zu schaffen: das All, den Himmel und die Erde, das Wasser, die Sonne, den Mond und die Sterne, Pflanzen, Tiere und schließlich den Menschen: Adam und Eva. Widerstand erfährt er von listigen roten Teufelchen, die nichts unversucht lassen, sein Werk zu ruinieren. Aber nach sechs Tagen ist – wie geplant – sein Werk vollendet. Er kann sich am siebenten Tag in die Sonntagsruhe zurückziehen: »*Sollen sie sich doch ihre Welt einrichten wie sie wollen*«. Dies sei bis heute ein schwerer Fehler, meint der Autor Effel: »*Denn leider wird der Teufel niemals müde.*«

Die zwei DVD-Fassungen DEFA- Version und NDR Fassung (1995) beinhalten den gleichen Film mit unterschiedlichen Vertonungen.

Bewertung Ein sehr lustiger und humorvoller (Kult-) Zeichentrickfilm, auch oft satirisch.

In den letzten Jahren werden vermehrt Puppenanimationen und Trickfilme erstellt, die filmästhetisch und inhaltlich neue Wege gehen.

Hier sind besonders fünf Filme zu nennen:
WAY TO GOLGATHA
BE/NL 1967, R: Grapjos De Hert u. Robbe de Hert, 6 Min.
Kurzinhalt Paul, im Büßergewand und mit Kreuz, zieht durch die Gesellschaft und trifft auf Götter und Idole unserer Zeit, z. B. auf Leute aus Politik und Wirtschaft. Aus Frustration will er schon sein Kreuz wegwerfen. Er kommt zu verschiedenen Kreuzigungshügeln mit diversen Darstellungen: Ein Mädchen trägt auf nacktem Oberkörper ein Schmuckkreuz, ein Mann stellt Kreuze her, die Beatles singen »Help« u. a.

Bewertung Der 6-minütige Real- und Trickfilm erhielt als Auszeichnung den Großen Preis für den besten Trickfilm bei den 14. Westdeutschen Kurzfilmtagen Oberhausen. Der Kurzfilm stellt das Thema »Christus und sein Kreuzweg« in einer Verfremdung dar: Das Symbol des Kreuzes bekommt neue Bedeutungen. Christliche Ideale von Frieden und Aufopferung werden kontrastiert mit der heutigen Lebenswirklichkeit.

DIE GEBURT CHRISTI
AT: UND DOCH GIBT'S FRIEDEN, RU 1998, R: Michail Aldaschim, 12 Min.
Inhalt Der kurze Trickfilm »Die Geburt Christi« stellt heraus, dass mit der Geburt Jesu ein Friedensreich beginnt:

> (0:06:10) »*Und die frohe Botschaft war für alle Lebewesen gedacht: Ehre sei Gott in der Höhe und Friede auf Erden! Vertragt euch! Der Starke soll den Schwachen helfen!*«
> Die Feindschaft zwischen den Tieren ist beendet, z. B. der Engel legt das Häschen auf den Rücken des Löwen.

(0:07:32) *»Der Engel eilte auch zu den Fischern am Meer und brachte ihnen die Nachricht: Jesus ist geboren. Lasst die Fische frei!«*
Auch zwischen den Menschen gibt es keinen Streit mehr: Als der Engel den Hirten die Geburt des Erlösers verkündet, beenden diese sofort ihren Streit beim Würfelspiel und machen sich zum Stall auf.
»Ja, so war es. Ein großes wunderbares Fest für alle Erdenbewohner, weil die Geburt Christi auch das Licht der Hoffnung und der Liebe ist.«

Der Film verwendet drei Musikstücke:
Joh. Seb. Bach, Adagio aus dem Konzert Nr. 1 für Harfe und Orchester und Andante aus dem Brandenburgischen Konzert Nr. 4, Ludwig van Beethoven, Allegretto aus der Sinfonie Nr. 7.

Bewertung Der Film ist einer der frühen Versuche aus der Reihe der Trickfilme, die Geburt Jesu ansprechend und aktualisiert darzustellen. Besonders die ruhig vorgetragenen Texte und die Musikstücke von Bach und Beethoven erzielen beim Zuschauer eine nachdenkliche und zugleich feierliche Stimmung. Zugleich darf der Zuschauer schmunzeln, z. B. wenn der Engel auf der Erde landet und sich erst einmal zurechtfinden muss.

DER MANN DER TAUSEND WUNDER
MIRACLE MAKER, GB 2000/2003, R: Stanislav Sokolov/Derek Hayes, 90 Min.
Inhalt Die Handlung beginnt mit der zufälligen Begegnung zwischen dem kränklichen Mädchen Tamar, ihrem Vater, dem Synagogenvorsteher Jairus und dem resoluten Zimmermann Jesus. Tamar ist fasziniert von der spirituellen Kraft Jesu. Jesus heilt sie. Der Tod Jesu wird nicht als Opfertod gesehen, sondern als Konsequenz menschlichen Handelns, das geprägt ist von Boshaftigkeit und Angst.
Szenenausschnitt:

Das Mädchen Tamar beobachtet die Heilung eines Gichtbrüchigen (vgl. Mk 2,1 ff. u. Lk 5, 17 ff.):
Bitte seid vernünftig! Bedrängt den Meister nicht! Der Raum ist überfüllt. Einer kann noch reinkommen! Einer! Einer, hab ich gesagt! Vorsicht, der Wasserkrug! Platz! Wir bringen unseren kranken Freund.
Der Gichtbrüchige: *Es führt zu nichts!*
Männer: *Doch, doch, wir bringen dich zu Jesus, auch wenn es unmöglich erscheint.*
Jesus: *Wie könnt ihr zu eurem Bruder sagen: »Lass mich den Splitter in deinem Auge entfernen, wenn ihr selbst einen Balken in eurem Auge habt. ... Nehmt erst den Balken in eurem eigenen Auge und dann könnt ihr eurem Bruder helfen, den Splitter aus seinem Auge zu entfernen.*
Pharisäer: *Ich hoffe, wir sind nicht zu stolz, von einem jüngeren Mann zu lernen.*
Anderer: *Dieser Mann hat vor niemandem Respekt!*
Ironisch: *Er hat eine Menge Respekt vor Dieben und Vagabunden.*
Jesus: *Freunde, kommt herunter. Hier ist noch genügend Platz!*
Der Gichtbrüchige, der herunter gelassen wird: *Es führt zu nichts! Lasst mich doch einfach sterben!*
Jesus berührt seine Stirn: *Mein Freund, deine Sünden sind dir vergeben.*
Anderer: *Sünden – vergeben?*
Pharisäer: *Wer kann Sünden vergeben außer Gott?*

Jesus erhebt sich: *Ich möchte euch eine Frage stellen: Was ist einfacher zu sagen: Deine Sünden sind dir vergeben oder stehe auf und gehe. Aber um euch zu beweisen, dass der als Mensch geborene Sohn auf Erden die Macht hat, Sünden zu vergeben, befehle ich Dir: Nimm dein Bett und gehe!* Er erhebt sich.
Stimmen: *Er ist geheilt! – Ein Wunder ist geschehen! – Ehre sei Gott! – Preist den Herrn! – Das ist doch unmöglich! – Gelobt sei Gott!*
Der Gichtbrüchige: *Gott ist da, ich bin geheilt worden!*

Bewertung Die Filmemacher betonen, dass sie sich um intensive historische Recherchen bemüht haben, um die Lebensumstände im römisch besetzten Israel authentisch zu zeigen. Die Animationen ergeben eine in sich schlüssige Interpretation der Gestalt Jesu.

JOSEPH: KING OF DREAMS
JOSEPH – KÖNIG DER TRÄUME, US. 2000, R: Rob LaDuca und Robert C. Ramirez, 75 Min.
Der US-amerikanische Zeichentrickfilm Joseph – König der Träume wurde direkt für den DVD/Video-Markt produziert.
  Der Film befriedigt eine teilweise US-evangelikale Frömmigkeit:[274]

Josef: *Ich machte nichts verkehrt, ich wusste stets die Antwort, mein Weg war scheinbar unbeirrt, doch nun sitze ich hier Dann hab ich mich gewehrt und bat Dich oft um Hilfe, jetzt da ich aufgegeben hab, zeigst Du die Wahrheit mir. Du weißt es besser als ich. Du kennst den Weg. Ich setz mein Vertrauen in Dich, denn du weißt es besser als ich.*
(0:32:44) Verführungsszene
Frau des Potiphar: *Josef? Pscht!*
Josef: *Was führt dich her. Bist du unzufrieden?*
Frau des Potiphar: *Nein. Dieses Land Ägypten ist es nicht. Ist es Dein Zuhause?*
Josef: *Kanaan.*
Frau des Potiphar: *Bitte erzähl mir etwas über Kanaan.*
Josef: *Das ist der Ort, wo ich geboren wurde. Das sind die Sonnenblumen, die meine Mutter gepflanzt hat. Das ist meine … meine …*
Frau des Potiphar: *Familie? Die fehlt dir sehr?*
Joseph: *Meine Brüder, sie haben mich verraten.*
Frau des Potiphar: *Joseph. Deine Familie, das sind wir jetzt hier. Mir liegt sehr viel an Dir. … Sieh mich an!*
Josef: *Ich werde auf keinen Fall meinen Herrn betrügen.*
Frau des Potiphar: *Ich befehle dir, hier zu bleiben!*
Josef: *Nein! …*
Potiphar: *Du hattest eine Sonderstellung …*
Frau des Potiphar: *Er hat den Tod nicht verdient!*
Potiphar: *Wieso nicht? Sag es mir! – In den Kerker mit ihm!*
Joseph: *Ich habe nichts Unrechtes getan!*
Lied: *Du weißt es besser (You Know Better Than I)*

---

274 Der Text und Dialogtext sind von der DVD abgehört.

Ich machte nichts verkehrt, ich wusste stets die Antwort, mein Weg war scheinbar unbeirrt, doch nun sitze ich hier. Dann hab ich mich gewehrt und bat Dich oft um Hilfe, jetzt, da ich aufgegeben hab, zeigt Du die Wahrheit mir. Du weißt es besser als ich. Du kennst den Weg.
Ich setz mein Vertrauen in Dich, denn du weißt es besser als ich.
Ich denke mir, vielleicht stellst Du mich auf die Probe, doch sehe ich keinen Grund dafür, auch wenn ich mich verlier. Es war nicht immer leicht, oft fehlte mir die Einsicht, mein Glaube hat mich stark gemacht und jetzt vertrau ich Dir. Denn du weißt es besser als ich. Du kennst den Weg.

Bewertung Der Film vermittelt die Botschaft: Das Gute, das Josef verkörpert, siegt zum Schluss. Der Film verlässt oft die biblische Vorlage, erfindet neue Szenen oder greift ältere literarische Vorlagen auf, z. B. während der Zeit, die Josef im Gefängnis verbringt, wächst ein Granatapfelbaum, den er pflegt. Asenath besucht Josef im Gefängnis und versorgt ihn mit Speisen.

THE TEN COMMANDMENTS
MOSE UND DIE ZEHN GEBOTE, US. 2007, R: Bill Boyce, John Stronach, 85 Min.
Der erste Film der geplanten zwölfteiligen Reihe »Epic Stories of the Bible Series« (»Epische Geschichten der Bibel«).

Die Animation der Filmproduktionsfirma »Promenade Pictures«, von der EKD unterstützt, sei *»eine Geschichte über Glauben, Liebe und Befreiung.«*[275]

Inhalt Die amerikanische Computeranimation stellt eingangs den Pharao als einen sehr nervösen Mann dar, der seinen hebräischen Sklaven unterlegen ist. Der Pharao befiehlt ihnen immer wieder, noch härter zu arbeiten. Als er dies nicht erreicht, lässt er zur Bestrafung alle neugeborenen männlichen Babys töten. Amram (Trevor Devall) und Jochebed legen ihr Baby Moses in einen Korb, der ihn flussabwärts in die Freiheit führen solle. Als am nächsten Morgen die Tochter des Pharaos das Körbchen mit Moses findet, adoptiert sie ihn und erzieht ihn als ihren eigenen Sohn. Ramses wird sein Spielkamerad. Sie ringen miteinander, aber Ramses mag Moses nicht sehr. Moses wird aus der Stadt verbannt, nachdem er einem geschlagenen Sklaven half und den Angreifer tötete.

Gott beauftragt Moses, die Hebräer aus Ägypten in das verheißene Land zu bringen. Es folgen die Stationen der biblischen Erzählung: Die Weigerung des Pharaos, die zehn Plagen, Auszug aus Ägypten, die Zehn Gebote, Einzug in das gelobte Land unter Josua (Matt Hill).

Bewertung Mit dieser klassisch erzählten Zeichentrickadaption versuchte man jungen Menschen eine der wichtigsten und spannendsten Passagen der Bibel näher zu bringen. Ob das gesteckte Ziel mit Otto Sander als Erzähler, mit dessen Sohn Ben Becker als Mose oder mit Sky Du Mont als salbungsvoll hal-

---

275 Zitiert nach: »Die Zehn Gebote« als Zeichentrickfilm. Pro. Christliches Medienmagazin. 28.08.2007.

lende Stimme Gottes, mit Heinrich Schafmeister als nörgelnder Querulant Dathan, mit »Traumschiff«-Veteran Sascha Hehn als Aaron und mit Judy Winter als Miriam, der Schwester Moses, als passende Sprecher einzulösen ist, bleibt fraglich.

Kritisch bleibt anzumerken, dass in der deutschen Synchronisation und im Presseheft zahlreiche Veränderungen oder Verfälschungen des hebräischen Textes und der dargestellten Szene zu finden sind. Hier sind zwei Beispiele angeführt:

Szene: Mose erschlägt einen Ägypter, der einen Hebräer schlägt.

»*Da schaute er sich nach allen Seiten um und als er sah, dass kein Mensch da war, erschlug er den Ägypter und verscharrte ihn im Sande.*« (Ex 2, 12)

Film und Presseheft entlasten Mose, er habe aus Notwehr gehandelt:

»*Ein brutaler Sklavenaufseher schlägt unbarmherzig auf seine Opfer ein. Mose stellt ihn zur Rede, wird aber sofort mit einem Messer angegriffen und tötet den Aufseher in Notwehr.*«

Film (ab 0:13:04)

Ägypter peitscht einen Hebräer: *Steh auf, du alter Sack, oder muss ich dir jeden einzelnen Knochen aus dem Leib prügeln?*
Mose eilt herbei. Zum Ägypter: *Hey du, lass das!*
Ägypter: *Das geht dich hier gar nichts an. (…) Du brauchst wohl eine Lektion!*
Ein Ägypter greift Mose an. Es kommt zum Zweikampf. Mose ersticht den Ägypter mit einem Messer.
Mose verzweifelt: *Ich habe ihn getötet.*
Hebräer: *Lauf, lauf, der Pharao wird dich dafür töten.*
Mose: *Ich kann ihm aber alles erklären. Verstehst du? Er ist mein Großvater.*

Szene: Als Mose vom Berg Sinai zurückkehrt und sieht, dass sein Volk vom Gottesglauben abfällt und um ein goldenes Kalb tanzt, ordnet er an, 3000 Israeliten zu töten:

»*Die Söhne Levi taten, wie ihnen Mose gesagt hatte; und es fielen an dem Tage vom Volk dreitausend Mann.*« (Ex 2, 28)

Bewertung Film und Presseheft entlasten Mose: Hier lässt Mose niemanden zur Strafe töten, sondern die Natur (gemeint Gott) lässt sie richten und verbrennen.

»*Und so schleudert Mose voller Wut die Steintafeln mit den Zehn Geboten auf den Boden. Sogleich reißt die Erde auf, Flammen lodern aus dem Erdinneren und das Goldene Kalb geht samt derer, die es immer noch anbeten, in den Flammen unter.*«

Film (ab 1:08:50): Als Mose die Hebräer feiern sieht: »*Dieses Mal sind sie zu weit gegangen! (…) Ich rufe Himmel und Erde an zum Zeugen eurer Tat. Heute werdet ihr Zeugen sein, wie Gott euch richten wird!*«

MY LAST DAY

DIE LETZTEN DREI TAGE, 2012, im japanischen Anime-Format, D/P: Barry Cook, »The Jesus-Film Project« (»Campus für Christus«) hat das japanische Studio 4 °C in Tokio (The Animatrix, Genius Party) mit einem Animationsfilm zur Kreuzigung von Jesus beauftragt. Die Kreuzigung Jesu soll aus Sicht eines Diebes dargestellt werden, der zusammen mit Jesus am Kreuz stirbt.

Kurzinhalt und Dialoge Jesus wird ausgepeitscht. Jesus stöhnt vor Schmerzen. Rückblende.

Pharisäer: *Sag uns, ist es wegen unserem Gesetz, wenn wir dem römischen Kaiser Steuern zahlen oder nicht?*
Jesus: *Zeig mir einen Denar!*
Jünger: *Jesus sprich zu uns.*
Pharisäer: *Wessen Bild und Namen sind darauf? Caesar!*
Jesus: *Dann gebt dem Kaiser was dem Kaiser gehört und Gott, was Gott gehört.*
Blende. Das Volk: *Kreuzige ihn!*
Jesus mit Dornenkrone und blutüberströmten Gesicht muss den schweren Holzbalken zur Todesstätte tragen.
Stimmen: *Lass ihn frei! Er ist der Messias!*
Eine Frau: *Er hat nichts getan!*
Jesus bricht unter der Last des Balkens zusammen.
Römer spottet: *Das Gewand hat kein gewöhnlicher Mystiker getragen!*
Ausführlich werden Kreuzigung und Annageln gezeigt: Blut spritzt im hohen Bogen.
Jesus: *Vergib bitte Vater! Denn sie wissen nicht, was sie tun!*
Soldat: *Hilf dir selbst, wenn du der König der Juden bist! Anderen hat er geholfen. Nun soll er sich selbst helfen!*
Der Mitgekreuzigte: *Bist du nicht der Messias? Hilf dir selbst und uns!*
Eine Taube kündigt das Paradies an. Finsternis und Sturm brechen ein.
Jesus stammelt: *Vater, in deine Hände lege ich meinen Geist.*
Szenenwechsel – Die Kamera schwenkt zum Himmel: Jesus erscheint in weißem Gewand: *Ich bin die Auferstehung und das Leben. Wer an mich glaubt, wird leben, auch wenn er stirbt.*

THE BIBLE – Part 1

DIE BIBEL. Teil 1: Altes Testament, US. 2020, P: Josh Carroll, Dave Carroll, R: Josh Carroll, 112 Min.

Teil 1 der dreiteiligen Filmreihe von Josh, Dave, Sarah und Jen Carroll aus Englewood (USA).

Inhalt Biblische Geschichten aus den Büchern Genesis und Exodus werden mit Legofiguren dargestellt: Adam und Eva, Kain und Abel, Noah, Turmbau zu Babel, Abraham, Isaak, Esau und Jakob, Josef, Mose.

(0:50:38) Aus Kap. 11

Josef in Ägypten: Potifar: *Dieser junge Mann ist unglaublich. Sein Gott segnet ihm alles, was er tut. Ich will ihm die Verantwortung über meinen Haushalt übertragen.*
Potifars Frau: *Josef?*

Josef: *Was machen Sie hier? Sie sollten nicht hier sein!*
Potifars Frau: *Mein Mann ist immer so beschäftigt. Arbeit. Arbeit. Arbeit. Ich brauche einen Mann, der mir Aufmerksamkeit schenkt und der mir seine Liebe zeigt. Verbring etwas Zeit mit mir, Josef!*
Josef: *Du bist die Frau meines Herrn! Ich könnte so etwas nie tun! Es wäre eine Sünde gegen Gott!*
Potifars Frau fasst ihn an: *Bitte!*
Josef rennt weg. Potifars Frau: *Hilfe! Hilfe! Er greift mich an!*

Bewertung Die Filmreihe will Kinder zum Glauben an Gott ermutigen: Biblische Gestalten stehen in der Nachfolge Gottes. Der biblische Text wird oft verkürzt wiedergegeben zugunsten der Betonung der Beziehung des Menschen zu Gott. Die menschlich-sozialen Beziehungen werden eher vernachlässigt. Beispiel: Im Film begründet Josef seine Ablehnung: »*Es wäre eine Sünde gegen Gott!*« Der biblische Text (Gen 39, 8 u. 9) dagegen betont die Treue Josefs gegenüber seinem Herrn Potifar und gegenüber Gott:[276]

> 8 *Er weigerte sich aber und sprach zu ihr: Siehe, mein Herr kümmert sich, da er mich hat, um nichts, was im Hause ist, und alles, was er hat, das hat er unter meine Hände getan;*
> 9 *er ist in diesem Hause nicht größer als ich, und er hat mir nichts vorenthalten außer dir, weil du seine Frau bist. Wie sollte ich denn nun ein solch großes Übel tun und gegen Gott sündigen?*

Sprachlich wirkt der Film oft salopp mit Beschimpfungen und Respektlosigkeiten (z. B., »*dieser Narr*«, »*du Hund*«, »*egoistisches Schwein*«, »*dumm*«).

Regisseur Josh Carroll gestaltet mit Legofiguren den Film:
THE PASSION: A BRICKFILM
DER TOD UND DIE AUFERSTEHUNG JESU (US. 2021, 30 Min.)

Abb. 85: DIE BIBEL TO GO (D 2020–2021): Michael Sommer spielt die biblische Schöpfungsgeschichte mit Playmobil-Figuren nach.

DIE BIBEL TO GO
Der Autor Michael Sommer und evangelisch.de starten ein gemeinsames Projekt: Michael Sommer will die Bibel mit Playmobil-Figuren nachspielen und

---

276 Übersetzung durch den Autor Tiemann, Manfred: (2020): Josef, 2.

die Bibel vollständig »verplaymobilisieren«. Er fasst mit Unterstützung und theologischer Beratung der evangelisch.de-Redaktion die 66 Bücher der Bibel in ebenso vielen Videos zusammen.[277]

Die Videos für die einzelnen Bücher der Bibel sind ca. zehn Minuten lang.
Start: 6. Okt. 2020 mit ERSTE BUCH MOSE
Ende: 26. Sept. 2021 mit OFFENBARUNG DES JOHANNES
2018 wird der Kanal SOMMERS WELTLITERATUR TO GO mit dem Grimme Online Award ausgezeichnet. Der Literaturwissenschaftler und Regisseur Michael Sommer verfilmte sehr erfolgreich über 300 Titel der Weltliteratur.
Michael Sommer zu seinem Bibel-Projekt:

> »Bei »Bibel to go« hoffe ich auf ein breiteres Publikum, das entweder keine Ahnung von der Bibel hat und auf diese Weise vielleicht neugierig darauf wird, oder Bibelfans, die Lust auf eine unterhaltsame Umsetzung ihres Lieblingsbuches haben. (…) Die Bibel ist das mit Abstand wichtigste Buch unserer Kultur, wenn man sich seinen Einfluss quer durch die Kulturgeschichte anschaut. Unabhängig von der Religion gehört es wirklich zur Bildung, die entscheidenden Player der hier versammelten Geschichten und deren Aussagen zu kennen. (…) Grundsätzlich bemühe ich mich um zwei Dinge: sachliche Richtigkeit und hohe Unterhaltsamkeit. Letzteres, damit die Leute sich überhaupt die Mühe machen, zuzuhören, denn dass sich jemand heutzutage mit der Bibel beschäftigt, ist alles andere als selbstverständlich. Gott entzieht sich Geschlechterkategorien, das wird weder eine Theologin noch ein sehr gläubiger Mensch bestreiten. Dennoch wird Gott in der traditionellen Ikonographie als weiser alter Mann mit Bart dargestellt. Davon jedoch steht nichts in der Bibel. Ich mache also mit dieser unkonventionellen Darstellung auf ein Problem des Gender in Kultur und Religion aufmerksam.«[278]

Bewertung Lustige Darstellungen regen einerseits zum Schmunzeln an, z. B. Gott als tätowierter Hippie ähnelt eher einer Frau mit Brüsten: *»Gott, der Herr. Ja, die sieht wirklich etwas anders aus als sie erwartet haben. Ja, das ist er wirklich! Sie! Personalpronomen sind so bürgerliche Kategorien«*, Adam und Eva als Camper, Noah als *»erster Schreiner, Tierpfleger und Winzer«*. Andererseits lädt der Film ein zur kritischen Reflexion von Bibeltext, Gottesvorstellungen und Glaube.

Zu seinem ersten Film ERSTE BUCH MOSE hat Michael Sommer eine Zugabe für Erwachsene herausgegeben: GENESIS-CLIPS FÜR ERWACHSENE TO GO (5 X FSK 18 IN 10,5 MINUTEN).

1. Sextourismus (1. Mose 6, 1–4): *Wir springen zunächst in die frühesten Zeiten der Menschheit, irgendwann nach dem Herauswurf aus Eden (…) Es herrscht reger Verkehr zwischen Himmel und Erde, insbesondere die sogenannten Gottessöhne, also himmlische Angestellte, kommen mal gerne zum Bodenpersonal zu Besuch. Die Besucher fragen nicht mal lange nach und zeugen Kinder …*

---

277 Angaben nach: Serienstart »Die Bibel to go«: Das Buch der Bücher mit Playmobil in Szene gesetzt. 10.6.2020. evangelisch.de (Zugriff 21.11.2021).
278 Schäfer, Norbert: Sommers Weltliteratur to go. »Wer mitreden will, sollte die Bibel kennen« In: PRO. Christliches Medienmagazin 8.10.2020.

2. Nackt und besoffen (1. Mose, 9, 24–29): *Noah baut Wein an. Der ist für die Kultur und für die Religion wichtig. Irgendwann liegt Noah nackt und besoffen im Zelt. Da kommt sein zweiter Sohn Ham rein. ...*
Fazit: *Für die Autoren des ersten Buch Mose steht Folgendes fest: Frauen sind männlicher Besitz. Vergewaltigung einer Frau ist normal und die männliche Ehre ist so wertvoll, dass dafür gemordet wird. Diese Vorstellungen sind mit unserem heutigen Wertesystem nicht vereinbar und das gilt für viele Stellen des Alten und des Neuen Testaments. Wenn sie uns also diese Geschichten erzählen, dann müssen wir immer wieder kritisch überprüfen, was wir uns da zum Vorbild nehmen wollen und was nicht.«*

3.6 Musikfilme – Ballett

Oratorien von G. F. Händel, Joh. Seb. Bach u. a. und Kompositionen zu Ballett haben Regisseure inspiriert, diese szenisch zu verfilmen. Auch Opern und Operetten mit biblischen Themen werden vermehrt szenisch aufgeführt und verfilmt, z. B.

- Festspielhaus Baden-Baden: Richard Strauss, SALOME (2011, in der Inszenierung von Nikolaus Lehnhoff),
- Theatre Imperial de Compiegne: Etienne Nicolas Méhul, LA LEGENDE DE JOSEPH EN EGYPTE (R: Pierre Jourdan),
- Festival in Aix-en-Provence: Georg Friedrich Händel, BELSHAZZAR (2008, R: Christof Nel), Staatstheater Mainz: Georg Friedrich Händel, SAUL (2001, Catherine Ruckwardt),
- Metropolitan Opera Company: Camille Saint-Saens: Samson et Dalila (1998/99 an der MET),
- Badisches Staatstheater: Camille Saint-Saens: Samson et Dalila (2010, R: Jochem Hochstenbach),
- Opéra national de Paris: MOSES UND ARON (F 2015, R: Romeo Castellucci).

Auch Operetten greifen biblische Themen auf, deren Theaterinszenierungen verfilmt wurden, z. B.
- Teatro Auditorio Buero Vallejo de Guadalajara: Vicente Lleó Balbastre, La corte de Pharaoh (2004, R: Carlos Vilán),
- Stadttheater – Bühne Baden: Leo Fall, MADAME POMPADOUR (2017),
- Unity Dance Troupe: DREAMER. THE DIARY OF JOSEPH (Ballett).

JOSEPHSLEGENDE
Ballett-Aufnahme Hamburg 1977
Judith Jamison, Kevin Haigen, Karl Musil, Franz Wilhelm, Wiener Staatsopernballett, Wiener Philharmoniker, Heinrich Hollreiser; 66 Min.
Inhalt Harry Graf Kessler umschreibt die Handlung der Josefslegende: »*Der Inhalt des ›Joseph‹ ist der Gegensatz und Kampf zwischen zwei Welten. Der Kontrast reicht vom Kostüm bis in das innerste, durch Gebärden und Musik sich*

offenbarende Seelenleben der Figuren. Die eine Welt, die des Potiphar, ist emporgekommen und hat allen Reichtum, alle Macht, Schönheit, Lebenskunst in sich aufgesammelt; aber diese Elemente haben sich infolge ihrer Fülle aneinander so abgeschliffen, so gesättigt, dass kaum noch irgendwelche Reize oder Spannungen in einer solchen Welt möglich sind; sie ist prunkhaft, üppig, schwül, voll von seltsamen Düften und Geschöpfen wie ein tropischer Garten, aber ohne Geheimnis, in sich ausgeglichen, klassisch, hart, schwer, eine Welt, in der selbst noch die Luft mit Goldstaub geladen scheint. ... Die andere Welt ist die des Joseph.«[279]

Josef träumt von einem Engel. Josef wird entführt. Am Hofe Potifars feiert man ein Fest. Potifars Frau weigert sich, daran teilzunehmen. Zur Unterhaltung wird ein Wettkampf auf Leben und Tod veranstaltet. Eine fremde Gestalt von wundersamer Schönheit überwältigt den Kämpfer, der bis zuletzt siegreich war. Während Josef hereingetragen und an Potifar als Sklave verkauft wird, gibt sich die Gestalt zu erkennen: Es ist der Engel, von dem Josef geträumt hat. Josef tanzt für Potifar. Die biblische Verführungsgeschichte (Gen 39) wird in Szene IV eingeleitet und in Szene V und VI tanzend entfaltet: *»In der Mitte des Saales wird die Hängematte auf die Erde gelegt. Sowie sie den Boden berührt, öffnet sie sich, und man sieht in ihr wie in einer Blume ruhend, in tiefem Schlafe Joseph, eingewickelt in einen goldblauen, sonnenfarbenen seidenen Hirtenmantel. Der Knabe lächelt im Schlafe. Der Sheik tritt an ihn heran, beugt sich über ihn, weckt ihn, nimmt ihn bei der Hand und lässt ihn aufstehen. Der Mantel bleibt in der Matte liegen; der Knabe steht in einem kurzen weißen Ziegenfell da und blickt sich verwundert, aber keineswegs erschrocken, sondern hoheitsvoll um, als ob ihn höhere Mächte schützten. Ein unsichtbarer Glorienschein umschwebt sein Haupt. ...«*[280]

Die biblischen Texte werden nicht wortwörtlich als historische Berichte verstanden, sondern als Legenden, als Mythen, als Bilder. Die in der Bibel handelnden Personen werden nicht wortwörtlich als historische Gestalten, die tatsächlich gelebt haben, verstanden, sondern als Bilder, als Verkörperungen von Mächten und Welten, als Seelenleben. H. v. Hofmannsthal hat Josef einerseits als unschuldigen und naiven Hirtenknaben, andererseits als Heiligen, als Märtyrer konzipiert. Josef, der durch den Erzengel gerettet wird, stellt die gute Welt dar, während Pharao dagegen die schlechte Welt verkörpert, die bestraft wird. Josef wird nicht von Anfang an als der Heilige gezeigt, sondern als ein religiöser Mensch, der auf der Suche nach Gott ist und diesen endlich findet und versöhnt wird. Josef gilt nicht mehr als Sinnbild für Keuschheit, sondern als ein

---

279 Kessler, H. Graf, Die Handlung der Josephslegende, in: B. Schoeller (Hrsg.): H. v. Hofmannsthal, Gesammelte Werke in 10 Bd., Dramen VI: Ballette, Pantomimen, Bearbeitungen, Übersetzungen, Frankfurt 1979, 91 ff.
280 H. v. Hofmannsthal, a. a. O., 107.

Mensch, der in seinen tänzerischen Sprüngen nach oben sehnsüchtig nur etwas von dem Unendlichen erfassen und für sich einfangen will.

Im Jahr **1978** hat F. Reichenbach (1921–1993) in Mexiko die Passionsspiele der Indios aufgenommen. Die eindrucksvollen Darstellungen und Prozessionen bilden einen Kontrapunkt zur Musik von J. S. Bach.
Joh. Seb. Bach: Johannes Passion:
CHRISTUS LEBT – KREUZWEGSTATIONEN AUS MEXIKO UND LEIPZIG
LA PASSION SELON EL PEUPLE MEXICAN, F 1978
R u. B: François Reichenbach, Solisten: Arleen Augér, Peter Schreier, Armin Ude, Theo Adam, Siegfried Lorenz; 88 Min.

Abb. 86: Still aus Joh. Seb. Bach: JOHANNES PASSION. (Ein Film von Werner Düggelin, CH 1985): Kinder aus Neapel inszenieren Bachs Johannes Passion.

Bereits **1985** hat der Schweizer Theaterregisseur Werner Düggelin (1929–2020) Johann Sebastian Bachs Johannes-Passion mit Kindern aus Neapel und Schauspielern, Laiendarstellern und Statisten aus Italien und der Schweiz als filmische Version (Abb. 86) inszeniert:[281]
Joh. Seb. Bach: Johannes Passion:
JOHANNES PASSION
Ein Film von Werner Düggelin, CH 1985, 32 Min.
P: Schweizer Fernsehen DRS/WDR Köln und SF Berlin; 83 Min.
Die Gemeinschaftsproduktion des Schweizer Fernsehens DRS mit dem Westdeutschen Rundfunk Köln und dem Sender Freies Berlin beeindruckt mit ihren Schwarz-Weiß-Bildern und Großaufnahmen der Kindergesichter.

---

281 Vgl. hierzu auch die Kurzdokumentation »Auf den Spuren der Johannes-Passion« von Armin Brunner und dem Fernseh-Regisseur Adrian Marthaler. In: Fernsehen DRS. 24. März 1985.

Abb. 87: Still aus ES WÄRE GUT, DASS EIN MENSCH WÜRDE UMBRACHT FÜR DAS VOLK (D 1991; R: Hugo Niebeling) Hugo Niebeling stellt im Gegensatz zu dem traditionellen Bild des langhaarigen schönen Jünglings seinen Jesus als einen ganz normalen Alltagsmenschen dar, als einen Mann im besten Alter mit Glatze und Bartstoppeln.

Johann Sebastian Bach: Johannes-Passion:
ES WÄRE GUT, DASS EIN MENSCH WÜRDE UMBRACHT FÜR DAS VOLK
P: Provobis-Film, R, B u. Choreographie: Hugo Niebeling, M: Joh. Seb. Bach, Johannes-Passion, 125 Min.
Spielort: Dom zu Speyer; Die Passion Jesu als Tragödie mit der Musik von Bach nach antikem Vorbild; im Zentrum der Handlung steht die Auseinandersetzung zwischen Jesus und Pilatus.

Gründgens-Schüler Hugo Niebeling verschweißt Elemente aus Ballett, Schauspiel, Musical zu einem Kunstwerk mit brüchigen Nähten und zeigt dabei deutlich die Grenzen des Films auf: Seine Kamera springt im Kontrast zu Bachs klarer Musik in wirren Bildern. Damit wird jede Empfindung plattgebügelt.[282]

Aus den Anfangsszenen

(0:1:30) Schauspieler sind auf dem Weg zum Dom. Sie laufen durch die Innenstadt von Speyer und ziehen in den Dom ein. Jesus-Darsteller nimmt Maß am Kreuz. Der Christus-Darsteller probiert in der Garderobe eine Perücke und vergleicht sich mit dem Christus-Bild des Turiner Grabtuches. Er erkennt schnell: *Das bin ich nicht, das ist nur einer!* Danach spielt der Jesus-Darsteller seine Rolle ohne Maske und Perücke.
In der Ankleide: Frauen: *Er war ein Handwerker, er war ein Zimmermann.*
Pilatus begutachtet die Folterinstrumente und überprüft diese genau, schaut aber nicht die geschundenen Körper der gegeißelten Opfer an. Diese interessieren ihn nicht.
Jesus streicht über Markus Wange.
(0:12:45) Jesus: *Lass ihn schlafen: Markus hat genug für uns gemacht. Er wird für uns alle Zeugnis geben. Warum habt ihr so Angst, euch wird nichts geschehen.*
Jesus zu den Soldaten: *Wen sucht ihr?*
Der Evangelist, die dritte bedeutsame Figur, als meditierender Mönch in Kutte.
(0:14:40) Der Pöbel mit weißer Maske und mit Speeren.
Jesus: *Ich bin bei euch.*
Judas verlässt panikartig den Ort. Die Jünger Jesu lachen über die Reaktion der Soldaten. Frauen bilden schützend einen Kreis um Jesus.
(0:16:46) Jesus: *Simon bleib stehen!*
Jesus hält ihn fest. Simon versucht zu entkommen.
Jesus: *Keine Gewalt. Simon, wer das Schwert nimmt, lass ... Steck dein Schwert in die Scheide!*

---

282 vgl. Schmidt, Roland, AZ vom 8.11.1991.

Jesus unsicher: *Soll ich den Kelch nicht trinken?*
Simon: *Nein!*
Jesus: *Den mir mein Vater gegeben hat.*
Simon: *Nicht diesen Kelch, den Kelch des Todes nicht.*

Abb. 88: Still aus MATTHÄUS-PASSION. Joh. Seb. Bach. Ballett von John Neumeier (1980)

MATTHÄUS-PASSION
Ballett von John Neumeier, 211 Min.
Angesprochene Themen Choreografische Meditation der Passionsgeschichte, Moderne Interpretation der Passionsgeschichte

John Neumeiers Ballett – nach den »Skizzen zur Matthäus-Passion« am 13. November 1980 in der Hamburgischen Staatsoper uraufgeführt – ging mit dem HAMBURG BALLETT rund um die Welt von New York über Hiroshima bis nach Buenos Aires.

John Neumeier: »*Ich bin Christ und Tänzer. Johann Sebastian Bachs Matthäus-Passion hat mich tief betroffen. Seine Malerische Gestaltung des Passionsgeschehens und der darin enthaltenen allgemeinen und persönlichen Glaubensinhalte hat in mir das Bedürfnis geweckt, eine choreografische Formulierung dafür zu finden. Ich bin Christ und Tänzer. Mein ganzes Leben, Denken und Fühlen ist Tanz, die Choreografie meine eigentliche Sprache. Sollte ich nicht versuchen, meine eigenen religiösen Überzeugungen und Erlebnisse in ihr auszudrücken und künstlerisch zu gestalten? ... Das Bedürfnis nach metaphysischen Inhalten im Tanz hat sich bis heute erhalten, während die Fähigkeit, sie zu gestalten, für Europa in den letzten Jahrhunderten, in denen sich der Tanz zur Kunstform Ballett entwickelte, verlorenging. Wir versuchen, diesen Mangel in den zeitgenössischen Choreografien dadurch auszugleichen, dass wir Anleihen bei fremden Religionen und Kulturen machen.*«[283]

---

283 40 Jahre Hamburg Ballett. John Neumeier: Matthäuspassion. Zu den Aufführungen in der Hamburgischen Staatsoper am 29., 31. März 2013 (stark gekürzt).

MATTHÄUSPASSION
von Johann Sebastian Bach
Drehorte: München, Landsberg, Münsing u. a. Drehzeit: Dienstag, 11. bis Freitag 28. Juli 2006, R: Richard Blank
Der Film folgt der Musik Bachs und versetzt die Handlung in das München unserer Tage. Christus trägt das Kreuz durch die Fußgängerzone, der Prozess Jesu findet in einem aufgelassenen Theater statt, die Kreuzigung auf der Theresienwiese ist eingerahmt von städtischem Panorama.

In der Fußgängerzone von München: Schauspieler inszenieren die Pieta. Passanten gehen an ihr vorbei und manche werfen Geld in die bereitliegende Schachtel.
Passanten diskutieren: *Ich kann nichts damit anfangen! – Ist doch ganz normal heutzutage!* – Eine Frau: *Widerlich!*
Ein Polizist schreitet ein. Er ruft zur Schauspielerin: *Fußgängerzone. Los verschwinden Sie! Hauen Sie ab! Los! Weg! Gehen Sie weiter, los!*
Szenenwechsel: Banker zu Carolin: *Wie kannst du auf ihn reinfallen!*
Szenenwechsel Fußgängerzone: »Maria« und »Jesus« kaufen sich Würste, die sie gleich verzehren.
Szenenwechsel Kirche: Carolin betritt die Kirche. Nur wenige Gläubige warten auf den Beginn der Messe. Carolin übersteigt die Absperrung zum Altarraum und eilt in die Sakristei.
Der Priester zu ihr: *Wir müssen das beenden!* Sie umarmen sich.
Banker und Messdiener sehen die Szene.
Szenenwechsel: »Jesus« trägt das Kreuz durch die Fußgängerzone.
Szenenwechsel: Der Prozess Jesu findet im Theatersaal statt, die Kreuzigung auf der Theresienwiese.

Bewertung Richard Blank erzielt eine beeindruckende Aktualität der Passionsgeschichte:
Durch den raschen Wechsel der unterschiedlichen Handlungsebenen, durch die Besetzung von Doppelrollen: Judas ist gleichzeitig auch Börsenmakler und Magdalena gleichzeitig auch Model und durch die Verlegung der Passionsszenen in die Fußgängerzone und Theresienwiese in München und die Reaktionen der dortigen Zuschauer. Blank übt Kritik an Kirche und Amt (Beispiel Zölibat).

ERBARME DICH – MATTHÄUS PASSION STORIES
AT: ERBARME DICH – MATTHEW PASSION STORIES, NL 2015, R: Ramón Gieling, 99 Min.
Ramón Gieling lässt mit Peter Sellars, Galyna Kyyashko und Simon Halsey unterschiedlichste Menschen ihre besondere Beziehung zu dem Werk von Johann Sebastian Bach aufzeigen:
In einer halb verfallenen Kirche in Amsterdam gemeinsam mit einem Obdachlosen-Chor und professionellen Musikern.

LA PASSIONE. MATTHÄUS-PASSION
D 2016, P: Staatsoper Hamburg, R: Olivier Simonnet, 177 Min.
Evangelist: Ian Bostridge, die Sopranistinnen Hayoung Lee und Christina Gansch, Altistin Dorottya Láng, der Tenor Bernard Richter und als Jesus/Bass Philippe Sly. Leitung: Martin Steidler

Romeo Castellucci stellt in seiner Mischung aus Theater, Installation und Performance die Erlösung der Menschheit durch den Opfertod Jesu Christi in den Mittelpunkt.

Bilder in unserer abendländischen Kultur. 2013 wurde Castellucci für sein Gesamtwerk mit dem Goldenen Löwen der Biennale Venedig ausgezeichnet. Bei der Matthäus-Passion zielt Castellucci mit seiner Inszenierung ins Herz des christlichen Glaubens: die Erlösung der Menschheit durch den Opfertod Jesu Christi. Die komplett in Weiß gehaltene Bühne intensiviert den Blick auf das Geschehen. Erläuternde Texte leiten den Zuschauer durch die Inszenierung wie der Katalog einer Museumsausstellung.

1996 gibt Helmuth Rilling vier Auftragskompositionen für das Europäische Musikfest Stuttgart anlässlich des 250. Todestags von Joh. Seb. Bach. Hier sind zwei der vier markanten Kompositionen aufgeführt:

LA PASIÓN SEGÚN SAN MARCOS
D 2000, R: Danos Darvas, 140 Min.
Osvaldo Golijev (geb. 1960 in La Plata, Argentinien) verwendet als Jude für seine Passion Texte aus Mk 14 u. Mk 15 und die Klagelieder aus Jeremia.
Die ca. 90-minütige Komposition besteht aus zwei Teilen und ist in 34 Sätzen unterteilt:

Teil I beginnt mit Vision: Bautismo en la cruz (Vision: Taufe am Kreuz), Danza del pescador pescado (Tanz des umgarnten Fischers), Primer anuncio (Erstankündigung), Segundo anuncio (Zweite Ankündigung), Tercer anuncio: En fiesta no (Dritte Ankündigung: Nicht am Festtag), Dos días (Zwei Tage), Unción en Betania (Die Salbung in Bethanien), ¿Por qué? (Warum?).

Teil II beinhaltet Ante Caifás (vor Kaiphas), Soy yo (Bekenntnis) (Ich bin (Bekenntnis)), Escarnio y negación (Verachtung und Verleugnung), Desgarro de la túnica (Zerreißen des Kleidungsstücks), Lúa descolorida (Aria de las lágrimas de Pedro) (Farbloser Mond (Arie der Tränen des Petrus), Amanecer: Ante Pilato (Morgen: Vor Pilatus), Silencio (Schweigen), Sentencia (Satz), Comparsa al Gólgotha (Parade: Nach Golgatha), Danza de la sábana púrpura – Manto sagrado (Tanz der Heiligen Purpurrobe), Crucifixión (Kreuzigung), Muerte (Tod), Kaddisch.

»Aus der Szene »Kreuzigung«: Chor: »Jesus steig herunter vom Kreuz, damit Israel glauben kann. – Es stirbt der König von Israel, es stirbt der Gekreuzigte.« Frau: »Mein Gott, warum hast du mich verlassen?« Die Jesus-Rolle wird einmal von einer Frau oder von einem Mann übernommen, um so die zwei Naturen darzustellen: Jesus, manchmal mehr ein geängstigter Mensch und manchmal mehr Gott. Sehr beeindruckend sind die Capoeira-Tänze, eine Kampfsportart aus Brasilien, die die Sklaven aus Afrika mitbrachten.«[284]

WATER PASSION AFTER ST. MATTHEW
D 2000, 90 Min.
Der Komponist Tan Dun (geb. 1959 in Hunan, China) nennt sich »ein Klangmaler« und will mit Percussion, Violine, Cello, Solisten und Chor alle Sinne ansprechen. Er zeigt Christi Taufe im Jordan, die Versuchung in der Wüste, das Abendmahl, Gebet und Gefangennahme auf dem Ölberg, ein Gesang der Steine, das Volk, das Barrabas befreit und Jesus gekreuzigt sehen will, den Tod und das Erdbeben. Das Wasser symbolisiert in klanglicher Spiritualität die Auferstehung. 17 durchsichtige, beleuchtete Wasserschalen sind in Form eines Kreuzes auf der Bühne angeordnet.

ANNONCIATION
Mariä Verkündigung, F 2002, R: Angelin Preljocaj, M: Stéphane Roy (Crystal Music), Antonio Vivaldi (Magnificat), 23 Min.
Das Ballett ist 1995 für zwei Tänzerinnen entstanden und wird 1996 an der Pariser Oper uraufgeführt. Für die filmische Bearbeitung wählt Angelin Preljocaj das Zisterzienserkloster von Silvacane.

Der Erzengel tritt in den Garten ein, der die geschlossene innere Welt Marias symbolisiert. Die Tänzerinnen bewegen sich in einem drei verschiedene Ebenen umfassenden Raum: roter Boden, Wasser, Sand. Die tänzerische Begegnung zwischen der Jungfrau Maria (Julie Bour) und dem Engel Gabriel (Claudia de Smet) bringt Gefühle wie Ekstase und Schmerz. Der Engel kündigt die Geburt an. Die sinnliche Jungfrau Maria begegnet dem androgynen und faszinierenden Erzengel Gabriel, der ihr mitteilt, dass sie den Messias in ihrem Schoß trägt.

Hier verharrt Maria nicht mehr geduldig in ihrer geschlossenen Welt. Sie zeigt dreierlei: Akzeptanz, Unterwerfung und Auflehnung.[285]

DAS WEIHNACHTORATORIUM
Zu Johann Sebastian Bachs Oratorium choreographierte John Neumeier ein Ballett: *»eine zeitlose Geschichte über Vertrauen und Zuversicht, über innere Ein-*

---

284 Entnommen aus Tiemann, Manfred: Wibilex: Bibelfilme (NT).
285 Entnommen aus Tiemann, Manfred: Wibilex: Bibelfilme (NT).

kehr und universelle Freude, die Bachs Musik und Texte interpretiert und weiterführt.« (Staatsoper Hamburg 2016)

Inhalt »ein Mann« mit seinem Weihnachtsbaum und mit seiner Mundharmonika schaut als stiller Beobachter dem Geschehen zu.

Bewertung Neumeier betont das Menschliche: »Die Mutter« (Anna Laudere) als Suchende, »ihr Mann« (Edvin Revazov) als Skeptiker.

DER MESSIAS
THE MESSIAH, A 2009, Oratorium in drei Teilen (1742), HWV 56, M: G. F. Händel
Szenische Fassung von Claus Guth, Konrad Kuhn und Christian Schmidt.

2009 Uraufführung am Theater an der Wien in Koproduktion mit der Opéra national de Lorraine, Nancy erarbeitet. Musikalische Leitung: Jean-Christophe Spinosi, 190 Min.

Angesprochene Themen Oratorium von G. F. Händel; Jesus, der Messias; Aktualisierung: Die Botschaft Jesu und die Frage nach Gott.

Inhalt In dieser Inszenierung am Theater an der Wien tritt Jesus selbst gar nicht auf.

Es soll aufgezeigt werden, dass Jesus der Messias ist, der im Alten Testament angekündigt wird. Ein Selbstmörder (Tänzer Paul Lorenger) holt die Gott-Frage ins Heute, so die Grundidee für Claus Guth bei seiner Inszenierung.

Szenenausschnitt

»Ein Mensch ist gestorben. Selbstmord?
Wie sollen die anderen damit leben?
Wie kam es dazu?
Da war die Taufe. Schlechte Nachrichten für den Vater des Neugeborenen.
Seine Frau – hilflos;
Unerwarteter Trost. Eine verbotene Liebe entsteht.
Sich trennen, verlassen werden, nicht mehr weiter wissen.
Der Priester kann nicht helfen, hadert mit sich selbst.
Katastrophe.
Wie umgehen mit Tod, Verlust, Trauer, Schuldgefühl?
Der Leichenschmaus – Stunde des Gerichts?
Wo ist Hoffnung auf Erlösung?[286]

---

286 Zit. nach: »Zur Handlung der szenischen Fassung«. In: Händel, Georg Friedrich: Messiah. Programmheft zur gleichnamigen Aufführung. Wien: Theater an der Wien, 2009. 14.

DER MESSIAS
Mozartwoche 2020 der Stiftung Mozarteum in Salzburg, Wolfgang Amadeus Mozarts Fassung von »Der Messias« nach Georg Friedrich Händels Oratorium, R: Robert Wilson.
Solisten: Elena Tsallagova (Sopran), Wiebke Lehmkuhl (Alt), Richard Croft (Tenor), José Coca Loza (Bass), Alexis Fousekis (Tänzer), Chor: Philharmonia Chor Wien; Orchester: Les Musiciens du Louvre).
Bewertung Robert Wilson schafft ein Hell-Dunkel-Spektakel. Manche Szenen bleiben unklar, z. B. wenn sich Elena Tsallagova ein Glas Wasser über den Kopf schüttet (gedacht als Eigentaufe?) oder wenn *»der Tenor Richard Croft als Conférencier in einem 20er Jahre-Outfit über die Bühne tänzelt ...«*[287] oder wenn der Chor das »Halleluja« (Händels Messias) im tristen Schwarz gekleidet vor berstenden Eisbergen singt, die auf die Bühnenrückwand projiziert sind.

MOSES UND ARON
BRD 1974; R: Jean Marie Straub und Daniele Huillet, Verfilmung Arnold Schönbergs gleichnamiger Oper, 110 Min.
Der Film stellt einen radikalen Bruch mit den Regeln der herkömmlichen Filmnarration dar: Eine gänzlich in Außenaufnahmen im Amphitheater Alba Fucese in den Abruzzen gedrehte Filminszenierung der Oper von Schönberg, in der Mose, der Mann der Gesetzestafeln, und Aaron, der Mann des Goldenen Kalbes, um die Herrschaft des Volkes rivalisieren. Der Zuschauer sieht eine Live-Darstellung der Sänger: die natürlichen Geräusche von Fußschritten, Atmen und andere Bewegungen vermischt mit der Musik von Schönberg. Der Film stellt eine Anti-Fantasia, eine Anti- DeMille-Konzeption dar.[288]
Die Oper Moses und Aron von Arnold Schönberg wurde 2015 in Paris mit dem Orchstre de'l Opera National de Paris verfilmt (R: Philippe Jordan, Romeo Castellucci).

1970 Musical

In den 70er Jahren gewinnt das Jesus-Musical an Bedeutung: die Hippie-Bewegung nimmt Einfluss bei der Suche nach neuen Sinngebungen. Die Jugendkultur (ebenfalls die Jesus-People-Bewegung) in den USA entdeckte Jesus als neue Hoffnungsgestalt. Die Jesus-Renaissance der »Flower-Power« Bewegung wird deutlich in Filmen als Show-Ereignis wie »Jesus Christ Superstar« (US. 1972) u. a.

---

287 BR Klassik 24.1.2020.
288 Entnommen aus: Tiemann, Manfred: Wibilex: Bibelfilme (AT).

Vorläufer ist Andrew Lloyd Webbers 1968 geschriebene Kinderoper JOSEPH AND THE AMAZING TECHNICOLOR DREAMCOAT.[289]

JESUS CHRIST SUPERSTAR
US. 1972, nach dem Musical von Andrew Lloyd Webber, 107 Min.
Inhalt[290]: Eine Gruppe junger Leute spielt in der Negev-Wüste, in den Ruinen antiker Bauten, Stationen aus der Passion Jesu nach. Dieser nach der gleichnamigen Rock-Oper gedrehte Film entmythologisiert Jesu Passion und betont den Menschen Jesus.
Teil 1:
1. Ouvertüre, Vorstellung der Personen
Die Kamera schwenkt über die judäische Wüste und die Tempelkulisse. In der Ferne ist eine Staubfahne zu erkennen, die sich rasch nähert: Ankunft eines ausgedienten Autobusses in der Negev-Wüste: eine Reihe junger Leute im Hippie-Look steigt aus, sie schlüpfen in ihre Rollen und bauen eine Tempelkulisse auf.
2. Heaven On Their Minds:
Das Spiel beginnt. Judas (Carl Anderson) sitzt auf einem Berg. Ihm ist unwohl. Als einziger im Jüngerkreis behält er einen kühlen Kopf und erkennt, dass sie alle ins Verderben rennen. Er schreit ungehört seine Warnung hinaus: Jesus (Ted Neeley), du beginnst nun selbst daran zu glauben, was die andern von dir sagen und verrätst so unsere Sache.
3. What's The Buzz:
Apostles: *What's the buzz? Tell me what's happening.*
Es ist Abend. Die Jesusschar hat sich in eine Höhle zurückgezogen. Es herrscht eine aufgeregte Stimmung. Die Jünger wollen wissen, wo's lang geht, wann sie endlich nach Jerusalem aufbrechen. Jesus wirkt unsicher, er fühlt sich unverstanden und ihm scheint die ganze Sache über den Kopf zu wachsen.
  Maria Magdalena erkennt, wie es Jesus zumute ist. Sie tröstet ihn, streichelt und kühlt sein Gesicht.
Teil 3: Der Verrat des Judas
3. The Last Supper (im Garten Gethsemane)
Im Garten Gethsemane, nicht im Saal, sind die Jünger und Jesus zur Feier des Passahmahls zusammengekommen. Alle Schwierigkeiten der letzten Zeit versinken in einer weinseligen Stimmung. Das Leben ist schön. Die Jünger träumen davon, wie sie später als Apostel die Evangelien schreiben und dadurch berühmt und unsterblich werden.

---

289 Folgende Übersicht entnommen aus: Tiemann, Manfred: Wibilex: Bibelfilm (AT).
290 Gekürzt entnommen aus: Tiemann, Manfred (2002), 112 ff.

Beim Brechen des Brotes stört Jesus ihre Stimmung. Er fühlt das Ende nahe: *Der Wein könnte mein Blut sein, das Brot mein Körper. Ihr werdet mich alle verlassen, keiner sich an mich erinnern, schon zehn Minuten nach meinem Tod. Einer wird mich verleugnen, ein anderer mich verraten!*
Jesus gerät mit Judas in einen heftigen Streit. Judas versucht seine Tat zu rechtfertigen, aber Jesus schickt ihn weg.
Vgl. Bibel: Lk 22, 7–22; Mt 26, 17–35; Mk 14, 12–31
Regisseur Norman Jewiso: »*Es ist kein religiöses Dokument. (...) Wir glauben nicht an den Gott Jesus, aber wir sind fasziniert von der Geschichte eines Mannes, dessen ungeheurer Einfluss 2000 Jahre überdauert hat.*«
Bewertung In dem Musical – beeinflusst durch die »Jesus-People-Bewegung«- weicht der historische Jesus dem Jesus des Glaubens. Die tiefen Sehnsüchte der damaligen (und teilweise heutigen) jüngeren Generation nach verbindlichen Antworten auf die Frage nach dem Sinn des Lebens, nach Freiheit und Glück werden in diesem Film aufgegriffen.
Musical und Film greifen inhaltlich nicht auf die Evangelien zurück, es geht hier nicht um ein Nachspielen der Evangelienberichte im modernen Gewand, sondern um die Umsetzung der Botschaft Jesu in die heutige Zeit, dabei reduziert auf die Darstellung der reinen Menschlichkeit Jesu.[291]
Zu den Vorwürfen, der Film beinhalte antisemitische Tendenzen, siehe S. 100.

JESUS CHRIST SUPERSTAR
GB 2000, R: Gale Edwards, 107 Min.
Im Gegensatz zu der Filmfassung von 1972, gedreht in der Negev-Wüste, erscheint Jesus in der Bühnenfassung (England 2000,) nicht mehr als Student.
Inhalt Edwards entstaubt die Vorlage aus der Flower-Power-Hippie-Zeit und setzt sie in eine zeitgemäße Bildsprache um. Keine Blumenkinder treten auf, sondern die Jünger werden als Punks, Outlaws, Soldaten, Rocker oder Techno-Jünger dargestellt. Der Tempel wird nicht mehr nur von Geldwechslern heimgesucht, sondern er ist Spielhölle und Go-Go-Bar.
Kritik Ein Bibel-Film-Vergleich zeigt charakteristische Unterschiede: die Rolle des Judas, die Rolle Maria Magdalenas, das Verhalten Jesu. Es bleibt kritisch anzumerken, ob eine Übertragung der Passionsgeschichte in unsere Zeit (z. B. die Jünger als Punks, als Outlaws u. a.) der biblischen Aussage gerecht wird. Der Film greift antisemitische Tendenzen auf. (vgl. S. 101)

291 Vgl. Huffman, James R.: »Jesus Christ Superstar. Popular art and unpopular criticism« (in: The Journal of Popular Culture 6,2, 1972, S. 259–269); Goodacre, Mark: »Do You Think You're What They Say You Are? Reflections on Jesus Christ Superstar« (in: Journal of Religion & Film 3,2, 2016, Article 2).

JESUS CHRIST SUPERSTAR – LIVE IN CONCERT
US. 2019, R: David Leveaux, Alex Rudzinski, 140 Min., TV: 19.4.2020 (ARTE)
Hier sollen drei Welten in einem Gesamtkunstwerk oder auch Spektakel vereinigt sein: Musical, Fernsehshow und Rockkonzert. Bekannte Schauspieler wirken mit, z. B. der mehrfache Grammy-Gewinner und Oscarpreisträger John Legend (Jesus), Rocklegende Alice Cooper (Pilatus) und Broadwaystar Sara Bareilles (Maria Magdalena).

Die TV-Version der Show vor einem Live-Publikum in der Marcy Avenue Armory in Williamsburg, Brooklyn war 13-mal für den Emmy Award nominiert und gewann fünf Emmys.

Seit fünfzig Jahren gibt es zahlreiche Bühnenadaptionen: »Jesus Christ Superstar« wurde in rund 20 Ländern aufgeführt und in 18 Sprachen übersetzt.

GOSPEL ROAD: A STORY OF JESUS
US. 1973, P: Company: Twentieth Century Fox Film Corporation, R: Robert Elfstrom Screen, 93 Min.[292]
Hintergrund Der amerikanische Country- und Western-Sänger Johnny Cash und seine Frau June Carter Cash produzierten GOSPEL ROAD: A STORY OF JESUS als Low-Budget-Film. Nach Drogen- und Alkoholexzessen bekennt sich Johnny Cash als Christ, will mit seinem Film missionieren und die Erlösungstat Jesu für die Menschen herausstellen. Der Film will bibeltreu wirken, deshalb leitet der Erzähler (Johnny Cash) Jesu Zitate oft ein mit »*Jesus said*«. »*And Jesus said, ›Verily I say one of you will betray …‹*« – »*Jesus said, ›This bread is my body. I am the bread of life, and this cup is my blood of the New Testament, which is shed for the remission of sins. This do in remembrance of me.‹*«

Johnny Cash möchte eine Aktualisierung erreichen: Bei Jesu Kreuzigung zeigt die Kamera im Hintergrund eine moderne (amerikanische) Stadt.

Kritik Spuren von Antisemitismus sind in der optischen Darstellung der Figur Judas zu sehen: Während alle anderen Jünger Jesu als weiße, angelsächsische Amerikaner dargestellt sind, wird Judas als ein aschkenasischer Jude gezeichnet. Dagegen sind Judas und die hohen jüdischen Geistlichen nicht Verräter. Judas Selbstmord wird hier ausgelassen. Für die Szene Jesu im Garten Gethsemane weiß der Erzähler über Jesus zu berichten: »*And now is all alone, completely alone. And the ones who loved him and stood behind are now in the background out of the way of those who cry for his death*«. Jesus sei für alle Menschen gestorben, auch für Judas.

---

292 Vgl. Doku: CASH, JOHNNY – The Gospel Music of Johnny Cash. A Story of Faith and Redemption. (US. 2008, P: Bill Carter und Barry Jennings, R: Michael Merriman).

2007 Eine gesprochene Symphonie

Abb. 89: Still aus DIE BIBEL: EINE GESPROCHENE SYMPHONIE (D 2008)

Auf eine gelungene Filmdokumentation ist hinzuweisen:
DIE BIBEL: EINE GESPROCHENE SYMPHONIE
D 2008, R u. D: Ben Becker, 120 Min. (Liveaufzeichnung Berlin vom 12. Okt. 2007 im Tempodrom)
Ben Becker setzt Inhalte aus der Bibel (Lutherübersetzung in der revidierten Fassung von 1984, AT und NT) in eine zweistündige konzertante Performance um, begleitet von seiner »Zero Tolerance Band« und dem »Deutschen Filmorchester Babelsberg« mit neu komponierter und neu bearbeiteter klassischer Musik von Gustav Mahler durch Ulric Spies, Jacki Engelken, Matthias Suschke und Pop Klassikern von Johnny Cash, Elvis Presley und Dolly Parton (Orchestrierung Matthias Suschke und Frank Hollmann).

Altes Testament 01 Ouvertüre, 02 Schöpfung, 03 Paradies und Sündenfall, 04 Kain und Abel, 05 In The Ghetto, 06 Arche Noah, 07 Turmbau zu Babel, 08 Moses Berufung und Auszug aus Ägypten, 09 Samson und Delila, 10 Hiob, 11 Jona, 12 Maleachi.

Neues Testament 01 Urlicht, 02 Jesu Geburt & Die Weisen aus dem Morgenland, 03 Johannes der Täufer, 04 Jesu Versuchung, 05 Vater Unser, 06 Jesus Hears Every Prayer, 07 Die Heilung, 08 Wahre Verwandte, 09 Einzug in Jerusalem, 10 Abendmahl, 11 Jesus in Gethsemane, 12 Jesu Verurteilung & Verspottung, 13 Kreuzigung, 14 Offenbarung, 15 He's Alive.

Ben Becker in einem Interview mit SPIEGEL-Panorama:[293]

> »Eigentlich wollt' ich die ganze Arche Noah auf die Bühne bringen. Das volle Programm. Weil ich diese Baptisten Church, Wanderprediger und Gospelgottesdienste so toll find'. Bisschen hab ich da ja auch geklaut bei meinem Programm. (...) Es ist nicht mein Anliegen, da rauszugehen und zu predigen!«

Ben Becker in einem Interview mit SWR1 Begegnungen.[294]

---

293 Wollschläger, Karin: Ben-Becker-Interview. In: SPIEGEL-Panorama 13.04.2008.
294 Pfarrerin Annette Bassler trifft Ben Becker, Schauspieler. SWR1 Begegnungen 12.10.2008.

Auf die Frage, ob er katholisch oder evangelisch sei, antwortet Ben Becker:

»*Ich bin beschnitten! (lacht) Ich komme aus einer jüdischen Familie, aber ich bin überhaupt nicht religiös erzogen, völlig konfessionslos. (…) Jesus, den Mann aus Nazareth. Der ist mir schon sehr, sehr nah, also vor dem verneige ich mich auch, das hört man auch oder sieht das auch. Wenn man mich das live lesen sieht, dass ich in den Typen verliebt bin.*«

Bewertung Ben Becker benutzt religiöse Symbolik, z. B. sein dunkellila Rednerpult mit einem großen goldenen Kreuz ist gestaltet wie die Kanzel eines Fernsehpredigers, die große Videoleinwand hinten auf der Bühne ist in drei Teile geteilt und erinnert an ein Triptychon, an ein dreigeteiltes religiöses Gemälde oder an dreiteilige Relieftafeln. (Abb. 89) Zur Schöpfungsgeschichte »Lasset uns Menschen machen« erscheinen auf den Leinwänden Granatäpfel, Feigen, Beeren und eine Fliege. Der Gospelchor aus vier Sängerinnen mit ihrer ungeheuren Expressivität erinnert an ekstatische Phasen einer (US-)Gottesdienstpraxis.

Zum Schluss: Ostern 2022 erscheint das Computerspiel
I AM JESUS CHRIST
SimulaM, PlayWay, 2022
In einer »realistischen Simulation« kann der Lebensweg von Jesus Christus anhand der Vorlage des Neuen Testaments nachgespielt werden: von der Taufe bis zur Auferstehung.

Spieler können hier als Jesus, als Sohn Gottes dabei auf 30 Wunder zurückgreifen und im direkten Kampf gegen den Teufel antreten.

»*Prüfe, ob du alle berühmten Wunder aus der Bibel wie Jesus Christus wirken kannst. Das ist ein Simulations-Spiel und du kannst versuchen, die Welt zu retten – so wie Er es getan hat. Bist du bereit, den Teufel in der Wüste zu bekämpfen, Dämonen auszutreiben und Kranke zu heilen?*«[295]

Der Entwickler des Spiels Maksym Vysochansky (Polen) sagt, das Spiel entspringe dem Wunsch, »*aus einer Ich-Perspektive zu zeigen, was Jesus Christus getan hat. (…) Seit Hunderten von Jahren haben viele Künstler großartige Gemälde über Jesus Christus gemacht. Und die letzten 50 Jahre waren voll von tollen Filmen über ihn.*« Nun wolle er in diese Tradition einsteigen und den Glauben mit einem Computerspiel erlebbar machen.[296]

Zur Diskussion gestellt »Mit Jesus spielen?« – »Spielerisch zum Glauben finden?« Ist das Computerspiel samt Titel als »blasphemisch« einzustufen?

---

295   Spielbeschreibung auf der Gaming-Plattform Steam.
296   Zit. nach: Gerber, Daniel: VIDEO-GAME »I AM JESUS CHRIST« Stürme beruhigen, Menschen speisen, Kranke heilen. In: Livenet/Eternity News/Washington Post 10.02.2021.

4 Register

4.1 Aufgeführte Filme

Filme und Filmreihen in alphabetischer Reihenfolge. Ist kein deutscher Titel eines ausländischen Films bekannt, wird der Originaltitel aufgeführt.

Titel	Land/Jahr	Regisseur	Seite
A BLACK JESUS	D 2020	Luca Lucchesi	128
ABRAHAM	I 1993	Joseph Sargent	82
ADAMS ÄPFEL	DK 2005	Anders Thomas Jensen	144 f.
ADAM AND EVE	UK 1910	Phil Bruns	174
AL-MASIH (Messiah)	US. 2007	Nader Talebzadeh Ordubadi	52, 291
ANDROKLES AND THE LION	US. 1952/1953	Chester Erskine	196
ANNONCIATION (MARIÄ VERKÜNDIGUNG)	F 2002	Angelin Preljocaj	315
APOSTEL!	US. 1997	Robert Duvall	190
APOSTEL PETRUS UND DAS LETZTE ABENDMAHL	US. 2012	Gabriel Sabloff	271 f.
ASSASSIN 33 AD	US. 2019	Jim Carroll (II)	77
AUFERSTANDEN	US. 2016	Kevin Reynolds	274 f.
AUFREGUNG UM JESUS	US. 2005	John B. Heyman	80
AVA UND GABRIEL	CW 1992	Felix de Rooy	253 f.
BA'AL HAHALOMOT	IL 1962	Alina Gross u. Yoram Gross	29
BABEL	F, US. 2006	Alejandro González Iñárritu	140
BABETTES FEST	DK 1986/1987	Gabriel Axel	240 f.
BARABBAS	VK 1935	James B. Sloan	191
BARABBAS	I 1961	Richard Fleischer	191, 297
BARABBAS	I/US. 2012	Roger Young	191, 271

Titel	Land/Jahr	Regisseur	Seite
BEDINGUNGSLOS GELIEBT: Hosea: Die unvernünftigste Liebesgeschichte aller Zeiten	US. 2012	Kevin Downes	146
BEN HUR	US. 1924/1925	Fred Niblo	187 f.
BEN HUR	US. 2016	Timur Bekmambetov	275
BIBEL: EINE GESPROCHENE SYMPHONIE, DIE	D 2008	Ben Becker	321 f.
BIBEL TO GO, DIE	D 2020–2021	Michael Sommer	306 ff.
BIBEL: 2 ABRAHAM, DIE	US./I/D 1993	Joseph Sargent	121
BIBEL: 4 JOSEF, DIE	D/I/US. 1994	Roger Young	122
BIBEL: 11 JESUS, DIE	D/I/US. 1999	Roger Young	251 f.
BIBEL: 12 PAULUS. DIE	D/I. 2001	Roger Young	126
BIBLE, THE – Part 1	US. 2020	Josh Carroll, Dave Carroll	305 f.
BIRTH OF A NATION	US. 1915	DW Griffith	183
BIRTH OF OUR SAVIOUR, THE	US. 1914	Charles Brabin	178 f.
BIRTH OF RACE, THE	US. 1918	John W. Noble	182 f.
BLÄTTER AUS DEM BUCH SATANS	DK 1920	Carl Theodor Dreyer	46, 183
BLOOD OF JESUS, THE	US. 1941	Spencer Williams	79
BLUTIGE PFAD GOTTES, DER	US. 1999	Troy Duffy	114
BODY, THE	US./IL 2000	Jonas McCord	283
BOROWSKI IN DER UNTERWELT	D 2005	Claudia Garde	223
BOXING JESUS (IL PUGNO DI GESÙ)	CH 2007	Stefan Jäger	71
BRANDNEUE TESTAMENT, DAS	BE, F/LU 2015	Jaco Van Dormael	231
BREAKING THE WAVES	DK u. a. 1996	Lars von Trier	155 f.
BUCH DES LEBENS (MANOLO UND BUCH DES LEBENS)	US. 1998	Jorge Gutiérrez	231 ff.
BUSINESS IS BUSINESS	US. 1915	Otis Turner	179
CALVARY (AM SONNTAG BIST DU TOT)	IR 2014	John Michael McDonagh	221
CHEMIN DE DAMAS, LE	F 1952	Max Glass	194
CHILDREN OF MEN	US./GB 2006	Alfonso Cuarón	244 f.
CHOCOLAT	US. 2000	Lasse Hallström	241 ff.
CHOSEN, THE	US. ab 2019	Dallas Jenkins	88 ff.
CHRISTAAYAN (DAS LEBEN JESU IN INDIEN)	IN 2013	Fr Geo George	288
CHRISTUS	I 1915/1917	Giulio Antamoro	107, 180

Aufgeführte Filme

Titel	Land/Jahr	Regisseur	Seite
CHRISTUS AUF DEN WELLEN SCHREITEND	F 1899/1900	George Méliès	170
CHRISTUS LEBT – KREUZ-WEGSTATIONEN AUS MEXIKO UND LEIPZIG	F 1978	François Reichenbach	310
CIVILIZATION	US. 1916	Reginald Barker	66
COLOR OF THE CROSS	US. 2006	Jean-Claude LaMarre	269
COLOR OF THE CROSS 2: THE RESURRECTION	US. 2008	Jean-Claude LaMarre	269 f.
DAY OF TRIUMPH	US. 1954	Irving Pichel	194 f., 199
DELPHINSOMMER	D 2015	Jobst Oetzmann	139
DELUGE, THE	US. 1911	unbekannt	174 f.
EIN FREMDER OHNE NAMEN	US. 1973	Clint Eastwood	205
EIN KIND MIT NAMEN JESUS	I/D 1988	Franco Rossi	250
EINES TAGES IN GALILÄA	US. 1978	Bernard L. Kowalski	248
EL MÁRTIR DEL CALVARIO	MX 1952	Miguel Morayta	44, 196
ENDE DER GÖTTE, DAS (L'INCHIESTA)	I/ES/US./B G 2006	Giulio Base	270 f.
ERBARME DICH – MATTHÄUS PASSION STORIES	NL 2015	Ramón Gieling	313
ERBEN VON KAIN UND ABEL, DIE	Mali/F 1999	Cheick Oumar Sissoko	44
ERSTE EVANGLIUM MATTHÄUS, DAS	I/F 1964	Pier Paolo Pasolini	44, 210 ff.
ERNST UND DAS LICHT	DK 1996	Andreas Thomas Jensen	44, 129 f.,
ESTHER	IL/F/GB/A/NL 1985	Amos Gitai	290
ES BEGAB SICH ABER ZU DER ZEIT	US. 2006	Catherine Hardwicke	257 f.
ES WAR EIN MENSCH	D 1949–1950	Curt Oertel	194
ES WÄRE GUT, DASS EIN MENSCH	D 1991	Hugo Niebeling	311 f.
ETERNAL LIGHT, THE	US. 1919	O. E. Goebel	50
EXODUS: GÖTTER UND KÖNIGE	US. 2014	Ridley Scott	114, 122
FALL JUDAS, DER (HISTOIRE DE JUDAS)	F 2015	Rabah Ameur-Zaïmeche	135, 281
FAMILY GUY – WHY JUDAS HATES JESUS: The last Supper	US. 2015		47
FIGLIO DELL'UOMO. IL	I 1954	Virgilio Sabel	198
FIST OF JESUS	ES 2012	Adrián Cardona	74 f.

Titel	Land/Jahr	Regisseur	Seite
FUITE EN ÈGYPTE, LA	F 1898	Alice Guy	174
FROM THE MANGER TO THE CROSS	US. 1912	Sidney Olcott	176 f.
FÜNZIG STUFEN ZUR GERECHTIGKEIT	BR 1961	Anselmo Duarte	58, 108, 209
GALILÄER, DER	D 1921	Dimitri Buchowetzki	96
GATHERING, THE	GB 2002	Brian Gilbert	72
GAY JESUS	US. 2015	Paul M. McAlarney	75
GEBURT CHRISTI, DIE	RU 1998	Michail Aldaschin	300 f.
GEBURT EINER NATION, DIE	US. 1915	D. W. Griffith	65
GEFALLEN, DIE UHR UND DER SEHR GROSSE FISCH, DER	US. 1991	Ben Levin	266 f.
GEGRÜSSET SEIST DU, MARIA	F/CH 1985	Jean-Luc Godard	69, 224
GEHEIMNIS, DAS (EINE HIMMLISCHE AFFÄRE)	D 1994	Rudolf Thome	236 f.
GENESIS-PROJEKT: JESUS, DAS	US. 1979	Peter Sykes	249 f.
GESPENST, DAS	BRD 1982	Herbert Achternbusch	262 f.
GEWAND, DAS	US. 1953	Henry Koster	54, 197
GIVE US BARABBAS!	US. 1961	George Schaefer	207
GOSPEL ROAD: A STORY OF JESUS	US. 1973	Robert Elfstrom Screen	320
GOTT IST NICHT TOT	US. 2014–2018	Harold Cronk, Michael Mason	19 f.
GREEN MILE, THE	US. 1999	Frank Darabont	239
GROSSE PASSION, DIE	D 2011	Jörg Adolph	33
GRÖSSTE GESCHICHTE ALLER ZEITEN, DIE	US. 1963	George Stevens	20, 21, 124, 208 f.
GROSSEN ERLÖSER – JESUS, DIE. Rebell oder Erlöser	D 2002	Jens-Peter Behrend	161
HIOB	D/A 1978	Michael Kehlmann	144
HIM (HIM: THE SEX LIFE OF CHRIST)	US. 1974	Edward D. Louie	67, 262
HITLER MEETS CHRIST	CA 2007	Brendan Keown	74
HORITZ PASSION PLAY, THE	US. 1897	Charles Webster, Walter W.	168
I BEHELD HIS GLORY	US. 1952	John T. Coyle	50, 196
ICH, JUDAS – DER FILM	D 2017	Ben Becker, Serdar Dogan	281
IHR NAME WAR MARIA (MARIA DI NAZARET)	I/D/ES 2012	Juri Köster	49, 77 f., 261
ILLUMINATION	US. 1912	Charles L. Gaskill	177

Aufgeführte Filme

Titel	Land/Jahr	Regisseur	Seite
IM AUFTRAG DES TEUFELS	US. 1997	Taylor Hackford	152
I.N.R.I. EIN FILM DER MENSCHLICHKEIT	D 1923/1924	Robert Wiene	95, 187
INTOLERANCE	US. 1916	David Wark Griffith	94 f.
JESUS	US. 1979	John Heymann, Peter Sykes, John Kirsh	249 f.
JÉSUS	F 1999	Serge Moati	252
JESUS CHRIST SUPERSTAR	US. 1972	Norman Jewison	100, 219, 318 f.
JESUS CHRIST SUPERSTAR	GB 2000	Gale Edwards	101, 319
JESUS CHRIST SUPERSTAR – LIVE IN CONCERT	US. 2019	David Leveaux, Alex Rudzinski	320
JESUS CHRISTUS ERLÖSER Dokumentation des Auftritts von Klaus Kinski (20.11.1971)	D 2008	Peter Geyer	267 f.
JESUS CHRISTUS IN SEOUL (SEOUL JESU)	KR 1985/86	Wan Son-u, Chang Son-U	111 f.
JESUS CHRISTUS VAMPIRE HUNTER (JESUS CHRISTUS VAMPIRJÄGER)	CA 2001	Lee Demarbre	71
JESUS CRIES	D 2015	Brigitte Maria Mayer	114,
JESUS H. ZOMBIE	2007	Daniel Heisel	73
JESUS HATES ZOMBIES	2008	Eric Balfour	73
JESUS JUNGE GARDE – DIE CHRISTLICHE RECHTE UND IHRE REKRUTEN	D 2005	Tita von Hardenberg	82
JESUS LIEBT MICH	D 2012	Florian David Fitz	7, 16, 125, 286 f.
JESÚS, MARÍA Y JOSÉ	MX 1972	Miquel Zacarías	214
JESÚS, NUESTRO SEÑOR JESUS, OUR LORD	MX 1971	Miquel Zacarías	47, 213
JESUS – SEIN LEBEN	US. 2019	Adrian McDowall, Ashley Pearce, Craig Pickles	85, 126
JESUS UND DIE VERSCHWUNDENEN FRAUEN. Vergessene Säulen des Christentums	D 2013	Maria Blumencron	162
JESUS VIDEO, DAS	D 2002	Sebastian Niemann	283 f.
JESUS VON MONTREAL	CA 1989	Denys Arcand	226 ff.
JESUS VON NAZARETH	I/GB 1976/1977	Franco Zeffirelli	216 f.
JESUS VON OTTAKRING. DIE NEIDER NICHT GEZÄHLT	A 1975/1976	Wilhelm Pellert	110 f.

Titel	Land/Jahr	Regisseur	Seite
JOAN LUI – EINES TAGES WERDE ICH KOMMEN UND ES WIRD MONTAG SEIN	D/I 1986	Adriano Celentino	226
JOHANNES-EVANGELIUM, DAS (THE GOSPEL OF JOHN)	GB/US. 2014	David Batty	87
JOHANNES PASSION	CH 1985	Werner Düggelin	310
JONAS, DER IM JAHRE 2000 25 JAHRE ALT SEIN WIRD	F/CH 1976	Alain Tanner	147 f.
JONAS ODER DER KÜNSTLER BEI DER ARBEIT	BRD 1970	Stanislav Barabas	148 f.
JOSEF	D/I/US. 1994	Roger Young	119
JOSEF UND SEINE BRÜDER	US. 1998	Philippe Mora	141 f.
JOSEPH	I 1920	Romolo Bacchini	184
JOSEPH AND THE AMAZING TECHNICOLOR DREAMCOAT	US. 1999	Andrew Lloyd Webber	218 f.
JOSEPH – KÖNIG DER TRÄUME	US. 2000	Rob LaDuca, Robert C. Ramirez	302 f.
JOSEPH VENDU PAR SES FRÈRE	F 1909	Vincent Lorant-Heilbronn; Gaston Dumesnil Hugues	42 f.
JOSEPH VON NAZARETH	I/D 1999	Raffaele Mertes	276
JOSEPHSLEGENDE	D 1977	John Neumeier	308 ff.
JOSHUA	US. 2002	Jon Purdy	234 f.
JUDAS	D 2000	Raffaele Mertes	277
JUDAS & JESUS	D 2009	Claudia Romero	74, 280
JUDASKUSS, DER	F 1908	Armand Bour	176
JUDAS UND JESUS. DER ÄUSSERSTE VERRAT	US. 2004	Charles Robert Carner	49, 102 f., 279
JUDAS VON ESPARRAGUERA, DER	ES 1952	Ignacio F. Iquino	195
JUDITH	BRD 1992	Konrad Sabrautzky	296
JUDITH VON BETHULIEN	US. 1913	D.W. Griffith	175
JUNGE MESSIAS, DER (THE YOUNG MESSIAH)	US. 2016	Cyrus Nowrasteh	275
K-PAX – ALLES IST MÖGLICH	US. 2001	Iain Softley	243
KARUNAMAYUDU	IN 1978	A. Bhimsingh, Fr. Christopher Coelho	248 f.
KEINE ZEIT FÜR WUNDER	I/F 1982	Luigi Comencini	38
KILLING JESUS	US. 2015	Christopher Menaul	273
KIND MIT NAMEN JESUS, EIN	I/BRD 1988	Franco Rossi	250

Titel	Land/Jahr	Regisseur	Seite
KLAGELIED DES JUDAS, DAS	F/NL 2019/2020	Boris Gerrets	136, 282
KÖNIG DER KÖNIGE	US. 1926/27	Cecil B. de Mille	97, 123, 189
KÖNIG DER KÖNIGE	US. 1960	Nicholas Ray	21, 108, 123, 205 f.
KÖNIG VON NARNIA, DER	US. 2005	Andrew Adamson	7, 134, 230 f.
KÖNIGREICH DER HIMMEL	US. 2005	Ridley Scott	113 f.
KREUZ UND SCHWERT	I 1958	C. L. Bragaglia	202
KREUZ VON GOLGATHA, DAS	F 1934/35	Julien Duvivier	97, 190
KREUZWEG	D 2014	Dietrich Brüggemann	157 f., 223
KRISTO	PHL 1996	Ben Yalung	127
LAMM GOTTES , DAS	US. 1992	Russel Holt	81
LAST HANGOVER, THE SE BEBER, NÃO CEIE	BR 2018	Rodrigo van der Put	37, 75 f.
LAST SUPPER, THE	US. 1914	Lorimer Johnstone	178
LEBEN DES BRIAN, DAS	GB 1979	Terry Jones	262 ff.
LEBEN JESU, DAS LA VIE DE JESUS	F 1997	Bruno Dumont	158 f.
LEBEN UND DIE PASSION JESU CHRISTI, DAS	F 1897	George Hatot	168
LEBEN UND LEIDEN JESU CHRISTI	F 1901–1905	Ferdinand Zecca	172
LEIDENSWEG JESU IN CURALHA, DER	PT 1963	Manoel de Oliveira	110
LENA	D 1995	Karin Hercher	296
LENA FAUCH: DU SOLLST NICHT TÖTEN	D 2016	Martin Weinhart	139
LETZTE ABENDMAHL, DAS	CU 1976	Tomás G. Alea	153 f.
LETZTE VERSUCHUNG CHRISTI, DIE	US. 1988	Martin Scorsese	99 f., 265
LETZTEN DREI TAGE, DIE (MY LAST DAY)	JP 2012	Barry Cook	104, 305
LIFE OF JESUS THE REVOLUTIONRY, THE	US. 1996	Robert Marcarelli	251
LIGHT AT DUSK	US. 1916	Edgar Lewis	179
LUKASEVANGELIUM, DAS	GB/US. 2015	David Batty	87
MANN DER TAUSEND WUNDER, DER (MIRACLE MAKER)	GB 2000/2003	Stanislav Sokolov, Derek Hayes	301 f.
MANOLO UND DAS BUCH DES LEBENS	US. 1998	Jorge Gutiérrez	44
MANN, DER STERBEN MUSS, DER	F 1958	Jules Dassin	201

Titel	Land/Jahr	Regisseur	Seite
MARIA AUS MAGDALA – VON DER LIEBE BERÜHRT	US. 2007	John Heyman	80, 258 f.
MARIA – DIE HEILIGE MUTTER GOTTES	US. 1999	Kevin Ellis	255 f.
MARIA MAGDALENA MARY MAGDALENE	US. 1914	Arthur Maude	178
MARIA MAGDALENA	MX 1946	Miguel Contreras Torres	193
MARIA MAGDALENA (MARY MAGDALENE)	US./VK/AU 2018	Garth Davis	282
MARIA MAGDALENA	I/D 2000	Raffaele Mertes	277
MARIA, TOCHTER IHRES SOHNES	I 2000	Fabrizio Costa	257
MARIA UND JOSEPH (JE VOUS SALUE, MARIE)	F 1984	Jean-Luc Godard	69, 224
MARIA VON NAZARETH	F 1995	Jean Delannoy	255
MARKUS-EVANGELIUM, DAS (THE GOSPEL OF MARK)	US. 2015	David Batty	87
MARY (AT: MARY – THIS IS MY BLOOD)	I/F/US. 2005	Abel Ferrara	121, 259 f.
MARY MOTHER OF CHRIST (MARY)	US. 2014	Alister Grierson	261
MARYAM AL-MUQADDASAH	IR 2010	Shahriar Bahrani	103, 291
MATEWAN	US. 1987	John Sayles	139
MATRIX	US. 1999	Andy Wachowski	239 f., 284 f.
MATTHÄUS-EVANGELIUM, DAS (The Gospel of Matthew)	GB 2014	David Batty	87
MATTHÄUSPASSION	A 1949	Ernst Marischka	33
MATTHÄUSPASSION	D 2006	Richard Blank	313
MATTHÄUS-PASSION	D 1980	John Neumeier	312
MENSCH JESUS	D 1999	Cornelius Meckseper	233 f.
MESSIAS, DER	F/I 1975	Rossellini	21 f., 248
MESSIAS, DER	A 2009	Claus Guth, Konrad Kuhn	316
MESSIAS, DER	A 2020	Robert Wilson	317
MIRJAMS MUTTER	D 1993	Vera Loebner	54, 297 f.
MISTERLOS DEL ROSARIO, LOS	ES 1957	Joseph I. Breen jr.	98 f.
MOSES, THE LAWGIVER (Moses: Die zehn Gebote)	GB/I/Il 1975	Gianfranco De Bosio	216
MOSES UND ARON (MOSES AND AARON)	US. 1975	Jean-Marie Straub, Danièle	317
MOSE UND DIE ZEHN GEBOTE	US. 2007	Bill Boyce, John Stronach	303 f.

Titel	Land/Jahr	Regisseur	Seite
MUPPATHU VELLIKKASU	CA 2014	Kurian Varnasala	288
NAZARIN	MX 1958/1959	Luis Buñuel	238 f.
NEUE EVANGELIUM, DAS	D/CH 2020	Milo Rau	109 f., 288
NOAH	US. 2014	Darren Aronofsky	5
NOAH UND DIE SINTFLUT – GROSSE MYTHEN AUF-GEDECKT	D 2020	Dorothea Nölle, Carsten Gutschmidt	163
OH, MOSES	US. 1980	Gary Weis	37
PALE RIDER – DER NAMEN-LOSE REITER	US. 1984/1985	Clint Eastwood	138
PASIÓN SEGÚN SAN MARCOS, LA	D 2000	Danos Darvas	314 f.
PASSION 20:21	D 2021	Manfred Schweigkofler	105 ff.
PASSION: A BRICKFILM, THE. DER TOD UND DIE AUF-ERSTEHUNG JESU	US. 2021	Josh Carroll	306
PASSION CHRISTI	US. 1897/1898	Henry C. Vincent	168 f.
PASSION CHRISTI, DIE	US. 2003	Mel Gibson	42, 268 f.
PASSION DE JEANNE D'ARC, LA	F 1927/1928	Carl Theodor Dreyer	221 f.
PASSION DES JUDEN, DIE (The Passion Of The Jew)	US. 2004	Trey Parker	102
PASSION DU CHRIST, LA (THE HORITZ PASSION PLAY)	F 1897		167
PASSION OF THE CHRISTA, THE	SE 2016	Ramón Martinez	128 f.
PASSIONE. MATTHÄUS-PASSION, LA	D 2016	Olivier Simonnet	314
PIETA	KR 2012	Kim Ki-duk	160
PONTIUS PILATUS	I/F 1961	Irving Rapper	206 f.
POWER OF THE RESURRECTION	US. 1958	Harold Schuster	202
QUEEN OF SHEBA	1983	Keshet Chaim	290
QUEEN OF SHEBA, THE	US. 1921	J. Gordon Edwards	185
QUO VADIS?	I 1913	Enrico Guazzoni	107
QUO VADIS?	US. 1951	Mervyn LeRoy	195
RABBUNI ODER DIE ERBEN DES KÖNIGS	CH 2015	Luke Gasser	104 f., 274
RETURN – JESUS VENDER TILBAGE, THE	DK 1992	Jens Jørgen Thorsen	37
RISEN	US. 2016	Kevin Reynolds	5
ROCK'N'BIBLE	D 2017	Harald u. Steven Takke	45

Titel	Land/Jahr	Regisseur	Seite
SACRA BIBBIA, LA	I 1920	Pier Antonio Gariazzo	184
SALOME	US. 1953	William Dieterle	198
SAMSON AND DELILAH	VK 1922	H. B. Parkinson/ Edwin J. Collins	186
SAMSON AND DELILAH	US. 1949	Cecil B. DeMille	117
SAMSON AND DELILAH	AU 2009	Warwick Thornton	109
SAMSON ET DELILA	F 1903	Ferdinand Zecca	174
SARAH UND HAGAR – ZWEI FRAUEN UND IHR ERBE	D 2009	Jeanette Riesch-Seitler	135, 299
SAVIOR, THE	IL/BG 2013	Robert Savo	272
SCHÖPFUNG – DIE ERDE IST ZEUGE! DIE	A 2014	Henry Stober u. Walter Veith	81
SCHWERT VON PERSIEN, DAS	I 1960	Raoul Walsh	109
SHADOW OF NAZARETH, THE	US. 1913	Arthur Maude	177
SHANE	US. 1953	George Stevens	204
SILBERNE KELCH, DER	US. 1954	Victor Saville	199
SIMSON UND DELILA	A 1922	Alexander Korda	186
SKLAVENKÖNIGIN, DIE	A 1924	Michael Curtiz	187
SODOM UND GOMORRHA	A 1922	Michael Kértèsz [Michael Curtiz]	119, 185
SOMMER DER VERFLUCHTEN	GB 1960	Roy Ward Baker	204
SON OF GOD	US. 2014	Christopher Spencer	278
SON OF MAN	ZA 2006	Mark Dornford-May	49, 128, 270
STAGECOACH	US. 1939	John Ford	203 f.
STERN VON BETHLEHEM, DER THE STAR OF BETHLEHEM	D 1921	Karl Koch, Lotte Reiniger	299
STVORENI SVETA DIE ERSCHAFFUNG DER WELT	CSSR 1957	Eduard Hofmann, François Lejeune	299 f.
SU RE (ET: The King)	I 2012	Giovanni Columbu	29
THOMAS	I/D 2001	Raffaele Mertes	278
TOD IM ROTEN KLEID	D 2022	Michael Kreindl	140
TORE TANZT	D 2013	Katrin Gebbe	246 f.
TRÄUMER, DER (SEASONS OF GRAY)	US. 2013	Paul Stehlik Jr.	143
UND SIE ERKANNTEN IHN NICHT	I 1986	Damiano Damiani	250

Titel	Land/Jahr	Regisseur	Seite
UNBEKANNTE, DER (L'INCONNU)	F/D 2004	Juliette Soubrier	235 f.
UNBEUGSAME, DER	US. 1966	Stuart Rosenberg	217
UNTERSUCHUNG, DIE	I 1986	Damiano Damiani	121
VERBOTENE GESCHICHTEN	IE 1996	Jimmy Murakami	27
VERLORENE SOHN, DER (BOY ERASED)	US. 2018	Michael Davis, John Errington	151
VERLORENE SOHN KEHRT ZURÜCK, DER	US./I 2013	Nicht genannt	81, 149 f.
VIE DU CHRIST, LA	F 1899	Alice Guy-Blaché	41, 169
VIE DU CHRIST, LA	F 1906	Alice Guy-Blaché	173, 292 f.
VIE ET LA PASSION DE JESUS CHRIST, LA	F 1897	Georges Hatot, Louis Lumière	15, 168
VIE ET PASSION DE NOTRE SEIGNEUR JÉSUS-CHRIST, LA	F 1913/1914	Ferdinand Zecca	172 f. 178
VIRIDIANA	ES/MX 1961	Luis Buñuel	67
WATER PASSION AFTER ST. MATTHEW	D 2000	Komponist Tan Dun	315
WAY TO GOLGATHA	BE/NL 1967	Grapjos De Hert u. Robbe de Hert	300
WEG DES HERRN, DER	ES 1957	Joseph I. Breen	201
WEICHKÄSE, DER (La RICOTTA)	I/F 1962	Pier Paolo Pasolini	49 f.
WEIHNACHTORATORIUM, DAS	D 2016	John Neumeier	315 f.
WHICH WILL YE HAVE? (BARABBAS)	GB 1949	Donald Taylor	194
WIE IM HIMMEL	SE 2004	Kay Pollak	243 f.
WINE OF MORNING	US. 1955	Katherine Stenholm	199 f.
WÜSTE ODER ABRAHAMS FRAUEN, DIE	BRD 1972	Karin Hercher	296 f.
XL: THE TEMPTATION OF CHRIST	US. 2019	Douglas James Vail	76
YUSUF ILE ZÜLEYHA	TR/IR 1968/1969	Türker Inanoglu	289
ZEHN GEBOTE, DIE	US. 1925	Cecil B. DeMille	189
ZEHN GEBOTE, DIE	US. 1939	Irving Pichel	97 f., 191 f.
ZEHN GEBOTE, DIE	US. 1956	Cecil B. DeMille	200 f.
ZUM BEISPIEL BALTHASAR (AU HASARD BALTHAZAR)	F/SE 1965	Robert Bresson	222 f.
40 TAGE IN DER WÜSTE (LAST DAYS IN THE DESERT)	US. 2015	Rodrigo García	275 f.

4.2 Zuordnungen von Bibeltexten/Personen in direkten und indirekten Bibelfilmen

Das Alte Testament
Freie Bearbeitung/Übertragung
THE BIRTH OF RACE (US. 1918, R: John W. Noble)
THE BIBLE – Part 1 (US. 2020)
DIE BIBEL TO GO (D 2020–2021, R: Michael Sommer)

Genesis 1–5: Schöpfung – Adam und Eva
DIE BIBEL (I 1965, R: John Huston)
DIE BIBEL – DIE SCHÖPFUNG (I 1993, R: Ermanno Olmi)
DIE SCHÖPFUNG – DIE ERDE IST ZEUGE! (A 2014, Henry Stober, Walter Veith)
AM ANFANG (Part 1; US. 2000, R: Kevin Connor)
DIE ENTDECKUNG DES HIMMELS (NL 2001, R: Jeroen Krabbé)
Freie Bearbeitung/Übertragung/Aktualisierung:
STVORENI SVETA (DIE ERSCHAFFUNG DER WELT, CSSR 1957, R: Eduard Hofmann, François Lejeune)

Genesis 6–9: Sintflut – Noah
THE DELUGE (US. 1911, P: Vitagraph Company of America, R: unbekannt)
ARCHE NOAH (NOAH'S ARK, US. 1958, R: Michael Curtiz)
ARCHE NOAH – DAS GRÖSSTE ABENTEUER DER MENSCHHEIT (NOAH'S ARC, Bibel-Epos, US. 1999, R: John Irvin)
NOAH (US. 2014, R: Darren Aronofsky)

Genesis 11: Turmbau zu Babel
Freie Bearbeitung/Übertragung/Aktualisierung:
METROPOLIS (D 1925, R: Fritz Lang)
BABEL (US. 2006, R: Alejandro González Iñárritu)

Genesis 12–17: Abraham
DIE BIBEL – ABRAHAM (I 1993, R: Joseph Sarge)
IBRAHEEM: THE FRIEND OF GOD (IR 2008, R: Mohammad Reza Varzi)
Freie Bearbeitung/Übertragung/Aktualisierung:
DIE WÜSTE ODER ABRAHAMS FRAUEN (D 1992, R: Karin Hercher)

Genesis 16 und Gen 21: Hagar
Freie Bearbeitung/Übertragung/Aktualisierung:
SARAH UND HAGAR – ZWEI FRAUEN UND IHR ERBE (D 2009,
  R: Jeanette Riesch-Seitler)

Genesis 19: Sodom und Gomorrah
SODOM UND GOMORRHA (AT: SODOM UND GOMORRHA – LEGENDE
  VON SÜNDE UND STRAFE, AT 1922, R: Michael Kértèsz)
SODOM UND GOMORRHA (SODOM AND GOMORRAH (US./I/F/MA
  1962, R: Robert Aldrich u. Sergio Leone)

Genesis 23 ff.: Die Erben von Kain und Abel
ERBEN VON KAIN UND ABEL, DIE (LA GENÈSE, Ml/F 1999, R: Cheick
  Oumar Sissoko)

Genesis 25:26–49:33: Jacob
DIE BIBEL: JAKOB (JACOB, US./I/D 1994, R: Peter Hall)

Genesis 37–50: Josef
JOSEPH IN THE LAND OF EGYPT (US. 1914, R: Eugene Moore)
JOSEPH, FILS DE JACOB (F 1914, R: Henri Adréani)
JOSEPH AND HIS COAT OF MANY COLOURS (US. 1914,
  R: Louis N. Parker)
JOSEPH (I 1920, R: Romolo Bacchini)
GIUSEPPE VENDUTO DAI FRATELLI (1961, R: Irving Rapper, Luciano
  Ricci)
BA'AL HAHALOMOT (IL 1962, R: Alina Gross und Yoram Gross)
THE STORY OF JAKOB AND JOSEPH (US. 1974, R: Michael Cacoyannis)
JOSEF (US. 1978/1979, R: John B. Heyman)
DIE BIBEL – JOSEF (I/D/US. 1994, R: Roger Young)
AL-MOHAGER (L'ÉMIGRÉ, EG 1994, R: Youssef Chahine)
JOSEPH AND THE AMAZING TECHNICOLOR DREAMCOAT (US. 1999)
JOSEPH – KÖNIG DER TRÄUME (US. 2000, R: Rob LaDuca,
  Robert C. Ramirez)
JOSEPHSLEGENDE (Ballett-Aufnahme Hamburg 1977)
Freie Bearbeitung/Übertragung/Aktualisierung:
SHALOM PHARAO (D 1982, R: Curt Linda)
JOSEPH'S GIFT (US. 1998, R: Philippe Mora)
DER TRÄUMER (US. 2013, R: Paul Stehlik Jr.)

Exodus-Deuteronomium: Moses
THE TEN COMMANDMENTS (US. 1923, R: Cecil B. DeMille)
THE TEN COMMANDMENTS (US. 1956, R: Cecil B. DeMille)
MOSES (GB/I 1975, R: Gianfranco De Bosio)
MOSES UND ARON (MOSES AND AARON, US. 1975, R: Jean-Marie Straub, Danièle Huillet)
MOSES UND ARON (Opéra national de Paris, F 2015, R: Romeo Castellucci)
MOSES, THE LAWGIVER (GB/I/Il 1975, R: Gianfranco De Bosio)
OH, MOSES! (WHOLLY MOSES, US. 1980, R: Gary Weis)
DER PRINZ VON ÄGYPTEN (US. 1998, R: Brenda Chapman, Simon Wells, Steve Hickner)
THE TEN COMMANDMENTS: THE MUSICAL (US. 2006, R: Robert Iscove)
DIE ZEHN GEBOTE (US. 2007, R: Bill Boyce, John Stronach)
MOSES (Oberammergau 2013, Uraufführung von Feridun Zaimoglu/ Günter Senkel)
EXODUS: GÖTTER UND KÖNIGE (US. 2014, R: Ridley Scott)
DIE 10 GEBOTE (Musical, D 2010, R: Doris Marlies)

Richter 13–16: Samson und Delilah
SAMSON UND DELILA (A 1922, R: Alexander Korda)
SAMSON AND DELILAH (US. 1949, R: Cecil B. DeMille)
SAMSON UND DELILAH (US. 1984, R: Lee Philips)
DIE BIBEL – SAMSON UND DELILA (US./D 1996, R: Nicolas Roeg)
SAMSON (US. 2018, R: Bruce Macdonald)
Freie Bearbeitung/Übertragung/Aktualisierung:
SAMSON AND DELILAH (AU 2009, R: Warwick Thornton)

Ruth
THE STORY OF RUTH (US. 1960, R: Henry Koster)
THE BOOK OF RUTH: JOURNEY OF FAITH (US. 2009, R: Stephen Patrick Walker)

Samuel 16:1–1. Kön 2:11: David
DAVID UND GOLIATH (DAVID E GOLIA, I 1959, R: Richard Pottier, Ferdinando Baldi)
DAVID & GOLIATH (DAVID AND GOLIATH, IN 2013, R: Rajeev Nath)
DAVID VS. GOLIATH (DAVID AND GOLIATH (US. 2015, R: Wallace Brothers)
DAVID UND BATHSEBA (David and Bathseba, US. 1951, R: Henry King)

1. Kön 1–11: Solomon
SALOMON UND DIE KÖNIGIN VON SABA (SOLOMON AND SHEBA,
 US. 1959, R: King Vidor)
SOLOMON (D u. a. 1997, R: Roger Young)
MOLKE SOLEIMAN (THE KINGDOM OF SOLOMON (IR 2010,
 R: Shahriar Bahrani)

1. Kön 16, 29–2. Kön 9:37: Jezebel
SINS OF JEZEBEL (US. 1953; R: Reginald Le Borg)
JEZABEL (BR 2019; R: Cristianne Fridman)

Daniel
DANIEL AND THE LIONS (US. 2006, Liken Bible Series)
THE BOOK OF DANIEL (US. 2013, R: Anna Zielinski)

Hosea
Freie Bearbeitung/Übertragung/Aktualisierung
BEDINGUNGSLOS GELIEBT:
Hosea: Die unvernünftigste Liebesgeschichte aller Zeiten (US. 2012,
 R: Kevin Downes)

Jona
Freie Bearbeitung/Übertragung/Aktualisierung:
JONAS ODER DER KÜNSTLER BEI DER ARBEIT (BR D 1970,
 R: Stanislav, Fernsehfilm nach der Novelle von Albert Camus)
JONAS, DER IM JAHRE 2000 25 JAHRE ALT SEIN WIRD (F/CH 1976,
 R: Alain Tanner)

Esther
SCHWERT VON PERSIEN, DAS (US. 1960, R: Raoul Walsh, Mario Bava)
THE THIRTEENTH DAY: THE STORY OF ESTHER (US. 1979, R: Leo Penn)
ESTHER (IL/F/GB/A/NL 1985, R: Amos Gitai)
DIE BIBEL – ESTHER (ESTHER, US./I 1999, R: Raffaele Mertes)
EINE NACHT MIT DEM KÖNIG (IN 2006, R: Michael O. Sajbel)
A HISTÓRIA DE ESTER (BR 2010, R: João Camargo)
THE BOOK OF ESTHER (US. 2013, R: David A. R. White)

Judith
Freie Bearbeitung/Übertragung/Aktualisierung
JUDITH VON BETHULIEN (US. 1914, R: David Wark Griffith)
JUDITH AND HOLOFERNES (I 1929, R: Baldassarre Negroni)
JUDITH – DAS SCHWERT DER RACHE (I/F 1959, R: Fernando Cerchio)
JUDITH (D 1992, R: Konrad Sabrautzky)
JUDTH (US. 2013, R: Takahisa Shiraishi)
JUDITH & HOLOFERNES (I/US. 2018, R: Oscar Turri)

Das Neue Testament
Freie Bearbeitung/Übertragung
THE BIRTH OF RACE (US. 1918, R: John W. Noble)
JESUS CHRISTUS ERLÖSER (D 2008, Doku des Auftritts von Klaus Kinski am 20.11.1971, R: Peter Geyer)
DIE BIBEL: EINE GESPROCHENE SYMPHONIE (D 2008)
DIE BIBEL TO GO (D 2020–2021, R: Michael Sommer)

Jesus: Warten auf den Messias (Lk 1, 5–78)
DIE ZEHN GEBOTE (US. 1939, R: Irving Pichel)
ANNONCIATION (F 2002, R: Angelin Preljocaj)

Jesus: Leben und Wirken (»Filmbiographie«)
AL-MASIH (MESIH, JESUS THE SPIRIT OF GOD, IR 2007, R: Nader Talebzadeh)
AUFREGUNG UM JESUS (US. 2005, R: John B. Heymann)
DIE BIBEL – JESUS (I//US. 1999)
BIBEL LIVE, DIE: MATTHÄUS (The Visual Bible: Matthew, ZA 1997)
CHRISTAAYAN (DAS LEBEN JESU IN INDIEN, IN 2013, R: Fr Geo George)
EL MÁRTIR DEL CALVARIO (MX 1952, R: Miguel Morayta)
ERSTE EVANGELIUM MATTHÄUS, DAS (I 1964, R: Pier Paolo Pasolini)
Die GRÖSSTE GESCHICHTE ALLER ZEITEN (US. 1963, R: George Stevens)
JESUS (US./IL 1979, R: John Krish u. Peter Sykes)
JESUS CHRIST SUPERSTAR (US. 1973, R: Norman Jewison)
JESUS CHRIST SUPERSTAR (GB 2000, R: Simon Lee)
JESUS CHRIST SUPERSTAR – LIVE IN CONCERT (US. 2019, R: David Leveaux u. Alex Rudzinski)
JESUS – SEIN LEBEN (US. 2019, R: Adrian McDowall u. a.)
JESUS VON NAZARETH (I 1976, R: Franco Zeffirelli)

KARUNAMAYUDU (übersetzt: OCEAN OF MERCY, IN 1978,
  R: A. Bhimsingh und Fr. Christopher Coelho)
KÖNIG DER KÖNIGE (US. 1960, R: Nicholas Ray)
DER MANN DER TAUSEND WUNDER (GB 1999, R: Derek Haves/
  Stanislav Sokolov)
DER MESSIAS (F/I 1975, R: Roberto Rossellini)
DER MESSIAS (AT 2009, R: Claus Guth)
THE MESSIAH (IR 2007, R: Nader Talebzadeh)
DER MESSIAS (2020 Mozart Woche Salzburg, R: Robert Wilson)
SON OF GOD (US. 2014, R: Christopher Spencer)
SON OF MAN (ZA 2006, R: Mark Dornford-May)
SU RE (I 2012, R: Giovanni Columbu)
THE CHOSEN (US. Seit 2019, R: Dallas Jenkins)
Freie Bearbeitung/Übertragung:
MONTY PYTHON'S DAS LEBEN DES BRIAN (GB 1979, R: Terry Jones)
JESUS VON MONTREAL (CA/F 1989, R: Denys Arcand)
JESUS VON OTTAKRING (AT 1975, R: Wilhelm Pellert)
GEFALLEN, DIE UHR UND DER SEHR GROSSE FISCH, DER (GB/F 1991,
  R: Ben Lewin)
JESUS LIEBT MICH (D 2012, R: Florian David Fitz)
THE MAKING OF JESUS CHRIST (CH 2012, R: Luke Gasser)
Christus inkognito
MATRIX (THE MATRIX, US. 1999/2003, R: Die Wachowskis)
CHOCOLAT – EIN KLEINER BISS GENÜGT (CHOCOLAT, US. 2000,
  R: Lasse Hallström)
WIE IM HIMMEL (SÅ SOM I HIMMELEN, SE 2004, R: Kay Pollak)

Jesus: Geburt (Lk 2, 1–10)
DER STERN VON BETHLEHEM (1956, R: Lotte Reiniger)
DAMALS IN BETHLEHEM (US. 1998, R: Lindsay van Blerk)
ES BEGAB SICH ABER ZU DER ZEIT (US. 2006, R: Catherine Hardwicke)
DIE GEBURT CHRISTI (ET: »… UND DOCH GIBT ES FRIEDEN«, RU1998,
  R: Michail Aldaschin)
Freie Bearbeitung/Übertragung
CHILDREN OF MEN (US./GB 2006, R: Alfonso Cuarón)

Jesus: Kindheit (Lukas 2,41–52; Kindheitsevangelium des Thomas)
Freie Bearbeitung/Übertragung
Ein KIND MIT NAMEN JESUS (I/D 1988, R: Franco Rossi)
DIE GÄRTEN EDEN (I 1998, R: Alessandro D'Alatri)
DER JUNGE MESSIAS (US. 2016, R: Cyrus Nowrasteh)

Jesus: Versuchung (Matthäus, Kap. 4, Lukas, Kap. 4)
40 TAGE IN DER WÜSTE (US. 2015, R: Rodrigo García)
Freie Bearbeitung/Übertragung/Aktualisierung
IM AUFTRAG DES TEUFELS (US. 1997, R: Taylor Hackford)

Jesus: Wunder
Freie Bearbeitung/Übertragung
INTOLERANCE (US. 1916, R: David Wark Griffith)

Jesus: Gleichnis Der verlorene Sohn (Lk 15, 11–32)
DER VERLORENE SOHN (D 1974, R: Lotte Reiniger)
Freie Bearbeitung/Übertragung
DER VERLORENE SOHN KOMMT ZURÜCK (US. 2013, R: o. A.)
DER ERBE DIE GESCHICHTE EINES VERLORENEN SOHNS (US. 2014,
    R: Michael Davis, John Errington)

Jesus: Abendmahl (Mt 26,17–29; Mk 14,12–26; Lk 22,14–20)
Freie Bearbeitung/Übertragung
DAS LETZTE ABENDMAHL (CU 1976, R: Tomás G. Alea)

Jesus: Passion, Tod, Auferstehung (Mt 26,1–28,20; Lk 22,1–24,53 u. a.)
LA VIE ET LA PASSION DE JESUS-CHRIST (F 1897, R: Ferdinand Zecca/
    Lucien Nonguet)
I.N.R.I. Ein Film der Menschlichkeit (D 1923, R: Robert Wiene)
DAS KREUZ VON GOLGATHA (F 1934/1935, R: Julien Duvivier)
DIE PASSION CHRISTI (US. 2003, R: Mel Gibson)
THE PASSION (UK 2008, R: Michael Offer)
DER GALILÄER (D 1921, R: Dimitri Bowetzki)
ES WÄRE GUT, DASS EIN MENSCH WÜRDE UMBRACHT FÜR DAS
    VOLK (D 1991, R: Hugo Niebeling)
MATTHÄUS-PASSION (D 2005; Ballett von John Neumeier)
MATTHÄUSPASSION (D 2006, R: Richard Blank)

ERBARME DICH – MATTHÄUS PASSION STORIES (NL 2015,
    R: Ramón Gieling)
LA PASSIONE. MATTHÄUS-PASSION (D 2016, R: Olivier Simonnet)
DIE LETZTEN DREI TAGE (JPN 2012, R: Barry Cook)
AUFERSTANDEN (US. 2016, R: Kevin Reynolds)
Freie Bearbeitung/Übertragung/Aktualisierung:
DIE PASSION DER JUNGFRAU VON ORLÉANS (F 1927/1928,
    R: Carl Theodor Dreyer)
ZUM BEISPIEL BALTHASAR (F/SE 1965, R: Robert Bresson).
THE BLOOD OF JESUS (US. 1941, R: Spencer Williams)
DER WEICHKÄSE (La RICOTTA, I/F 1962, R: Pier P. Pasolini)
DIE LETZTE VERSUCHUNG (US. 1988, R: Martin Scorsese)
DAS VERSPRECHEN (US. 1989, Musical, R: Glen Rose)
JESUS CRIES (D 2015, R: Brigitte Maria Mayer)
DAS NEUE EVANGELIUM (D, CH 2020; R: Milan Rau)
KREUZWEG (D 2014, R: Dietrich Brüggemann)
A BLACK JESUS (D 2020, R: Luca Lucchesi)
PASSION 2:1 (D 2021, R: Manfred Schweigkofler)

Emmaus Lk 24, 13–27
ROAD TO EMMAUS (US. 2010, R: Steve Boettcher)
Freie Bearbeitung/Übertragung/Aktualisierung
EMMAUKSEN TIELLÄ (FL 2001, R: Markku Pölönen)

Apokalypse (Off 13–21)
Freie Bearbeitung/Übertragung/Aktualisierung
ERNST UND DAS LICHT (DK 1995, R: Anders Thomas Jensen,
    Tomas Villum Jensen)
MANOLO UND DAS B DES LEBENS (US. 1998, R: Jorge Gutiérrez)
MENSCH, JESUS! (D 1999, R: Cornelius Meckseper)
DAS BRANDNEUE TESTAMENT (BE, F/LUX 2015; R: Jaco Van Dormael)

Apostel (Mk 3,14; Mt 10,2; Lk 6,13; Joh 1,45)
ANNO DOMINI (A. D.; KAMPF DER MÄRTYRER, US. 1984, R: Stuart Cooper)
APOSTEL PETRUS UND DAS LETZTE ABENDMAHL (US. 2012,
    R: Gabriel Sablol)
Freie Bearbeitung/Übertragung
APOSTEL! (US. 1997, R: Robert Duvall)
RABBUNI ODER DIE ERBEN DES KÖNIGS (CH 2015, R: Luke Gasser)

Barabbas (Mk 15,7–15; Mt 27,16–26; Joh 18,40)
BARABBAS (I 1961, R: Richard Fleischer)
BARABBAS (I/US. 2012, R: Roger Young)

Ben Hur
BEN HUR (US. 1924/1925, R: Fred Niblo)
BEN HUR (US. 1956, R: William Wyler)
BEN HUR (US. 2016, R: Timur Nuruachitowitsch Bekmambetow)

Joseph (Mk 6,3; Mt 13,55; Lk 1,35; Joh 1,45)
JOSEPH VON NAZARETH (GIUSEPPE DI NAZARETH; D/I 1999, R: Raffaele Mertes)

Judas Iscariot
(Mk 14,10 f., 14,12–16 u. 14,18–21; Mt 26,15, 26,21–25, 50; Lk 22,3; Joh 6,64)
BLÄTTER AUS DEM B SATANS (BLADE AF SATANS BOG, DK 1919–1921, R: Carl Theodor Dreyer)
JUDAS (GIUDA, Gli amici di Gesù – Giuda, D/I 2000, R: Raffaele Mertes)
Freie Bearbeitung/Übertragung
JUDAS … EIN MENSCH UNSERER TAGE! (EL JUDAS, AT: DER JUDAS VON ESPARRAGUERA, ES 1952, R u. B: Ignacio F. Iquino)
DER VERRÄTER DES HERRN – JUDAS ISCHARIOT (EL BESO DE JUDAS, DER JUDASKUSS, Neuer Titel: EINER WIRD MICH VERRATEN, ES 1953, R: Rafael Gil)
LA PASIÓN DE JUDAS (ES 2014, R: David Pantaleón)
DER FALL JUDAS (F-DZ 2015, R: Rabah Ameur-Zaïmeche)
ICH, JUDAS – DER FILM (D 2017, R: Ben Becker)
DAS KLAGELIED DES JUDAS (F/NL 2019/2020, R: Boris Gerrets)

Maria, Mutter Jesu (Mt 1,18–25, Lk 1,39–56; Joh 2,1–12, 19,25–27)
MARIA, DIE HEILIGE MUTTER GOTTES (US. 1999, R: Kevin Ellis)
SAINT MARY (IN 2000, R: Shahriar Bahrani)
IHR NAME WAR MARIA (I/D 2012, R: Juri Köster)
Freie Bearbeitungen/Transfigurationen/Jesus inkognito
AVA UND GABRIEL (CW/NL 1992, R: Felix de Rooy)
GEGRÜSSET SEIST DU, MARIA (F/CH 1985, R: Jean-Luc Godard)

Maria Magdalena (Mt 27,56; Lk 8,2.3; Joh 19,25; 20,1–18)
MARIA MAGDALENA (I/D 2000, R: Raffaele Mertes)
MARIA MAGDALENA (US. 2018, R: Garth Davis)
Freie Bearbeitungen/Transfigurationen
LENA (D 1995, R: Karin Hercher)
MARY (AT: MARY – THIS IS MY BLOOD, I/F/US. 2005, R: Abel Ferrara)

Miriam
Freie Bearbeitungen/Transfigurationen
MIRJAMS MUTTER (D 1993, R: Vera Loebner)

Paulus
PAULUS, DER APOSTEL CHRISTI (PAUL, APOSTLE OF CHRIST, US. 2018, R: Andrew Hyatt)

Pontius Pilatus (Mt 27,2 u. 24; Lk 13,1; Joh 19,12; Apg 4,27; 1. Tim 6,13)
PONTIUS PILATUS – Statthalter des Grauens (I/F 1961, R: Gian P. Callegari u. Irving Rapper)
DIE WUNDERSAMEN ERLEBNISSE DES PONTIUS PILATUS (I 1987, R: Luigi Magni)
PILATUS UND ANDERE – EIN FILM FÜR KARFREITAG (BRD 1972, R: Andrzej Wajda)

Salome, die Tochter der Herodias (Mk 6,17–29)
SALOME (US. 1923, R: Charles Bryant)
SALOMÉ (US. 2013, R: Al Pacino)

Thomas (Mt 10,3; Mk 3,18; Lk 6,15)
THOMAS (I/D 2001, R: Raffaele Mertes)

4.3 Abbildungsnachweis

Wenn nichts anderes angegeben: Alle Fotos der Filme sind vom Autor erstellte und bearbeite Screenshots aus TV, VHS-Video-Kassette, DVD u. a.

Umschlagabbildungen

Oben links	LA PASIÓN SEGÚN SAN MARCOS (St. Mark Passion, D 2000, Osvaldo Golijov, 87 Min., Uraufführungskonzert auf dem Europäischen Musikfest Stuttgart, Stuttgarter Liederhalle 5.9.2000, María Guinand, Leitung). Still aus: TV SWR 3 (9. Mai 2000).
Oben rechts	Der älteste erhaltene Bibel-Jesusfilm: LA VIE ET LA PASSION DE JESUS-CHRIST (F 1897, R: Ferdinand Zecca u. Lucien Nonguet, Stummfilm, 10 Min.). Still aus: kfw-Video-Kassette VHS. Katholisches Filmwerk GmbH Frankfurt.
Mitte links	Der neueste Bibel-Jesusfilm: DAS NEUE EVANGELIUM (THE NEW GOSPEL, D/CH/I 2020, R: Milo Rau, eine Mischung aus Dokumentarfilm, politischem Aktivismus und Historienfilm, 107 Min.). Still aus: DVD Port Au Prince 205140.
Mitte rechts	SHALOM PHARAO (D 1982, R: Curt Linda, 80 Min.). Der Zeichentrickfilm erzählt witzig ironisch die biblische Josefnovelle. Still aus: DVD Geschichte des Deutschen Animationsfilms IV. Kritik und Experiment. Der westdeutsche Animationsfilm.
Unten links	JUDITH VON BETHULIEN (JUDITH OF BETHULIA, US. 1914, R: David Wark Griffith, Stummfilm, 61 Min., Verfilmung des Romans Judith of Bethulia (1862) von Thomas Bailey Aldrich). Still aus: DVD Alpha Home Entertainment ALP 67670.
Unten rechts	DIE ZEHN GEBOTE (THE TEN COMMANDMENTS, US. 1956, R: Cecil B. DeMille, 215 Min.). Der Film in Breitwandformat gilt als Klassiker der US-Monumentalfilme: Moses Leben als Kolossalgemälde. Still aus: DVD Paramount Pictures (Universal Picture).
Abb. 1	Still aus DIE PASSION CHRISTI (USA 2004). DVD Constantin Film 82298
Abb. 2	Still aus DIE CHRONIKEN VON NARNIA: DER KÖNIG VON NARNIA (USA 2005). DVD Walt Disney

Abb. 3	Still aus Werbeclip Red Bull. Internet: Youtube (Zugriff 1.4.2020)
Abb. 4	Still aus Werbeclip des Möbelhauses XXXLutz. Internet: youtube (Zugriff 1.4.2020)
Abb. 5	Still aus KING OF KINGS (1927): Video Kassette VHS Kino Video New York
Abb. 6	Gustave Doré, Jesus auf Golgatha (1866): Die Heilige Schrift des Alten und Neuen Testaments von Martin Luther. Illustriert von Gustave Doré. Wiesbaden 2003, 5
Abb. 7	Still aus DIE PASSION CHRISTI (USA 2004). DVD Constantin Film 82298
Abb. 8	Caravaggio Die Grablegung Christi (1603/1604), Internet: https://de.wikipedia.org/wiki/Die_Grablegung_Christi_(Caravaggio) (Zugriff 1.4.2020)
Abb. 9	DaVinci, »Abendmahl«. Internet: https://de.wikipedia.org/wiki/Das_Abendmahl_(Leonardo_da_Vinci) (Zugriff 1.4.2020)
Abb. 10	Still aus DAS LEBEN UND DIE PASSION JESU CHRISTI (F 1897): kfw-Video-Kassette VHS. Katholisches Filmwerk GmbH Frankfurt
Abb. 11	Still aus DAS LEBEN UND DIE PASSION (1905): Internet Youtube (Zugriff 1.4.2021)
Abb. 12	Still aus: CHRISTUS (I 1915/1916). DVD Grapevine Video (NTSC)
Abb. 13	Still aus BLÄTTER AUS DEM BUCH SATANS (Dänemark 1920) DVD Danish Film Institute & Cinematheque: restauriertes Duplikations-Negativ des Films, das auf High Definition abgetastet wurde.
Abb. 14	Still aus PETRUS UND DAS LETZTE ABENDMAHL (US. 2012): DVD Gerth Medien
Abb. 15	Still aus LA PASSION DE JUDAS (ES 2014): Internet: Youtube (Zugriff 1.4.2021)
Abb. 16	Still aus JESUS NUESTRO SEÑOR – PELÍCULA COMPLETA (MX 1979). Internet: Youtube (Zugriff 1.4.2021)
Abb. 17	Still aus FAMILY GUY – WHY JUDAS HATES JESUS: The last Supper (US. 2015). Internet: Youtube (Zugriff 1.4.2021)
Abb. 18	Still aus DAS NEUE EVANGELIUM (D/CH/I 2020): DVD Port Au Prince 205140
Abb. 19	Michelangelo »Pietà« (1498–1499, Basilique St-Pierre, Vatican). Internet: https://www.pinterest.de/pin/275071489710251548/ (Zugriff 1.4.2020)

Abb. 20	Still aus DER MESSIAS (F/I 1975). DVD ARTHAUS 501467
Abb. 21	Still aus DIE BIBEL – JESUS (1999). DVD Die Bibel Jesus Videowelt (500799)
Abb. 22	Still aus SON OF MAN (2006). DVD Spier Films
Abb. 23	Still aus IHR NAME WAR MARIA (I/D/Spanien 2012). DVD Pidax Film- und Hörspielverlag (Alive AG)
Abb. 24	Still aus JUDAS UND JESUS. DER ÄUSSERSTE VERRAT (US. 2004, R: Charles R. Carner)
Abb. 25	Still aus DER WEICHKÄSE (La RICOTTA, I 1963) Internet: (ARTE) Youtube (Zugriff 1.4.2021)
Abb. 26	Tympanon des Hauptportals der Pauluskirche Heidenheim. Foto: © Manfred Tiemann
Abb. 27	Still aus VIRIDIANA (ES/MX 1961). DVD Alive – Vertrieb und Marketing
Abb. 28	Still aus MONTY PYTHON'S DAS LEBEN DES BRIAN (MONTY PYTHON'S LIFE OF BRIAN, GB 1979). DVD Sony Pictures Home Entertainment
Abb. 29	Still aus DAS GESPENST (BRD 1982): DVD Alive – Vertrieb und Marketing/DVD
Abb. 30	Still aus GEGRÜSSET SEIST DU, MARIA (AT: MARIA UND JOSEPH/JE VOUS SALUE, MARIE, F/CH 1985):
Abb. 31	Still aus COLOR OF CROSS (US. 2006): DVD 20th Century Fox (NTSC US-Import)
Abb. 32	Still aus JUDAS & JESUS (D 2009). DVD inkarnatoons
Abb. 33	Still aus BOXING JESUS (IL PUGNO DI GESÙ, CH 2007). DVD Diva AG
Abb. 34	Still aus INTOLERANCE (1916). DVD Cohen Media Group
Abb. 35	Still aus I.N.R.I. EIN FILM DER MENSCHLICHKEI (CROWN OF THORNS, D 1923).
Abb. 36	Still aus DER GALILÄER (D 1921). kfw-Video-Kassette VHS. Katholisches Filmwerk GmbH Frankfurt
Abb. 37 u. 38	Still aus DIE ZEHN GEBOTE (The Great Commandment, US. 1939): DVD interGROOVE W 1329
Abb. 39	Still aus LOS MISTERIOS DEL ROSARIO (AT: JESUS CHRISTUS: Der WEG DES HERRN, ES 1957). Internet: Youtube (Zugriff 1.12.2020)
Abb. 40	Still aus JESUS VON NAZARETH (1977): DVD VCL 22618
Abb. 41	Still aus DIE LETZTE VERSUCHUNG CHRISTI (US. 1988): DVD Universal Pictures

Abb. 42 u. 43	Still aus JESUS CHRIST SUPERSTAR (1973): DVD Universal Pictures Germany GmbH
Abb. 44 u. 45	Still aus JESUS CHRIST SUPERSTAR (GB 2000): DVD Universal Pictures Germany GmbH
Abb. 46	Still aus DIE LETZTEN DREI TAGE (2012). Internet: Youtube (Zugriff 20.3.2017)
Abb. 47	Still aus PASSION 20:21. Internet: Youtube (Zugriff 1.4.2021)
Abb. 48	Filmplakat GOLIATH À LA CONQUÊTE DE BAGDAD (GOLIA ALLA CONQUISTA DI BAGDAD, GOLIATH AT THE CONQUEST OF DAMASCUS, I 1965. TV: »Mit Schwertern und Sandalen.« (Dok F 2018	TV: arte 10.4.2020
Abb. 49	Filmplakat GOLIATH ET L'HERCULE NOIR (GOLIATH UND HERKULES, I/F 1963, R: Mario Caiano. TV: »Mit Schwertern und Sandalen. (Dok.; F 2018	TV: arte 10.4.2020
Abb. 50	Filmplakat SAMSON CONTRE TOUS (ERCOLE CONTRO ROMA, I/F 1964, R: Piero Pierotti. TV: »Mit Schwertern und Sandalen.« (Dok.; F 2018	TV: arte 10.4.2020
Abb. 51	Filmplakat SINS OF JEZEBEL (US. 1953, TV: »Mit Schwertern und Sandalen.« (Dok.; F 2018	TV: arte 10.4.2020
Abb. 52	Filmplakat IL RE D'ISRAELE (Sins of Jezebel, US. 1953). TV: »Mit Schwertern und Sandalen.«. (Dok.; F 2018	TV: arte 10.4.2020
Abb. 53	Still aus JESUS VON NAZARETH (I/GB 1976/1977): DVD VCL 22618
Abb. 54	Still aus MONTY PYTHON'S DAS LEBEN DES BRIAN (MONTY PYTHON'S LIFE OF BRIAN, GB 1979): DVD Sony Pictures Home Entertainment
Abb. 55	Still aus SON OF MAN (UK 2006): DVD Spier Films
Abb. 56	Still aus THE PASSION OF THE CHRISTA (SE 2016). DVD https://riekeesavasc1984.bandcamp.com/album/the-passion-of-the-christa-2016-1080p-watch-online (Zugriff 1.4.2020)
Abb. 57	Still aus DER FALL JUDAS (HISTOIRE DE JUDAS, F-DZ 2015). DVD agnès b.
Abb. 58	Still aus Film DAS KLAGELIED DES JUDAS (F/NL 2019/2020): TV arte (24.11.2020)
Abb. 59	Still aus DER VERLORENE SOHN KOMMT ZURÜCK (THE PRODIGAL RETURNS, US. 2013):
Abb. 60	Still aus IM AUFTRAG DES TEUFELS (THE DEVIL'S ADVOCATE, US. 1997). DVD Warner Bros (Universal Pictures)

Abb. 61	Still aus LA VIE ET LA PASSION DE JÉSUS-CHRIST (F 1897). kfw-Video-Kassette VHS. Katholisches Filmwerk GmbH Frankfurt.
Abb. 62	Still aus LE CHRIST MARCHANT SUR LES FLOTS (F 1899/1900). TV »Sie spielten Jesus. Spuren einer Rolle« (WDR 24.12.1991)
Abb 63 u. 64	Still aus LA VIE ET LA PASSION DE JESUS-CHRIST. F 1902–1905: Internet: Youtube (Zugriff 1.4.2021)
Abb. 65 u. 66	Still aus FROM THE MANGER TO THE CROSS (1912/1913): DVD IMAGE ENTERRTAIMENT 1D1917DSDVD
Abb. 67 u. 68	Still aus INTOLERANCE (1916): DVD Cohen Media Group
Abb. 69–71	Still aus DER GALILÄER (D 1921): kfw-Video-Kassette VHS. Katholisches Filmwerk GmbH Frankfurt
Abb. 72	Still aus EL MÁRTIR DEL CALVARIO (IISOUS O NAZORAIOS, Mexico 1952). DVD Karma Films, S.L.
Abb. 73	Still aus KÖNIG DER KÖNIGE (1960). DVD Warner Home Video
Abb. 74	Still aus DIE GRÖSSTE GESCHICHTE ALLER ZEITEN (THE GREATEST STORY EVER TOLD, US. 1963): DVD Twentieth Century Fox
Abb. 75	Still aus JESUS VON NAZARETH (I/GB 1976/1977): DVD VCL 22618
Abb. 76	Still aus LA PASSION DE JEANNE D'ARC (F 1927/1928). DVD Zweitausendeins Edition Film 200.
Abb. 77	Still aus ERNST UND DAS LICHT (Dänemark 1995): DVD »Gottesglaube, Gottesbilder – ein Versuch«. Evang.-Luth. Kirche in Bayern 2004
Abb. 78	Still aus MENSCH JESUS (D 1999): Von den Filmautoren überlassene Kopie (Sony 8 Band)
Abb. 79	Still aus NAZARIN (Mexiko 1958/1959) TV: WDR 3 (26.12.1995)
Abb. 80	Still aus CHOCOLAT (US. 2000): DVD Senator Home Entertainment (Vertrieb Universum Film)
Abb. 81	Still aus TORE TANZT (Nothing Bad Can Happen; D 2013): DVD Alive AG
Abb. 82	Still aus AVA UND GABRIEL (AVA Y GABRIEL, Curacao/NL 1992): DVD ARTMATTAN FILMS
Abb. 83	Still aus THE FAVOUR, THE WATCH AND THE VERY BIG FISH (Der Gefallen, die Uhr und der sehr große Fisch, US. 1991: Video Kassette VHS Columbia Tristar Home Video 12973

Abb. 84   Still aus LA VIE DU CHRIST (F 1906). Internet: Youtube
           (Zugriff 1.4.2021)
Abb. 85   Still aus DIE BIBEL TO GO (D 2020–2021): Internet: Youtube
           (Zugriff 20.11.2021)
Abb. 86   Still aus Joh. Seb. Bach: JOHANNES PASSION. (Ein Film von
           Werner Düggelin, CH 1985): TV CH 1987 u. Internet: youtube
           (Zugriff 1.4.2021)
Abb. 87   Still aus ES WÄRE GUT, DASS EIN MENSCH WÜRDE
           UMBRACHT FÜR DAS VOLK (D 1991): DVD ART HAUS
Abb. 88   Still aus MATTHÄUS-PASSION. Joh. Seb. Bach. Ballett von
           John Neumeier (1980): DVD ART HAUS MUSIK
Abb. 89   Still aus DIE BIBEL: EINE GESPROCHENE SYMPHONIE
           (D 2008): DVD SPV 78967

4.4 Literaturauswahl

Diese Auswahl nennt nach Durchsicht gezielt nur die wichtigsten Erscheinungen.

4.4.1 Bibel – Theologie – Glaube – Film

Babington, Bruce/Evans, Peter William (1993): Biblical Epics. Sacred Narrative in the Hollywood Cinema. (Manchester University Press) Manchester-New York (Besonders Teil 2: The Christ Film (91–168) und Teil 3: The Roman/Christian Epic (169–226).
Braun, Harald (1948): Probleme des religiösen Films. Sonderdruck »Filmpost-Archiv«. Frankfurt/M.
Burnette-Bletsch, Rhonda (Hg.) (2016), The Bible in Motion: A Handbook of the Bible and It Rezeption in Film. (Handbooks of the Bible and Its Reception (HBR), 2, Band 2). Berlin: De Gryter.
Burnette-Bletsch, Rhonda/Morgan, Jon (Hg.) (2019): Noah as Antihero: Darren Aronofsky's Cinematic Deluge (US. Routledge).
Butler, Ivan (1981): Religion in the Cinema. (The International Film Guide Series). New York: Barnes.
Campbell, Richard H./Pitts, Michael R. (1981): The Bible on Film. A cheklist (1897–1980). Metuchen/N. J. London: Scarecrow Press.
Exum, Cheryl (Hg.) (2006): The Bible in Film – The Bible and Film. Leiden: Brill.
Hänssler, F., Die Botschaft: Authentizität versus Interpretation. Interview zum »Genesis-Projekt« mit Richard Hänssler, medien praktisch 5/2 (1981), 10–14.
Hasenberg, Peter/Luley, Wolfgang/Martig, Charles (Hg.) (1995): Spuren des Religiösen im Film. Meilensteine aus 100 Jahren Kinogeschichte. Mainz: Matthias-Grünewald.
Kirsner, Inge (1996): Erlösung im Film. Praktisch-Theologische Analysen und Interpretationen. Stuttgart: W. Kohlhammer.
Kirsner, Inge: Unterwegs zu einer Film-Theologie. Praktisch-theologische Erkundungen zur Religion im Film. Research-Report in: Gräb, Wilhelm (Hg.): International Journal of Practical Theology, Volume 6, Issue 1, Berlin/New York 2002, 121–137.
Kirsner, Inge (2011): Zwischen Superman, Gottesknecht und Menschensohn: Jesusfigurationen im aktuellen Film, in: Klöcker/Tworuschka, Handbuch der Religionen. Kirchen und andere

Glaubensgemeinschaften in Deutschland und im deutschsprachigen Raum, 30. Ergänzungslieferung 2011 (Dezember), München, I. – 14.5.2, 1–25.
Kirsner, Inge (2013): Kirchenbilder und Menschenbildung: Religionspädagogische Studien im Spannungsfeld von Medien, Bildung und Religion (Studien zur Religiösen Bildung (StRB) 3) Leipzig: Evangelische Verlagsanstalt.
Kirsner, Inge (2020): Komm und sieh: Religion im Film. Analysen und Modelle. (pop.religion: lebensstil – kultur – theologie) Wiesbaden: Springer.
König, Hannes, Piegler, Theo (Hg.) (2019): Skandalfilm? – Filmskandal! Wiesbaden: Springer (Bes.: Rauchfleisch, Udo: »Wer liebt, der ist ans Kreuz genagelt«, 69–82).
Kötzing, Andreas: Warum Hollywood so gerne Bibelfilme dreht. Andreas Kötzing im Gespräch mit Patrick Wellinski, Deutschlandfunk Kultur (Beitrag vom 19.03.2016).
Krauss, Heinrich: Biblische Geschichten für das Fernsehen. Zum Projekt einer Verfilmung des Alten Testaments, Lebendiges Zeugnis 45 (1990), 129–138.
Krüger, Oliver (2012): Die mediale Religion. Probleme und Perspektiven der religionswissenschaftlichen und wissenssoziologischen Medienforschung. Bielefeld: Transcript, bes. 215–444.
Laszig, Parfen (Hg.) (2013): Blade Runner, Matrix und Avatare. Psychoanalytische Betrachtungen virtueller Wesen und Welten im Film. Wiesbaden: Springer.
Laube, Martin (Hg.) (2002): Himmel – Hölle – Hollywood. Religiöse Valenzen im Film der Gegenwart. Münster/Hamburg/London: Lit.
Malone, Peter (1990): Movie Christs and Antichrists. New York: Crossroad Pub Co.
Martig, Charles (2007): Kino der Irritation. Lars von Triers theologische und ästhetische Herausforderung. (Film und Theologie Band 10) Marburg: Schüren.
Martig, Charles/Valentin, Joachim/Visarius, Karsten (Hg.) (2013): Räume, Körper und Ikonen. Post-)Konfessionelle Filmikonographien. (Film und Theologie Band 19) Marburg: Schüren.
Prommer, Elizabeth (2016): Film und Kino. Die Faszination der laufenden Bilder. Wiesbaden: Springer.
Reinhartz, Adele (2013): Bible and Cinema: Fifty Key Films. New York: Routledge.
Rindge, Matthew S. (2021): Bible and Film: The Basics. London/New York: Routledge.
Schmidt, Dietmar: Bibelfilme – wie lange noch? In: Kirche und Film 15 (1962), Heft 9.
Schweizer, Harald (1996): Josef. Augsburg: Pattloch.
Stener, Christophe (2021): Judas Superstar. Paris: BoD – Books on Demand.
Tiemann, Manfred (1993): Bibel kontrovers. Frankfurt: Diesterweg, Sch-Heft u. Lehrerhandbuch.
Tiemann, Manfred (1995): Bibel im Film. Ein Handbuch für Religionsunterricht, Gemeindearbeit und Erwachsenenbildung. Stuttgart: calwer.
Tiemann, Manfred (2001): Jesus comes from Hollywood. Religionspädagogisches Arbeiten mit Jesus-Filmen. Göttingen: Vandenhoeck & Ruprecht.
Tiemann, Manfred (2009): Filme für Religionsunterricht und Gemeinde. Schnelle Suche. Göttingen: Vandenhoeck & Ruprecht.
Tiemann, Manfred (2019): Bibelfilm und Blockbuster: Bibelarbeit mit Jugendlichen jenseits des Lesens. In: Bibel und Kirche 1/19, S. 43–53. Stuttgart: Katholisches Bibelwerk.
Tiemann, Manfred (2020): Josef und die Frau Potifars im populärkulturellen Kontext. Transkulturelle Verflechtungen in Theologie, Bildender Kunst, Literatur, M und Film (pop. religion: lebensstil – kultur – theologie), Wiesbaden: Springer.
Tiemann, Manfred (2021): »Antisemitismus in Bibelfilmen: »Die ganze Nation will seinen Tod!« In: »zeitzeichen«. Ev. Kommentare zu Religion und Gesellschaft 4/2021, 50–53.
Tiemann, Manfred (2022): Rückkehr zum Sandalenfilm. Seit 125 Jahren werden Bibelfilme gedreht – mit sehr schwankender Qualität. In: »zeitzeichen« 2/2022, 44–46.
Walsh, Richard (Hg.) (2018): T&T Clark Companion in the Bible and Film. London: Bloosbury.
Weimar, Peter (1995): Theologische Auseinandersetzung mit Josef. In: Walter Zahner (Hg.): Die Bibel: Das Alte Testament – Die Filme. Genesis – Die Schöpfung – Abraham – Jakob – Josef. München: Don Bosco/Katholisches Filmwerk, 96–106.

Zahner, Walter (Hg.) (1993): Die Bibel: Das Alte Testament – Die Filme. Genesis – Die Schöpfung – Abraham –Jakob – Josef. München: Don Bosco/Katholisches Filmwerk.

Zwick, Reinhold (2012): Religion und Gewalt im Bibelfilm (Film und Theologie, 20), Marburg: Schüren.

Zwick, Reinhold (2013): Gesichter Marias im Jesusfilm, in: Ch. Martig/K. Visarius/J. Valentin (Hg.), Räume, Körper und Ikonen. (Post-)konfessionelle Filmikonographien (Film und Theologie, Bd. 19), Marburg: Schüren, 175–196.

Zwick, Reinhold (2016): Die Erzeltern in Mali. Cheik Oumar Sissokos LA GENESE – DIE ERBEN VON KAIN UND ABEL In: Zwick, Reinhold/Hasenberg, Peter: The Bible Revisited. Neue Zugänge im Film. Marburg: Schüren, 27–50.

4.4.2 Jesus im Film

Barclay, William (1977): Jesus of Nazareth (Collins Fountain Books). Glasgow.
Baugh, Lloyd (1997): Imaging the Divine. Jesus and Christ-Figures in Film. Kansas City.
Bowes, Williams B. (2022): Deciptions of Jesus Christ in Twenty-First Century Film. In: Anderson, William H. U.: Film, Philosophy and Religion. Wilmington: Vernon Press, 29–50
Brunette, Peter (Hg.) (1999): Martin Scorsese Interviews: Conversations with filmmakers series (University Press of Mississippi) Jackson.
Campbell, Richard H./Pitts, Michael R. (1981): The Bible on Film. A Cheklist. 1887–1980. Metuchen, N. J./London: The Scarecrow Press.
Corley, Kathleen E. (Hg.) (2004): Jesus and Mel Gibson's The Passion of the Christ – The Film, the Gospels and the Claims of History. London, New York: Continuum.
Hurley Neil P.: Cinematic Transfigurations of Jesus. In: Bird, Michael/May, John R. (Hg.): Religion in Film. Knoxville 1982, 61–78.
Kinnard, Roy/Davis, Tim (1992): Divine Images. A History of Jesus on the Screen. New York.
Kraus, Heinrich: Jesus auf dem Bildschirm. In: Orientierung 42 (1978), 69–72.
Langenhorst, Georg (1998): Jesus ging nach Hollywood. Die Wiederentdeckung Jesu in Literatur und Film der Gegenwart. Düsseldorf: Patmos.
Langkau, Thomas (2007): Filmstar Jesus Christus. Die neuesten Jesus-Filme als Herausforderung für Theologie und Religionspädagogik, Berlin: LIT.
Malone, Peter (1988): Movie Christs and Antichrists. Sydney (New York 1990).
Middleton, N. Darren (2005): Scandalizing Jesus? – Katzantzaki's THE LAST TEMPTATION OF CHRIST Fifty Years On«. London/New York: Continuum.
Reinhartz, Adele (2007): Jesus of Hollywood (Oxford University Press) Oxford, New York.
Schuler, Claudia Maria (2012): Vom Heiland zum Hollywoodstar – Methoden der Darstellung Jesu Christi im populären Film. (Diplomarbeit) Wien.
Schweizer, Rolf: Der verfilmte Jesus. In: Radius 1/1966 (Evangelische Akademikerschaft in Deutschland), 45 ff.
Seeßlen, Georg (1999): Von Oberammergau nach Hollywood (und zurück), Passionsspiel und Kino. In: Zwick/Huber, Oberammergau-Hollywood, Köln, 199–218.
Shepherd, David (2019): The Silents of Jesus in the Cinema (1897–1927). New York: Routledge.
Tatum, W. Barnes (2004): Jesus at the Movies – A Guide to the First Hundred Years. Santa Rosa, Kalifornien: Polebridge Press.
Tiemann, Manfred (2002): Jesus comes from Hollywood. Religionspädagogisches Arbeiten mit Jesus-Filmen. Göttingen: Vandenhoeck & Ruprecht.
Tiemann, Manfred (2003): Engel im Film. In: Jüngst/Kirchhoff/Tiemann: Es ging ein Engel durch den Raum. Göttingen: Vandenhoeck & Ruprecht.
Tiemann, Manfred (2004): Gewalt – Filmanalysen für den Religionsunterricht. In: Kirsner, Inge/Wermke, Michael (Hg.). Gewalt – Filmanalysen für den Religionsunterricht. Göttingen: Vandenhoeck & Ruprecht.

Tiemann, Manfred (2009): Der protestantische Pfarrer und seine Familie. In: Handbuch Theologie und Populärer Film – Band 2 Hg. von Bohrmann, Thomas/Veith, Werner/Zöller, Stephan. Paderborn: Brill | Schöningh.

Tiemann, Manfred (2021): »Antisemitismus in Bibelfilmen: »Die ganze Nation will seinen Tod!« In: »zeitzeichen«. Ev. Kommentare zu Religion und Gesellschaft 4/2021, 50–53.

Walsh, Richard Staley/Jeffrey L. (2021): Jesus, the Gospels, and Cinematic Imagination: Introducing Jesus Movies, Christ Films, and the Messiah in Motion. T&T Clark.

Ziolkowski, Theodore (1972): Fictional Transfigurations of Jesus. Princeton: Princeton University Press.

Zwick, Reinhold (1997): Evangeliumrezeption im Jesusfilm – Ein Beitrag zur internationalen Wirkungsgeschichte des neuen Testaments. (Studien zur Theologie und Praxis der Seelsorge, Bd. 25), Würzburg: Echter.

Zwick, Reinhold (2018): Golgotha. Die christliche Urszene der Gewalt im Jesusfilm, in: H.-P. Preußer (Hg.), Gewalt im Bild. Ein interdisziplinärer Diskurs (Schriftenreihe zur Textualität des Films, Bd. 10), Marburg: Schüren, 269–296.

Zwick, Reinhold (2020): Zwischen Affirmation und Bestreitung. Modulationen der Lehre im Evangelienfilm (am Beispiel der Inszenierung der Auferstehung Jesu), in: Reinhard Hoeps (Hg.), Funktionen des Bildes im Christentum (Handbuch der Bildtheologie, Bd. II), Paderborn, 291–324.

4.5 Dokumentationen

»Sie spielten Jesus. Spuren einer Rolle« (TV: WDR 24.12.1991; 45 Min).

»Jesus Christ Moviestar. Der Heiland im Kino.« Dokumentarfilm von Ray Bruce und Martin Goodsmith. Deutsche Bearbeitung: Wolf Lengwenus; Redaktion: Volker Zielke (BBC); (TV: DRS 25.12.1992; ARTE 17.12.1993; W 3 1.1. u. 6.1.1994; B 3 21.3.1994; 55 Min.). Die Dokumentation zeigt Ausschnitte aus folgenden Jesusverfilmungen: VON DER KRIPPE ZUM KREUZ (1902), INTOLERANZ (1916), DER KÖNIG DER KÖNIGE (1926), GOLGOTHA (1935), BARABBAS (1936), DIE GRÖSSTE GESCHICHTE ALLER ZEITEN (1965), DAS ERSTE EVANGELIUM MATTHÄUS (1964), GOODSPELL (1973), JESUS VON NAZARETH (1977), DIE LETZTE VERSUCHUNG CHRISTI (1988), JESUS VON MONTREAL (1989).

»Jesus im Film« (Dokumentation von Rory Wheeler: eine Auseinandersetzung mit Gibsons DIE PASSION CHRISTI, Scorseses LETZTE VERSUCHUNG CHRISTI und Terry Jones' LIFE OF BRIAN (DAS LEBEN DES BRIAN; In: ORF 2 3. 4 2007).

»Von Golgatha nach Hollywood – Eine Einführung« in »kreuz&quer« spezial ORF 1. Eine Einstimmung zu Mel Gibsons Film DIE PASSION CHRISTI. ORF 1 Karfreitag 2007. Die Diskussionsrunde reflektiert mit Doris Appel kritisch Jesus-Filme: Michael Bünker, Anton Faber, Hannah Lessing, Peter Huemer und Martin Stowass.

»Mit Schwertern und Sandalen. Die Geschichte des Sandalenfilms«. (Dokumentation; F 2018 | TV: ARTE 10.4.2020; 89 Min.). Die Dokumentation zeigt die Anfänge des Sandalenfilms bis heute – vom Stummfilm über italienische Kostümschinken bis zu dem Hollywooderfolg ›Gladiator‹.

»Auge, Pinsel und Kinematograf. Wie das Kino entstand.« (TV: ARTE 24.10.2021, R: Stefan Cornic, 52 Min.). Die Dokumentation zeigt eindrucksvoll die Verbindung von darstellender Kunst und Filmkunst auf: Mit Claude Monet, den Brüdern Caillebotte, Henri Rivière, den Brüdern Lumière, Alice Guy, Georges Méliès und Max Linder.